Découvrez l'histoire par les archives de presse

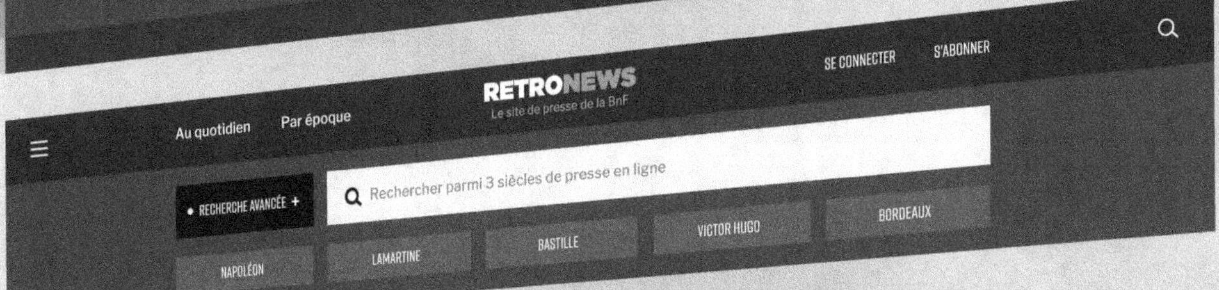

RETRONEWS

Le site de presse de la BnF

www.retronews.fr

REVUE BÉNÉDICTINE

TABLE DES MATIÈRES

ANNÉES I-XXI --- 1884-1904.

ABBAYE DE MAREDSOUS.

(Belgique).

1905.

Dépôts de la Revue : *France :* Champion, quai Voltaire, 9, Paris ;
Allemagne : Herder, Fribourg-en-Brisgau; succursales à Vienne
(Autriche), Munich (Bavière), Strasbourg. (Alsace-Lorraine),
S. Louis, Mo (États-Unis), 17 South Broadway.

AVANT-PROPOS.

Les lecteurs, en parcourant la série des études publiées par la *Revue bénédictine*, seront sans doute surpris de trouver des travaux d'inégale valeur scientifique. La Direction leur doit un mot d'explication.

La Revue bénédictine eut des commencements fort modestes. Elle parut en 1884 sous le titre de *Messager des Fidèles*. Son but était de rapprocher les fidèles de l'Église, de leur en faire connaître et goûter les traditions, les enseignements et les rites dans des articles à la fois scientifiques et pieux. Le Messager devait également servir de trait d'union entre les amis de S. Benoît et de son ordre.

Cependant, sans oublier ce but primitif, le caractère scientifique s'accentua peu à peu et au bout de quelques années le Messager des Fidèles devient la *Revue bénédictine*. La voie était nouvelle ; on y persévéra avec constance et courage, malgré les obstacles que l'on rencontra parfois sur le chemin, et bientôt la Revue s'occupa presque exclusivement de travaux d'érudition.

En 1900, le Revue bénédictine, accentuant encore son caractère scientifique, devint trimestrielle. Dès lors on songea à élargir le cadre des matières traitées, faisant en cela droit à un désir légitime et souvent exprimé.

Telle est dans les grandes lignes l'histoire de la Revue bénédictine durant sa première période de 21 années.

Nous n'avons pas à retracer dans ces quelques lignes la série des articles que publia la Revue et qui furent hautement appréciés par les savants de tous pays et de toute confession; les lecteurs en trouveront la liste plus loin. Mais un devoir incombait à la Direction : celui de faire connaître d'une façon détaillée les travaux parus dans la première série de la Revue bénédictine.

Aussi, n'avons-nous pas hésité d'entreprendre ce travail considérable de la table des matières et de le mener à bonne fin. Voici la division que nous avons adoptée, la jugeant la plus opportune aux recherches :

1° **table générale des articles** ; p. 1.

2° **table analytique des articles** ; p. 20.

3° **table de la bibliographie** ; p. 229.

Pour la plus grande facilité des recherches, nous avons indiqué **les tomes** en **chiffres romains, les pages** en **chiffres arabes.** L'indication en chiffres romains, soit dans la table générale, soit dans la table analytique, demeure jusqu'à désignation contraire d'un nouveau volume.

Au cours de ce laborieux travail, nous nous sommes étonnés des renseignements aussi nombreux que variés contenus dans la plupart des articles. C'est un riche répertoire d'études patristiques, liturgiques, historiques, etc., mis à la disposition des travailleurs. Aussi, sommes-nous persuadés que cette table leur rendra d'inappréciables services. Nous nous sommes efforcés de la faire aussi complète et aussi exacte que possible ; si, par hasard, quelque inexactitude nous était échappée, qu'on veuille bien nous la pardonner, toute œuvre ici-bas porte en elle-même le cachet de la faiblesse humaine.

En terminant nous tenons ici à exprimer encore toute notre gratitude à nos dévoués collaborateurs de la Revue, ainsi qu'à ceux qui ont voulu nous prêter leur concours dans la confection de cette table.

La Direction de la Revue bénédictine.

Maredsous, Juillet 1905.

TABLE GÉNÉRALE DES ARTICLES.

Albers (Dom Bruno) L'abbé de Fulde, Primat de l'ordre bénédictin en Allemagne et en France, XVII, 152.

Une nouvelle édition des Consuetudines Subiacenses, XIX, 183.

Le plus grand coutumier de Cluny, XX, 174.

Les consuetudines Sigiberti Abbatis, ibid. 420.

Articles anonymes (1). La bénédiction des saintes huiles le Jeudi Saint, I, 20.

Nouvelles bénédictines, I, 41, 86, 136, 239, 292, 335, 396, 427, 478, 528, 571.—II, 36, 99, 161, 225, 295, 349, 425, 474, 524, 575, 617, 665. — III, 33, 85, 128, 233, 234, 323, 380, 424, 425, 473, 515, 565. — IV, 91, 176, 238, 239, 275, 276, 329, 391, 480, 567. — V, 44, 93, 141, 187, 238, 283, 329, 378, 405, 419, 462, 516.

L'Alleluia et le Temps Pascal, I, 65.

Légende de Saint Forannan, Abbé de Waulsort, I, 77.

La Procession solennelle du Très Saint Sacrement, I, 112.

Mort de S. Bède le Vénérable, I, 126.

Saint Pierre, I, 157.

Courrier de France, I, 185, 250, 348, 446. — II, 186.

Délivrance, I, 193, 194.

L'encens et son usage dans la Sainte Messe, I, 207, 272.

Vocation du Bienheureux Lanfranc, I, 213.

La Congrégation anglaise de l'Ordre de S. Benoît, I, 230, 330, 380.

Les Quatre Cent Cinquante élus de Jumiège, I, 280.

Le chef de Saint Wandrille, I, 282.

L'Évangile dans la Liturgie, I, 318, 363, 460, 506, 557.

Courrier américain, I, 344, 492, 588. — II, 189, 251, 315, 371, 540, 683. — III, 140, 332, 520. — IV, 425. — V, 137, 233.

L'Angelus, I, 369.

Dédicace miraculeuse du Sanctuaire de N.D. des Ermites à Einsiedeln, I, 377.

Les origines de la fête de l'Immaculée Conception en Occident, I, 413.

La nuit de Noël, I, 464.

Courrier allemand, I, 488, 586. — II, 182, 380.

La Congrégation bénédictine de Mont-Olivet, I, 519.

---

1. Les articles des premières années du Messager des fidèles n'étant pas signés, nous avons cru devoir respecter l'anonymat des auteurs.

L'Épiscopat bénédictin actuel I, 568.
Courrier romain, I, 584. — II, 61, 126, 180, 249, 312, 369, 443, 490, 538, 633, 680. — III, 40, 94, 137, 182, 236, 284, 285, 329.
L'Agneau Pascal et la Pâque de l'Agneau, II, 3.
Liens fraternels, II, 14, 76, 142, 215, 282.
La bénédiction des Agnus Dei le mercredi de Pâques et leur distribution le samedi suivant, II, 21.
Le Pèlerinage de Saint Benoît à Maredsous, II, 32, 87, 154, 221, 286, 341, 414, 485, 486, 530, 531. — III, 43, 44, 92, 135, 179, 234, 282, 283, 328, 329, 384, 474, 524, 528, 569, 570. — IV, 39, 40, 92, 140, 179, 238, 239, 276, 277, 331, 332, 400, 484, 485. — V, 45, 46, 95, 142, 188, 229, 230, 282, 283, 332, 333, 380, 418, 419, 469, 516, 517.
Chronique de l'Eglise, II, 41, 107, 170, 234, 302, 353, 434, 531, 585, 626. — III, 38, 88, 132, 280, 370, 409, 454, 502, 547. — IV, 27, 89, 165, 226, 271, 325, 378, 467.
De Pâques à l'Ascension. La marche à travers le désert, II, 67.
La Pentecôte. L'Esprit Créateur, II, 129.
Le VIIIme centenaire de Saint Grégoire VII, II, 149, 209.
A Jésus-Hostie, II, 153, 154.
Temps après la Pentecôte, II, 193, 257, 321, 385.
La dévotion au Sacré-Cœur de Jésus dans l'Ordre de Saint Benoît, II, 202, 270, 328, 392.
L'exilé de Salerne, II, 292.
Une fondation bénédictine au Moyen-Age, II, 400, 462, 516.
Josion, le moine aux roses, II, 405.
Le Chant du peuple dans les églises, II, 410.
La Toussaint, II, 449.
La médaille de Saint Benoît, II, 453, 505, 554, 600, 646. — V, 230, 470. — VI, 35, 423.
Le B. Godefroid, sacristain de Villers, II, 467.
La Congrégation suisse de l'Ordre de Saint Benoît, II, 470.
Les grandes antiennes, II, 512.
Coup d'œil sur l'histoire de l'Ordre bénédictin, II, 519, 568, 660. — III, 68, 162, 261, 309, 379, 380, 414.
Ysulion, légende armoricaine, II, 572.
Correspondance, II, 588, 638. — VI, 125, 326. — VII, 232.
Sainte Françoise Romaine II, 658. — III, 14.
Les stations liturgiques, III, 10.
Les Oblats de Saint Benoît au Moyen-Age, III, 55, 107, 156, 209, 249.
Une Messe au Cénacle, III, 25.
L'Evangile de la Passion pendant la Semaine Sainte, III, 61.
La Règle de Saint Benoît, III, 104, 152, 206, 304, 448.
Les rogations, III, 111.

Une belle mort, III, 115.

Aux alumni de Sainte-Marie de la Pierre-qui-Vire, III, 118.

Nécrologie, III, 137, 192, 327, 380. — VI. 35, 79, 126, 187, 233, 286, 319, 422. 469. 522. — VII, 94. 136, 178, 235, 396. 443, 530. 577. — VIII, 46. 94. 141, 189, 239, 286, 333, 382, 427. 474, 527, 573. — IX, 48, 91. 141, 189, 231, 286, 332, 383. 424, 522, 572. — X, 43, 91, 139, 191, 238, 286, 335. 474, 570.

En Mongolie, III, 190.

L'Estime de la vocation religieuse. III, 191.

Gloire au Très-Haut, III, 272.

Le monastère des bénédictines anglaises à Bruxelles, III, 274, 465. — IV, 130.

La Sainte Couronne de Paris, III, 285.

La manne de Saint Nicolas, III, 287.

Les Psaumes de David, III, 300, 344.

Une anecdote inédite sur Dom Mabillon, III, 335.

Mort de Mgr D. Joseph Serra, III, 336.

Mort du R. P. D. Sarlat, III, 336.

Doctrine de Jésus, III, 351, 400.

Le luxe, III, 355.

Le jour des âmes, III, 347.

A propos de la question sociale, III, 356.

Etablissement de la hiérarchie catholique dans les Indes, III, 362.

A propos du Saint Rosaire III, 369.

Léon XIII et le Portugal, III, 403.

La Nuit de Noël, III, 438.

Elévation sur l'hymne angélique Gloria in excelsis, III, 438.

L'Épiphanie, III, 444.

Un mot sur la question sociale, III, 470.

Le premier missionnaire de la Nouvelle Galles du Sud (Australie) III, 475.

La Purification, III, 486.

Concordat avec le Monténégro, III, 498.

La plus précieuse des bagues nuptiales, III, 507.

Le Mercredi des Cendres, III, 534.

Une visite au monastère de Fossa-Nuova en Campanie, III, 552.

La science et les incrédules, III, 576.

Aveux, IV, 45.

Comment Saint Benoît porte secours, IV, 87, 136.

Correspondance, IV, 332, 485, 551.

Les Camaldules, IV, 356.

Saint Joseph, IV, 366.

Monseigneur Seghers et la Mission d'Alaska, IV, 401, 559.

Séance académique en l'honneur du Saint Père, V, 9.

Année liturgique, V, 26.

Thierry de Saint-Evroult, V, 38, 87.
Fêtes de la Dédicace de l'Eglise Abbatiale de Maredsous, V, 405.
Correspondance des missions, V, 420, 563.
Documents biographiques inédits sur Guy d'Arezzo, V, 446.
La question romaine, VI, 19.
Nouvelles bénédictines. VI, 32, 86, 122, 185, 318, 364, 415, 463,
    520. VII, 34, 134, 177, 442, 538, 577. VIII, 42, 94, 188, 237, 284,
    332, 571. IX, 89. X, 279, 403, 471, 524,
Variétés. VI, 43.
Les Quarante heures, VI, 82.
Monsieur le Ch⁾ᵉ Janssens, VI, 319.
Les fêtes nuptiales de Sigmaringen, VI, 375.
Le Cardinal Schiaffino, VI, 523.
Dom Bède Dudik, VII, 179.
Monseigneur P. Ballsieper, O. S. B, VII, 236.
Monseigneur A. Eder O. S. B. VII, 238.
Dom Couturier (notice) VII, 578.
La réforme grégorienne en Toscane, IX, 472.
Dom Paul Piolin, X, 37.
Statistique de l'ordre bénédictin, XI, 564.
Lettre du Brésil, XII, 475.
Les fêtes de Cava, XII, 567.
Le XIVᵉ centenaire du Baptême de Clovis, XIII, 72.
Jean-Adam Mœhler, 241.
Baltus (Dom Urbain) Un opuscule inédit de Sᵗ Césaire sur la
    grâce, XIII, 439.
Le dogme de l'Immaculée Conception et l'Université de Salz-
    bourg, XIII, 529.
L'idéalisme de S. Augustin et de S. Thomas, XIV, 415.
Dieu d'après Hugues de S. Victor, XV, 109. 200.
Une apologie protestante de S. Thomas d'Aquin, 459.
Le Christianisme sans dogmes, XVI, 563.
Théologien vieux-style, XVII, 176.
L'essence du christianisme, 406.
L'Eglise primitive et l'épiscopat, XVIII, 26.
Le Nouveau-Testament par le Père Didon, XVIII, 316.
L'Eucharistie centre du culte catholique, XX, 77.
Barbier de Montault. (Mgr. X.) Le Chandelier Pascal à Rome,
    I, 73.
La Croix de cire bénite I, 75.
Le Chapeau pontifical, I, 225.
Le Costume ecclésiastique à Rome, I, 226.
Les bas liturgiques, 226.
Une couverture d'évangéliaire II, 25.
Les confins de Notre Seigneur et des Apôtres à Monza, II, 416.

Bastien (Dom Pierre). Un nouveau triomphe de la foi, VI, 511.
Le décret du 4 nov. 1892 sur les ordinations des religieux, X, 132.
Un cours de droit naturel, 329.
Les origines des Etats-Pontificaux, XII, 444.
Le XIIIᵉ centenaire de l'arrivée de S. Augustin en Angleterre, XIV, 359.
Le IXᵉ centenaire de l'institution de la Commémoraison des défunts, XV, 467.
Baeumer (D. Suitbert). Le temple de Jérusalem, V, 67, 125.
L'auteur du micrologue, VIII, 193.
Bérengier (D. Th.) Roiate et Subiaco, I, 384; 469, II, 90.
Le Mont-Serrat III, 122, 166, 227, 266, 318.
Berlière (Dom Ursmer). Martyrs anglais bénédictins sous Henri VIII, IV, 22, 77, 111.
L'Angelus, 64.
Une page de la Révolution française dans notre pays, 114.
Le précieux Sang, 150.
L'abbaye d'Afflighem, 204, 254.
Le huitième centenaire de S. Arnoul d'Oudenbourg, 222.
Chronique liturgique, 241, 289, 337, 417.
L'abbaye de Gembloux, 303.
Le Collège bénédictin de S. Anselme à Rome, 322.
Le pain de S. Hubert, 363.
Les Vêpres du dimanche, 434.
La Congrégation bénédictine Arménienne des Méchitaristes, 460, 530.
L'ile de Pathmos — souvenirs de S. Jean — 515.
L'usage liturgique de la langue slave, V, 17.
Le cierge pascal, 106.
L'abbaye de S. Gérard, 169, 216.
Un confesseur de la foi au XVIᵉ siècle.—Le dernier abbé de Westminster, 264.
L'abbaye de Lobbes, 302, 370, 392.
Les anciens monastères O. S. B. de Terre Sainte, 437, 502, 546.
L'autel, 497, VI, 15.
Une oblate bénédictine au XVIIᵉ siècle, 512.
L'abbaye de Florennes, VI, 60.
Une page des Annales de l'abbaye d'Aulne, 75.
Un pèlerinage en Terre-Sainte au XVᵉ siècle, 109.
Le Cardinal Pitra O. S. B, 128.
Monseigneur Ullathorne, 216.
Louis de Blois, abbé de Liessies, 266.
L'Eglise catholique en Bosnie, 279. — en Bulgarie, 315.
Dom Benoît Van Haeften, prévôt d'Afflighem, 305.
L'abbaye de S. Hubert, 355. — de S. Ghislain, 402, 451.

Les écoles abbatiales au Moyen-Age, 499.

Les correspondants littéraires de Bénédictins de S. Maur dans les monastères belges, 542.

L'abbaye de S. Laurent de Liège, VII, 13.

Souvenirs de Marienberg, 79.

Le prône dans la liturgie, 97, 145, 241.

Le mouvement hussite en Bohême, 116.

Les pélérinages judiciaires au Moyen-Age, 520.

Les origines du monachisme et la critique moderne, VIII, 1, 49.

Une colonie de moines liégeois en Pologne au XIIᵉ siècle, 112.

Les origines du culte anglican, 133.

Dom Hubert de Soetendael, abbé de S. Trond, 152.

Le regeste de Bernard Aylier, abbé du Mont-Cassin, 184.

Les chapitres généraux O. S. B. avant le IVᵉ concile de Latran (1215), 255.

Une biographie de l'évêque Notger au XIIᵉ siècle, 309.

Une vie de moine au XIXᵉ siècle, Dom Gall Morel, 370.

Les persécutions des trois premiers siècles de l'Eglise, 407, 443.

Dom Herman de Hertaing, moine de Saint-Amand, 419.

Dom J. B. Delaveyne, fondateur des Sœurs de Charité de Nevers, 509.

Philippe de Harvengt, IX, 24, 69, 130, 193, 244.

Janssen, 62.

Notice sur un ancien psautier manuscrit d'Hastière, 109.

Etude sur le Vita Gerardi Broniensis, 157.

Laurent Kálfsson, O. S. B. évêque de Holar, en Islande, 224.

Geoffroi de Vendôme, 266.

Baudouin de Boucle et les origines de l'abbaye de Baudeloo, 307.

Un rouleau des morts de Saint-Trond de l'an 1450, 327.

Cluny, son action religieuse et sociale, 465.498.

Le collège O. S. B. de S. Adrien à Grammont. Travaux poétiques, 517.

Les Chapitres généraux O. S. B. du XIIIᵉ au XVᵉ s. 545.

Une nouvelle défense de Gersen, 568.

Une nouvelle histoire du bréviaire romain, X, 16.

L'abbaye de Maria-Laach, 78.

Les monastères de l'ordre de Cluny du XIIIᵉ au XVᵉ s., 97.

Le Cardinal Vaszary, O. S. B. 127.

Les collèges O. S. B. aux Universités du Moyen-Age, 145.

Bénédictins tournaisiens membres de l'école de rhétorique en 1482, 232.

Les derniers travaux sur Sigebert de Gembloux, 241.

Notes sur Gilles li Muisis, abbé de S. Martin de Tournai, 257.

La muse latine au Montserrat, 289.

Grégoire VII, fut-il moine ? 337.

Le Chapitre provincial des Cisterciens belges en 1782, 498.
Alard, abbé de Florennes et les Miracula S. Theodorici, 569.
L'ordre bénédictin en Belgique, Réformes des XVᵉ et XVIᵉ siècles, XI, 1.
Les lectures de table des moines de Marchiennes au XIIIᵉ s. 27.
Notes pour servir à l'histoire des monastères bénédictins de la province de Reims, 36, 136.
La civilisation allemande au XVIᵉ siècle, 78, 117.
La société de Bretagne O. S. B. 97.
Dom J. de Marquais, abbé de S. Martin de Tournai, 169.
Dom Mathieu Moulart, abbé de S. Ghislain et évêques d'Arras, 244, 296.
Le collège S. Martial d'Avignon, 346.
La Congrégation O. S. B. des Exempts de Flandre, 415, 433, 541. — XII, 25, 145.
S. Wolfgang, 464.
D. Suitbert Bœümer, 481.
L'Eglise et l'antiquité classique, XII, 10.
Dom Jean de Rhodes, abbé de S. Mathias de Trèves, 97.
Le lavement des pieds et le « discours du Seigneur » le Jeudi-Saint, 161.
Récentes études sur le chant grégorien, 168.
La mission bénédictine du Zanzibar méridional, 177.
La réforme de Melk au XVᵉ s., 204, 289.
Les publications liturgiques de la « société Henri Bradshaw », 271.
Dom Lambert del Stache, prieur de Bertrée, 337.
Michel de Stoet, prieur de S. Bavon à Gand, 372.
Les poésies de Philippe Harvengt, 375.
Les nouveaux Bienheureux bénédictins, 377.
Notes sur quelques écrivains de S. Laurent de Liège, 433, 481.
Le Martyrs anglais O. S. B. au XVIᵉ s., 489.
Les classiques au moyen-âge, 529.
Anglicanisme et orthodoxie, XIII, 1.
Bénédictins liégeois en Pologne au XIIᵉ siècle, 112.
La Congrégation O. S. B. des Exempts de Belgique, 145, 215.
La Congrégation O. S. B. de la Présentation de N. D. 253, 348, 401, 487, 544. — XIV, 60, 253, 289.
L'évolution et la critique protestante, XIV, 49.
Développement historique du culte de S. Joseph, 104, 145, 203.
Denys le Chartreux, 347.
Contributions à l'histoire de l'ordre de S. Benoît : Statuts de l'abbaye de S. Vaast (1232). Chapitre provincial d'Erfurt (1259). — Visite de l'abbaye S. Jacques à Liège (1447). — Statuts du Cardinal Nicolas de Cuse pour l'abbaye de S. Trond (1451), 370.
Sentences de Jésus, 433.

La Congrégation O. S. B. des Exempts de France, 398.

Chronologie des abbés de Florennes, de Dom Jean Migeotte, 440, 497.

N. D. de Basse-Wavre, 470, 489.

Quelques correspondants de Dom Calmet. XV, 11. 75, 215, 247, 315, 357.

Récentes publications liturgiques, 26.

Dom Louis Tosti, 49.

Dom Augustin Grüninger, 178.

S. Bruno de Segni, 265.

Le cénobitisme pakhomien, 385,

L'ordre de S. Benoît au Brésil, 414.

Les oblats séculiers bénédictins. 472.

Deux écrivains de l'abbaye de Florennes au XVᵉ s. 494, 529.

La manifestation Kurth, 555.

Le P. Placide Braun, bénédictin de S. Ulrich d'Augsbourg, XVI, 1.

L'étude de l'histoire ecclésiastique, 113.

Dom Anselme Berthod. bollandiste, 193.

Lettres de Jean des Roches à dom Berthod, 261.

Guillaume de Ryckel, abbé de Sᵗ Trond, et les reliques des Saints de Cologne, 270.

Récentes publications liturgiques, 278.

Lettres inédites de Bénédictins Français tirés de la collection Wilhelm, 323. 345, 422, 468.

La Congrégation de Bursfeld, 360.

Les origines de la Congrégation de Bursfeld, 385, 481, 550.

Un travail inédit de Dom Denys de Sainte-Marthe sur les épitres de S. Ignace d'Antioche, 433.

Note sur la Congrégation des Exempts de France, 475.

Lettres inédites de D. J. Mabillon, 514, XVII, 128, 316.

La Congrégation O. S. B. de Chezal-Benoît, XVII, 29, 113, 252, 337. XVIII. 1.

Les moines d'Orient, 399.

Le Cardinal Matthieu d'Albano, XVIII, 113, 280.

Les Chapitres généraux O. S. B. 364, XIX, 38, 268, 374.

D. Mathias Grenet, bénédictin de S. Martin de Tournai, XIX, 205.

Pierre Bersuire, 317.

Lettres de D. Calmet à J. F. Schannat, 320.

Les Évêques auxiliaires de Cambrai aux XIIIᵉ au XIXᵉ siècles, XX, 7. 237. XXI, 46, 133.

Aux Archives Vaticanes, XXI, 132.

Les évêques auxiliaires de Tournai, 265, 345.

Bulletins d'histoire bénédictine. X, 410, 554. — XI, 209, 371. — XII, 33, 76, 214, 275, 324, 499. — XIII, 166, 321, 500. — XIV, 19, 156, 308, 529. — XV, 159, 513, 542. — XVI, 168, 306, 448. —

XVII 162, 302, 416. — XVIII, 83, 208, 304, 418.— XIX, 76, 279.
— XX, 185, 266, 389. — XXI. 81, 432.
Mélanges, VII. 449. — IX, 41, 136. 380, 414. — XI, 232, 233, 237.
— XV, 131. — XVI, 87.
Besse (Dom I. MARTIAL.) Histoire d'un dépôt littéraire de l'abbaye
de Silos. XIV, 210, 241.
Dom Fonteneau, O. S. B. de la congrégation de S. Maur, XV, 337,
433.
L'enseignement ascétique dans les monastères orientaux, XVI,
14, 76, 159.
La congrégation espagnole O. S. B. dite des claustrales XVII, 275.
La vie des premiers moines gallo-romains, XVIII, 262.
La congrégation espagnole de S. Benoît de Valladolid, XIX, 255.
Bouquillon (Dr). Dix années de pontificat, V, 4.
Léon XIII et la Bavière, 74.
Condamnation des doctrines rosminiennes, 199.
Le Libéralisme, 361.
La liberté chrétienne, 399.
Les droits de l'Eglise. 533.
Caloen (D. GÉRARD VAN) Chronique liturgique, I, 4 ; S. Benoît,
Père de bon conseil, 16.
Saint Gérard, Abbé de Brogne, I, 27, 78, 127, — II, 28, 84, 218,
344.
Les voleurs, I. 38.
S. Benoît et l'esprit de foi, 63.
Le B. Charles le Bon, 71.
Père et Mère, 83.
Premier miracle de S. Benoît, 110.
Liberté, 133.
Saint Benoît dans la grotte de Subiaco, 155.
La châsse du Bienheureux Charles le Bon, 179.
La Croix, 182.
Saint Benoît révélé au monde, 205.
Gâté, 227.
La Communion des fidèles pendant la Messe, en Espagne, 234.
La tentation de Saint Benoît, 271.
Elevé, 289.
Saint Benoît et le Signe de la Croix, 315.
Que c'est beau, 329.
L'Elévation des reliques du B. Charles le Bon, 361.
La Noblesse, 373.
S. Benoît et l'esprit de prière, 411.
Le Dimanche, 419.
Saint Benoît commande aux eaux. 458.
La Critique, 467.

Le bon intendant, 513.
Saint Jacques de Compostelle, 516.
S. Benoît et le démon de l'envie, 554.
Une idée fausse, 563.
Saint Benoît au Mont-Cassin, II, 7.
Entretiens sur la Sainte Messe, 10, 73, 136, 199, 264, 336, 460, 509,
    557, 605, 650.
Saint Benoît reçoit le don de pénétrer les cœurs, 71.
Saint Benoît prophète 134, 198.
Le coucou, 152.
Rien de caché pour Saint Benoît, 262.
Multiplications de Saint Benoît, 325.
Saint Benoît et l'effet de sa parole au-delà du tombeau, 389.
Saint Benoît, la Vision et le dragon, 452.
Trois miracles de S. Benoît, 504.
Saint Benoît, consolateur des affligés, 551.
La vision de Saint Benoît, 599.
Mort de Saint Benoît, 645.
La reconnaissance, III, 199.
Le luxe, 355.
Charité, 428, IV, 40, 187, 278, 406, 488.
Chronique de l'Eglise, VI, 22, 115.
Impressions de voyage sur la Hollande et la Belgique au XVIIIᵉ
    siècle, VI, 549, VII, 26, 89, 160.
Portraits d'outre-tombe, VI, 562.
Russie et Saint-Siège, VII, 70.
S. Benoît et le monachisme primitif, 105, 204, 246.
Dom Maur Wolter et son œuvre, 377, 423, 469.
Un coup d'œil sur la marche des affaires en cour de Rome, VIII,
    85.
La question religieuse chez les Grecs, 117, 312.
Les Bénédictines du S. Sacrement, 241, 299, 396. IX, 1, 385, 433,
    481.
L'Eglise au Chili, 358, 494, IX, 113, 178, 213, 352.
Le Congrès de Malines et ses travaux de section, VIII, 451.
L'union des Eglises d'Orient au Congrès de Malines, 538.
Choses d'Orient, IX, 43.
Les Bénédictines de N. D. du Calvaire, X, 1.
Les Mirdites d'Albanie, 226.
Le Collège près de S. Athanase à Rome et les autres collèges
    catholiques orientaux, 262.
La secte et l'union des Eglises, 456.
Le premier volume des Documents inédits pour servir à l'histoire
    ecclésiastique de la Belgique, 566.
Un mouvement vers l'union en Russie, XI, 446.

A la terre de Santa-Cruz. Voyage au Brésil, 508.
Les Conférences sur l'Orient au Vatican, 560.
Rome et la Russie, XII, 1.
Camm (Dom Bède) S. Edmond de Cantorbéry, X, 314, 367, 516.
La controverses sur les ordinations anglicanes, XI, 529, XII,
    123.
Le Vénérable Jean Roberts, XII, 258, 310, 358, 397, 456, 558, XIII,
    16, 154, 268, 412, 444, 557, XIV, 9, 77, 124.
La crise religieuse dans l'Eglise d'Angleterre, XVII, 71, 188.
Chapman (Dom Jean) Une nouvelle histoire du symbole des Apô-
    tres, XI, 358.
Le témoignage de S. Irénée en faveur de la primauté romaine, XII,
    49.
Fides romana, 546.
S. Ignace d'Antioche et l'Eglise romaine, XIII, 385.
Le texte de la règle de S. Benoît, XV, 503.
La chronologie des premières listes épiscopales de Rome, XVIII,
    399, XIX, 13, 145.
Les interpolations dans le traité de S. Cyprien sur l'unité de
    l'Eglise, 246, 357, XX, 26.
A propos de l'autographe de S. Benoît, XIX, 314.
A propos des martyrologes, XX, 285.
La restauration du Mont-Cassin par l'abbé Pétronax, XXI, 74.
L'auteur du Canon Muratorien, 240.
Clément d'Alexandrie sur les Evangiles et encore le fragment de
    Muratori, 369.
Casier (Dom Hubert) Une nouvelle édition des classiques, XIII, 27.
Casier (J) Mai à Marie, I, 144.
Le Sacré-Cœur, I, 192.
Pour nos pauvres sœurs d'Italie, I, 344.
Les disciples d'Emmaüs, II, 26.
La triple couronne de Marie, II, 327.
Ave Maris Stella, III, 115.
Ave Regina, III, 265.
Gloire à Marie, III, 283.
Dassy (D. Placide). Saint Lambert, II, 615, III, 29, 82, 125,
    172, 222, 255.
Saint Amand, apôtre de la Belgique, III, 312, 418, 561, IV, 172,
    386.
Degrasse (Dom Félix) Une mission bénédictine. VI, 223.
De Meester (Dom Placide) Quelques opinions récentes sur l'Union
    des Eglises, XIX, 412.
Dolan (D. Gilbert). Courrier anglais, I, 254, 301.
Durand (Germer. R. P.) L'Emmaüs de l'Evangile, VII, 433.
Arimathie et Ramathaim sophim, VIII, 130.

Festugière (Dom Maurice) Questions de philosophie de la nature, XXI, 10, 161, 286, 404.

Fournier (Dom Grégoire) Littérature anti-maçonnique XIII, 78, 178.

La déportation ecclésiastique sous le Directoire, 359, 459.

Frussotte (abbé) Un reliquaire de Ste Scholastique à Juvigny-les-Dames, XV, 124.

Fuente (D. Vicente de la) Courrier d'Espagne, I, 188, 297. — II, 445.

Gaïsser (Dom Hugues) Les altérations chromatiques dans le plain-chant, XIV, 511, 554. XV, 35.

Le système musical de l'Eglise grecque, XVI, 49, 220, 503,529, XVII, 87, 207, 379, XVIII, 44, 184.

Gillet (Dom Bernard) Chronique liturgique, VI, 97, 193, 241, 337, 385, 433, 481, 529.

Hemptinne (D. Hildebrand de) Les béatitudes, VI, 181.

Herwegen (Dom Ildephonse) Les collaborateurs de Ste Hildegarde, XXI, 192, 302, 381.

Horn (Dom Michel) La tonalité et la rythmique du chant grégorien, XVII, 199, 290.

Ingold (A. M. P.) Les bénédictines de Munster en Alsace et la question de l'auteur du livre de l'Imitation de J. C. XIII, 49.

Janssens (D. Laurent) Le baptême, III, 293, 394, 491, 539.

Elévation sur le mystère de l'Annonciation, IV, 8.

De l'importance des études liturgiques, 14.

Un artiste chrétien, 35.

Le mois de Mai, l'épanouissement du culte de Marie, 55.

Le baptême, 71, 106.

La Fête-Dieu, 104, 105.

La Confirmation, 157, 200, 246, 295, 342, 447, V, 11.

Saint-Laurent hors les Murs, IV, 216.

Tradition d'une des dernières poésies du S. Père, 253.

Une Messe Pontificale dans la cathédrale de Tournai, 267.

Sequentia in honorem Sanctis Placidi, 368.

La masse noire ou les martyrs de l'Ouganda, 369.

Le Rorate Cœli, 422.

Hommage à Léon XIII, à l'occasion de son jubilé sacerdotal, 473.

Les Poésies de N. S. P. le pape Léon XIII, 473, 543.

Cantique de Noël, 502.

Léon XIII et l'ordre bénédictin, 520.

Chronique liturgique, 1, 49, 97, 145, 193, 198, 241, 298, 337, 385, V, 433, VI, 1, 49, 145, 292.

Rhythmus in honorem quinque Plagarum D. N. J. Ch., V, 58.

L'Eucharistie, 59, 161, 207, 250, 351, 486, VI, 4, 55, 169.

Rhythmus in honorem SS. P. N. Benedicti, V, 106.
L'Annonciation, V, 151, 152.
Paraphrase du Veni Creator, V, 195.
A la Reine de mai, V, 198.
O Roma Felix, V, 248.
Adolphe Kolping, V, 275, 473, 517, VI, 38, 90, 135, 233, 328, 430, 470, 567, VII, 42, 183, 280.
Rhythmus in honorem Pretiosissimi Sanguinis D. N. J. Ch. V, 294.
Théorie et pratique du chant grégorien, V. 317.
Oratio ad Divum Laurentium, V, 351.
Le Franciscus d'Edgar Tinel, V, 424.
Le chant grégorien et la musique moderne, V, 448.
Les variations du protestantisme touchant le dogme eucharistique, VI, 202, 248.
Les représentations de la T. Ste Vierge dans les catacombes, 289.
Le mystère permanent du Saint-Sang rédempteur, 292.
Droit et tolérance, 342, 391.
Le chant grégorien, 413.
Le pain et le vin d'autel, 437.
La question des asymes, 485.
Les offrandes VI, 534, VII, 6.
Les Mages VII, 40.
L'oblation ou offertoire, 49.
Ode à S. Scholastique, 95.
Subiaco et Genazzano, 121, 217, 270.
Le libéralisme et la saine notion de la foi, 255, 386.
Les derniers moments de Marie-Stuart, 328, 437, 486.
Le Congrès eucharistique, Anvers, 457.
Les Eulogies, 515, VIII, 28.
Le 2e centenaire de la Ste Marguerite Marie et la dévotion au S. Cœur, 553.
Les Psaumes des noces mystiques, 527, 573.
Un nouveau chiliasme mitigé, VIII, 70, 202, 219.
La langue parlée par Jésus et les Apôtres, 105, 145, 225.
Un poète normand, 265,
Quelques mots sur la question sociale à propos d'une visite à l'usine du Val-des-Bois. 281.
L'encyclique Rerum novarum, 289, son autorité, 337, un mot de réponse, 425.
Une brochure de M. l'abbé Denis, 321.
Un décret du S. Office touchant l'iconographie et la littérature artistique, 414.
La théorie de l'art pour l'art au Congrès de Malines, 469.
Vive le pape-roi ! 516.

Les fêtes du XIIe centenaire de S. Remacle à Stavelot, 522.
Bethoven peint par lui-même, 558, IX, 32, 78.
Une nouvelle brochure de M. l'abbé Bigou, IX, 12.
Mgr Bélin, 96.
Lettre de Léon XIII aux évêques, au clergé et aux catholiques de
    France, 145.
Galilée et la Belgique, 207, 254, 398, 448.
Une intéressante démonstration du rythme grégorien, 220.
Réponse du S. Siège sur la question du juste salaire, 241, 289.
La Messe d'Edg. Tinel en l'honneur de N. D. de Lourdes, 283.
Dom G. Wüger, 369.
Le Ier Congrès de la ligue démocratique belge, 509.
La Prédestination d'après S. Augustin et S. Thomas, IX, 529, X. 44.
Lettre de M. l'abbé Pottier en réponse aux observations présentées
    sur le premier Congrès de la ligue démocratique belge, X, 10.
Discours de D. Odilon Wolff sur l'art chrétien au Congrès de
    Mayence, 49.
Une brochure du R. P. Castelein sur la question sociale, 84.
Les habitations ouvrières, 159.
Le Chant sacré d'après S. Thomas, 213.
Choses de musique religieuse, 270.
Les Monopoles industriels et commerciaux jugés par les princi-
    paux théologiens moralistes, 295.
Les poésies lyriques de D. Simon Rettenbacher, 358.
A propos la 2e édition d'Ad. Kolping, 37.
Le Credo artistique de Gounod, 395.
La doctrine catholique de l'origine du pouvoir civil, 443.
Le livre du Vte de Meaux sur l'Eglise catholique et la liberté aux
    Etats-Unis, X, 505, XI, 87, 108.
Une apologie pyramidale de la Réforme, X, 542.
Du haut de S. Anselme sur l'Aventin, XI, 129.
Israël et Amalec, 181.
La ville des Papes revue après quinze ans, 220.
Un pélerinage à Subiaco, 279, 316.
Un nouveau commentaire de la somme théologique de S. Thomas,
    331.
La biographie de Léon XIII, par Mgr de T'Serclaes, 425.
Die Seelenlehre Tertullians, étude du Dr Gerhard Esser, 476.
La circulaire de la S. C. des Evêques et des Réguliers sur la pré-
    dication sacrée, 500.
Palestina, 548.
La théorie théologique de la lumière. Etude de l'Abbé Cholet,
    XII, 65.
L'Espagne thérésienne, 71.
Le R^{me} Dom Gaëtano Bernardi, 140.

L'Automne à Beuron, 225.
De Beuron à Sigmaringen, 410.
Dom Benoît Radziwill, 518.
La Capella Antoniana, XIII, 367.
S. Anselme sur l'Aventin, XIV, 32.
Catholicisme et Progrès, 449.
Le Cardinal Sanfelice, 134, 168, 226, 299.
Principes d'art religieux, XV, 404.
Maître Thomas Bouquillon XX, 2.
Le Conciliabule de Munich, 195.
L'Evangile et l'Eglise, 205.
Léon XIII et Pie X, 337.
Kienle (S. Ambroise). Correspondance, IV, 180.
Une visite à la Sainte-Baume, 232-238.
Latil (Dom Augustin-Marie). Saint Victor III, IX, 558.
Leclercq (Dom H). Les Sources, XVIII, 66 ; — Comment le christianisme fut envisagé dans l'Empire romain, 141.
Léon XIII. Lettre Encyclique aux évêques de France, I, 30.
Bref à Dom Joseph Pothier, I, 89.
Lettre Encyclique sur la Franc-Maçonnerie, I, 166, 216.
Encyclique, I, 326.
Lettre au Cardinal Parocchi, II, 276.
Lettre au Cardinal Guibert, II, 279.
Encyclique sur la Constitution chrétienne des Etats, II, 560, 609, 654 ; — III, 21, 74.
Encyclique accordant un jubilé extraordinaire, III, 116, 160, 220.
Les prières prescrites après la Messe III, 366.
Une des dernières poésies du S. Père IV, 252.
Magnusson (Eirikr.) Bénédictins en Islande, XV, 145, 193.
Marmion (Dom Colomba) Philosophie et science, XI, 403.
Martinon (J., S. J.) Correspondance slave, V, 308.
Morin (D. Germain). Chronique liturgique, I, 52, 99, 145, 194, 257, 305, 353, 401, 449, 497, 546. — II, 497, 545, 593, 642. — III, 3, 49, 97, 145, 193, 242, 289, 337, 385, 433, 481, 529. — IV, 1, 49, 97, 145, 193. — V, 481, 529.
Saint Gérard d'Orchimont, III, 78.
Les monastères bénédictins de Rome au Moyen-Age, IV, 262, 315, 351.
Les Vêpres pascales dans l'ancienne liturgie romaine, VI, 150.
La date de Saint-Jean, V, 257.
Les VII Saints Fondateurs de l'Ordre des Servites de la B. V. Marie, 295.
Un nouveau mouvement liturgique, 322.
Notes liturgiques sur l'Assomption, 342.
La journée du moine d'après la règle et la tradition bénédictine,

VI, 72, 181, 211, 273, 309, 350, 398, 458, VII, 170, 324.
Le Carême à Jérusalem à la fin du IVᵉ siècle, VI, 102.
L'antique solennité du Mediante die festo au XXVᵉ jour après
    Pâques, 199.
Le Pallium, 258.
Uniformité dans les laudes du Dimanche du IVᵉ au VIIᵉ siècle, 301.
L'entrée solennelle de l'officiant à la messe solennelle, 408.
L'Epiphanie, VII, 1.
Le rôle de S. Grégoire dans la formation du répertoire musical de
    l'Église latine, 62.
L'auteur du Te Deum, 151.
En quoi consista précisément la réforme grégorienne du chant
    liturgique, 193.
Un discours inédit de S. Augustin, 260, 592.
Les témoins de la tradition grégorienne, 289.
Examen du système substitué par M. Gevaert à la tradition gré-
    gorienne, 337.
L'auteur de la lettre à Constantius, 416.
Une duchesse de Pologne au XIIIᵉ siècle, 465.
Les bienfaits de la mort, 497.
S. Eusèbe de Verceil, 567.
La lettre à Présidius sur le cierge pascal, VIII, 20.
Hiérarchie et liturgie dans l'Église gallicane au Vᵉ s. d'après un
    écrit restitué à Fauste de Riez, 97.
Un saint de Maëstricht rendu à l'histoire, 176.
Une étude sur le de Aleatoribus, 234.
Les leçons apocryphes du bréviaire romain, 270.
L'auteur de la Musica Enchiriadis, 343.
Que l'auteur du Micrologue est Bernold de Constance, 385.
Une page inédite de S. Augustin, 417.
La question des deux Amalaire, 433.
La liturgie de Naples au temps de S. Grégoire, 481.
Critique des sermons attribués à Fauste de Riez, IX, 49.
L'auteur de l'admonition synodale sur les devoirs du clergé, 99.
Ituria, un nouveau mot latin, 173.
Le recueil primitif des homélies de Bède sur l'Évangile, 316.
Amalaire, 337.
La lettre de S. Jérôme sur le Cierge Pascal, 392.
Le premier volume des Anecdota Maredsolana, 442.
L'Homéliaire d'Alcuin retrouvé, 491.
Un écrivain belge ignoré du XIIᵉ siècle, Geoffroi de Bath, X, 28.
Mes principes et ma méthode pour la future édition de S. Césaire, 62.
Les notes liturgiques de l'Évangéliaire de Burchard, 113.
Notes sur plusieurs manuscrits de la bibliothèque d'Œttingen-
    Wallenstein à Maihingen, 164.

Une révision du Psautier sur le texte grec, 193.
Un nouveau type liturgique, 246.
Le séminaire d'histoire ecclésiastique de l'Université de Louvain et ses récents travaux, 310.
Pastor et Syagrius, 385.
Découverte de l'antique traduction latine de l'épître de S. Clément à l'Église de Corinthe, 402.
Histoire de la Vulgate pendant les premiers siècles du Moyen-Age, par Samuel Berger, 433.
Sermons inédits attribués à S. Augustin, 481 ; 529.
Nouvelles recherches sur l'auteur du Te Deum, XI, 49 ; 337.
Le libellus synodicus attribué par Bède à S. Grégoire le Grand, 193.
Encore la question des deux Amalaire, 241.
Le libellus synodicus de S. Grégoire, 271.
La lettre de l'évêque Maxime à Théophile d'Alexandrie, 274.
Notes sur plusieurs écrits attribués à Bède le Vénérable, 289.
Étude sur une série de discours d'un évêque de [Naples] du VIᵉ siècle, 385.
Les Commentarioli inédits de Saint Jérôme, 472.
Mélanges d'érudition chrétienne, XII, 193.
S. Prosper de Reggio, 241.
Un essai d'autocritique, 385.
Note sur un Liber hermeneumatum ou commentaire biblique en forme de gloses de l'époque carolingienne, XIII, 66.
L'Homéliaire de Burchard de Würzbourg, contribution à la critique des sermons de S. Césaire d'Arles, 97.
Six nouveaux sermons de S. Césaire, 193.
Note sur une lettre attribuée faussement à Amalaire de Trèves dans le MS. latin 21568 de Munich, 289.
Notes d'ancienne littérature ecclésiastique, 337.
Un opuscule inédit de S. Césaire d'Arles sur la grâce, 433.
Lettre inédite de l'évêque Evodius aux moines d'Adrumète sur la grâce, 481.
Deux petits discours d'un évêque Pétronius du Vᵉ siècle, XIV, 3.
Notes d'ancienne littérature chrétienne, 97, XV, 97.
L'Epistula ad virginem lapsam de la collection de Corbie : opuscule inédit de la fin du IVᵉ siècle, 193.
L'Origine des Quatre-Temps, 337.
Le De Psalmodiæ bono de l'évêque Niceta, 383.
Notice sur un manuscrit important dans l'histoire du symbole romain, 481.
Les douze livres sur la Trinité attribués à Vigile de Thapse, XV, 1.

Constantius évêque de Constantinople et les origines du Comes romain, 241.

Un évêque de Cordoue inconnu et deux opuscules inédits de l'an 764, 289.

Les sources non identifiées de l'homéliaire de Paul diacre, 400.

Le De vita christiana de l'évêque breton Fastidius et le livre de Pélage « ad viduam. », 481.

D'où était évêque Nicasius, l'unique représentant des Gaules au Concile de Nicée ? XVI, 72.

Le testament de S. Césaire d'Arles et la critique de M. Bruno Krusch, 97.

Notes sur divers manuscrits, 210.

Un nouveau recueil inédit d'homélies de S. Césaire d'Arles, 241, 289, 337.

La scrutation, rite baptismal de l'Église de Milan au IVe siècle, 414.

L'édition des lettres d'Amalaire dans les Mon. Germ. hist. 419.

Un opuscule inédit de S. Odilon de Cluny, 477.

Le testament du Seigneur, XVII, 10.

Un Concile inédit tenu dans l'Italie méridionale à la fin du IXe siècle, 143.

L'origine des Canons d'Hippolyte — La liste épigraphique des travaux de S. Hippolyte au Musée du Latran, 241. Lettre Mgr Batiffol, 415 — Réponse, XVIII, 93.

Règlements inédits de S. Grégoire VII par les chanoines réguliers, XVIII, 177.

Lettres inédites de S. Augustin et du prêtre Januarien dans l'affaire des moines d'Adrumète, 241.

Le symbole d'Athanase et son premier témoin : S. Césaire d'Arles. 337.

L'année liturgique à Aquilée antérieurement à l'époque carolingienne, XIX, 1.

Quatorze nouveaux discours inédits de S. Jérôme sur les Psaumes, 113.

Un type peu connu de la croix de S. Benoît, 208.

Autour du Tractatus Origenis, 225.

La Translation de S. Benoît et la Chronique de Leno, 337.

Pages inédites d'Arnobe le Jeune ; la fin des Expositiunculæ sur l'Évangile de S. Luc, XX, 64.

Hilarius l'Ambrosiaster, 113.

Hieronymus, de Monogrammate, 226.

Un système inédit de lectures liturgiques, 375.

Un symbole inédit attribué à S. Jérôme, XXI, 1. — Un nouveau fascicule des Anecdota Maredsolana, 71.

Une prière inédite attribuée à S. Augustin, 124.

Un travail inédit de S. Césaire, 225.

Une nouvelle théorie sur les origines du canon de la messe romaine, 375.

Plenkers (Dom Héribert) Un manuscrit de Montserrat. XVII, 362.

Une édition de la règle bénédictine au XVe siècle, XVIII, 21.

Porée (Chanoine) Lettres de quelques bénédictins de la fin du XVIIIe siècle, XIX, 171.

Proost (D. Raphaël) La Nouvelle-Zélande, XIV, 71, 115. 263.

Les récentes publications de l'observatoire bénédictin de Kremsmünster, XV, 448.

Le comput pascal, XVI. 25, 145.

L'enseignement philosophique des Bénédictins de S. Vast à Douai à la fin du XVIIIe siècle, XVII, 51.

La simplicité des substances spirituelles à l'origine de la philosophie chrétienne, XX, 52.

Quentin (Dom Henri) Le martyrologe hiéronymien et les fêtes de S. Benoît, XX, 351.

Rottmanner (Dom Odilon) Catholica, XVII, 1, 315.

S. Augustin sur l'auteur de l'épître aux Hébreux, XVIII, 257.

Schuster (D. Ildephonse) Les ancêtres de S. Grégoire et leur sépulture de famille à Saint-Paul de Rome, XXI, 113.

Tondini de Quarenghi (R. P.) Choses d'Orient, IX, 279.

Van Heteren (D. Willibrord) Les pierres précieuses de la Bible et leurs attributions, V, 30, 132, 223.

Coup d'œil historique sur l'ordre bénédictin en Hollande avant le protestantisme, VII, 363, 401, 501, 545.

Egmond, ses abbés et ses seigneurs, X, 198, 348.

L'abbaye et les Seigneurs d'Egmond du XIVe au XVIe siècle, XIII, 295.

Van Weddingen (D.). Notes d'un carnet de touriste, Rome, I, 391, 422, 522. II. 157.

Wolter (D. Placide) Une visite au Mont Thabor, IV, 211.

TABLE ANALYTIQUE.

A.

Abbon, écolâtre de l'abbaye de Fleury, VI, 504 —

Abel, (S.) anglais d'origine, coadjuteur de S. Ermin. — évêque régionnaire, archevêque de Reims—compagnon des SS. Vulgise et Amolain, évêques, V, 307.

Abélard, XI, 376, B. M. (1). — ses erreurs sur la Trinité, XV, 201 sqq. Voir Hugues de S. Victor. — étude sur sa controverse avec S. Bernard, XV, 303, B. M. — et S. Bernard, XVI, 310. B. M. — et le droit canonique, dissertation, XVII, 310. B. M. moraliste, dissertation. XVIII, 89. B. M.— Notice. XVIII, 422. B. M.

Abingdon, (abbaye d'). XI 217. B. M.

Abdinghof, (abbaye d') à Paderborn, notice, XI, 214. B. M.

Absie, (Cartulaire d') XII. 506. B.M.

Académie, projet d'Académie de jeunes nobles, à Prague. XV, 318.

Achelis, Die Martyrologien, ihre Geschichte und ihr Wert, XX, 285. Voir Martyrologe.

Achery, (D. Luc d') ses correspondants, XVI. 180, B. M. — Quelques pages supprimées dans le tome V^e de son spicilège, XVI, 318, 319. — Lettre à D. Le Michel, 324 — à Mr de Valois (Adrien) 326.

Adalbéron (S.) Elévation de ses reliques à l'abbaye de Lambach, I, 433 —

Adalbéron II. évêque de Metz, perfectionne son éducation classique à l'abbaye de Gorze, VI, 504.

Adalbéron, évêque de Laon, ses poëmes satiriques contre la réforme clunisienne, XVIII. 306, B. M.

Adalbert, (S.) Remarques sur le « Passio S. Adalperti martyris (Kaindl.) X, 555. B.M. — biographie et renseignements sur le lieu de son martyre. XIV. 315. B. M. — XV, 164. B. M. — Sa lettre à l'évêque Milon de Minden pour lui annoncer l'envoi d'une Passio Gorgonii. XV, 301, B. M. étude d'un cantique à Marie en polonais, composé par ce saint, 301. B. M. — étude sur sa vie, 302. — Aperçu analytique et antique des travaux publiés à l'occasion du IXe centenaire de sa mort. XV, 519. B.M.— Archev. de Prague, quels sont les auteurs de ses différentes vies ? XIX. 80. B. M. — Dissertation sur le lieu de son martyre, ibid. —

Adalbert, moine de S. Maximin de Trèves, sa chronique de Réginon, XVII, 174, B. M.

Adam, abbé de S. Martin de Cologne, XI, 8. — XIV, 530. B. M.

Adam, (Henri) moine de S. Lau-

---

rent de Liège, maître de novices et sous-prieur, abbé du monastère, ses essais de réforme monastique dans son abbaye. VIII, 23, XI 10. — sous-prieur de S. Laurent de Liège, puis abbé de ce monastère, XII, 338.

Adam de S. Victor. Un traité faussement attribué à Adam de S. Victor, XVI, 218 sq. : le traité *de discretione animæ, spiritus et mentis* n'est pas de lui, 218 : le cod. CCCCLI du Corpus Christi College de Cambridge l'attribue à Achard, ibid. ; ms. 1002, fol. 242ᵛ-247 (XIIIᵉ s.) de la biblioth. Mazarine, ibid. ; opinion de Hauréau sur l'attribution de ce traité à Achard, ibid. ; probabilités en faveur de ce dernier, 219.

Adamman, abbé d'Iona, XII, 507. B. M.

Ade, boursier de l'abbaye de Vauclair, XVI, 277.

Adélard. (S.), abbé de Corbie, originaire de Huysse près Audenarde, sa biographie, XIV, 524. B. M. — ses statuts par Corbie, étude, XVIII, 85, B. M.

Adélard de Bath, étude sur son traité « de eodem et diverso ». XX, 395. B. M., — XXI, 88, B.M.

Adélard, écolâtre de S. Trond, abbé de S. Hubert, VI, 357.

Adelbert (S.) notice, VII, 401.

Adelbert, auteur de la Passion des SS. Gorgone et Dorothée, n'est pas le même que S. Adalbert de Prague, XVI, 309. B. M.

Adelbold, évêque d'Utrecht, étudie à Lobbes, VI, 508.

Adelbold, écolâtre de Liège, ses rapports avec Gerbert, XVII, 417. B. M.

Adelmann, écolâtre de Liège engage son ancien condisciple Bérenger à se rétracter. VI, 6. — évêque de Brescia, VII, 16.

Aderald, (S.) archidiacre de Troyes, fait ses études au monastère de S. Pierre de Celle, VI, 504.

Admonition. L'auteur de l'*Admonition synodale* sur les devoirs du clergé, IX, 99 sqq. ; texte français de cette pièce, 99 sqq. ; usage de cette admonition du haut moyen-âge jusqu'à nos jours, 102 sqq. ; silence des mss. sur son auteur, 104: noms à écarter: Eutychien, Udalrich d'Augsbourg, Rathier de Vérone, Léon IV, ibid. sq. ; résultats, 105 ; le cod. lat. 5515 de Munich l'attribue à S. Césaire, 106 ; probabilités très fortes en sa faveur, ibid. sqq.

Admont, (abbaye d') Notice détaillée sur l'abbaye, II, 425 et sqq. — Guide de la bibliothèque, XIV, 542, B.M. — ses anciens biens et son refuge à Graz. XV, 313, B.M.

Adoration perpétuelle. Bénédictines de... à Nancy, notice, XIV, 324, B. M.

Adrichem, (Nicolas van) abbé d'Egmond, XIII, 313.

Adrien Iᵉ, explication sur sa lettre à l'abbé de S. Denis, XIV, 315, (B. M.)

Adrien, liturgiste de la Congrég. de Bursfeld, abbé de Schönau, XVI, 553. — demande l'union de son abbaye à la Congrég. de Bursfeld, ibid.

Adrien, moine de Jacobsberg, près Mayence, notices historiques, XVII, 302, B. M.

Aduard, (abbaye Cisterc.) ses abbés, Eylarm, Godfroid d'Arnhem, Arnould Lant, VII, 413.

Aeghem, (Jean de) prieur de Basse-Wavre. XIV, 475.

Aernout, (Adrien) carme, évêque de Rose, auxiliaire de Cambrai, XXI, 141.

Affaires ecclésiastiques, coup d'œil sur la marche des affaires en cour de Rome, VIII, 85 sqq.

Afflighem, (abbaye) Notice, IV, 204, 254. — Cartulaire, XII, 279. B. M. — dépendance : le prieuré de Basse-Wavre, XIV, 470, 489.

Agathe, (Sainte) Notice liturgique — culte — V, 49, sqq.

Agen, (Bernard d') ancien moine de Cluny, abbé de Sahagun, premier archevêque de Tolède, — S. Hugues de Cluny lui écrit, XVIII, 87, B. M.

Agile, (S.) premier abbé de Resbais, formé à Luxeuil, VI, 501.

Agius, disciple de Gérold, n'est point un moine de Lambspring, mais de Corbie, n'est point frère de l'abbesse Hatumod de Gandersheim, ses œuvres, XVI, 176, B. M.

Agneau pascal, L'agneau pascal et la Pâque de l'agneau. — La Pâque de l'ancienne alliance — Le véritable agneau prédit et attendu — Voici l'Agneau de Dieu — L'immolation — La Pâque de l'Agneau — La Pâque du nouvel Israël. — Différences entre ces deux Pâques — Le triomphe final de l'Agneau et la Pâque éternelle, II, 3. sqq.

Agnès, abbesse de Ste Marie la Petite à Jérusalem, V, 555 —

Agnus Dei, Origine des Agnus Dei, leur bénédiction le mercredi de Pâques et leur distribution le samedi suivant par le Pape à S. Jean de Latran, II, 21 et sqq. — Leur confection ancienne (cire et saint-chrême) est changée (cire et poussière des martyrs des Catacombes), 23. — leur forme, 23. — Grégoire XIII défend de les couvrir d'or ou de couleur — rite de la distribution des Agnus Dei, 23. — leur vertu, d'après Urbain V, Paul II, Jules III, Sixte V, Benoît XIV, 24.

Agrapha, Travail de Resch dans «Texte und Untersuchungen zur gesch. der altchristl. Literatur» (t. V. part. 4, p. 111.) XIII, 341. Sentence de Jonas, évêque d'Orléans, dans sa vie de S. Hubert, écrite entre 825 et 831. Sens du mot : ίδρωτάτω, desudet.

Aguirre, (cardinal Saenz d') O.S. B. ses écrits, XIX, 264.

Ahrweiler (Jacques d') carme, évêque de Croa (1352-1370) auxiliaire de Cambrai, XX, 263 à 265. — auxil. de Tournai, XXI, 274.

Ahun (monastère d') son état matériel en 1702. XV, 554. B. M.

Aich, (Frédéric d') abbé de Kremsmünster, XV, 171. B. M.

Aigneville de Millancourt, (A. Simon Franc.) évêque d'Amgeles, auxiliaire de Cambrai, XXI, 157.

Aigrefeuille, (Pierre d') bénédictin de S. Martin de Tulle, évêque de Tulle, Vabres, Clermont, Uzès, Mende et Avignon — notice, X, 414.

Aigrefeuille, (Guillaume d') cardinal, bienfaiteur du collège S. Martial d'Avignon, XI, 351.

Ailly (Pierre d') évêque de Cambrai, puis cardinal, avait en grande estime l'abbé de S. Ghislain, Jean de Layens, VI, 451,

— l'aide dans la réforme de son abbaye, XI, 11.

Aimard, (Dom) XI, 352.

Ainay, (Abbaye d') et le culte de Ste Madeleine. XVII, 428, B. M.

Aindorf, (Gaspard d') abbé de Tegernsee, XII, 305.

Airinschmalz, (Conrad) abbé de Tegernsee. XII, 305.

Aix-la-chapelle, (Concile d') 809, V, 444.

Alabat, (Dom Guillaume) abbé de S. Sulpice de Bourges, résigne sa charge en faveur d'un moine de Chezal-Benoît. XVII, 40.

Alain, abbé de Farfa — son homéliaire, XVIII, 420. B. M.

Alard, abbé de Florennes, auteur des Miracula S.Theodorici.avait été moine de S. Thierry-les-Reims, X, 569.

Alaska, Mgr Seghers et la mission d'Alaska, IV, 401.

Alaydon, (Dom J. B.) supérieur général de S. Maur, XVI, 353, note 1.

Albanés,(Ch^{ne})Etude biographique sur Pierre d'Aigrefeuille. O. S. B. X, 414. Voir Aigrefeuille.

Albano (Matthieu d') cardinal, notice biographique, XVIII,113, 180.

Albéric, écolâtre de S. Remi de Reims. maître du B^{ux} Hugues, abbé de Marchiennes, VI, 505. — puis archevêque de Bourges, XVIII, 115.

Albéron, primicier de Metz, difficultés que cause son élection au siège de Mayence, XVIII, 136, 137, 138.

Albert, abbé de S. Hubert en 954. VI, 357.

Albert, prieur de la chartreuse de Christgarten, XII, 294.

Albert, abbé de Maria-Laach.546. B. M.

Albret, (Jeanne d') abbesse de Ste Marie de Nevers. XVII, 127.

Albuquerque Coelho, (Georges d') capitaine, obtient la permission du général de la congrégation portugaise de fonder des monastères dans sa capitainie, XV, 417.

Alcuin, l'homéliaire d'Alcuin retrouvé, IX, 491 sqq. : mentions de ce recueil, 491 ; hésitations de Mabillon, ibid. ; opinion du Dr Werner, ibid. sq. ; le ms. lat. 14302 de la bibl. nat. de Paris, 492 ; résultats de l'examen de ce ms., ibid. sq. ; restitution de cet homéliaire à Alcuin, 494 ; son contenu, ibid. sq.; particularités remarquables de ce recueil, 495, sq. ; la fête gallicane de la Vierge au mois de janvier, 496 ; l'auteur de l'apocryphe *Cogitis me*, 497 ; les homélies inédites contenues dans le même ms. ibid. — ses manuscrits, XV, 223, 228. — son histoire, XVI, 306, B. M. — Est-il l'adversaire de l'Adoptianisme, XIX, 298. B. M. — son action sur l'instruction religieuse de son temps, XX, 190. B. M. — sa manière de voir sur l'étude et l'enseignement, son opinion sur les classiques païens, et les sept arts libéraux, ses différents écrits présentant quelque intérêt au point de vue de l'instruction religieuse, XX, 392. B. M. — notices — ses travaux liturgiques, XXI,442.B.M.

Aldegonde, (Sainte), se retire à Maubeuge avec ses deux filles Aldetrude et Madelberte, VI, 402.

Aldetrude (Sainte), fille de Ste Aldegonde et sœur de Ste Madelberte se retire avec sa mère à Maubeuge, VI, 402.

Aldhelm (S.), sa vie, son époque — son poëme « de Virginitate, » XXI, 442. B. M. — notes sur quelques poëmes qu'on lui attribue, XVIII, 85. B. M.

Aldhelme, abbé de Malmesbury (675-709) sa correspondance avec l'abbé de Péronne, Cellanus. XVIII. 311. B. M.

Alemans (prieuré d'). près d'Epinon, diocèse de Soissons, XI. 251, 252.

Alexandre II, donne à l'abbé de S. Benoît s/Loire le privilège de siéger le premier parmi les abbés de France, XVII, 153.

Alexandre III, bulle en faveur de l'abbaye de Faremoutiers,(1167), XV, 173. B. M.

Alexandre IV, donne les biens de l'abbaye de Béthanie à l'Hôpital à Jérusalem (1256) V, 558, avec ceux l'abbaye du Mont-Thabor, 595.—ordonne de ne point allonger les offices outre-mesure, sa bulle du 28 déc. 1254. XI. 38.

Alexandre VI, charge l'abbé de Chezal-Benoît, Dom. M. Fumée de procéder à la réforme des monastères bénédictins, XVII, 39.

Alexandre, évêque de Plock, en Pologne, (1129-1165.) était natif des environs de Malonne, contribue en 1147 au rétablissement de l'abbaye de Malonne, avec son frère Walter, prévôt de sa cathédrale, VIII, 115.

Alfère, (S.) 1er abbé de Cava, XII, 468.

Algerus, liégeois — études de son écrit sur la dignité de l'église liégeoise identifié avec l'appendice du Liber Officiorum Ecclesiæ Leodiensis, XVIII, 89, B. M.

Alibert, (dom Jean d') général de la Congrég. des Exempts de France, XIV, 406.

Aligre, (d') abbé de S. Jacques de Provins, sa vie par D. P. Le Court O. S. B. XV, 13.

Alix, (prieuré d') près Savigny en Lyonnais — les religieuses viennent faire profession à Savigny, chez les Bénédictins, — rites de cette profession, XX, 276, B. M.

Allard, (Paul) Histoire des persécutions pendant les deux premiers siècles. VIII, 407 sqq.

Allegri, (Marioctus) prieur général des Camaldules,sa vie.XIV,550. B. M.

Alleux, (D.Gibard des) notice,XX, 399, B. M.

Allesnes, (dom Jossion d') abbé de S. Bertin, XII, 158.

Alliot, (D. Hyacinthe) abbé de Moyenmoutier,célèbre écrivain, XVI, 330 et suiv. — correspondant de D. Mabillon, XVI, 520.

Alloix, (monastère des) son état matériel en 1702, XV, 554, B. M. — avait pour dépendance le prieuré de Valeys, XVI, 175. B. M.

Almire, (S.) abbé de Gréez sur Roc, — sa vie — XIX, 298. B.M.

Alost, (Jean d') évêque de Linda, auxil. de Tournai, XXI, 274.

Alpirsbach, (abbaye d') notice, XV, 312. B. M.

Alsace, (cardinal d')archevêque de Malines, rétablit l'abstinence à Afflighem, sur les avis de D. Calmet et des professeurs de théologie de Louvain, XIV, 295.

Alsace, les monastères d'Alsace et la navigation sur le Rhin au moyen-âge. XIX, 91. B. M.

Altenbourg, (abbaye) ses rapports avec le collège des Piaristes de Horn, XX, 411, B. M.

Altenbruck, (Gaspard d') moine de Monsee, XII, 305.

Altmünster, (abbaye d') à Luxembourg, XIII, 174, B. M. — sa fondation, XIV, 320, B. M. — XV, 173. B. M.

Altkirch, (prieuré de S. Morand d') XI, 213.

Altorf, (abbaye d') en Alsace, XIII, 176, B. M. — renseignements littéraires et bibliographiques sur les notitiæ rerum alsaticarum XV, 305, B. M. — Journal de l'abbaye, 305.

Alvares, (D. Louis) espagnol, XV, 220, 221.

Amalaire, La question des deux Amalaire, VIII, 433 sqq.: le rôle liturgique d'Amalaire, 433 ; incertitude sur le personnage, ibid. ; état de la question, 434 ; arguments de Sirmond pour prouver l'existence de deux Amalaire, 435 ; critique, 436 sq.: probabilités pour l'identité des deux personnages, 437 ; rapprochements des deux carrières, ibid. sq. : l'Amalaire de l'assemblée de 825, 438 sq. ; l'identité ressort des écrits d'Amalaire, 439 sq.: lettre d'Amalaire à l'abbé Hilduin, 440 sq. ; quel est l'évêque mentionné à la fin de cette lettre, 441 sq. ; conclusion en faveur d'un seul Amalaire.— fable relative à son enfance, IX, 337 ; peu de données sur ses premières années, 338 ; élève d'Alcuin, ibid. ; son séjour probable à Lyon sous Leidrade, ibid. sq. ; abbé commendataire de S. Pierre de Hornbach, au diocèse de Metz, 341 sq. : il succède à Wizo sur le siège de Trèves, 342 sq. : les péripéties de son ambassade à Constantinople, 343 sq. ; il est remplacé sur le siège de Trèves, 345 : les principaux événements jusqu'en 834, ibid. sq. : après la déposition d'Agobard de Lyon, il se rend dans cette ville, 348 ; les menées de Florus contre lui, ibid. sq. ; condamnation de sa doctrine à la diète de Kiersy, 349 ; la dernière mention dans l'histoire, ibid. sq.: il meurt vers 853, 350: son culte, ibid. sq. — Encore la question des deux Amalaire, réponse à l'objection de M. Mönchemeier, XI, 241 sqq. ; réfutation de l'opinion de D. Morin, 241 ; critique de la distinction des deux Amalaire par Mönchemeier, 242 : la difficulté soulevée par lui au sujet d'Amalaire de Metz n'existe pas, ibid. sq. — Note sur une lettre faussement attribuée à Amalaire de Trèves dans le ms. lat. 21568 de Munich. XIII, 289. — col. Bulletin de l'Académie de Bruxelles de 1843, **P. I.** p. 156 sq. : texte 290-291. C'est une réponse à la circulaire sur le Baptême adressée par Charlemagne en 811/812 aux métropolitains de son empire, 292. L'auteur est un des trois métropolitains : Riculf de Mayence, Hildebald de Cologne, ou Arn de Salzbourg, 292. Motifs pour rejeter les indications du ms. de Munich, 292-294.

— Son idée sur l'institution de la commémoraison des défunts, XV, 468. — L'édition des lettres d'Amalaire dans les *Monumenta Germaniæ historica*, XVI, 419 : l'identité des deux Amalaire est consacrée, 419 : solution d'une difficulté au sujet d'Amalaire de Trèves et de son abdication, ibid. ; difficulté réelle déjà proposée par Mönchemeier, 420 ; solution qui consiste à ne pas mêler les trois assertions d'Amalaire de Metz, ibid. ; la pièce 12 « *sufficere quidem* » est apocryphe, 421. — travail du Dr Marx, XVII, 315 sq.; identification des deux Amalaire, 315 : restitue à Amalaire le *liber de divinis officiis*, 316 ; exposition de la carrière d'Amalaire Fortunat, ibid.

Amalberge, (Sainte) abbesse de Susteren, VII, 375.

Amalric, religieux de Floreffe, premier abbé du monastère norbertin de Saint-Abacuc en Palestine, puis évêque de Sidon, V, 554.

Amand, (S.) év. Sa légende, III, 312, 418, 561 ; IV, 172, 386.

Amand, (Dom) sa correspondance sur l'auteur de l'Imitation, XIV, 540, B. M.

Amann, (Jean) abbé de Wiblingen, XII, 295.

Ambach, (Simon d') moine de Melk, XII, 304.

Amboise, (Jacques d') abbé de Chezal-Benoît et de Cluny, résigne sa 1re charge, XVII, 41.

Amboise, (Georges d') cardinal, et légat-apostolique en France. — acte qui confie la direction des bénédictins de Saint-Menoux, Charenton (N. D.) S. Laurent, Issoure aux abbés de S. Sulpice de Bourges et de Chezal-Benoît, XVII, 124, 126.

Amboise, (Collège d') fondé par le duc de Choiseul en 1770, — les Mauristes abandonnent le collège de Pontlevoy pour le diriger, notice, XVIII, 311, B. M.

Ambrozis, son ouvrage sur l'union des églises, XIX, 413 sqq. Voir Eglises.

Ambrosiaster, Hilarius l'Ambrosiaster, XX, 113 sqq.; erreur de Zimmer, 113 ; résultats acquis sur l'auteur, 114 ; valeur de l'hypothèse « *Isaac* » ibid.; objection de Zimmer et réponse, ibid. sq. ; opinion de S. Augustin sur l'auteur du commentaire, 115 ; tradition irlandaise, 116 ; quel est cet Hilaire auquel est attribué ce commentaire, opinions diverses et critique, 117 ; l'Ambrosiaster était laïque, 118 ; occupait un rang relativement élevé, 119; preuves de l'assertion, ibid. sq. ; c'est probablement Decimius Hilarianus Hilarius, 121 : sa vie, ibid. sq. Solution d'une difficulté tirée de S. Jérôme, 123 ; conclusion, 124. Voir S. Hilaire, deux fragments d'un traité entre les Ariens.

Amé, (Nicaise) XX, 399, B. M.

Ameland, (abbaye d') le plus ancien monastère de la Frise, VII, 408.

Amelot, (Jacques) docteur en théologie, prieur de N. D. de Gournay, XVII, 122.

Ami, (S.) XI, 371, — B. M.

Amiens, (Hugues d') abbé de Reading, archevêque de Rouen, allié à la famille du cardinal Matthieu d'Albano, O. S. B. XVIII, 114. — lui dédie quelques opuscules théologiques, 129.

Amoers (Jean), moine de Vlier-beck-lez-Louvain, prieur, poëte, XV, 306. B. M.

Amoluin (Saint), moine de Lobbes et évêque régionnaire V, 307.

Amorbach (Richard d'), abbé de Fulde, XII, 36.

Amorbach, (abbaye d'), notice, XVII, 311. B. M.

Ampleforth (abbaye) fondée en 1804 par l'ancienne communauté de Dieulwart en Lorraine, de la congrégation anglaise, — état de l'abbaye en 1880, — évêques sortis de son sein. I, 334.

Anagni (Pierre d') XV, 277.

Anatole (S.), évêque de Cahors, son corps à l'abbaye de S. Michiel (diocèse de Verdun) XV, 124, 161.

Andechs (abbaye), en Bavière, XII, 278. B. M.

Andernach (Jean d'), moine et écrivain de Maria-Laach, X. 81. XV. 546. B. M.

Andlau, (Barthélémy d'), abbé de Murbach, influence de l'humanisme sous son abbatiat, XIV, 325, B. M.

André (S.) Ce que l'Évangile nous apprend de S. André, — son histoire après l'Ascension, — Premières translations de ses reliques et propagation de son culte, — Notions et institutions placées sous son patronage, — la croix de S. André, — Prière d'un pieux chroniqueur à S. André, II, 498 et sqq.

André de S. Ambroise (P.), prieur de S. Matthieu de Gènes, XIV, 166. B. M.

André, abbé d'Hornbach, donne l'autorisation à deux de ses religieux de fréquenter les universités, XIV. 541, B. M.

André, moine d'Anchin, XV, 470.

André, moine de Ratisbonne, auteur d'un « chronicon generale. » XVI, 311. B. M.

André, abbé de S. Pierre d'Erfürt — sa lettre relative à l'anniversaire du roi Dagobert, XIX, 81. B. M.

Anecdota, Le premier volume des Anecdota Maredsolana, IX, 442 sqq. Voir, S. Clément. — S. Jérôme : commentarioli.

Angelique (Mère), abbesse de Port-Royal, d'après sa correspondance, X, 565.

Angelus, son origine, (Urbain II, concile de Clermont ?), indulgences attachées à sa récitation, conditions pour les gagner, décret du 3 avril 1884. I, 369. — La formule actuelle de l'Angelus remonte à S. Pie V, 372. — Benoît XIV prescrit la récitation du Regina cœli durant le temps pascal, 372. — Notes sur l'Angelus, IV, 64, sqq.

Angers, (Bernard d') XIV, 552, B. M.

Angleterre, La crise religieuse dans l'Église d'Angleterre, XVII, 71 sqq. ; différentes crises dans l'église d'Angleterre depuis 50 ans, 71 ; le mouvement tractarien et ritualiste, 72 ; ses conséquences dans le culte, 73 ; réclamation de la continuité, 74 sqq. ; école modérée, 76 ; intervention de Kensit dans le conflit, 77 ; difficultés qu'il crée au parti ritualiste, 78 sqq. ; « l'opinion » et ses phases, 83 sqq. ; double courant dans le mouvement anglican, 188 ; dangers du ritualisme, 189 sq. ; tendance libérale dans ce parti, 190 ; défiance des catholiques vis-à-vis des ritualistes, 191 sq. ; attitude à prendre par les catholiques, 193 sqq. : cause de la vitalité de l'anglicanisme, 196 sq. : statistique des progrès de l'Eglise catholique, 198.

Anglicanisme, Les origines du culte anglican, VIII. 133. Analyse de l'ouvrage : Edward VI, and the Book of common Prayer. Voir *Gasquet*. — La controverse sur les ordinations anglicanes, XI, 529 sqq. ; durée de la controverse, 529 : opinions anciennes sur la nullité de ces ordinations, ibid. ; l'ordination de Parker, 530: l'incident de l'évêque Bonner, ibid. sq. : le registre de l'ordination de Parker, 531 sq. ; arguments invoqués contre la validité des ordres anglicans, 532 : examen de la forme employée, 533 ; examen de l'intention de ceux qui ont établi la forme, 534 : erreur des catholiques, ibid.: le travail du chanoine Estcourt, 535 : différentes décisions du S.Siège, 536: sentiments des anglicans vis-à-vis des catholiques dans cette question, ibid. sq. : la brochure de Dalbus et l'article de Duchesne, 537 sq. ; les articles de Montevis, 538 : les congrès de Bonn et de Rotterdam, 539 : l'opinion défavorable aux ordres anglicans de l'évêque anglican de Sodor et Man, 540 : la thèse de M.Boudinhon, t. XII, 123 sq. : la controverse au sujet des déclarations du Card. Vaughan, 124 sq. ; la 2e controverse relative à l'acte de l'archevêque protestant de Dublin, Plunket, 125 sq. ; sentiments des anglicans, 126 ; la lettre de lord Halifax et celle du Card. Vaughan à l'archevêque de Tolède, ibid. sqq. : intervention de Dalbus et critiques, 128 ; critiques des assertions de Dalbus au sujet du Book of common Prayer, 129 sq.; critiques au sujet de ses assertions sur Barlow, 130 sq. ; la vérification du registre de Lambeth, 131 : la *rubrique noire* et Dalbus, ibid. sq. ; conclusion 132 sq. — Anglicanisme et orthodoxie, compte-rendu critique du livre de M. Birkbeck, XIII, 1.

Aniane, (abbaye d') son rôle, son influence, ses destinées, documents inédits, XVI, 307. B. M.

Anjou, (Sybille d') fille du comte Foulque V, d'Anjou, épouse en 3es noces de Thierry d'Alsace, comte de Flandre, prend le voile à Béthanie, V, 558.

Anjou,(Gaufrid Martel d') le comte, use de son influence pour faire sortir Bérenger de prison, VI, 7.

Annales, de l'ordre de St Benoît et la critique moderne, XI, 209. B. M.

Annales carolingiennes, furent en grande partie rédigées dans les monastères, XVI, 176, B. M.

Annalistes, monastiques d'Angleterre —leurs opinions politiques sur Henri VII, X, 563.

Annonciation, Elévation sur : IV, 151. — Poésie, V, 151.

Anschaire, (S.) écolâtre de Corbie, évêque en Danemark, VI, 510 — son histoire et les origines de l'histoire ecclésiastique du Schleswig-Holstein — XIX, 300, B. M. — Notice, XXI, 443. B. M.

Anségise, abbé de S. Wandrille, est-il l'auteur des Institutions canonicorum et sanctimonialium, approuvées au Concile d'Aix-la-Chapelle de 816 ? XX, 188, B. M.

Anségise, moine et abbé de Lobbes, puis archevêque de Sens, V. 308.

Anselme (S.) L'argument de S. Anselme, historique de la discussion entre S. Anselme et le moine Gannilon, X, 562. — dissertation sur les preuves de l'existence de Dieu dans saint Anselme, XII, 37. B. M. — sa vie, XIV, 158. B. M. — ses rapports avec S. Bruno de Segni, XV, 277. — étude sur son traité « Cur Deus homo » XVI, 310. B. M. — travaux philosophiques et théologiques sur son sujet, XVII, 310. B. M. — dissertation sur l'argument dit de S. Anselme, XVIII, 307. B. M. — son argument (étude) — exposé critique de la doctrine anselmienne, — traduction et commentaire du « Cur Deus homo. » — sa vie et son action extérieure dans ses rapports avec Rome et ses luttes avec le pouvoir civil. XIX, 305. B. M. — sa théorie sur la satisfaction. XX, 394. B. M. XXI, 446. B. M.

Anselme, abbé d'Edmundsbury et la fête de l'Immaculée Conception XIII, 533. Voir Immaculée Conception. XIV, 539. B. M.

Ansiel (Jean), abbé de Lobbes, V, 399.

Anson (Beux), abbé de Lobbes, fondateur de la fameuse école abbatiale de Lobbes, V, 308.

Antiennes, Notes sur : II, 512 et sqq. — les Antiennes O.

Antioche, abbayes de S. Paul et de S. Lazare — notice — V, 560, 561.

Antiquité classique, et l'Eglise, analyse critique d'un ouvrage du Dr P. Nerrlich sur ce sujet, XII, 10.

Antoine, (S.) Notice sur ; II, 546.
— étude sur sa règle. XIII, 500, B. M.

Anvers, Le Congrès eucharistique d'Anvers, impressions d'un congressiste, VII, 457 sqq.

Apostolat, Vie active d'apostolat — conformer à l'esprit de la règle de S. Benoît confirmée par les traditions de l'ordre, XVII, 416. B. M.

Aquilée, (Schisme d') examen des sources utilisées par Paul diacre pour raconter l'histoire de ce schisme, XVIII, 215. B. M.

Aquilée, L'année liturgique à Aquilée antérieurement à l'époque carolingienne d'après le codex evangeliorum Rehdigeranus, XIX, 1 sqq. ; manque de documents liturgiques de l'église d'Aquilée, 1 ; codex Rehdigranus du VIIe s. ; capitulare Evangeliorum du VIIIe s. y contenu, 2 ; listes des évangiles de décembre à juin, 3 sqq. ; d'après Haase, ce manuscrit est d'origine aquiléenne, 9 ; considération confirmant cette opinion, ibid, sq.

Arason, (Gudmund) évêque d'Hólar en Islande, XV, 152.

Arbellot, Les Bénédictins de S. Maur originaires du Limousin, X, 412.

Arbrissel, (Bx Robart d') sa création monastique, étude sur l'histoire du monachisme. XX, 193. B. M. — étude, XX, 394, B. M.

Arca Pacis,(monastère dit) près de Driebergen (Hollande), Bénédictines du S. Sacrement, fondé à Bonn en 1857, transféré en 1875. notices, IX, 481.

Arcezune,(Jean d') abbé de Ste Colombe de Sens, accepte les usages de Chezal-Benoît pour son abbaye, XVII. 121.

Archives Vaticanes, notices sur ces archives — Léon XIII les ouvre aux recherches des savants, en 1880. — nature de ce dépôt — l'ouverture des Archives Vaticanes donne naissance à la création de plusieurs Instituts historiques permanents à Rome — notice sur ces différents Instituts à Rome — XX, 132.

Arda, femme du roi de Jérusalem Baudouin Ier répudiée par lui, prend le voile à Ste Anne à Jérusalem, V, 556.

Arezzo, Voir Guy d'. — S. Marc. d'. (abbaye de) XIV, 550. B. M. — S. Esprit. (abbaye du) à Arezzo, XIV, 550. B. M.

Argenteuil, (prieuré d'), cédé par Louis VI à l'abbaye de S.Denis, XVIII, 132.

Ariald, (S.) ses relations avec l'ordre naissant de Vallombreuse, XIX, 289. B. M.

Arimathie, son identification du Ramathaim Sophim, VIII, 130.

Arméniens Méchitaristes, Voir Méchitaristes.

Armoiries, Les ordres religieux, XIII, 177. B. M.

Arnefrid, abbé de Reichenau, XIV, 534. B. M.

Arnobe, (le Jeune) Pages inédites d'Arnobe le Jeune, la fin des *Expositiunculae* sur l'Evangile, XX,64 sqq.; travaux anciens sur cet auteur, 64 ; description du code 132 de la bibl. de l'université de Gand, ibid. sq. ; énoncé des *capitula* d'Arnobe y contenus, 65 sq. ; correspondance des chapitres des évangiles de S. Jean et de S. Matthieu avec l'édition de Cousin, 66 sq. ; différence de S.Luc, 67 ; le ms. de Gand donne le texte authentique, ibid. ; textes inédits,67 sqq.; amélioration au texte sur S. Matthieu, 73 ; opinions sur la personne d'Arnobe le Jeune, ibid. ; D. Morin pense qu'Arnobe a vécu d'ordinaire à Rome, 74 ; qu'il y est probablement venu de la péninsule Illyrique,ibid. ; authenticité des ouvrages d'Arnobe, 75 ; celle du *conflictus*, ibid. ; celle des Annotations sur l'Evangile,ibid. sq.

Arnold D^r, Césarius von Arelate und die gallische Kirche seiner Zeit, XIII p. 98. Voir Burchard de Würzbourg.

Arnoul (S.) d'Oudenbourg. Son 8e centenaire ; notice, IV, 222.

Arnoul le Vieux,comte de Flandre et son diplôme en faveur de S. Pierre de Gand, XIII, 509. B.M.

Arnoul, abbé d'Afflighem, cède l'église Grand-Leez et ses dépendances à l'abbé Herman de Floreffe contre l'abbesse de Chebais, XIV, 474.

Arnould,seigneur d'Egmond,XIII, 295.

Arnstadt, (monastère d') Sa sécularisation, XX, 415. B. M.

Arras, (monastère) Bénédictines

du S. Sacrement, notice IX, 3.

Art, l'art et l'ordre de S. Benoît, XXI, 434. B. M.

Art chrétien, Discours de Dom Odilon Wolff au congrès de Mayence sur l'art chrétien et remarques, X, 49, sqq.

Art religieux, Discours prononcé au congrès eucharistique de Bruxelles par Dom Laurent Janssens, sur les principes d'art religieux. XV, 404 sqq.

Arx, (D. Ildephonse von), moine de S. Gall — ses travaux apostoliques à Ebringen. XVIII, 223, B. M.

Ascèse, et monachisme, XIV, 19. sqq. B. M.

Ascèse chrétienne, description fausse et incomplète qu'en donne M. Harnack. XX. 185. B. M.

Ascétisme, L'Ascèse et le monachisme, XV, 159. B. M. — manière de vivre des ascètes et des vierges, le célibat au service du royaume de Dieu, la pauvreté pratiquée dans le même but, comparaison de l'ascétisme chrétien avec les manifestations de l'ascèse païenne, XV, 296. — Origine du mouvement ascétique Occident, 798. — B. M. — L'enseignement ascétique dans les premiers monastères orientaux, XVI, 14 sqq.: but du monachisme, 14 sq., formation ascétique chez les premiers Pères du désert, 15 sq.; luttes intérieures de l'âme, 17 sq.; classification des vices, 18 sq.; vice de la tristesse, 19 sq.; but pratique poursuivi dans l'enseignement ascétique, 22; ouverture du cœur exigée, ibid.sq.; miséricorde des uns et sévérité des autres, 23 sq.; étude des Ecritures, 76 sq.; conférences des anciens, 78 sq.; dangers de la paresse, 79; tiédeur, ibid.sq.; exemples des *verba seniorum* 82 sqq.; relations avec les solitaires de la contrée, 84 sqq.; règles pour les conférences monastiques, 159 sq.; enseignement écrit succédant à l'enseignement oral. 161 sq.; principaux travaux ascétiques, 163 sqq.; — l'ascétisme aux premiers temps de l'Islam, — Mahomet n'a point institué les Derviches; car il était ennemi de toute idée monastique, XVI, 171. B. M.

Asclépius, (S.) évêque régionnaire du Berry, fondateur de l'abbaye de S. Laurent de Bourges, IX, 387.

Asnières, (abbaye d') XIII, 510, B. M.

Assche, (Henri d') abbé d'affighem, écrit le récit des origines de Basse-Wavre et de l'image de N.-D. XIV, 493.

Asselin, chapelain de la Comtesse Pétronille de Saxe, puis imposé par elle comme abbé d'Egmond (1121) — ne réunit qu'à gaspiller les biens du monastère — déposé en 1130, VII, 403.

Assendelft, (Hugues d') abbé d'Egmond, meurt de chagrin le 3 juillet 1367, X, 357.

Assomption, (fête de l') Elévation sur cette fête, V, 337, sqq. — Notes liturgiques; la 1re fête de la Vierge fut celle de sa Maternité divine et ce fut là l'objet primitif de la fête gallicane du 18 janvier, V 342. — Considérations sur la fête, VI, 337 sqq.

Athanase, (S.) Le symbole de S.

Athanase et son premier témoin: S. Césaire d'Arles, XVIII, 337 sqq. ; données acquises et incertitudes quant à l'auteur, 337 ; opinions diverses sur l'auteur, ibid.sq. ; opinions diverses quant à l'époque de la composition, 338 ; lettre du pape Hormisdas à S. Césaire, 339 ; le témoignage interne pour fixer la date du symbole n'est pas suffisant, ibid.; le symbole est un catéchisme élémentaire, ibid. ; raisons pour faire descendre la date, ibid. ; insuffisance des témoignages externes, ibid. sq. ; ressemblances avec divers passages de S. Avit de Vienne, 340 ; réponse, ibid. ; ressemblances avec le sermon pseudo-augustinien 244, attribué à S. Césaire, 341 sq. ; état de la littérature chrétienne au temps de S. Césaire, 342 sq. ; rapprochement de certaines expressions de Jean Maxence, Vigile de Thapse, Boèce, Fulgence de Ruspe, Fulgence Ferrand, Cyprien de Toulon avec le symbole, 343 sqq. ; rapprochements des versets du symbole avec les écrits de S. Césaire, 347 sqq. ; présence du symbole dans plusieurs collections arlésiennes, 361 ; relations entre le titre du symbole et les procédés de l'évêque d'Arles, ibid. sq. ; rythme identique du *Quicumque* et des écrits de Césaire ; 362 : expressions et formules semblables, ibid.sq. ; conclusion de D. Morin, 463.

Athevold, abbé d'Abingdon, puis évêque de Winchester, sa traduction de la règle de S. Benoît en vieil anglais, XIX, 280. B. M.

Atripe. (Schnute d') copte. (étude), XXI. 81. B. M.

Aubain, (S.) martyr. Sa vie abrégée, III, 101.

Aubechies, (monastère) Sa durée éphémère, VII, 450.

Aubermont, (Jean-Antoine d') dominicain, XIV, 294.

Aubrey, (John) remarques sur la situation des monastères avant la Réforme protestante en Angleterre, XVIII, 229. B. M.

Audebest (dom) sa correspondance avec Schoepflin au sujet de l'auteur de l'Imitation, XIV, 540. B.M.

Augsbourg, (ville et abbaye d') XII, 279. B. M.

Augustin, (S.) Un discours inédit de S. Augustin, VII, 260 sqq. ; le Cod. Addition 10942 du Britisch Museum, 261 ; la garantie de l'authenticité du sermon, ibid. ce sermon permet de fixer la date de l'ordination du saint, ibid. sq. ; occasion du discours, 262 sqq.; rapports des sermons 355 et 356 de l'édition des Mauristes avec le sermon inédit, 265 sq. ; texte, 267 sqq. rectification 592. Une page inédite de S. Augustin VIII, 417 sq. sermon pour la fête de Ste Eulalie, 417 ; preuves d'authenticité, ibid. ; texte, 418 sq. — Les sermons inédits de S. Augustin dans le ms. latin 17059 de Munich, X, 481 sqq. ; provenance et date du ms., 481 ; pièces inédites, ibid. sq. ; le discours *de Trinitate,* et le sermon 217 de l'édition des Mauristes, 482 ; comparaison des deux pièces, ibid. sq.; texte, 484 sqq. ; le 2e discours inédit et son objet, 489 sq. ; comparaison avec le sermon 151 des Mauristes, 490 ; texte, ibid. sqq. ; le 3e discours semble un abrégé d'un discours plus considérable, 495 ; texte, ibid. sqq. ; les 4 sermons qui suivent semblent être l'œuvre d'un imitateur contemporain de S. Augustin, 529 ; particularités du 4e discours, 530 ; emprunts à S. Augustin dans le 5e discours, ibid. ; texte, 531 sqq. ; texte du 6e discours, 533 sqq. ; ressemblances du 7e avec le 134e sermon publié par Maï, 535 ; texte, ibid. sqq. — L'édition de S. Augustin par les Mauristes, contribution à l'histoire de la littérature et de l'Église au temps de Louis XIV, —X, 563. — Sentence sur la « loi romaine » à lui attribuée XIII, 341, est tirée de Maï, t. I de sa Nova Patrum Bibliotheca. Cette sentence n'est pas de S. Augustin, 342. — Sermons pseudo-augustiniens « ad Fratres in eremo » XIII, p. 346, erreur de Jungmann ibid. ; opinion des Mauristes sur ces sermons ibid.; on ne peut les attribuer à S. Augustin ; ils paraissent avoir été compilés par un ecclésiastique belge du XIIe s., 347, coll. t. X, 36. Renseignements des mss. de Toulouse du XIVe ms. 169 (I, 181), ms. 175 (III,19,tom 2).ibid. —Chapitre 101e des questions sur l'Ancien et le Nouveau Testament : *de jactantia Romanorum levitarum*, Migne 35, 2301, faussement attribuées à S. Augustin, XIV, 97. — Mabillon et l'édition bénédictine de S. Augustin, XV, 546, B. M. — S. Augustin, epist. 102, no 6, rectification du texte, XVII, 315. — Lettres inédites de S. Augustin et du prêtre Januarien dans l'affaire

des moines d'Adrumète, XVIII, 241 sqq. ; manuscrit Clm. 8107 (Mogunt. 7) de la biblioth. royale de Munich, 241 ; contenu du volume, ibid. sq. ; texte de la lettre de S. Augustin au sujet de Florus, 243 ; authencité de cette lettre, ibid. ; qui est ce Florus, ibid. ; son séjour auprès de S. Augustin, 244 ; intérêt de l'abbé Valentin au débat, ibid.; résumé de la lettre de Januarius, 245 sq. ; texte de cette lettre, 247 sqq. ; nouveau texte de la lettre d'Evodius, d'après le ms. 8107 cité, 253 sqq. — S. Augustin sur l'auteur de l'épître aux Hébreux, XVIII, 257 sqq. ; nécessité d'utiliser les écrits de ce saint dans l'ordre historique et chronologique, 257 ; exemples de variations chez le saint docteur, ibid. ; S. Augustin a toujours considéré l'épître aux Hébreux comme faisant partie du canon, 258 ; il l'attribue à S. Paul, 258 ; à partir de 409, il est moins affirmatif, 259 sq. ; nécessité pour les exégètes de suivre l'ordre chronologique, 261.—Une prière inédite attribuée à S. Augustin dans plusieurs mss. du *de Trinitate*, XXI, 124 ; le cod. 202 de Charleville du XIIe s. 124 ; autres mss. portant la même prière, ibid. sq. ; cet écrit parait être de S. Augustin, 126 sqq. ; probabilité qu'il se rattache au traité *de Trinitate*, 128 sq.; texte, 129 sqq. — Voir *Idéalisme.*

Augustin, (S.) de Cantorbéry. B. M. XII, 325. — Apôtre de l'Angleterre, travaux sur.... à propos du XIIIe centenaire de son arrivée en Angleterre, XIV,

314. B. M. — récit de son arrivée en Angleterre et de ses travaux apostoliques, XIV, 359,
sqq. — manuel anglican pour
le XIIIᵉ centenaire de son arrivée en Angleterre, XIV, 538,
B. M. — XV, 164. B. M. —
falsification d'une bulle en sa
faveur, XV, 310. B. M. — étude,
XVI, 306, B. M.

Aulne, (abbaye d') Une page des
annales de l'abbaye d'Aulne, VI,
75, sqq.

Aurélien de Réomé, Examen de sa
théorie sur les tons chromatiques, XV, 41 sq. Voir Plainchant.

Aurelius, (Corneille) chanoinerégulier hollandais, ami d'Erasme, correspondant de Frithème
et de Robert Gaguin, XX, 194.
B. M.

Auribelli, (Martial) maître général
des Dominicains, érige la congrégation de Hollande au milieu
du XVᵉ siècle, XV, 533.

Aurillac, (abbaye d') documents,
XVII, 171, B. M. — son sacramentaire romano-gallican, XX,
418. B. M.

Australie, Histoire de l'Eglise
catholique en Australie, XIII,
509. B. M.

Autel, Etudes sur — sa forme, sa
matière, nombre et orientation
des autels, V, 497 — Consécration de l'autel, VI, 15 sqq.

Autocritique, Un essai d'autocritique, XII, 385 sqq. D. Morin
passe en revue ses différentes
études.

Auton, (Jean d') chapelain du roi,
historiographe, B. M. XI, 377.

Autriche, (Nicolas d') abbé de
Subiaco élu le 24 avril 1412, XII,

205.

Auvergne, monastères de cette
province, — règles qu'on y suivait, XVII, 170. B. M.

Auvergne, (cardinal d') abbé commendataire de Cluny, XI, 353.

Avalos (Arias d') évêque de Catane,
ses démêlés avec l'abbaye de
S. Nicolas l'Arena au sujet du
prieuré de S. Grégoire de la
Piazza Armerina, XIX, 294.
B. M.

Avent, Notions sur l'— II, 497.

Aventin, Du haut de S. Anselme
sur l'Aventin, XI, 229 sqq.

Averbode (abbaye d') sa bibliothèque, ses manuscrits, lors du passage de D. Berthod. XVI, 263,

Avesnes, (Jacques d') avoué
d'Hautmont, VI, 508.

Avignon, (D. Antoine d') profès de
la Congrég. de S. Justine de
Padoue, nommé abbé du Montserrat essaie d'y introduire la
réforme avec six de ses confrères, XVII, 284.

Avis, abbesse de S. Marie la Petite
à Jérusalem, vivait en 1157. V,
555.

Avouerie, étude sur les règlements
d'avouerie, XXI, 435. B. M.

Aye, (Sainte) épouse d'Hydulphe,
moine plus tard à Lobbes, — se
retira à Mons, V, 307.

Ayndorfer, (Gaspard) abbé de
Tegernsee, XII, 209, XVI, 561.

Aywières (abbaye) de l'ordre de
Citeaux, située en Brabant, correspondance de J. de Vitry avec
ces religieuses de 1216 à 1217, X,
421. — Notice sur d'anciennes
archives de cette abbaye, X.
565.

Azymes, Etude sur la question des
azymes, VI, 485.

B.

Baccart, (dom Raphaël) abbé de Lobbes, XIV, 67.

Bacchini, (D.Benoît) de la Congrégation du Mont-Cassin, sa correspondance, XIV, 550, B. M. — lettre inédite au sujet d'Hélène Cornaro Piscopia (voir ce nom) XVI, 464, B. M. autres lettres, ibid. — correspondant de D. Mabillon, XVI, 519.

Bade, Les margraves de Bade et leurs rapports avec l'abbaye d'Einsiedeln, X, 558.

Bade, (Thomas de) prieur de S. Ulric d'Augsbourg, en 1460, XII, 292.

Baerdematrere, (Gilles De) évêque de Sarepta, auxil. de Tournai, XXI, 349.

Baeumer, (Dom Suitbert) notice, XI, 481.

Bagnac, (Pierre de) cardinal, abbé de Montmajour, XII, 217. B. M.

Bagno, (B^se Agnès de) Camalduie, sa vie, XIV, 550. B. M.

Bahia, (Brésil) les habitants demandent à la Congrégation O. S. B. portugaise de leur envoyer des Pères, XV, 415.

Baker, (V^ble Augustin) moine anglais, notice, XV, 547, B. M.

Baldérith, évêque de Dôle, loue Béranger, VI, 11.

Bâle, (Concile de) et la réforme bénédictine de Bursfeld, XVI, 394.

Bâle, prieurés clunisiens du diocèse de, X, 411.

Ballard, (dom Charles) poursuit le travail de D. Sabatier sur l'ancienne Italique, XV, 85. — notice, correspondant de D. Calmet, XV, 215.

Balthazar, abbé de Fulda exilé, requête adressée en sa faveur à Rodolphe II (vers 1585) par les électeurs ecclésiastiques d'Allemagne, XV, 167. B. M.

Baluze, lettre à D.Nic. Le Nourri, XVI, 347, sa correspondance avec l'abbé de Poulhiac, (voir ce nom) ibid.

Blanchereau de la Ciergerie, (abbé) ami de dom Fonteneau, XV, 344.

Bancroix, procession obligatoire, le 25 avril de chaque année, pour 72 paroisses des doyennés de Walcourt, Fleurus et Binche, et à Lobbes où les pélerins devaient déposer une offrande, V, 377.

Bangor, Destination de la formule « ad pacem celebrandam » dans l'antiphonaire de Bangor, XII, 201 ; temps où cette prière était récitée, 202 ; conservation dans la liturgie nestorienne, ibid.

Bans, (D. Jean des) abbé de S.Vincent du Mans, XVII, 254.

Baptême, Institué par J. C. — préfiguré dans l'Ancien Testament, III, 293. — Liturgie du Baptême, son origine, son développement, 394. — Bénédictions des Fonts, 491, cérémonies du Baptême expliquées, 539; IV,71. — Les vœux du Baptême, 106. sputation, rite baptismal de l'église de Milan au IVe siècle, XVI, 414. Voir Milan.

Bar, (François de) prieur d'Anchin, XI, 174.

Bardorp, (Jean) abbé de Nieubourg, XVI, 556.

Barkworth, (Mark) son martyre, XII,567 — martyr anglais, XIV, 325. B. M.

Barleigh, (Jean) prieur de Lewes

(1410), X, 105.

Barnabé, (dom Théodulphe) abbé de Lobbes, XII, 159.

Barnstable, (abbaye de) O. S. B. fondation de Cluny, filiation de S. Martin des Champs à Paris, X, 99.

Baron, (dom) secrétaire du chapitre du monastère de S. Jean d'Angély, XV, 439.

Barreiros,(Antoine) évêque d'Olinda, permet aux Bénédictins de s'établir près du Monte, XV, 417.

Barresio, cardinal, abbé commendataire de Mileto, XV, 90.

Barreto de Menezes, (François) général portugais, fait des donations au monastère d'Olinda, XV, 418. élève la chapelle de N. D. de Prazeres et la donne aux Bénédictins, ibid.

Barry, (David-François) bénédictin anglais, XIV, 320, B. M.

Bartenstein (Jean-Christophe) sa correspondance avec D. B. de Montfaucon, XIX, 309. B. M. — lettres à. D. Bernard de Montfaucon, XX, 400. B. M.

Barthélemy, abbé de Subiaco (1363-1369) XII, 205.

Barthon de Montbas, (Marie-Louise) dernière abbesse de S. Laurent de Bourges, IX, 389.

Barton, (Elisabeth) son martyre sous Henri VIII, IV, 23.

Bar-sur-Aube, (abbaye) notes et documents, XVIII, 229. B. M.

Bas liturgiques, espèce, matière, forme, usage, décoration, I, 226.

Bassée, (Jean de la) abbé de S. Vaast d'Arras, XIV, 372.

Basse-Wavre, (N.D. de) Notice — XIV, 470, 489. — les miracles de... XIII, 171, B. M.

Bastos, (D. Antoine de S. Joseph) bénédictin, évêque d'Olinda, XV, 418.

Bath, (abbaye de) B. M. XII, 329. — description de l'église abbatiale, XVIII, 434. B. M.

Batiffol, Histoire du Bréviaire romain, méconnaît le caractère bénédictin des monastères bâtis près des Basiliques romaines, réfuté par D. Levèque (Etude sur les monastères des grandes basiliques de Rome aux VIIe et VIIIe siècles,) X, 411.

Baturic, évêque de Ratisbonne, XVI, 178. B. M.

Baudeloo (abbaye) origines de cette abbaye, IX, 307. — Documents : Lettre de l'évêque Etienne de Tournai au moine Baudouin de Baudeloo, 313. — Innocent III prend le monastère de Baudeloo sous sa protection, 314. — Gossuin, évêque de Tournai, approuve la fondation de Baudeloo, 314. — Lettre de Ferrand, comte de Flandre, en faveur de Baudeloo, 315. — Lettre de Jeanne, comtesse de Flandre, en faveur de Baudeloo, 315.

Baudewyn, (Henri) chantre de S. Pierre de Gand, XIII, 221.

Baudou, prêtre, enseignait les humanités dans la ville de S. Ghislain, XI, 251.

Baudouin Ier, roi de Jérusalem, par une charte de 1115, confirme les donations faites à l'hôpital de N. D. de Josaphat, V, 549, — à l'abbaye de S. Anne à Jérusalem, 556.

Baudouin, moine d'Aulne et évêque de Semgallen, en Livonie VI, 81.

Baudry, (dom Pierre) annaliste de

S. Ghislain, VI, 407, 458.

Baudry, (D. Thomas) Notice, XX, 399. B. M.

Baume, (la sainte) Une visite à ; IV, 232.

Baumgarter, (Erhard) moine de Kremsmünster, XII, 305.

Baumstark, Liturgia romana e liturgia dell' Esarcato. XXI, 375 sqq.

Baur, Chrétien Baur et l'école de Tubingue XIV, 52 sqq. emprunte ses idées philosophiques à Kant et à Hégel ibid ; d'après lui, l'histoire n'est pas l'ensemble des faits réalisés, mais l'exposé de ce qui aurait dû se réaliser, ibid ; les diverses tendances religieuses ont modifié l'idée et l'œuvre du Christ, ibid.; la lutte entre le pétrinisme et le paulinisme ibid ; conclusions quant à l'authencité des livres du Nouveau Testament, ibid.; critique de ce système, 53 ; ces idées passent de l'exégèse dans la théologie, ibid.

Bauwens (dom Isidore) sauve l'église de S. Hubert de la destruction, VI, 364.

Baux, (Hugues des) comte d'Avellin, sénéchal de Provence, XI, 349.

Bavière, coup d'œil rapide sur l'histoire de l'Église de Bavière dans le cours du XIXᵉ siècle, V, 74.

Bavière, la réforme monastique en, (XVᵉ siècle), XIV, 313. B.M.

Bavière, (Congrégation de) ses annales et ses annalistes, XVIII, 428, B. M.

Bavière, (dom Jacques de) moine de S. Jacques à Liège, envoyé à Stavelot par D. Arnold de Diest, son abbé, pour y introduire la réforme, XI, 8.

Bavière, (Jean de) évêque de Liège, Lambert del Stache, prieur de Bertrée prend sa défense contre Thierry de Perwez intrus, XII, 341.

Bavoz, (Mère Thérèse de) abbesse de Pradines, fondatrice des Bénédictines du S. Cœur de Marie, XVIII, 20.

Bayeux, (monastère de) des Bénédictines du S. Sacrement, notice, IX, 1.

Bayon, (Jean de) dominicain, son histoire de Moyenmoutier, XVI, 331, note 3.

Béatitudes, (Les) élévation sur les huit béatitudes, V, 181, sqq.

Béatrice, 1ʳᵉ abbesse citée de S. Remy de Rochefort, IX, 424.

Beatus, géographe espagnol, XII, 331.

Beaubans, (D. Guillaume) concourt en projet J. N. Moreau, (voir ce nom) XV, 349.

Beaubrun, ami de Nicole, prit part à l'édition de la grande Bible de Le Maître de Sacy, XV, 16.

Beauclerc, (Henri) élevé à Abingdon, VI, 509.

Beaudouin, archevêque de Brême, préside le chapitre provincial de Magdebourg-Brême à Stade, en 1437, XVI, 400.

Beaulieu, (abbaye de) son état matériel en 1702, XV, 554, B. M. — documents, XX, 409, B. M.

Beaumanoir, (Philippe de) XII, 333, B. M.

Beaumont-les-Tours, (abbaye) son cartulaire, XVI, 312. B. M. — étude sur une réunion capitulaire tenue en 1587, le 11 août, dans cette abbaye, XVI, 314. B. M.

Bec, (abbaye du) son histoire, XVIII, 429, B. M. — XIX, 87, B. M.

Beche, (Jean) abbé de Colchester, pendu, IV, 81.

Bechtolsheim, (Gilles de) moine d'Hornbach, XIV, 541, B. M.

Becket, (S. Thomas) condisciple à Paris d'Everlin de Fooz, plus tard abbé de S. Laurent de Liège qui lui érigea dans son abbaye un autel, le premier qui fut dédié au saint martyr en Belgique, VII, 20.

Becquet, (Pierre) prieur de S. Denis de la Chartre à Paris, XVIII, 122.

Béda, (D. Louis) moine de l'abbaye de Banz (Dictionnaire de la Bible, Vigouroux,) XII, 217.

Bède (le Vénérable). Sa mort (poésie) I, 126. — Le recueil primitif des homélies de Bède sur l'Évangile, IX, 316 sqq. ; valeur de ces homélies, 316 ; vicissitude de cet homéliaire depuis le VIIIe siècle jusqu'à son dernier éditeur en 1843 : Bède a composé des homelies, ibid. ; son contenu à la fin du VIIIe s. 317 ; altérations au moyen-âge, ibid ; reconstitution de la liste primitive par Mabillon, ibid. ; lacunes de cette reconstitution, 318 ; l'édition de Gilles en 1843 et le ms. de Boulogne, défauts de cette édition, ibid. sq. ; le ms. de Cluny nouv. acq. lat. 1450 de la biblioth. nation. de Paris, 319 ; est postérieur à celui de Boulogne, 320 ; reconstitution de l'homéliaire d'après le ms. de Cluny. 321 sqq. ; conclusions, 326. — Notes sur plusieurs écrits attribués à Bède le Vénérable. XI, 289 sqq. ; étude de Bruce sur le ms. lat. 8824 de la bibl. nat. de Paris, 289 ; analyse de l'*Exegesis*, ibid. ; la provenance des explanationes et du commentaire proprement dit, d'après Bruce, 290 ; raisons de D. Morin pour attribuer l'Exegesis à Ambroise Autpert, ibid. sq. ; difficulté au sujet des citations du psautier, 291 ; bien-fondé de l'opinion de Bruce qui pense que les argumenta et les explanationes n'ont pas été insérés par l'auteur du commentaire, 292 sq. ; de l'identification des commentaires apocryphes sur les principaux livres historiques de l'A. T. avec les écrits de Bède, ibid. sq. ; conclusion incertaine, 295. — (Dictionnaire de la Bibl. de Vigouroux) XII, 217 — étude, XIII, 501. B. M. — Vie et œuvres, — chronologie de ses écrits — la lettre de Cuthbart à Cuthwin « de obitu Bedæ ». XIII, 158. B. M. — Notice, XIV, 322, B. M. — Tableau de sa vie et de son activité, XVIII, 419, B. M. — a-t-il l'auteur d'un Pénitentiel ? — ibid. — Le manuscrit namurois du *Liber de locis sanctis* XVI, 210 sq. ; provient de l'ancienne abbaye de Florennes, est du XIe s., 210 ; son titre identique à celui du Monacens. 6389, 211.

Beech, (dom Anselme) moine de S. Justine de Padoue, XII, 361.

Beer, (Henri) prieur de Mönchen-Nienbourg, puis d'Ilsenbourg et enfin abbé de Ballenstedt, XVI, 556.

Beethoven, peint par lui-même, VIII, 558 sqq. IX, 32 sqq., 78 sqq.

Behault (dom François de) abbé de

S. Denis en Brocqueroie, assiste
à la bénédiction de Dom Moulart,
abbé de S. Ghislain, XI. 250.

Belgique, Voyage de Mgr Garampi
en Hollande et en Belgique en
1761, VI, 549. sqq. – Monastique sous l'ancien régime, XII,
503. B. M.

Belhoiste, (dom Jean) chartreux
conseille à l'abbé H. Adam de
S. Laurent de Liège, de faire
disparaitre les abus du peculium. XII, 343.

Belhomme (dom) abbé de Moyenmoutier, ardent protecteur de
D. Calmet, XV, 16. — ses ouvrages, p. 23. note 1. — Correspondant du cardinal Passionei, XVI,
177. B. M.

Bellaise (D. Julien) XVI, 347.

Bellarmin, (cardinal) appuie l'abbé
N. Fanson de S. Hubert dans la
réforme monastique, lettre qu'il
lui écrivit de Rome, (18 nov.
1614) XIII, 261. note 1.

Bellay, (du) cardinal, ses nombreux
bénéfices, ses démêlés avec la
Congrégation de Chezal-Benoît
au sujet de l'abbaye de S. Vincent
du Mans et de S. Martin de Séez.
XVII, 254.

Bellay, (René du) évêque du Mans,
XVII, 254.

Bellème, (Guillaume de) fonde
l'abbaye de Lonlay près de Domfront XI, 216. B. M.

Belmont, (monastère de) de la
congrégation anglaise, fondé en
1859 pour servir de noviciat et
de maison d'études. — Eglise du
monastère jouit du titre de procathédrale du diocèse de Neuwport et Menedia, J, 331.

Bénard, (D. Laurent) recteur du
collège de Cluny, à Paris, deman

de des moines à D. Didier de la
Cour comme professeurs — veut
démissionner pour embrasser la
la réforme de Lorraine, XVIII,
3. 4. 5.

Bénard, (Léon) sa thèse en faveur
de Gersen, IX, 568 sqq.; voir
Gersen.

Bénédicte, (Sainte) abbesse de Susteren, VII, 375, fille de Zwentibold, roi de Lotharingie.

Bénédictines anglaises, Fondation du monastère des Bénédictines anglaises à Bruxelles
(1599) par Lady Mary Percy, —
vie admirable et édifiante de
cette religieuse, III, 274, 275, —
de Dorothée et Gertrude Arundell, 465, 466, 467. — Lady Joanna Berkeley, IV, 130, 131, 134,
136.

Bénédictines, du S. Sacrement,
voir Saint-Sacrement.

Bénédictins, coup d'œil sur l'histoire de l'ordre bénédictin, II,
519, 568, 660 ; III, 68, 162, 261,
309, 379, 414. — Martyrs anglais,
IV, 23, 77, 111. — identité des trois
abbés de Colchester, Reading et
Glastonbury avec les 3 abbés des
fresques du collège anglais de
Rome, 112. — Monastères bénédictins à Rome au Moyen-Age,
262. — Bénédictins de la Pierrequi-vire, chez les Osages, VI,
223, ssq. — Statistique de l'Ordre, en 1898, XVI, 130 — coup
d'œil historique sur le développement de l'ordre O. S. B.
en Angleterre, XIV, 531, B. M.
Origines de la Congrégation anglaise O. S. B., XV, 168. B. M.
— histoire de l'ordre de S. Benoît depuis le IXe siècle, XIV,
322, B. M. — état de l'ordre béné

dictin en Allemagne, causes de sa décadence depuis le XIII⁰ s. jusqu'à la fin du moyen-âge, XVI, 451, B. M. — services rendus à l'histoire, par les bénédictins français XIII, 171, B. M.

Bengulf, abbé de Fulda, reçoit une lettre de Charlemagne au sujet des études, VI, 502.

Benken, (abbaye) XIV, 534, B. M.

Bennebroek, (monastère) notice, VII, 405.

Bennen, (Jean) abbé des SS. Maurice et Siméon de Minden, déposé par le Cardinal de Cuse, XVI, 497.

Bennon, abbé de Brevnov, protecteur des études, demande à Ziegelbauer d'écrire l'histoire diplomatique de son abbaye, XV, 264.

Benoit, (Saint) Son œuvre I, 5 — Père de bon conseil, 16, — Quitte le monde, 63. — Son premier miracle, 110. — La fête de sa Translation en France célébrée autrefois dans tout l'occident 150. — Sa vie cachée à Subiaco, 155. — Il est révélé au monde, 205. — Il surmonte une violente tentation d'impureté, 271. — Miracle opéré par le signe de la croix, 315. — La sueur miraculeuse de la pierre de S. Benoît à Roiate, 386, sqq. II, 90. — Il corrige un moine inconstant dans la prière, 411. — Commande aux eaux, 458, 505. — Fête de la Translation à Fleury s/Loire en 1884, 539. — Il triomphe de l'envie d'un prêtre coupable, 554. — S. Benoît au Mont-Cassin, ses luttes contre le démon, II, 7. — Il reçoit le don de pénétrer les cœurs, 71. — S. Benoît et le roi Totila, 134. — S. Benoît pro-

phète, 198. — Rien de caché pour S. Benoît, 262. — Il multiplie la farine, l'huile, miracle des 13 sous d'or, 325. — Effet de la parole de S. Benoît, 389. — La vision, le dragon, 452. — Trois miracles de S. Benoît, 504. — La médaille de S. Benoît, son histoire, ses effets merveilleux, 453, 505, 554, 600, 647. — Vision de S. Benoît, 599. — Sa bienheureuse mort, 645. — Comment S. Benoît porte secours, IV, 87, 136. — Le marteau de S. Benoît, 297. — Effet de sa protection dans les missions d'Amérique, 394. — Merveilles opérées par la médaille, V, 230, 470. — Vie de S. Benoît par Fr. de Rivas X, 554. B. M. — Histoire du texte de sa règle, XV, 298. B. M. — Le texte de la règle de S. Benoît, XV, 503 sqq. ; édition de Dom Edmond Schmidt, 503 ; Wölfflin adopte la théorie de Schmidt, 504 ; Traube n'admet pas deux éditions originales, 505 ; histoire de l'autographe de S. Benoît, 507 ; leçons des manuscrits avant et après Paul diacre, ibid. ; témoignage des deux moines de Reichenau qui copièrent le texte normal, 508 ; examen de la copie de Paul diacre, 509. — Son action sociale et économique, XVII, 416. B. M. — Une édition de la règle bénédictine au XV⁰ s., XVIII, 21 sqq. ; Cod. August. n. 200 de la bibliothèque d'Augsbourg, 21 ; cod. 662 de la bibliot. d'Einsiedeln, ibid. ; préface, ibid. sq. ; date des deux mss. 22 ; l'auteur serait Jean Schlittpacher de Melk, 23 ; preuves ibid. sq. ;

détails du texte sur le ms. de Mariazell, 24 ; ses relations avec le Cod. 2232 de la biblioth. de Vienne, ibid. sq. ; — fut-il prêtre ou diacre ? 305, B. M. — La translation de S. Benoît et la chronique de Leno, XIX, 337 sqq. ; différentes éditions de la chronique de Leno, 337 ; mention de la translation d'une partie du corps de S. Benoît, ibid. ; opinions diverses à ce sujet, ibid. sq. ; description du cod. Scaff. I, 27 de l'Antoniana de Padoue, 338 sq. ; texte du fragment de la chronique, 339 sqq. ; la donation d'une relique de S. Benoît au roi Didier, 342 ; erreur de Bartolini et de Tosti, 343 ; difficulté causée par la date de la donation, ibid. ; opinion au sujet des reliques emportées par les moines de Fleury, 344 ; missions de moines cassiniens en France, 345 ; restitution d'une parcelle, ibid. ; probabilité pour que la relique de Leno fit partie de cette restitution, 346 ; doute sur le reste des reliques, ibid. sq.; incertitude touchant la relique de Leno rendue au Mont-Cassin en 1878, 347 sq. ; fragment d'un calendrier contenu dans le ms. cité, 349 sq. ; preuves qu'il provient du pays de Brescia, 350 sq. ; il affirme la translation des reliques de S. Benoît, 351 sq. — Le martyrologe hiéronymien et les fêtes de S. Benoît., XX, 351 sqq. ; état de la question, 351 ; données de l'étude de Dom Chapman, 352 sqq. ; examen et critique de l'opinion du même auteur sur les ajoutes lyonnaises, 354 sqq.; de l'absence des quatre fêtes d'Autun dans E, 359 sq. ; la mention d'Eptati, de S. Reine d'Alice et de Reticius, 360 sq.; critique de l'histoire de Y, 361 sq. ; erreurs dans l'attribution de certaines fêtes, 363 ; conclusion, ibid. sq. ; questions à résoudre touchant les fêtes de S. Benoît, 364 ; de l'insertion depositio S. Benedicti au 11 juillet dans Y et critique, 364 sqq. ; l'ignorance de la fête du 21 mars en France au VIIIᵉ s., 367 sqq. ; de la date de la mention relative à la translation de S. Benoît, 369 sqq. ; de la date du 11 juillet comme celle de la translation, 372 sqq. — Antique version serbe de sa vie écrite par un disciple de S. Méthode, XXI, 435, B. M.

Benoit, (S. d'Aniane) défend d'admettre des laïques dans les monastères (synode d'Aix-la-Chapelle, 817) III, 107. — Étude sur sa règle, XII, 34. — B. M. — Notice, XIV, 322, B. M. — Fondateur de l'abbaye de ce nom, XVI, 306, B. M. — XX, 191. B. M.

Benoit de la Croix, (Dom) profès de Tibaens (Portugal), professeur de philosophie et de théologie, abbé de Rio (1669-1673) XV, 417.

Benoit, (Dom Quentin), abbé de S. Ghislain, sur l'ordre d'Innocent VIII, introduit la réforme dans son abbaye, VI, 453 — XI, 13, 14.

Benoit XII, en 1236 donne une bulle célèbre pour la Réforme de l'ordre de S. Benoit — constitution pour les études — Analyse de cette constitution, X, 147 —

XI, 3, 4. — Lettre communes, XX, 273. B. M,

Benoit XIV. Prescrit le « Regina cœli » durant le temps pascal au lieu de l'Angelus. I, 372.

Benoite (Sainte). Notice, 551. B. M.

Bentivoglio (cardinal), lettre au Cardinal Borghese, XX, 280. B. M.

Bentlay (De) adversaire de la version Italique, XV, 217.

Bentzerath (Charles de), abbé d'Orval, correspond avec les Mauristes. VI, 548.

Berchorius. exégète (Diction. de la Bible, Vigouroux) XII, 217.

Bere (Richard), abbé de Glastonbury, XII, 491.

Bérégise (Saint), fondateur de S. Hubert, au VIIIe siècle, VI, 355.

Bérengaud, exégète, (Diction. de la Bible, Vigouroux) XII, 217.

Bérenger. moine de S. Hubert, abbé de Saint Laurent de Liège, chassé de son abbaye se réfugie à S. Hubert, — et excite les religieux à résister à l'évêque Otbert de Liège, — va avec quelques-uns de ses moines de S. Laurent au prieuré de Cons, — rappelé à S. Laurent par l'évêque Otbert, VI, 360, 361. — refuse l'abbaye de S. Hubert, ibid. — voir aussi VII, 15, 16. — meurt le 16 nov. 1115, 19.

Béranger, son hérésie, VI, 6, 7, 8 sqq. XXI, 444, B. M.

Bérengoz, abbé de S. Maximien de Trèves, notice, XIV, 322, B. M.

Berg. (marquis de) grand bailli du Hainaut, XI, 255.

Berge, (abbaye de) Visite du Cardinal de Cuse, XVI, 495.

Berger, (Samuel) Voir Vulgate.

Berghes, (Henri de) évêque de Cambrai, met tout son zèle à réformer les monastères de femmes, XI, 16. — ses rapports avec l'abbaye d'Egmond, XIII, 318.

Berghes, (Antoine de) abbé de S. Trond, lettres de confraternité avec Egmond, XV, 137.

Béringer, voir Reticius d'Autun.

Berlande, (Gilles de) prieur de Florennes (1460) XV, 538.

Berlaymont, (Louis de) archevêque de Cambrai, refuse à D. M. Moulart l'autorisation de se rendre en Espagne pour une mission, XI, 259.

Bernard, (Saint) S. Bernard et la fête de la Conception de Marie, X, 556. — Son opposition à la fête de l'Immaculée Conception, XIII, 533 sq. Voir Immaculée Conception. — Ses hymnes, XIV, 322, B. M. — sa controverse avec Abélard, XV, 303, XVI, 310, B. M. — ses rapports avec le cardinal Matthieu d'Albano, miracle qu'il fait à Milan sur sa demande, XVIII, 295.

Bernard, moine franc, mentionne dans son « Itinéraire à Jérusalem » l'existence du monastère du Mont des Oliviers, vers 870, V, 441.

Bernard, évêque de Nazareth, bienfaiteur de l'abbaye N. D. de Josaphat en Palestine, V, 552.

Bernard-Gustave, cardinal de Bade, prince-abbé de Fulda, et de Kempten, X, 556.

Bernard, moine de Cluny, atteste que S. Odilon son contemporain est le 1er instituteur de la fête du 2 nov. XV, 470.

Bernard, abbé du M. Cassin, son

Régeste, XII. 37. B. M. — Son « speculum monachorum, XVIII, 208. XIX. 81. B. M.

Bernard le Norique, XII, 303 — est-il l'auteur des sources historiques de Kremsmünster, XV, 520. B. M.

Bernardi, (dom Gaetano) président de la Congrégation Cassinienne, notice biographique, XII, 140.

Bernon, sa théorie sur le chroma, XIV, 515, sqq. Voir Plain-chant.

Bernold, de S. Blaise, notice, XIV, 322, B. M.

Bernold de Constance. Que l'auteur du micrologue est Bernold de Constance, VIII, 385 sqq.; opinion l'attribuant à Yves de Chartres, 385 ; difficultés provenant des mss. eux-mêmes, 386 ; témoignages d'Honorius d'Autun, de l'anonyme de Melk, de Trithème, de Pamélius, de Cassander en faveur de Bernold, 387 sqq.; qualités de l'auteur du Micrologue, 390 : concordance avec les écrits de Bernold, ibid. sq. ; rapprochements de divers passages du Micrologue et des ouvrages de Bernold, 392 sqq.; conclusion, 394. Voir Micrologue.

Bernon, moine de Richenau, notice, XIV, 322. B. M.

Bernward, (Saint) élevé au monastère d'Hildesheim, évêque de cette ville, VI, 510. X. 556. — ses travaux artistiques et ses rapports avec l'ordre bénédictin, XI, 218. B. M.

Berselius, (Paschase) moine de S. Laurent de Liège, humaniste distingué et correspondant d'Erasme, VII, 24. — célèbre peintre, 25. — XII, 487.

Bersuire, exégète, (voir Berchorius) — franciscain, puis moine bénédictin, notice. XIX, 317 à 320.

Berthaire, (Saint) Notice sur sa vie, ses œuvres, sa mort glorieuse, fêtes de son millénaire au Mont-Cassin (1884), I, 479 et sqq. — exégète, XII, 217.

Berthelet, (D. Grégoire) ses manuscrits, XV, 225, 226. note 1.

Berthod (D. Anselme) bollandiste, notice détaillée, XVI, 193 sa correspondance avec Jean Des Roches, secrétaire perpétuel de l'Académie de Bruxelles, 261 — lettres à Grandidier, XII, 330. B. M.

Berthold, dominicain, évêque de Linda, auxil. de Tournai, XXI, 275.

Berthold, (Jacques) prévôt de S. Pierre à Gand, coadjuteur de Laurent d'Ivoir, abbé d'Hasnon, XV, 537.

Berthold IV, abbé de Garsten, XII, 391.

Bertram, évêque de Metz, XV, 131.

Bertrand, abbé de Signy, de l'ordre de Citeaux au diocèse de Reims, — l'abbé de S. Trond, Guill. de Ryckel lui envoie des reliques des Saints de Cologne, (10 mai 1270) XVI, 273. — moine de Vauclair, O. Cist. chargé par l'abbé de S. Trond, Guillaume de Ryckel, de remettre des reliques des Saints de Cologne à Raynal, doyen du concile de Reims, curé de S. Pierre le Vieil, en 1271. XVI. 275.

Bertrand, abbé de Cluny — statuts édictés par lui, (1301) X, 557.

Bertrée, (prieuré clunisien de) au

diocèse de Liège, XII, 338.

Berthuin, (Saint) fêtes de son centenaire à Malonne, XV, 368 à 375.

Bertin, (Saint) date de l'élévation de son corps, XX, 393. B. M.

Bertin, contrôleur général des finances, ses rapports avec D. Fonteneau, XV, 347, — avec D. Berthold, XVI, 194.

Berwold, avoué à vie du monastère d'Egmond, reçoit ce titre de l'abbé Gauthier avec une ferme et quelques maisons proches du monastère, — y fait bâtir un superbe château habitation des seigneurs d'Egmont, X, 200, — fut toujours un protecteur de l'abbaye, 201.

Besnard, (D. Laurent) notice, XX, 399. B. M.

Bessel, (dom Godefroid) abbé de Göttweig, ses rapports avec D. O.Légipont, XV, 316.— sa chronique, 308. B. M. — sa vie et ses œuvres, XVII, 302. B. M.

Béthanie, (abbaye de) notice, V, 557.

Béthune, (Philippe de) lettre inédite à son fils évêque de Maillezais, XIV, 319, B. M.

Béthune, (Henri de) évêque de Maillezais, ses difficultés avec le chapitre bénédictin de Maillezais, XIV, 319, B. M.

Beuvron, (prieuré de) voir S. Jamas de Beuvron.

Bibliothèque, du Moyen-âge, notices, XX, 282. B. M.

Biche, (Jean de la) seigneur de Serfontaine, secrétaire de l'évêque de Tournai, Charles de Croy, bailli de S. Ghislain, XI, 252.

Bichlingen (Frédéric de), abbé de Berge, réforme son abbaye,

XVI, 495.

Biebuyck (Dom Fulgence), prévôt d'Afflighem (1760) — les élèves du collège S. Adrien de Grammont lui dédient une tragédie, IX, 522.

Bienne (Chevalier de) sauve de la destruction l'église de Basse-Wavre, XIV, 490.

Bierbais, (Guillaume de) fonde des lampes à N.D. de Basse-Wavre, XIV, 475.

Bierset (Paschase), voir Berselius.

Bigot, (Roger) fonde le prieuré de Thetford (Norfolk) de l'ordre de Cluny, (1104) X, 99.

Bigou. Une nouvelle brochure de M. l'abbé Bigou, IX, 13 sqq. ; thèse de l'auteur, 14; critique du fond même de la thèse, 15 ; critique des conclusions, 16, sq. ; critique du ch.XIV, 17 sqq. ; du ch. XV, 20 sqq. Voir Chiliasme.

Bilande sur Lanne, moulin des moines O.S.B. de N.D. de Basse-Wavre, XIV, 474.

Bild (Vite) moine de S. Ulric d'Augsbourg, XII, 76 B.M. 306, sa biographie (Dr Schröder) XII, 328. B. M.

Billouet (D. Jacques-Philippe), bibliothécaire d'Orléans, XII, 330.

Billy (Jacques de) abbé de S. Michel en l'Herme, humaniste renommé, XVI, 351, note 3.

Binot, (D. André) moine de S. Ghislain, XIV, 255.

Birkbeck, voir Anglicanisme.

Bissette, (Tristan de) abbé commendataire de S. Nicolas au Bois, XI, 252.

Bissy, (cardinal de) lettre de D. Charles de la Rue sur sa mort, XVI, 356.

Blanchard, (D. Claude) concourt au projet J. N. Moreau, (voir ce nom) XV, 349.

Blanchard, (D. Antoine) notice et lettres, XIX, 171.

Blarer, (Diethelm) abbé de S. Gall, relève l'abbaye, XV, 167. B. M.

Blijdenstein, (monastère de) notice VII, 503.

Bloemendael, (Roger de) abbé de S. Jacques de Liège, confirmé au Concile de Bâle, dirige la Réforme des abbayes de Stavelot, et de Gembloux, XI, 7 — sa mauvaise administration, XIV, 375 — XV, 496.

Blois, (Vénérable Louis de) Notice VI, 266 sqq.

Blommaert, (Basile) moine de S. Pierre à Gand, XI, 442.

Blondeau, (D. Gilles) notice, XX, 399, B. M.

Blount, S. J. 1er provincial de la compagnie de Jésus en Angleterre, XII, 261.

Bobbio, (abbaye de) sort de sa bibliothèque, XIX, 92, B. M.

Bocholtz, (Arnold de) prévôt d'Hildesheim, XIII, 265.

Bocking, (Edouard) martyrisé sous Henri VIII, IV, 25.

Bodenhausen, (Jean de) abbé de Reinhausen, XVI, 403.

Boele, (Gilles) évêque de Rhosus, auxil. de Tournai, XXI, 355.

Bogny, dépendance de Stavelot, XV, 309, B. M.

Bohémond, prince d'Antioche, V, 560. — fils aîné de Robert Guiscard, est accompagné par S. Bruno de Segni dans son pèlerinage à S. Léonard de Neuilly, XV, 268.

Bois, (Nicolas du) abbé de S. Amand, entre dans la Congréga-tion des Exempts, XI, 545. — Sa vie, 462, B. M.

Bois-Aubry, (abbaye de) colonie de Tiron, notice, XVII, 169. B. M.

Boistard, (D. Claude) supérieur général de la Congrég. de S. Maur, XVI, 344.

Bologne, Concordat de Bologne entre Léon X et François I, — ses conséquences fâcheuses, XVII, 252. — Une liste de fêtes chômées à Bologne à d'époque carolingienne, XIX, 353 sqq. ; contenue dans le ms. Scaff. I, 27 de l'Antoniana de Padoue, 353 ; texte, ibid. sq. ; il suit de près le martyrologe hiéronymien, 355 ; trois annonces remarquables : fête des SS. Agricola et Vitalis, Procule et Laurent, Isidore, ibid. sq.

Bomal, la châsse de N. D. de Wavre, passe la nuit du 25 juillet dans l'église de Bomal, XIV, 476.

Bonamour, (D. Pierre) le dernier bibliothécaire d'Orléans, XII, 330.

Bonavino, (Christophe) philosophe — VI, 511.

Bondonnet, (D. Jean) moine de S. Vincent du Mans, prieur de Sarcé, XIII, 323. B. M.

Boniface, (S.) Les biographies de ce saint au Moyen-Âge (Woelbing) — critique du texte de la biographie du saint par Willibald, (Nürnberger), X, 413. — Étude critique de ses lettres, X, 414. — notice, XIV, 322. B. M. — XV, B. M. 164, — étude sur sa nomination à l'archevêché de Cologne, XVII, 172. B. M. — sa vie. (Les Saints) XIX, 299. B.

M. — textes relatifs à ses reliques, XX, 190, B. M. — date de sa mort, XXI, 441, B. M. origines et développement de l'Eglise en Allemagne, sous son épiscopat, 442.

Boniface, les Ænigmata Bonifacii, XIX, 79, B. M.

Boniface VIII, proclame le premier jubilé séculaire, I, 165 — réunit les Bénédictins anglais en une seule Congrégation (1300) I, 231.

Bonn, (Tilman de) moine de Maria-Laach, XV, 546. B. M.

Bonnaire, (Dom Claude) moine lorrain, correspondant de Moreau, XIV, 541, B. M.

Bonnesuignes, (monastère de) son état matériel en 1702, XV, 554. B. M. — son histoire, XX, 277, B. M.

Bonnet, (Honoré) prieur de Salon, XV, 358.

Bonnet, (dom Simon) exégète, (Diction.de la Bible, Vigouroux) XII, 217.

Bonomio, (Jean) évêque de Verceil, nonce apostolique, sa visite canonique de S. Martin de Tournai, XI, 174, 436, 437.

Bonomo, (Bsse Jeanne Marie) moniale de S. Jérôme de Bassano XIII, 325. B. M.

Bonsignori, (dom Benoît) exégète, (Dict. de la Bible, Vigouroux) XII, 217.

Bontemps, (dom Augustin) moine de Lobbes, XI, 445.

Boonen, (Mgr Jacques) archevêque de Malines fait don d'une châsse à N.-D. de Wavre, XIV, 489.

Bordeaux, Abbaye Ste Croix, X, 558.

Borgia, (César) cardinal, abbé commendataire de l'abbaye d'Aurillac, s'oppose à l'élection de Philibart Bourgouin à l'abbaye de Souillac,—ne réussit pas, XVII, 44.

Bornbergum, (monastère de) notice, VII, 409.

Bort (monastère de) son état matériel en 1702, XV, 554. B. M.

Bos, (dom J. P. du) exégète, (dict. de la Bible, Vigouroux) XII, 217.

Boscherville (abbaye de) Notice, XVII, 170. B. M.

Bosham, (Herbert de) compagnon et biographe de S. Thomas Becket, XVIII, 216. B. M.

Bosman, (D.Pierre Thierry) moine de S. Martin de Cologne, prévôt d'Egmond, XIII, 316,317, note 1.

Bosnie, situation de l'Eglise catholique en Bosnie, VI, 279, sqq.

Boson, évêque de Mersebourg, XI, 469.

Bossuet, (J. B.) ses rapports avec Dom J. Mabillon, XVII, 129, — abbé de S. Lucien-lez-Beauvais, d'après sa correspondance, XVII, 421. B. M. — Opuscule inédit : « Examen d'une nouvelle explication du mystère de l'Eucharistie. » 421. — Bossuet et l'édition bénédictine de S.Augustin, 422. B. M. — et l'abbaye de Rebais, XVIII, 211. B. M. — prieur de Gassicourt-lez-Mantes, les moines lui résistent. XVIII, 220. B. M. — abbé commendataire de S. Lucien de Beauvais, sa correspondance, XX. 266. B. M. — lettre à D. Bernard de Montfaucon, 23 nov. 1702. XX. 399. B.M. — Bossuet et les Mauristes à propos de Rebais, ibid. —ses relations avec Rancé.XXI, 92, B. M.

Bouchaert, (dom Ghislain) sous-prieur de S. Ghislain, XIV, 255.

Boucher, (André) dominicain, prieur de Douai, ses propositions de réforme sont approuvées, XV, 534.

Boucher, (D. Jean) XVII, 121.

Boucle, (D. Baudouin de) moine de S. Pierre de Gand, ermite à Baudeloo, pays de Waes, notice, IX, 307.

Boudet, (D. Joseph-Marie), profès de la Trinité de Vendôme, professeur de philosophie à Pontlevoy, d'humanités à S. Jean d'Angély, prépare une histoire du Poitou en collaboration avec D. Fonteneau, XV, 338.

Boudier, (dom) abbé de S. Martin de Séez, puis supérieur général de la Congrég. de S. Maur, XV, 351, 438.

Boudonnet, (D. Jean) ses ouvrages, XVII, 353.

Boudot, (Paul) évêque de Cardique, auxiliaire de Cambrai, XXI, 156.

Bougler, (D. Jean) prieur de Solesmes, homme de science, fit exécuter les belles sculptures de ce monastère, XVII, 271.

Bouillon, (prieuré de) dépendance de S. Hubert, XV, 310. B. M.

Bouillon, (cardinal de) XI, 353. — abbé de S. Vaast, recherches sur sa prélature, XVIII, 309. B. M. — correspondant de D. J. Mabillon, XVI, 521.

Boulanger, (dom) abbé de S. Vincent du Mans, XVII, 254.

Boulogne, (monastère de) Bénédictines du S. Sacrement, — fondé à Boulogne (1841) transféré à Longuenesse (1865) transféré de nouveau à Boulogne, notice, IX, 433.

Bouquet, (dom) célèbre historien, XV. 340.

Bouquillon, Maître Thomas Bouquillon, notice biographique, XX, 2 sqq.

Bourbon, (Charles de) cardinal, abbé commendataire de S. Nicolas au Bois, évêque de Saintes, XI, 252 — archevêque de Rouen, visite l'abbaye de Jumièges, ses tentatives pour amener les moines à reprendre la réforme de Chezal-Benoît qu'ils avaient abandonnée, XVII, 119.

Bourbon, (D. Jean de) abbé de Cluny — ses efforts pour faire rentrer son monastère dans ses biens et faire visiter les prieurés anglais par des commissaires français, X, 107.

Bourder, (D. Laurent de) notice, XX, 399. B. M.

Bourgault-Ducoudray, études sur la musique ecclésiastique grecque, XVI, 51. Voir système musical de l'Église grecque.

Bourgeois (dom Jean) moine de S. Denis en Broqueroie, XIII, 349.

Bourgogne, (Berthe de) fonde le monastère des Payernes, au diocèse de Lausanne, en 961, X, 419.

Bourgogne, (Philippe duc de) accorde une charte de protection aux pèlerins de Basse-Wavre, XIV, 475.

Bourgogne, (David de) évêque d'Utrecht, charge les visiteurs bénédictins et l'abbé Gérard d'Oostbroek de visiter et de réformer les monastères de son diocèse et en particulier S. Paul d'Utrecht, XIV, 530. B. M.

Bourgoin, (Philibert) prieur de

Cluny, aide l'abbé Pierre de Mas dans la réforme monastique, XVII, 35. — abbé de N. D. de Souillac, 44.

Bourlers, village du Hainaut, près Chimay — chartes du XIIIᵉ siècle qui font connaître l'origine des droits de l'abbaye S. Michel en Thiérache sur ce village — XIX, 296. B. M.

Bournonville, (Odoard de) seigneur de Capres, XI, 300.

Bousies, (Gauthier de) avoué de S. Denis en France, XII, 504. B. M.

Bousies, (Jean de) prévôt d'Eename, XIII, 221. — évêque de Dschébail, auxiliaire de Cambrai, XXI, 60.

Boussard, (Geoffroy) chancelier de l'Église de Paris, aumônier de la reine Anne, délégué auprès des moines de S. Germain des Prés pour les décider à accepter la réforme de Chezal-Benoît, XVII, 113, 114.

Boussu, (D. Gaspard de) abbé de S. Ghislain, meurt victime de son zèle sacerdotal, VI, 455.

Bouthillier, (Victor le) archevêque de Tours, fut un des premiers supérieurs de la Congrégation de N. D. du Calvaire (Bénédictines), X, 3.

Bouzé, (dom Antoine) moine de S. Ghislain, XIII, 257.

Boves, (D. Hugues de) prieur de Lewes, archevêque de Rouen, auparavant abbé de Reading, X, 104.

Boyer, (D. Pierre de) abbé de S. Chinian de la Corne, commentateur de la Règle de S. Benoît, d'Orviéto et de Vaison, XIV, 546, B. M.

Boyl, (Fray Bernal) ermite près de Montserrat, missionnaire espagnol, un des Iᵉʳˢ compagnons de Christophe Colombe, notice biographique, IX, 415. — fut-il bénédictin ? Non vraisemblablement. Était minime lors de son départ pour les Indes, 415. — Étude du R. P. F. Fita X, 415.

Brachet, (Dom Benoît) XIII, 50. — Sa correspondance au sujet de l'auteur de l'Imitation, XIV, 540, B. M.

Bradschaw, (Henri) publications liturgiques de la société Henri Bradshaw, à Londres, XII, 271

Brakel, (Godefroid de) abbé d'Eename, XI, 546.

Brandt, (Thierry) abbé de Halberstadt, forma d'excellents moines dont plusieurs furent les propagateurs de la réforme monastique, XVI, 406.

Brantôme, (abbaye de) recherches inédites d'art et d'histoire sur l'abbaye de... X, 558.

Braun, (D. Henri) exégète, (Dict. de la Bible. Vigouroux) XII, 217.

Braun, (Benoît) abbé de Kremsmünster, son nécrologe XV, 171, B. M.

Braun, (D. Placide) célèbre bénédictin de S. Ulric d'Augsbourg, notice biographique, XVI, 1 à 13.

Braun, (S. J.) Die pontificalen Gewänder des Abendlandes nach ihrer geschichtlichen Entwicklung, XVI, 285 sq.

Braunau, le mouvement protestant à Braunau, X, 558.

Braunau, (abbaye de) ses origines. XIX, 90. B. M.

Braunau (D. Paul de) moine de Melk, XII, 304.

Brébia (D. Gabriel) exégète (Dict. de la Bible, Vigouroux) XII, 217.

Bredon, (Durand Henri de) abbé de Moissac et évêque de Toulouse, notice XX. 395. B. M.

Brême, (abbaye de) quand fut-elle unie à Bursfeld ? XVI, 556.

Brenach, (Dom Antoine) français d'origine, moine de S. Martin de Canigou, puis du Montserrat — notice biographique, ses ouvrages poétiques, X, 291.

Bréquigny, XV, 347.

Brésil, L'ordre de S. Benoît au Brésil, notice historique sur ses origines et son développement, XV, 414 — Le chapitre général de Bénédictins brésiliens, tenu à Bahia, décrète la mise en liberté des esclaves des propriétés de l'ordre, (3 mai 1866) XV, 422. — à la terre de Santa-Cruz, récit d'un voyage au Brésil, XI, 508.

Bretagne, notice sur la société de Bretagne de l'Ordre de S. Benoît XI, 97 sq.

Breuil, (D. du) novice de la société de Bretagne, XI, 104.

Brenil-Benoît, (abbaye de) Une visite à l'abbaye, XVI, 455, B. M.

Breul, (Jacques du) ses ouvrages. XVII, 355 à 361.

Bréviaire. Les leçons apocryphes du bréviaire romain, VIII, 270 sqq.; usage antique d'insérer des homélies dans les leçons de l'office, 270; la réforme du bréviaire ibid. sq. ; négligence à l'époque moderne de veiller à l'authenticité des homélies choisies, 271; listes des leçons apocryphes, 272 sqq. — Histoire du Bréviaire romain par M. Batiffol. Esquisse de l'ouvrage, X, 16, — il méconnaît le caractère des monastères bénédictins établis près des Basiliques romaines — réfuté par D. Levêque dans son étude sur les monastères des grandes Basiliques romaines aux VIIe et VIIIe siècles, 411.

Brewnov, (abbaye de) son action civilisatrice au Moyen-Age, XIII, 304. B. M. — Catalogue des moines au XIIIe siècle, 328, B. M.

Briant, archidiacre de Quimper, abbé commendataire de Landavenec, XI, 105.

Brice, (D. Etienne) collaborateur du Gallia christiana, XVI, 354, note 1.

Briçonnet, (Guillaume) évêque S. Lodève, grand aumônier de la cour, abbé-commendataire de S. Germain-des-Prés, y introduit la réforme du Chezal-Benoît. — sa lettre aux Pères du Chapitre de Chezal-Benoît. — XVII, 113.

Brie, (Ponce de) abbé commendataire de l'abbaye Saint-Méen, y introduit la réforme de Chezal, XVII, 122.

Brié, (dom Saintin) né à Paliseul, profès de S. Vanne à Verdun, professeur de théologie à S. Clément de Metz, XV, 23.

Brienne, archevêque de Toulouse, ennemi acharné des réguliers, XIV, 412.

Brigittins, (monastères) de Bavière, XV, 173, B. M.

Brinckman, (Mgr) évêque de Munster, son exil, I, 46.

Brisselot, (Jean) carme nommé abbé bénédictin de Marolles et de Hautmont, V, 181, note 3. —

évêque titulaire de Beyrut, auxiliaire de Cambrai, XXI, 134.

Brocq, (D. Théodore) moine de S. Arnould de Metz, XXI, 94. B.M.

Brotas, (prieuré de N. D. de) XV, 416.

Bruce, (Dr J. Douglas) son étude sur le ms. lat. 8824 de la bibl. nat. de Paris. Voir Bède : Notes sur plusieurs écrits attribués à Bède le Vénérable.

Bruno de Segni, (S.), sa vie, ses œuvres, XV, 302. B. M.

Bruno, son écrit sur la guerre de Saxe, XIX, 91. B. M.

Brunon d'Asti, (S.) exégète, (Dict. de la Bible Vigouroux) XII, 217.

Brunon, évêque d'Angers, partisan de Bérenger, VI, 7 — se sépare de lui, 9.

Brunswig, (Eric II, duc de) rétablit le catholicisme, XIV, 547, B. M.

Brunton, (Thomas) moine de Norwich, évêque de Rochester, ses sermons, XIV, 539. B. M.

Bruxelles, (dom Nicolas de) moine de S. Jacques de Liège, envoyé à Stavelot, en devient prieur, XI, 8.

Bruzewitz, (Gérard) abbé de Cismar, XVI, 403.

Bucelin, (D. Gabriel) XV, 220.

Buch, (abbaye de) O. Cist. culture des sciences, XVI, 452. B. M.

Buissière, (Réginald de la) moine cistercien d'Aulne, écrivain distingué — liste de ses ouvrages, IX, 139.

Buckley, (dom Sigebert) Profès à Westminster sous dom Jean Feetzenham, seul survivant de la Congrégation anglaise en 1603, — perpétue la Congrégation anglaise de sa prison et en confie la direction à dom Thomas Preston, supérieur des moines anglais du Mont-Cassin en Angleterre, I, 231. — V, 274.

Bulgarie, L'Eglise catholique en Bulgarie, VI, 315.

Bulteau, (dom) XV, 220.

Burchard, (S.) ses biographies (étude) XXI, 443. B. M.

Burchard de Würzbourg, Les notes liturgiques de l'évangéliaire de Burchard, X, 113 sqq. ; description par Schepss, 113 sq. ; parenté avec les péricopes napolitaines de l'évangéliaire de S. Cuthbert, 114 ; mélange de liturgie romaine, ibid. sq. ; origine de cette liturgie composite, 115 sq. ; aperçu de ce travail, 116 sqq. ; texte des capitula, 118 sqq. — Son homéliaire Mp. th. f. 28 de la bibliothèque de l'Université de Würzbourg, XIII, p. 97. coll. not. 3. Description du ms. ibid. et sq. Les homélies de S. Césaire en forment une partie, 98. Le ms. Clm 29047 de la bibl. roy. de Munich du VIIe / VIIIe s. 99. Contenu du recueil 99-111. Conclusion : l'homéliaire de Burchard est une copie plus ou moins déflorée d'une des nombreuses collections de sermons formées par l'évêque d'Arles et répandues par ses soins jusqu'aux extrémités de la Gaule. 111.

Buren, (monastère de) notice, VII, 414.

Bureau, (dom Michel) abbé de la Couture, docteur en théologie de Paris, évêque titulaire d'Hierapolis, ses ouvrages, XVII, 41. note 2.

Bureau, (Nicolas) évêque de Sarepta, auxil. de Tournai, XXI, 356.

Bures, (Guillaume de) prince de Tibériade, bienfaiteur de N. D. de Josaphat en Palestine, V,552.

Burgeck, (Berthold de) cofondateur de l'abbaye d'Einsenhofen XVIII, 309. B. M.

Bürgel,(abbaye de) son cartulaire, XIII, 327. B. M.

Burghausen, (Léonard de) moine de Melk, XII, 304.

Bürgisser, (Légar) abbé de S.Gall, troubles sous son abbatiat, XVIII, 226. B. M.

Burn, The Athanasian Creed and its early commentaries, XV, 28. — ses recherches sur le symbole *Quicumque vult.* XV, 101.

Bursfeld, (Congrégation de) puissante en Allemagne au XVIᵉ siècle — monastères belges incorporés à cette congrégation au XVIᵉ siècle, VI, 305. — Sources de l'histoire de cette congrégation, XVI,360.— notice détaillée sur les origines de la Congrégation de Bursfeld. 385, 481, 550, réforme les monastères Westphaliens au XVᵉ siècle, XVI, 451. B. M. — notes, XIX, 90. B. M.

Burtscheid, (abbaye) fondée par un abbé Grégoire du sud de l'Italie, sur la fin du Xᵉ s. XV, 165. B. M. — XX, 396. B. M.

Busignies, (dom Henri) abbé de S. Denis en Broqueroie, VI, 306.

Bustin, (Jacques) franciscain, évêque d'Asolo (1389), auxiliaire de Cambrai, XX, 265. et de Tournai, XXI, 277.

Butkens, a puisé beaucoup pour son ouvrage dans les matériaux recueillis par Gilles die Voecht, moine d'Averbode, XVI, 263.

Butzbach, (D. Jean de) moine célèbre de Maria-Laach, X, 81. — notice, ibid. et XV, 546,B. M.

Buzignies, (D. Henri de) abbé de S. Adrien de Grammont, tente d'introduire dans son abbaye les constitutions de Valladolid, XIII, 258. nommé abbé de S. Denis en Broqueroie, 348, y établit la réforme de Lorraine,ibid.

Bye, (Corneille de) S. J. bollandiste, XVI, 196, 199, 202, sa correspondance avec D. Grappin au sujet de D. Berthod.

C.

Cadols, (Jacques de) abbé de Cluny, fonde le monastère S. Martial à Avignon, XI, 350.

Caen, (monastère de) des Bénédictines du S. Sacrement, notice, VIII, 396.

Caffiaux, (D. Philippe) concourt au projet J. N. Moreau, (voir ce nom) XV, 349. — correspondant de Moreau (voir ce nom) — son Trésor généalogique, 11, collaborateur de D. Th. Pardessus, — ses lettres à M. de Prétot, censeur royal, XVI, 422, 423.

Cagin, (Dom) Un mot sur l'Antiphonale Missarum, VII, 368 sq.

Cagliero, (Mgr) salésien, enfant chéri de dom Bosco qui lui prédit l'épiscopat, VI, 43.

Calhava, (Dom) prieur de Saint-Cyprien de Poitiers, ses démélés avec D. Fonteneau, 351.

Cajot, (D. Charles) lettre, XVI,473.

Calagurris, (Vigilance de) adversaire du monachisme, notice, XX, 390. B. M.

Caldwell, (D. Thomas-Edmond) bénédictin anglais, notice, XIV, 320. B. M.

Calendrier bénédictin, voir Ramback (dom Gilles).

Caletrix ou **Caletricius,** (S.) évêque de Chartres, découverte de son tombeau, correspondance de l'abbé Châtelain et de D. J. Mabillon à ce sujet, XVII, 131.

Calixte II, XV, 275.

Calmet, (dom) Correspondance avec le libraire A. U. Coustelier († 1724), X, 560. — Sa correspondance avec Schœpflin, XIV, 540.— Quelques correspondants de D. Calmet, XV, 11, 75, 215, 247, 315, 357 — ses manuscrits conservés au Grand Séminaire de Nancy, 12 — nommé abbé des Senones, 17— le nonce de Suisse, Passionei veut le faire élever à l'épiscopat; D.Calmet refuse, 17, nommé président de la Congrég. de S. Vannes, 17. — Lettres que lui adresse Grosley, avocat au Parlement de Troyes, en 1744, XV, 548, B. M. — Articles sur D. Calmet XV, 164, B. M. — Sa correspondance avec le Cardinal Dom.Passionei, XVI, 177, B.M. — Notice, XIX, 309, B.M. — Sa correspondance avec J. Fréd. Schannat, XIX, 320.

Caloen, (Jacques van) XIV, 293.

Calonne, (D. François de) abbé d'Anchin,notice et portrait, XX, 269. B. M.

Calvaire, (Bénédictines du) notice sur cette congrégation, X, 1. —ses différents monastères avant la Révolution, 5 — aujourd'hui 6.

Camaldules, notice, IV, 356. sqq.

Cambier, (dom Odon) moine d'Afflighem, correspond assiduement avec Dom Luc d'Achery, VI, 545 — professeur de réthorique à Grammont, 546 ; IX, 517 — XIII, 256. — va à S. Bertin avec D. R. Estrix pour la réforme de Lorraine, XIV, 64.

Cambrai, évêques auxiliaires de Cambrai dans les XIIIᵉ-XIVᵉ siècles, XX, 7, 237. — évêques auxiliaires ou suffragants, XXI, 46, 133.

Cambon, (M. de) évêque de Mirepoix, commissaire du roi au chapitre général des Exempts de France à l'abbaye de Mas-d'Azil, XIV, 412.

Campagna, (abbaye de) en Italie, notice historique, XVIII, 229. B. M.

Camprodon, (abbaye de) ses relations avec Moissac, XVI, 313.

Cannes, Cannes et ses environs (description) IV, 180.

Cantatorium, ou chronique de S. Hubert, son auteur, XVIII, 87. B. M.

Cantimpré, (Thomas de) auteur d'une vie de Sᵗᵉ Lutgarde, XV, B. M. 165.

Cantorbéry, le Missel de l'abbaye S. Augustin de Cantorbéry, ms. C.C.C.C. 270, XII, 193; hypothèse de Martin Rule sur ce Missel, ibid. ; doute de la vérité de cette hypothèse, ibid.

Cantorbéry, (collège de) à Oxford, notice, XX, 279. B. M. — confiscation de l'argenterie,XX,415, B. M.

Cäppelmair,(Wolfgang) prieur des Augustins de Munich, XI, 219.

Capron, (Dominique) dominicain

nommé abbé de Lobbes par Charles-Quint, V, 181, note 3.

Carafa, (Dèce) archevêque de Damas, nonce apostolique, XI, 444.

Cardin,(Nicolas) Gardien des franciscains de Namur devient abbé de S. Gérard, V, 181.

Carême, Considérations ascétiques, VI, 97. — Le Carême à Jérusalem à la fin du IVe siècle, VI, 102 sqq.

Carley, adversaire de la version italique, XV, 217.

Carlier,(Gilles) doyen de Cambrai et la réforme d'Hasnon, XV, 495. — Sa lettre sur la réforme d'Hasnon écrite à D. Laurent d'Ivoire abbé de ce monastère, XV, 540-541.

Carlier, (Louis) greffier, XI, 260.

Carloman, (Père) recteur de Breisach et prieur de S. Pierre, près Fribourg, X, 556.

Carmel, (D. Antoine du) abbé de Rio, sollicite l'empereur du Brésil de demander à Rome l'érection d'une Congrégation brésilienne, XV, 419.

Carmélites, de Compiègne, leur correspondance avec les Bénédictines anglaise de Cambrai, XVIII, 212. B. M.

Carnière, (Jean de) abbé de Gembloux, XI, 8.

Carniole, (Henri de) XII, 303. — sous-prieur de S. Ulric d'Augsbourg, XII, 292.

Carniole, (Jean de) prieur de S. Ulric d'Augsbourg, XII, 292.

Carpentier, (Dom Pierre) correspondant de D. Calmet, notice et lettre, XV, 218, 219.

Carpentier, (Jean) abbé de S. Martin à Tournai, XI, 15.

Cartiau, (F. G.) correspondant de D. Calmet, XV, 78.

Casauria, (abbaye S. Clément) voir Saint-Clément de Casauria.

Casaretto, abbé de la Congrégation du Mont-Cassin, prend possession du monastère construit près de N. D. de Finalpia, XV, 172, B. M.

Caspari,CorpusPelagianorum,XV, 483 sqq. voir Fastidius *de vita christiana*.

Castel, (abbaye de) son observance, se réunit à Bursfeld avec Melk, XVI, 561.

Castelberg, (Chrétien de) abbé de Disentis, XIV, 546. B. M.

Castelnau, (François-Guillaume de) cardinal archevêque d'Auch, abbé commendataire de Saint Pierre de Lagny, y introduit la réforme Cazalienne, XVII, 121.

Castner, (Hildebrand) abbé de Tegernsee, XII, 209.

Castrozza, (prieuré de) XII, 82. B. M.

Castus,, abbé de Wisbeck, au IXe siècle, XIII, 323, B. M.

Casyn, (Jean) abbé de Minden, XVI, 497, 556.

Catacombes, Représentations de la Ste Vierge dans les : VI, 289, sqq.

Catéchumènes, Initiation, III, 4, 541. — Catéchisation, illumination et scrutins, 543 ; IV, 71.

Catelinot, (dom Ildephonse) moine de la Congrég. de S. Vannes, collaborateur de D. Calmet, XV, 16, 217, 220, notice, 222.

Catherine, juive convertie, abbesse de Parc-les-Dames ; l'abbé de S. Trond, Guill. de Ryckel, lui envoie des reliques des saints de Cologne, (16 mai 1270) XVI, 274.

Catherine, régente de Portugal, s'intéresse à la restauration de l'ordre bénédictin au Portugal, XV, 414.

Catholica, Ecclesia catholica : expression fréquente dans S. Augustin, XVII, 1 : elle signifie la communion à l'Église par opposition à la « pars Donati » ou autres hérétiques, ibid sq. ; fréquence chez Optat, 2 ; dans les conciles, 3 ; dans les lois des empereurs romains, ibid. sq. ; discussion du texte de Constantin à Anulinus, 4 sq.; exemples chez des écrivains des IVe et Ve s., 5 sq. ; au IIIe s. 6. ; fragmentum Muratorianum, 7 ; au VIe s. 8 ; sa disparition au VIIe s. ibid.

Catteral, (D. Bernard) prieur de Dieulwart, sa vie et ses écrits, correspondance avec D. Calmet, XV, 75.

Cauchie, les polémiques de Sigebert de Gembloux, X, 244 sqq. voir Sigebert de Gembloux.

Caulier, D. (Guillaume) moine de S. Vaast, élu abbé de S. Gérard en 1512 et de Lobbes en 1523, V, 181.

Cava, (abbaye de) Triduum en l'honneur de 4 moines de Cava dont Léon XIII reconnut le culte, XII, 467. — ses privilèges, XIV, 551. B. M. entre autres celui de pouvoir confirmer les étrangers munis d'une permission de leur évêque, — ses possessions temporelles et spirituelles dans les Pouilles, XIX, 293. B. M.

Caverel, (Philippe de) abbé de S. Vaast, visite S. Bertin, XIV, 65, 66. — reproduction d'une charte donnée aux bénédictins anglais de Douai, XIV, 325. B. M.

Cavereel, (Pierre) abbé de S. Vaast d'Arras, fonde l'abbaye de Douai et la dote d'un revenu de 1200 florins, I, 331.

Cazier, (dom Pierre) abbé de S. Martin de Tournai, sa lettre à l'abbé d'Eename au sujet de la formation d'une Congrégation bénédictine belge XIII, 222.

Cécile, (Sainte) fille du roi de Lotharingie Zwentiboldet abbesse de Susteren, VII, 375.

Ceillier, (D. Remi) XV, 226. échange des ouvrages avec D. O. Légipont, 358; — sa biographie XI, 219. B.M. — prieur de S. Jacques de Neufchâteau, XIV, 320. B.M.

Célestin V, (Saint Pierre) étude sur ce pape, XII, 76. B. M. — études sur ses biographies XVI, 310. B.M.

Celle, (abbaye de la) à Aix-en-Provence, — journal d'une religieuse bénédictine de ce monastère, (1789-1793) XVIII, 311. B. M.

Celle-en-Brie, (abbaye de) de la Congrégation anglaise fondée en 1611, I, 233.

Celman, (D. Jacques) prieur d'Egmond, XIII, 307.

Cénacle, Une messe au Cénacle en 1860 (récit) III, 25.

Cendres, (Mercredi des) Élévations sur : III, 534. sqq.

Centelles Aragona, cardinal, abbé commendataire de Mileto, XV. 90.

Certain, du collège de Prèle, nommé censeur des livres de D. Pierre Le Court, XV, 17. 19.

Césaire, S. Mes principes et ma méthode pour la future édition de S. Césaire, X, 62 sqq. ; réponse à la critique du Dᵣ Engelbrecht, 62 sq. ; de la valeur des travaux des Mauristes, 63 sqq. ; le défaut de critique interne dans l'édition de Fauste par le Dᵣ Engelbrecht, 65 sq. ; du rôle de S. Césaire comme compositeur d'homélies, 66 sqq. ; moyen de reconnaître les pièces appartenant à Fauste et à Césaire, 68 sqq. ; prologue de l'homéliaire pour les grandes fêtes de l'année, 70 sq. ; preuve de la provenance césarienne de cette pièce, 71 sqq.. — Étude sur, XII, 214, B. M. — d'Arles, XII, 275. B. M. — Voir homéliaire de Burchard de Würzbourg XIII, p. 97 sqq. — Six nouveaux sermons tirés de l'homéliaire de Burchard de Würzbourg, XIII, 193, le premier sermon, coll. homél. de Burchard fol. 19 et Clm. 29047 p. 19 de la bibl. roy. de Munich, est emprunté aux sermons 256 et 228 de S. Augustin 193, texte 194-196. — 2ᵉ sermon, coll. homél. de Burch. cod. Palat. 430. fol. 179, Vatic. 3539, recueil du XVᵉ s. répandu dans les Pays-Bas — texte tiré du Palat. 430, 197-200. — 3ᵉ sermon, coll. hom. de Burch. publié par Eckhart p. 840. — texte 200-203. — 4ᵉ sermon contre les pratiques païennes, coll. Eckhard p. 82, texte 204-206. — 5ᵉ sermon contre l'abus du mariage, texte 207-210. — 6ᵉ sermon sur la charité fraternelle : tiré de S. Augustin sermon 210, n. 1-4, reproduit du ms. de la bibliothèque de S. Geneviève du X/XIᵉ. Dᵗ petit in 4° mis à l'in-8° 22. 210 ; texte 211-214. — Opuscule inédit sur la grâce XIII, 433. fut retrouvé dans le ms. latin 2034 de la Bibliothèque nationale de Paris, date du VIIIᵉ/IXᵉ s. et provenant de S. Martial de Limoges ibid ; pièces contenues dans le ms. 433 sqq. ; l'opuscule de S. Césaire a probablement précédé la réunion de Valence et le concile d'Orange, 434; texte de l'opuscule, 435 ; S. Césaire au synode d'Orange s'est inspiré des canons transmis de Rome et des œuvres de S. Prosper et de S. Augustin, 439 ; l'opuscule mentionné reflète les idées personnelles du saint, ibid. ; il veut réfuter le semipélagianisme, 440 ; il regarde la prédestination comme cause de salut, 441 ; on doit croire à une prédestination juste, 442 ; la foi initiale et la persévérance finale sont des dons gratuits, 442 ; son accord avec S. Augustin sur l'impuissance de l'homme déchu dans l'ordre surnaturel et les peines réservées aux enfants morts sans baptême, 443. Il existe un autre exemplaire de cet opuscule à la Vaticane cod. 491, fol. 50ᵛ, 486. — Le testament de S. Césaire d'Arles et la critique de M. Bruno Krusch XVI, 97 sqq. ; raisons de Krusch pour rejeter l'authenticité de la pièce, 97 ; défectuosités du texte de Saxi et de Bréquigny, ibid. ; diverses copies de cette prière 98 sqq. ; texte et variantes, 100 sqq. ; liste des expressions favorites de Césaire se retrouvant dans le testament, 106 sqq. ; réponses aux objections de Krusch: a. sur le titre *d'epistola*, 108 sq. ; b. sur l'origine noble de Césaire,

109 sq. ; c. sur la substance même du testament plus favorable à l'église d'Arles qu'aux moniales, 110 sqq.; conclusion en faveur de l'authenticité, 112. — Un nouveau recueil inédit d'homélies de S. Césaire d'Arles, XVI, 241 sqq : description du ms. lat. 2768 A de la biblioth. nation. de Paris (Xᵉ s.) 241 ; epistulæ S. Augustini, fol. 110-145ᵛ ᵛ contenues, ibid. ; capitula ou table de ces homélies, ibid. et sqq. ; plusieurs de ces homélies peuvent être attribuées à S. Césaire, 242 ; preuves, ibid. sq. ; le premier sermon traite de la provenance et des suites du péché originel, 243 sq. ; les emprunts faits à S. Augustin, ibid.; caractéristiques du style de Césaire, 244 ; collation avec le ms. 8462, fol. 26-28 de Cheltenham (X-XIᵉ s.) ibid. ; texte et variantes de ce sermon, 245 sqq. : 2ᵉ sermon, explication du v. 23, ch. 9 de S. Luc. 248 ; emprunts faits à S. Augustin, ibid. ; principales locutions césariennes, 249; texte et variantes, 249 sqq. ; 3ᵉ sermon et son origine augustinienne, 252; attribution à S. Césaire ibid. et seq. ; c'est le sermon 149 modifié de S. Augustin, ibid et seq. ; locutions propres à S. Césaire, 253 ; 4ᵉ sermon découpé dans les nᵒˢ 2-5 de l'Enarrat. II, de S. Augustin sur le ps. XXV, 253 ; texte et variantes, 253 sqq. : 5ᵉ sermon qui n'est autre que le sermon 298 de l'appendice de S. Augustin, 257 ; les emprunts faits par Césaire sont d'un évêque africain de la première moitié du Vᵉ s., ibid. ; collation de certains passages du sermon 298 avec le sermon CXXI de la Nov. Patr. Biblioth. t. I, p. 277 sqq. de Mai, 258 ; particularités du texte de Césaire, ibid. ; 6ᵉ sermon est le 57ᵉ de l'appendice de S. Augustin, 259 ; son attribution à Césaire, ibid. ; 7ᵉ sermon est le 58ᵉ de l'appendice, ibid. ; il est de Césaire, ibid. ; 8ᵉ sermon emprunté au tract. X, n. 1-4 de S. Augustin sur l'Epître de S. Jean, 289 ; principales tournures familières à Césaire, ibid. ; texte et variantes, 289 sqq. ; 9ᵉ sermon emprunté aussi au tract. X, n. 5-7 de S. Augustin, 292 ; tournures caractéristiques à Césaire, ibid. seq. ; Césaire se sert du psautier romain pour les textes bibliques, 293 ; texte et variantes, 293 sqq. ; 10ᵉ homélie est entièrement de Césaire, 298 ; terminologie césarienne, ibid. et seq. ; détail liturgique relatif au ps. 103, 297 ; texte et variantes, 298 sqq. ; 11ᵉ homélie également tout entière de Césaire, dont on reconnaît les locutions favorites, 301 sq. ; texte et variantes, 302 sqq.; 12ᵉ homélie entièrement de Césaire 337 ; texte et variantes, 337 sqq. ; 13ᵉ homélie qui est le sermon 194 de S. Augustin, 341 ; 14ᵉ homélie d'un auteur inconnu antérieur au milieu du VIᵉ s., ibid. ; cette même pièce figure fol. 58ᵛ-61 de l'homéliaire de Silos, Cod. brit. addit. 30853, 342 ; texte et variantes, 342 sqq. : 15ᵉ homélie fragment de provenance inconnue, 344. — Le symbole de S. Athanase et son premier témoin: S. Césaire d'Arles, XVIII, 337 sqq. ; voir S. Athanase. — Un

travail inédit de S. Césaire : les *capitula sanctorum Patrum* sur la grâce et le libre arbitre, XXI, 225 sqq. ; le ms. 16 (Rec. 85) de la bibl. impériale de Vienne, 225 ; texte des capitula, 126 sqq.; preuves que cet écrit est de S. Césaire, 233 sqq. ; leur relation avec les *Capitula S. Augustini in urbe Roma transmissa*, 235 sq. ; l'écrit de S. Césaire daterait d'avant le concile d'Orange en 529, ibid. ; restitution du texte : continentur etiam in hoc codice etc, 237 sq. ; sources où S. Césaire a puisé, 238 sq.

Cesarini, (Julien) cardinal de Saint-Ange, préside la réunion des abbés bénédictins de la province de Cologne-Trèves à Bâle, en 1435, XVI, 329.

Chaffre, (Saint) son culte en Piémont, XIV, 326. B. M.

Chaire de S. Pierre, Sermon pour la chaire de S. Pierre d'après deux mss. du Musée britannique, XIII, 343 texte 343-345. Caillau l'attribue à S. Augustin 345, De Rossi au contraire à S. Léon, ibid. l'examen du style ne permet pas de l'attribuer à ce dernier ibid.

Chaise-Dieu, (abbaye de la) notice, XX, 276, B. M.

Chamalières-sur-Loire, (abbaye de) son cartulaire, XIII, 327, B. M.

Chambre, (Louis de la) cardinal, abbé commendataire de Vendôme, XIV, 400.

Champagne, Bénédictins Mauristes originaires de la Champagne, XIII, 509. B. M.

Champeaux, (D. Guillaume) notice, XX, 399. B. M.

Chandelier Pascal, Le chandelier pascal à Rome (Mgr Barbier de Mont.) I, 73.

Chant grégorien, La tonalité et la rythmique du chant grégorien, XVII, 199 sqq. ; points communs à la musique et au plain-chant, 200 sq. ; analyse et réfutation des théories du P. Dechrevens, 202 sqq.; système de Houdard et réfutation, 292 sqq.

Chant sacré, Le chant du peuple dans les églises, moyen d'amener les fidèles aux offices, II, 410 et sqq. — Le chant grégorien et la musique moderne, V, 448. — Le chant sacré d'après S. Thomas, discours de D. Laurent Janssens à Namur, X, 213 sqq.

Chapeau pontifical, sa forme, son usage, etc., I, 225.

Chapelle, (Hugues de la) évêque de Chalcédoine, auxiliaire de Cambrai, XXI, 144.

Chapitres généraux, 1° *de l'ordre bénédictin avant le IVe Concile de Latran (1215)* — étude historique — Influence de S. Bernard pour la tenue des chapitres généraux dans l'ordre de S. Benoît — sa correspondance fournit les 1ers documents officiels de ces chapitres généraux — les abbés de la province de Reims commencent — Innocent II et l'archevêque de Reims, Renauld de Martigny favorisèrent leur entreprise — valeur de ces assemblées — sollicitude d'Innocent III pour unir entre eux les monastères bénédictins et la tenue de chapitres généraux par province, VIII, 255. — 2° *du XIIIe au XVe siècle.* — Disposition du Concile de Latran par rapport aux chapitres provinciaux — Essais d'Innocent III — Honorius III continue l'œuvre d'Innocent III — Grégoire IX réforme plusieurs monastères — Recul de cette réforme sous Innocent IV et sous ses successeurs — Benoît XII reprend l'œuvre d'Innocent III, d'Honorius III et de Grégoire IX — sa bulle « Summi magistri » (1336) IX, 544, sqq. — Histoire et documents, XVIII, 364. — XIX, 38. 268, 374.

Chapitres provinciaux, de l'ordre bénédictin — 1ᵉ *Reims-Sens.* tenus à S. Germain des Prés (1337) — S. Corneille de Compiègne (1342) — S. Remi de Reims (1348) — Compiègne (1354) 1367 (?) 1373-1379) — Paris (1363) S. Germain des Prés (1408) — S. Faron de Meaux (1410) — 2º *Cologne-Trèves* — S. Maximien de Trèves (1422), 1448, 1478) — S. Mathias de Trèves (1482, 1486, 1520) — S. Pantaléon de Cologne. (1463, 1474) — S. Martin de Cologne. (1480, 1484) — Cologne (1445). — XI, 3. — en Allemagne au XVᵉ siècle, XVI, 386. — des moines noirs en France, 464. B. M.

Chapman, (D. John) voir S. Ignace d'Antioche.

Chapot, (Dom Christophe) prieur de S. Jean d'Angély, XV, 339.

Chappuys, (Dom) moine de S. Cyprien de Poitiers, XV, 439.

Charbeaux, dépendance de Stavelot. XV, 309. B. M.

Charbonneau, (dom Jean) prieur de la Chaume, près Machecoul en Bretagne, XI, 105.

Charité, simple histoire, III, 428 ; IV, 40, 187, 278, 406, 488, 570.

Charité, (prieuré de la) XIV, 31. B. M.

Charité, monastique au Moyen-Age, Entretien des *pauperes* et des *peregrini.* dans les anciens monastères, XII, 82. B. M.

Charité s/Loire, (le prieuré de la) enquête relative aux droits de Cluny sur ce prieuré, XVII, 428. 168, 171. B. M.

Charles, (dom) de la congrégation de Lorraine, XII, 31.

Charles le Bon, (Bₓ) sa châsse à Bruges, I, 179.

Charles II, roi d'Espagne intervient dans la situation difficile des moines de S. Gérard en 1670, V. 222, note 1.

Charles-Quint, déclare les Indiens libres — lettre à Pierre de Angulo à ce sujet, VI, 163.

Charroux, (abbaye de) son état en 1766. XIV, 413.

Chassignet, (Dom Albert) moine de Château-sur-Salins et auteur présumé d'une histoire du prieuré de Jouhe, XIV, 166, B. M.

Château-Chalon, (abbaye) X, 558.

Châteauneuf, (Marie de l'Aubespine de) abbesse de S. Laurent de Bourges. y introduit la réforme monastique au XVIIᵉ siècle, meurt en odeur de sainteté, (8 janvier 1641) IX, 389.

Château-Porcien, (prieuré de) dépendance de S. Hubert, XV, 310. B. M.

Chatelain, (abbé) correspondant de D. Mabillon, XVII, 131.

Châtelliers, (abbaye de) Inventaire archéologique, X, 420, — carrelage de l'église abbatiale au Moyen-âge et à la Renaissance, ibid.

Chaume, (abbaye de la) près de Machecoule, XI, 105, — de la société de Bretagne.

Chazal, (Dom François) de la Congrég. de S. Maur, ses écrits, XVI, 174. B. M.

Chazes, (abbaye des) en Auvergne, son histoire abrégée et la liste de ses abbesses, XVI, 173. B. M.

Chaves, (D. Pierre de) moine de Montserrat, restaure la discipline monastique à S. Thyrse de Riba d'Ave (Portugal), nommé abbé de S. Martin de Tibaens et 1er supérieur général de la Congrégation portugaise, XV, 415.

Chedel, (Pierre) profès de S. Vincent de Metz, mort à Châlons s/Marne en 1764, XV, 22.

Chelles, (abbaye de) XII, 332. B. M.

Chemmitz, (abbaye de) culture des sciences, XVI, 452. B. M.

Cherasco, (prieuré de) en Piémont, ses rapports avec S. Chaffre en Velay, XIV, 326. B. M.

Cheraux, (Henri delle) abbé de S. Laurent de Liège, reçoit un bref de Eugène IV, XV, 133.

Chesne, (D. Jean du) collaborateur de D. Le Nourri et autres à l'édition de S. Ambroise, XVI, 347.

Chevalet, (Herman) abbé de S. Martin de Tournai, XI, 109.

Chevalier, (Ulysse) Ordinaires de l'église cathédrale de Laon, (XII-XIIIe s.) suivis de deux mystères liturgiques, XV, 31. B. M.

Chevalier de S. Martial à Limoges, étude sur le privilège qu'avait l'abbé de S. Martial de créer des chevaliers, XVI, 174. B. M.

Chévrier, son attaque contre l'ouvrage de D. Calmet intitulé : « Bibliothèque Lorraine », XV, 227, note 4.

Chevron-Villette, (D. Benoît-Théophile de) moine du prieuré de Talloires, archevêque de Tarentaise, ami de S. François de Sales, notice XX, 398. B. M.

Chezal-Benoît, (Congrégation bénédictine de) notice historique, XVII, 29, 113, 252, 337.

Chili. La situation de l'Église au Chili (1891) VIII, 358, IX, 113, 178, 213, 352.

Chiliasme. Un nouveau chiliasme mitigé, VIII, 70 sqq.; défaut de la thèse de l'abbé Bigou, 71 ; origine du chiliasme, ibid. sq.; les théologiens du moyen-âge et du Concile de Trente, 73 ; les protestants, ibid. la doctrine de S. Augustin, 74 sq. ; analyse de l'opinion de Bigou, 75 ; sa thèse est contraire à la tradition constante de l'Eglise depuis le Ve s., ibid. sqq. ; la pensée génératrice du système de Bigou et critique, 78 sqq.; la restauration matérielle du peuple et du culte juif, 81; critique, ibid. sqq.; réponse de l'abbé Bigou, 201 sqq. réponse aux considérations de l'abbé Bigou, 219 sqq.

Chimay, notes sur les seigneurs de Chimay, XIX, 296. B. M.

Chiny, (Arnoul de) fonde le prieuré de S. Sulpice de Prix près Mézières, devient moine de S. Hubert, VI, 359.

Choiseul, (Catherine de) réformatrice de S. Maur à Verdun, XII, 331. B. M.

Cholin, (D. Jean) prévôt de Bonn, XIII, 265.

Chollet. La théorie théologique de la lumière, étude de l'abbé Chollet, XII, 65 sqq. analyse.

Chooz, dépendance de Stavelot, XV, 309. B. M.

Chrétien, abbé de Melk, XII, 292, actes de son gouvernement, XIV, 549. B. M.

Chrétien, moine de Stavelot et son commentaire sur S. Mathieu — notice, VII, 449.

Chrétien, abbé de S. Trond — son élection — lettre des moines de S. Trond annonçant son élection à l'évêque de Metz (1193), — recommandation de l'élu à l'évêque de Metz par le Chapitre de Liège, XV, 131.

Chrétien, abbé d'Erfürt, compilateur du cérémonial de Bursfeld, XVI, 403.

Christ Church, (abbaye de) à Cantorbéry — sa chronique de Jean Stone, — liste des doyens, prieurs et moines de ce monastère du VIIe siècle à 1540, XX, 271. B. M. — inventaire de son trésor, 283. B. M.

Christianisme, *sans dogmes,* XVI, 563 sqq. ; cause première de l'antidogmatisme du protestantisme allemand, 563 sq. ; identité du protestantisme et de la libre pensée, 564 ; contradictions dans la doctrine de Luther, 565 sq. ; rationalisme protestant au cours du XIXe s., 566 sqq. ; grandes écoles théologiques protestantes au XIXe s. 568 sq. ; décadence du dogme dans le protestantisme, 570 ; négation du symbole, ibid. sqq. ; négation de la divinité de J. C., 573 sq. ; — L'essence du christianisme, XVII, p. 406 sqq. méthode de Harnack, 407 ; sources de son travail, 408 ; nie le miracle et le surnaturel, 409 sq. ; les six études diverses sur l'Évangile, 411 sq. ; éléments essentiels et constitutifs de la religion chrétienne, 412 sq. ; critique, ibid. ; — Comment le christianisme fut envisagé dans l'empire romain, XVIII, 141 sqq.; l'histoire d'après Fustel de Coulanges, 141 ; notion de l'état à Rome, ibid, sq. ; l'*imperium,* 143; le culte de l'empereur, 144 sq. ; origine du dogme politique de la divinité des empereurs, 146 sq. ; conséquences politiques de ce culte, 148 ; les inscriptions dénotent un attachement aux institutions, 149 sq. ; culte privé des empereurs, 151 ; conséquences, la superstition des hommes de ce temps, 152 sq. ; uniformité dans l'empire romain, 154 ; système du droit, ibid. sq. ; accusations portées contre les chrétiens, 155 sq. ; il sont surtout traités d'athées, 156 ; comment il faut résoudre cette question de la criminalité, 157 sq. ; mentalité des premiers chrétiens, 159 sqq. ; raison de l'inintelligence pour les juges du sens caché des réponses faites par les martyrs, 161 sq. ; la prétendue révolte des soldats chrétiens et des premiers fidèles, 162 sqq. ; comment Lucien juge l'héroïsme des martyrs, 165 ; l'accusation de magie, 166 ; les réunions nocturnes, ibid. ; mouvement apologétique, 167 sq. ; les chrétiens sont tombés sous le droit commun, 169 ; les Romains n'ont jamais permis l'exercice d'un culte étranger, ibid. sq. ;

crime de sacrilège et de lèse-majesté, 171 sq. ; jurisprudence romaine en matière de religion, 172 ; caractère de cette jurisprudence pendant les persécutions, ibid. sq. ; variété dans l'application des mesures coërcitives, 175; comment on doit juger les persécuteurs, 176.

Christophe,(D.)cellérier de Kremsmünster, XII, 305.

Chrodegand, (Saint) évêque de Metz, date de son abbatiat à Lorsch XI, 216. B. M., — recensions de sa Règle, XX, 189. B.M.

Chrysantos, Son Εἰσαγωγή XVI,51. Voir système musical de l'Eglise grecque.

Ciborium, Son origine — sa forme — son usage, V, 90, 500.

Cierge pascal, Bénédiction du cierge pascal, étude détaillée de ce rite envisagé dans son développement historique et sa raison symbolique, V, 106.

Circumcelliones,(les) leur histoire, XVIII, 418. B. M.

Cismar, (abbaye de) dans le Holstein, offerte par Bursfeld aux Bénédictins anglais pour y faire une fondation — refusée, X, 417 — XII, 504, B. M. ; — accepte la réforme de Bursfeld, XVI, 403.

Cisneros, (D. Garcia) moine de Montserrat et les exercices de S. Ignace, XIV, 313. B. M. ; — la genèse des Exercices de S. Ignace, XV, 164. B. M. — les Exercices de S. Ignace, XV, 307. — chargé par Ferdinand et Isabelle de réformer les monastères catalans et aragonais, ses efforts, XVII,284.

Cisterciens belges. Le chapitre provincial des Cisterciens belges en 1782, X, 498. — liste des monastères cisterciens des Pays-Bas autrichiens, 504.

Citeaux, (ordre de) les origines de l'ordre et son influence sur l'ordre bénédictin au XIIe siècle, XVIII, 304. B. M.

Civate,(abbaye de)en Italie, notes, XV, 552. B. M.

Civilisation, importance et conséquences de la suppression des monastères dans la 1re moitié de notre siècle au point de vue de l'histoire de la civilisation, XV, 298. B. M. — française et les moines, XXI, 434. B. M.

Civilisation allemande, au XVIe siècle, XI, 78, 117.

Classiques,étude sur les classiques au Moyen-Age, XII, 529.

Claudon, (dom Eustache) prieur de Munster (Alsace), XIII, 65.

Claustrales, (Congrégation bénédictine espagnole dite des)notice historique, XVII, 275 les monastères de cette Congrégation, 276.

Clément, (S.) Découverte d'une antique traduction latine de l'épître de saint Clément à l'église de Corinthe, X, 402 sq.

Clément d'Alexandrie, Clément d'Alexandrie sur les Evangiles et encore le fragment de Muratori, XXI, 369 sqq. ; l'ajoute d'Eusèbe (VI, 14,)paraît tiré du même endroit que ce qu'a trait à Marc, 369 sq. ; Clément sur S. Jean et les Synoptiques,371 sqq.; les notices des évangiles données par Clément et celles du canon Muratorien confirment l'origine clémentine de ce dernier, 372 sq. ; les sources premières du canon de Muratori et les ajoutes de Clément, 373 sq.

Clément III, (antipape) lettres à Lanfranc, archevêque de Cartorbéry, XVIII, 421. B. M.

Clément VI, Réduit à 50 ans le retour de l'année jubilaire, I, 165. — Permet en 1346 la liturgie slave à Prague, dans l'abbaye d'Emmaüs, V, 24.

Clément VI et Jeanne I de Naples, XV, 164. B. M.

Clément VIII, condamne en 1573 l'usage grec de mêler de l'huile bénite à l'Eucharistie consacrée le Jeudi-Saint, VI, 487.

Clément XI, préside à la composition de l'office de S. Joseph et élève la fête du 19 mars au rang de 2ᵉ classe ; le nom de S. Joseph fut inséré dans les litanies des Saints avant celui des Apôtres, V, 105.

Clément, (Dom) ses lettres à D. Berthod. XVI, 193. note 1, — correspondant de Jean Des Roches, 264, note 1. — correspondant de Grandidier. XVII, 303. B. M.

Clément, (dom François) bibliothécaire des Blancs-Manteaux, ses lettres. XII, 508. B. M.

Clerc, (D. François du) prieur de S. Nicaise, XV, 80.

Cleynaerts, (Nicolas) professeur de Louis de Blois, au collège des Trois-Langues à Louvain, VI, 268.

Cloîtres, romans d'Espagne (étude sur les) et leurs rapports avec certains cloîtres étrangers, XV, 174. B. M.

Cloud ou Clodoald, (Saint) évêque de Metz, n'est pas le fondateur de l'abbaye bénédictine de Burtscheid, XV, 165. B. M.

Clovis, XIVᵉ centenaire de son baptême, XIII, 74.

Clovis II, diplôme en faveur de l'abbaye de Ferrières, XVII, 424. B. M.

Cloye, (Jean de) abbé de S. Laurent à Liège, ses ouvrages, notice, XII, 436.

Cluny, (abbaye de) son action religieuse et sociale, IX, 465. — le monachisme au IXᵉ siècle, ibid. — Les origines de Cluny — Réformes contemporaines. — Action réformatrice de Cluny, 499. sqq. — Monastères de l'ordre de Cluny du XIIIᵉ au XVᵉ siècle — notice, X, 97, 410, 557 — généalogie des monastères clunisiens en Angleterre, 100 — leur état intérieur et leurs rapports avec Cluny, 103 — procès-verbaux des visites canoniques au XIIIᵉ et au XIVᵉ siècle, 104 — Monastères d'Espagne, leurs visites canoniques, 107 — Prieurés clunisiens des diocèses de Strasbourg et de Bâle, liste, X, 411. — Ordre de Cluny, XIII, 171. B.M. — livres imprimés à l'abbaye au XVᵉ siècle, XV, 175. B. M. — origine de la congrégation, ses coutumes, XV, 516. B. M. — influence de son mouvement artistique en Allemagne, XVIII, 230. B. M. — ses coutumes, abbayes qui les adoptèrent au XIIᵉ siècle, XVIII, 280. — Le plus ancien coutumier de Cluny, XX, 174 sqq. ; le cod. Barberini XI, 120 et le Casanatense 54, 174 ; contenu du codex Barberini, ibid. sq. ; il provient d'un monastère dépendant de Cluny, 176 ; date du ms., 177 sq. ; parenté avec les consuetudines farfenses, 178 sq. ; la seconde recension du cod. Barberini, 179; comparaison de C et B¹, 180 sq.; de B et B¹, 182 sq. ; le cod. Barberini vient probablement du monastère de S. André de Rosans, 183 sq. ; résultat de l'examen, 184 — fragment d'un cartulaire, XX, 406. B. M.

Cluny, (Collège d') date de fondation incertaine (vers 1269) — notice, X, 150 à 153.

Cluse (abbaye d') réformée par Jean de Münden, XVI, 395, 396, et suivantes.

Cobbaut (dom Matthias) secrétaire du visiteur général de Cisterciens belges en 1782, X, 502.

Col (D. Joseph) concourt en projet J. N. Moreau, (voir ce nom) XV, 349.

Colchon (dom Leonard) moine de S. Trond, régent du Séminaire bénédictin érigé à Cologne par le chapitre de la Congrégation de Bursfeld — abbé de Séligenstadt — président de la Congrégation de Bursfeld, VIII, 154. — Sa correspondance avec dom H. de Soetendael conservée au séminaire épiscopal de Mayence, 153, note 1. — avec dom Pierre Heister, son procureur à Vienne, X, 561 — XIII, 150.

Colins (Charles) abbé d'Eename, est nommé président de la Congrégation des Exempts de Flandre, XIII, 215. — Sa correspondance avec le grand prieur de S. Bertin, dom Pelet, XIII, 215, 216, 217.

Collalto (V^ble Julienne de) religieuse bénédictine de Ste Marguerite de Salarola, XIV, 551. B. M. — XV, 548, B. M.

Collèges bénédictins, aux Universités du Moyen-Age, — comment ils se sont formés, motifs qui ont poussé à leur fondation, les Papes ordonnent aux moines la formation universitaire, pour quelques-uns du moins, poussent à la fondation de maisons d'études près des Universités — Cisterciens commencent — Bénédictins suivent — liste des collèges bénédictins, X, 145.

Collèges anglais, notice et liste, X, 156.

Collot (D. Michel) moine lorrain, correspondant de Moreau, XIV, 541, B. M.

Cologne (monastère de) Bénédictines du S. Sacrement, fondé en 1890. — notice, IX, 489.

Colomb (Dom) XV, 308. B. M.

Columba, (Saint) institut de ce saint, XI, 210, B. M. traces de son culte et de son passage dans le Sundgau, XVIII, 439, B. M.

Columban, (Saint) ses Instructions — quelques-unes lui sont faussement attribuées, — Ordo S. Columbani abbatis de vita et actione monachorum. — La lettre sur les fêtes chrétiennes qui se trouve dans le M. S. 16361, de Paris n'est pas de lui, X, 413. — Explication d'un passage de la règle de saint Colomban relatif à l'office des moines celtiques, XII, 200 sq. ; publication de M. Bishop, ibid., explication du passage tiré du ch. VII, ibid. ;

le sens des mots *antiphona, chora, psalta* d'après Bishop et d'après dom Morin, 101 ; — étude sur ce saint comme législateur de la vie monastique, XIX, 280. B. M. — S. Colomban à Luxeuil, ibid. — influences celtiques avant et après ce saint abbé, ibid. — étude critique du *vita Columbani*, XXI, 441, B. M.

Comes, les origines du Comes romain, XV, 241, voir Constantius.

Commende (la) lutte de la Congrégation de Chezal-Benoît contre la commende, XVII, 252 — liste des abbayes données en commende de 1431 à 1501, XVIII, 209, B. M.

Commendone, (Cardinal) ses visites des monastères et églises des diocèses de Passau et de Salzbourg (1569), X, 557.

Communion des fidèles pendant la Messe. *En Espagne*. Au VIe siècle usage très répandu de communier pendant la messe ; communier en dehors de la messe, scandale puni par une pénitence publique, — Concile de Tolède (IVe) le défend, I, 235. — Communier hors de la messe, est-ce blâmable ? Oui, quand on n'a pas des motifs très-sérieux ; c'est contre l'esprit de l'Eglise, 238.

Comontes, (Antonio de) abbé de S. Martin de Compostelle, XII, 456.

Compiègne, Les antiennes avec alléluias du «Liber responsalis» de Compiègne XII, 195.

Compiègne, (Roscelin de) S. Bruno de Segni le combat par ses écrits, XV, 277.

Compostelle, (S. Jacques de) Découverte de ses reliques (1879) cachées à la fin du XVIe siècle, derrière l'autel majeur de la basilique de Compostelle, I, 517. — Alexandre III au XIIe siècle accorde aux Espagnols la faculté de gagner un jubilé plénier l'année où la fête de S. Jacques tombe le dimanche, 518.

Comput pascal, Objet du Comput, XVI, 25. Son importance, 25, 26. Eléments traditionnels qui déterminent la date de Pâques, 27, 28. Comment les Juifs déterminent la date de Pâques, 28. — Système Alexandrin et romain, 28, 29. Calcul de l'équinoxe, 30, ss. Raisons historiques, et mystiques de la date de Pâques, 33, ss. Comment le cycle pascal détermine la date de Pâques, 145 ss. Cycle de Méthon, 145. Cycle de 84 ans, 146, 147. Cycles des Juifs, 148, ss. — Cycle de S. Hippolite, 149, 150. Table pascale de S. Théophile, 150. *Supputatio romana*, 150, ss. Canon pascal de Victorius d'Aquitaine, 152, ss. Denys le Petit introduit à Rome le Comput Alexandrin, 152, ss. — Table pascale du Vén. Bède. 153. Formule de Gauss pour trouver la date de Pâques, 154. Correction grégorienne, 154, ss.

Conception, (Immaculée) S. Bernard et la fête de... X, 556.

Concile, inédit tenu dans l'Italie méridionale à la fin du IXe s., XVII, 143 sqq. ; le texte est tiré du Cod. Addition, 16413 du Musée britannique, Xe s., fol, 129v-133v, 143 ; texte des décisions de ce concile, 143 sqq. ; comparaison avec le ms. 439 du Mont-Cassin, 148 sq. ; opinion de D. Ambr.

Amelli en faveur de Siponto, comme lieu de réunion du concile mentionné dans le ms. cassinien, 149 ; le concile désigné par le ms. britann. que serait probablement celui de Bénévent, 150 ; raisons apportées parD.Morin en faveur de cette opinion, ibid. ; ces deux conciles seraient de la fin du IXe s. 151.

Condate,(monastère) dans le Jura, étude sur la vie des saints fondateurs, contre la critique de M. Bruno Krusch, XV, 300. B.M.

Condé, (D.Quentin) délégué par le chapitre général de Chezal-Benoît pour traiter avec le conseiller d'Etat,Hérault de Cheman,au sujet d'un concordat avec François Ier. XVII, 257.

Confession, exercice du pouvoir de remettre les péchés confié ou reconnu aux moines non-prêtres chez les Grecs, XVI, 170. — Lettre de Siméon le Jeune sur cette question : Peut-on se confesser aux moines non-prêtres ? ibid.

Confession, formule de confession en haut-allemand, d'après un manuscrit du Xe siècle, XVI,173. B. M.

Confession auriculaire, son histoire, XIV, 351. B. M.

Confirmation, raison de l'institution des sacrements, IV, 157 sq.; raison de l'institution de sept sacrements, 159 sqq. ; la tradition ecclésiastique de la confirmation, 200 sq. ; tradition apostolique, 201 sqq. ; pouvoir confié à Jésus-Christ, 246 sq. ; preuves de l'institution divine de la confirmation, 247 sqq. ; le ministre de la confirmation, 295 sqq. ;

l'ancienne discipline relative au ministre, 298 sqq. ; le sujet de la confirmation,302 sq. ; conditions requises pour la recevoir, 342 sqq. ; de la confirmation de ceux qui ont reçu le baptême dans l'hérésie, 343 sqq. ; la liturgie de la confirmation : du temps et lieu réservés à sa collation, 442 sqq. ; des cérémonies dispositives, 450, sqq. ; des parrains et des marraines, 454 sqq. ; des cérémonies directement sacramentelles, 502 sqq. ; cérémonies qui suivent l'action sacramentelle, V, 11 sq. ; effets du sacrement, 14 sqq.

Congrégation bénédictine anglaise, la plus ancienne des congrégations bénédictines,groupement en provinces distinctes (Cantorbéry et York) en 1215 ; en 1300, Boniface VIII réunit les bénédictins anglais sous une seule et même congrégation; sa destruction par la Réforme au XVIe siècle ; — Rétablissement de la congrégation commencé en 1607 par dom Sigebert Buckley, ne fut terminé qu'en 1637, I,230. — différentes phases de cette résurrection, I, 232. — Monastères de la congrégation hors de l'Angleterre;Douai (1605),Dieulwart (1608),Celle en Brie (1611) S. Malo, (1611), Paris, faubourg S. Jacques (1642); en Allemagne, Lambspring (1643) ; Cambrai (moniales) (1625),I, 233. — Etat de la congrégation en 1880, 234, 330, 380. — Sa réorganisation par une bulle de Léon XIII (1890) modifiant la bulle « Plantata » d'Urbain VIII, par rapport aux Missions, VIII, 42 — étude de

5

la constitution apostolique de Léon XIII, XVI, 370 sqq.

Congrégation Ecossaise, fondée en 1326 — fonde sur le continent et principalement en Allemagne des monastères : S. Martin de Cologne (975) — Erfurt (1036) — Eichstadt (1074) — Ratisbonne (1074) — Wurzbourg (1139) — Vienne, en Autriche (1144) — Nuremberg (1140) — ces monastères se peuplent d'Allemands — Lors de l'expulsion des moines d'Ecosse, la reine Marie Stuart obtient de l'empereur Rodolphe, en 1578, la restitution des anciens monastères écossais de Ratisbonne, de Wurzbourg et d'Erfurt pour les moines exilés de l'Ecosse. — Seul Ratisbonne est épargné par Napoléon en 1803 — qui interdit réception des novices. — En 1850 le dernier moine écossais survivant à Ratisbonne dom Anselme Robertson, est incorporé à la congrégation anglaise, I, 382, 383.

Congrégation Suisse, Notes sur sa fondation, son développement et son état actuel, II, 470.

Congrégation de Saint-Maur, circonstances pénibles qu'elle traversa à la fin du XVIIIe siècle, vers 1760, XV, 433.

Congrégation portugaise, sa formation, XV, 415.

Congrès Eucharistique, à Anvers — impressions d'un congressiste (D. L. Janssens), VII, 457.

Conon, abbé de Marie-Laach, XV, 546, B. M.

Conques, (abbaye de) ses privilèges municipaux, XVII, 167.

Conrad III, empereur d'Allemagne, caractère de sa politique, XVIII, 422. B. M.

Conrad, d'Hirschau, Son « Epithalamium Christi Virginum alternantium, » XIX, 80. B. M.

Cons-la-Grandville (prieuré de) dans le département des Ardennes, dépendance de S. Hubert, XV, 310, B. M.

Consolation, (abbaye N. D. de) fondée par la congrégation anglaise à Cambrai, dans le refuge de l'abbaye de Fémy (1623) par des religieuses venues de Bruxelles, I, 383. — Dame F. Gauwen, 1re abbesse, — à la Révolution émigrent en Angleterre (24 avril 1795) s'établissent d'abord à Woolton, près Liverpool, puis en 1807 à Salford House, puis en 1838 à Stanbroock, vers le Worcestershire, 383.

Constable, (Saint) 4e abbé de Cava, XII, 469.

Constances, (Salomon de) étude sur ses poésies, XVIII, 87. B. M.

Constance, (Concile de) et la réforme bénédictine, XVI, 384, sqq.

Constance, (Jean de) pénitencier, XV, 136.

Constance, écolâtre très-célèbre de Luxeuil VI, 504.

Constantius, L'auteur de la lettre à Constantius, VIII, 416 sqq. ; importance du Comes, 416 ; l'introduction ou lettre à Constantius, ibid. ; ses diverses éditions, ibid. ; mentionnée au XIe s. sous le nom de S. Jérôme, 417; d'après Ranke, elle fut adressée à Constantius, ibid. ; deux espèces de Comes, 318 ; l'auteur qui est évêque en rédige un à la prière de Constantius, ibid. ; d'après le document, Constantius était évêque, ibid. ; connexion entre ce Comes et l'ordre liturgique de Rome, ibid. sq.; opinion de Ranke quant à l'usage de plusieurs péricopes, 419 ; il dut être rédigé entre 471 et 550, ibid. sq. ; l'auteur de la lettre est probablement Victor de Capoue, 420 sq. ; Constantius serait un évêque d'Aquin, 421; les relations du Comes avec celui que contient le Codex Fuldensis, 421, sq. ; résumé, 422 sq.

Constantius, évêque de Constantinople, et les origines du *Comes* romain, XV, 241 sqq. ; la préface rapportée dans certains exemplaires n'est pas de S. Jérôme, 241 ; mais l'auteur est évêque et a vécu près de Rome, ibid. ; le destinataire est un évêque Constantius, ibid. ; manuscrits indiquant le titre de cet évêque, 242; renseignements fournis par le bollandiste Heuschen sur ce personnage, 243 ; deux sources de renseignements pour l'identifier, ibid.; la novelle de Léon V l'Arménien parle de la ville de *Constantiensis*, aujourd'hui *Cosenza*, 244 ; ces données s'accordent avec ce que l'on sait de Constantius, ibid. ; raisons de l'oubli de son culte à Cosenza, ibid. ; renseignement tiré du traité *de gratia Christi*, c. 36. de S. Augustin, 245 ; probabilité qu'il fût évêque en Italie, ibid. ; conclusion 246.

Constitution monastique, ses modifications au cours des siècles, XIV, 311. B. M.

Consuetudines monasticæ, étude et publication des textes, XVII, 164. B. M.

Conti, (prince de) abbé commendataire de Cluny, XI, 352.

Conty, (Étienne de) moine de Corbie, sa vie latine d'Urbain V, XV, 545. B. M.

Coral, (dom Alphonse) Général de la Congrégation de Valladolid obtient de Clément VIII (1603) permission d'établir en Angleterre une mission composée de ses religieux anglais, I, 231, — abbé de S. Martin de Santiago, XII, 559.

Corbeil, (Eustachie de) fonde l'abbaye d'Yerres, XVI, 312. B. M.

Corbie, (abbaye de) X, 559, — étude sur son régime féodal, XIII, 326. B. M. — histoire monétaire de... XIV, 31. B. M. diplômes, 323, B. M. — études sur Corbie, particulièrement sur deux moines, Gérold et Agius, (voir ces noms) XVI, 176. B. M. — examen critique des chartes mérovingiennes, XIX, 281. B. M. — aperçu sur les archives avant 1790, ibid. — notices et documents, XX, 410, B. M.

Corbie, (abbaye saxonne) en confraternité avec S. Bertin, — liste des moines de l'abbaye vers le milieu du IXe à la fin du Xe siècle, XVI, 452. B. M.

Corbie, (Jean de) abbé de l'abbaye d'Athelney, VI, 509.

Cordier, (Guillaume) prieur de S. Ghislain, abbé de Lobbes y introduit les constitutions de Bursfeld, V, 398 — XI, 13, 14.

Cordoue. Un évêque de Cordoue inconnu et deux opuscules inédits de l'an 764, XV, 289 ; description du ms. nouv. acq. latin,

239 de la biblioth. nation. de Paris, 289 ; lettre d'un personnage du nom de Pierre à Félix, évêque de Cordoue, ibid.; substance du contenu de la lettre où il est question du jeûne à observer le dixième jour du septième mois, ibid. et seq.; particularités : le jeûne de la Pentecôte, la Transfiguration précède le jeûne de septembre, la fête du XIV sept. est appelée *Invention* de la Croix, 290 ; texte de la lettre, 290 sqq.; la lettre de Félix qu'a provoquée celle de Pierre n'est pas perdue, 293 ; une partie est conservée au fol. 42ᵛ du même manuscrit, ibid.; texte de la lettre, ibid. et seq. identification de cette pièce, 294 ; exposition des difficultés de Félix au sujet du jeûne du 10 sept. ibid.; le correspondant de Félix doit être Pierre le Beau, écrivain espagnol du VIIIᵉ s., 295.

Coriache, (Aimé de) vicaire général de Mgr Creusen, archev. de Malines, XIV, 292.

Corias, (abbaye de) voir S. Jean de Corias.

Cormery, (abbaye de) prend les usages et les cérémonies de Marmoutiers après avoir été unie deux ans à Chezal-Benoît. XVII, 122.

Cornaro Piscopia, (Hélène Lucrèce), oblate bénédictine, docteur de l'Université de Padoue, IV, 512, XIII, 325. B. M. étude sur, XV, 548. B. M.

Cornelimünster, (abbaye de) diplômes de Louis II le Germanique (842) et de Louis III le Jeune, (877). XX, 274. B. M.

Corazzo, (abbaye de) documents, XIX, 285. B. M.

Correa de Sâ. (Salvador) gouverneur de Rio, reçoit avec bienveillance les Iᵉʳˢ bénédictins, XV, 416.

Corroy, (D. Simon) célestin, introduit la réforme cazalienne à S. Pierre de Lagny, XVII, 121.

Cortoy de Thorembais, (dom Pierre) religieux de S. Jacques de Liège, envoyé en 1440 à S. Paul d'Utrecht pour y implanter la réforme monastique, devint plus tard chartreux, XI, 9, 10, note 1.

Coste, (dom Simiane de la) nommé en 1640, recteur perpétuel de S. Martial d'Avignon. XI, 351, 352.

Costume ecclésiastique, à Rome, costume ordinaire, costume de ville, d'église, costume court, I, 226.

Cotton, (Dom Claude) prieur de S. Germain des Prés, conclut un concordat avec l'abbé de S. Vincent du Mans, réformé de Chezal-Benoît, XVIII, 13.

Cotton, (Jean) la théorie sur le chroma, XIV, 515 sqq. Voir Plain-chant.

Coufins, Dissertation sur les confins conservés à la collégiale de Monza, en Lombardie, II, 416 et sqq.

Coulpe monastique, publique ou privée, doit s'entendre à propos de l'intervention des laïques, des diacres et des abbesses dans l'administration de la pénitence, (Confession auriculaire, son histoire par Dr Léa.) XIV, 551. B. M.

Couronne d'épines, (La Sainte) Comment elle fut donnée à S. Louis et apportée à Paris, III,

285, — transportée à N. D. de Paris en 1791, — Description du reliquaire qui la renferme actuellement, 286.

Couronnés, (Quatre-Saints) église desservie par des bénédictins selon une bulle de Pascal II, (1116) XIV, 321. B. M.

Cousin, (Gilbert) son édition d'Arnobe, XX, 64 ; voir Arnobe le Jeune.

Coustant (Dom) XV, 218.

Coustelier, (Ant. Urbain) libraire, — sa correspondance avec dom Calmet, X, 560.

Coustin,(D.Louis de)moine de Marmoutier, natif de Souillac, compétiteur de D.Benoît de Villesonnes comme abbé de N. D. de Souillac, l'emporte par faveur royale, XVII, 44, 45. — décadence de l'abbaye sous son gouvernement, ibid.

Couturier, (Gérard) recteur de S. Nicolas de Tournai, envoyé à Rome par Jean de Lagens, abbé de S. Ghislain pour négocier la sécularisation de l'abbaye et sa transformation en collégiale, XVI, 89.

Couturier,(dom) abbé de Solesmes notice, VII, 578. — XVI, 464. B. M.

Cover de Sulen, (Jean) ancien chanoine de Metz, prieur de la chartreuse S. Alban à Trèves, XII, 102.

Craenvich, (Robert de) abbé de S. Trond visite S. Gérard en avril 1358, V, 180, note 2.

Crahen (Charles de) célèbre abbé de Florennes VI, 76 ; XI, 6.

Cranmer, archevêque de Cantorbéry,luthérien de cœur, réforme le culte et la doctrine catholique pour en faire l'anglicanisme — conseiller intime d'Henri VIII, et d'Édouard VI, fait paraître le « Book of Common Prayer (1549) VIII, 135 sqq.

Craon, (monastère de) au diocèse de Laval, Bénédictines du S. Sacrement, IX, 9.

Crassier, (G. de) baron, archéologue liégeois, correspondant de Montfaucon, ses lettres, XV, 176, B.M. — Sa correspondance avec D. E. Marténe, XVI, 178. B. M.

Crédit,rôle des monastères comme établissements de crédit en Normandie du XIe à la fin du XIIIe siècle, XIX, 78. B. M.

Credo, « Le Credo primitif de l'église gallicane » XII, 199 sq. ; critique de l'étude de M. Burn, ibid. : diversité des Credo dans l'église gallicane ibid. ; origine bourguignonne du fonds principal des livres gallicans, ibid. ; le « *descendit ad inferna* » dans l'homélie XIe de Fauste, édit. Engelbrecht, concordant avec S. Césaire, ibid. sq.

Creusen, archev.de Malines fait la visite d'Afflighem, XIV, 292.

Croix, (S[te]) Exaltation de la Ste Croix; notes liturgiques sur cette fête et sur les rites anciens de l'Adoration de la Ste Croix, III, 245, sqq.— Reliques de la Vraie Croix au monastère de S.Gérard, V, 178. — Invention de la Ste Croix, élévation, VI, 193, sqq.— Einhardi questio de adoranda cruce, XVI, 176. B. M.

Croix de cire bénite.Leur origine, matière forme, usages, I, 75.

Croix, (Nicolas de la) prieur de Chantrud, dépendance de S.

Martin de Tournai au diocèse de Laon, XI, 171 et note 3.

Cros. (Dame Souveraine de) nièce Clément VI. sœur du suivant, abbesse de S. Laurent de Bourges, IX, 388.

Cros,(Pierre de) neveu de Clément VI, moine de S. Martial de Limoges, archevêque de Bourges, cardinal et camerlingue de la Ste Église Romaine, IX, 388.

Crossraguel,(prieuré clunisien de) près de Maybote, dans le Ayrshire fondé par des moines de Paisey — abbaye indépendante en 1244, X, 99. — son dernier abbé avant la Réforme, 100, note 1.

Crosso, (Pierre de) archevêque, XI. 351.

Croy, (Charles de) moine et abbé d'Afflighem, abbé de Hautmont, évêque de Tournai, abbé de S. Ghislain, VI, 454 — XI, 14, 248, 252. — XIII, 488.

Croy. (Charles-Philippe de) marquis d'Havré, XI. 264.

Croy (Guillaume de) archevêque de Tolède, cardinal, abbé commendataire d'Afflighem, XIII, 488.

Croy, (Jacques de) bailli de S. Ghislain, XI, 254.

Croy, (Robert de) archevêque de Cambrai, abbé d'Afflighem, restaure avec splendeur l'église de N. D. de Basse-Wavre, XIV, 490.

Crulay,(Augustin) abbé de S. Ghislain, introduit dans son abbaye la réforme de Lorraine — approuvé par Urbain VIII, VI, 455, 456, — XI, 15. — XIV, 254, sqq.

Culm, (abbaye de) fondations et réforme, XII, 77. B. M.

Cunauld, (prieuré de) dans le Maine et Loire, son histoire, ses archives, XV, 551. B. M.

Cunibert, moine de S. Gall appelé à Altaich par l'archevêque de Salzbourg, Frédéric, XI, 470.

Cung, (dom Charles) introduit la réforme à S. Bertin, XIV, 63, 64, est chassé de l'abbaye, 66.

Cuper, (Martin) carme nommé abbé de S. Crespin, VI, 181, note 3.

Curvello, (Jean) de Euskirchen, moine de Johannisberg en Rheingau, humaniste célèbre du XVIe siècle, XIV, 319. B. M. — données certaines sur sa vie, liste de ses productions, XVI, 317. B. M.

Cuse (Nicolas de) cardinal-légat, rétablit la discipline monastique à S. Trond en 1451, XI, 9. — Ses statuts pour Saint-Trond, XIV, 478, sqq. — ses rapports avec la Congrégation de Bursfeld, XVI, 481, sqq. documents sur le chapitre provincial bénédictin, tenu à Würzbourg en 1451, sous sa présidence, ibid.

Cuypers (Martin) évêque de Chalcédoine, suffragant de Cambrai, abbé de Crespin, assiste à la bénédiction abbatiale de Dom Moulart, abbé de S. Ghislain, XI, 249, XXI, 145.

Cyprien (S.) Les interpolations dans le traité de S. Cyprien sur l'unité de l'Eglise, XIX, 246 sqq.; origine des interpolations, 246 ; divers mss. utilisés par les éditeurs, 247 sq.; comparaison des divers textes, 250 sq.; omissions dans la 3me colonne, 251 ; la première colonne renferme la forme originale de l'interpolation, 252 ;

division des mss. de la 1re colonne, ibid. seq.; les leçons de Bod. 4, 253 ; restitution du passage interpolé, 254 : ordre original des traités de S. Cyprien d'après son diacre Pontius, 357 sqq.; généalogie des mss., 359 ; l'examen des mss. porte à placer les interpolations peu après S. Cyprien, 359 sq.; comparaison de passages de l'ep. XIV de S. Gélase et de S. Cyprien, 361 ; avec S. Jérôme, 362 ; avec S. Optat, ibid., avec S. Augustin, 363 ; avec S. Pacien, ibid. sq. ; comparaison des interpolations avec les œuvres de S. Cyprien, 364 sqq.; expression *una cathedra*, 367 ; *primatus Petro datus*, 368 sq.; controverse sur le texte: *qui cathedram Petri... deserit*, 370 sq.; schisme de Novatien, 371 sq.; quand et pourquoi S. Cyprien écrivit le traité *de catholicæ ecclesiæ unitate*, XX, 26 ; opinion de Benson, ibid. ; objection à la thèse de ceux qui croient que le traité fut composé contre Novatien, 27 sq. ; il semble plutôt avoir été écrit contre le schisme du diacre Félicissime, 29 : comparaison de la lettre 43 avec le traité, 30 sqq. ; conclusion : le traité a été composé peu après la lettre citée, 33 ; pensée de S. Cyprien au 4e chap. du traité, 34 sq.; preuve de l'unité nécessaire de l'Église catholique, 35 sq.; erreurs de Benson et de Puller, 37 ; enseignement de S. Augustin, 38 ; du pouvoir égal des Apôtres d'après S. Cyprien, 39 : le Novatianisme d'après S. Cyprien, 40 ; comparaison entre l'interpolation et le texte, ibid.

sq.; omission de l'interpolation, 41 sq ; ajoutes, 42 ; Pierre, le fondement de l'Eglise, 43 ; substitution, 44 sq. ; autre interpolation du chap. 4e, 45 sqq. ; probabilités que S. Cyprien est l'auteur des interpolations, 47 sqq.

Cyrille, (Saint) Vie abrégée, III, 149 sqq. — avec S. Méthode introduit le slave dans la liturgie, V, 17 sqq.

Czapla (Bruno) Motifs allégués par lui pour identifier les deux écrits de Fastidius mentionnés par Gennade avec l'appendice du t. VI de S. Augustin, XV, 481. Voir Fastidius *de vita christiana*.

D.

Dagni, (Pierre) célèbre professeur et savant de l'île Majorque, IX, 316.

Dagobert I, son diplôme pour l'abbaye S. Denis, « Præceptum de fugitivis . » XVII, 423. B. M. — lettre relative à son anniversaire à S. Pierre d'Erfurt, XIX, 81. B. M.

Dalles, (Pierre) abbé de S. Pierre en Lézat — son procès, sa condamnation par l'abbé de Moissac, XVIII, 226, B. M.

Damassche, (Gérard de) abbé de S. Paul d'Utrecht, XIV, 530, B. M.

Dames du S. Sacrement, bénédictines de l'Adoration perpétuelle, remplacent à Nancy les Bénédictines de N. D. de Consolation fondées en 1625, XIV, 549. B. M.

Damien, (S. Pierre) biographe de

S. Odilon, XV, 470. — Sa vie, son culte, XV, 542. B. M.

Danès. (Pierre) lettres inédites, XVI, 461. B. M.

Dassac, (D. Benoît) de la Congrégation de S. Maur — notice — ses lettres et son journal, X, 411.

Dathis, (D. Romuald) prieur de Grammont, XIII, 403.

David, moine de S. Laurent de Liège, copiste et auteur de travaux hagiographiques, VII, 20.

Davis. (Charles) évêque du Maitland, notice, XX, 270. B. M.

De Aleatoribus, Une étude sur le De Aleatoribus, par les membres du séminaire historique ecclésiastique de Louvain, VIII, 234 sqq. : fondation de ce séminaire, 234 sq. : conclusions de l'étude sur le De Aleatoribus, 235 ; critique, ibid. sq. ; opinion de D. Morin sur l'origine de ce traité, 236 sq.

Dechrevens. (S. J.) Etudes de science musicale, XVII, 199 sqq.

De Clercq.(D.Bonaventure) prieur de S. Pierre de Gand, XIII, 221.

De Coster, (D. Bernard) dernier prieur de N. D. de Wavre, XIV, 490.

Dederoth.(Jean) le même que Jean de Münden.

Dedesheim. (Jean de) moine de S. Mathias à Trèves, abbé de Maria-Laach, y introduit des moines réformés de S. Martin de Cologne, X, 81.

Deforis. (Dom) moine de S. Jean d'Angély, XV, 439. — Bossuet et Deforis — esquisse du sermon sur la conversion, XVII, 304. B. M. — 421. B. M.

Défunts, les leçons de l'office des défunts — analyse, sens littéral et application, V, 480 — 2 novembre, considérations, VI, 481 sqq. — IXᵉ centenaire de l'institution de la commémoraison des défunts, notes historiques sur l'origine de cette solennité, XV, 466.

Deger, un artiste chrétien — IV, p. 35.

D'Haens, (D. Vérémond) ancien moine d'Afflighem, rachète l'église des anciens capucins à Termonde, XX, 282. B. M.

Delattre. (Jacques) religieux du Val des Ecoliers, nommé abbé d'Hasnon V, 181, note 3.

Delaveyne, (D. J. B.) fondateur des Sœurs de charité de Nevers, notice biographique, VIII, 507.

Delehaye. A propos du travail du P. Delehaye sur la lettre du Christ tombée du ciel, XVI, 217, D.Morin signale une autre copie du recueil d'Homélies Wisigothiques de Silos, Ms. Brit. addit. 30853. fol. 231-232, ibid. ; commencement et la fin, ibid. ; celui qui a trouvé cette lettre est Pierre Ermengaud, évêque de Nimes (1080-1095), ibid.

Delforteries, (D. Engelbert) abbé de Baudeloo, visiteur général des monastères cisterciens en 1782. X, 502.

Delisle. (D. Joseph) abbé de S. Léopold de Nancy, XV, 228.

Delrue, (D. Marie-Joseph) supérieur général de la Congrégation de S. Maur, né à Tournai, profès de Jumièges, mort à S. Denis (1767), écrit au ministre des finances pour lui offrir le concours de ses moines pour former le dépôt de droit public et d'histoire, XV, 347. — envoie une supplique à Louis XV, pour obtenir le maintien des observances religieuses, XV, 434.

Del Stache, (D. Lambert) prieur de Bertrée, notice détaillée, XII, 336.

De Monchaux, (D. Cassiodore) prieur de S. Amand, XIII, 222.

Denis le Chartreux, rencontre à Ruremonde le Cardinal de Cuse et devient son compagnon de voyage, XVI, 500.

Denys, Une brochure de M. l'abbé Denys, VIII, 321 sqq. critique de ses idées émises sur le chant grégorien.

Denys l'Aréopagite, (S.) date de la rédaction de l'opuscule intitulé « Translatio sancti Dyonisii Areopagitæ, » XXI, 446. B. M.

Denzerode (Jacques) abbé de Schönau, XVI, 553.

Déodat, (D. Jourdan) 3e supérieur du séminaire de Tretz fondé par Urbain V, le transfère avec l'autorisation du pape à Manosque, XVIII, 218. B. M.

Déportation, (la) ecclésiastique sous le Directoire, compte-rendu analytique de l'ouvrage de Victor Pierre, XIII, 359, 459.

Dépôt de droit public et d'histoire, dont J. N. Moreau, avocat des finances avait conçu le projet et auquel travaillèrent les Bénédictins de S. Maur, leurs noms, XV, 349.

Dercos, (don Arnaldo) correspondant littéraire avec Fray Bernol Boyl, savant bénédictin de l'île Majorque, IX, 416.

Dering, (Jean) arrêté et martyrisé, IV, 25.

Dernbach, (Balthazar de) abbé de Fulda, conçoit le projet d'une fondation de moniales à Fulda, XVI, 455. B. M.

Desbois, (Engelbert) évêque de Namur et l'abbaye de S. Gérard, V, 221.

Descartes, documents relatifs à la translation de ses restes à S. Germain des Prés. XVIII, 437. B. M.

Deschamps, (D. Jean) abbé de S. Denis en Broqueroie, XIII, 348.

Deschamps, (Mère Ste Sophie) dernière survivante des Feuillantines, fondatrice du monastère de Toulouse en 1817, IX, 385.

Desellis, (D. Placide) abbé de Nizelles en Brabant, assiste à la réunion des abbés cisterciens à Bruxelles, au couvent des Bogards, le 2 mai 1782 — récit de ce qui s'y passa. X, 501.

Desgabets, (D. Robert) profès de Hautvillers, XV, 227. — auteur d'une Philosophie de l'Eucharistie, combattu par Pascal, XVII, 314, B. M. — et le Cartésianisme chez les Bénédictins, XX, 267, B. M.

Desmazières, (D. Robert) moine de S. Bertin, XIV, 61,63.

Despaux, (Dom) prieur de Sorèze, XVIII, 223. B. M.

Desing, (Anselme) abbé de Kremsmünster, XV, 318. — son manuel de géographie, XVI, 318. B. M.

Désolation, des églises, monastères, et hôpitaux en France vers le milieu du XVe s. XIV, 552, B. M.

Des Roches (Jean) secrétaire perpétuel de l'Académie de Bruxelles en 1773, sa correspondance avec D. Berthod, XVI, 261 à 269.

Desterro, (D. Antoine de) abbé de Rio, évêque d'Angola, puis de Rio. XV, 418.

Deuil, (prieuré de) Obituaire, X, 558.

Deusdedit, célèbre canoniste, ses rapports avec S.Bruno de Segni, XV, 277.

Deutz. Voyez Rupert de.

De Vienne d'Agneaux (Dom J.B.) fécond polygraphe et historien, notice et lettre, XIX, 178.

De Weent, (Jean) abbé d'Egmond, XIII, 295.

Dewitte. (D. Charles) archiviste et bibliothécaire de S. Bertin, puis secrétaire, XIII, 219. —

Dicuilus, écrivain irlandais, XV, 145.

Didelot, (dom) lettres à Gerbert, prince-abbé de S. Blaise, B. M. XII, 330. — notes. XIII, 508, B. M. — Sa correspondance avec D. Martin, Gerbert abbé de S. Blaise sur le bréviaire de S. Vannes, XVI, 207, note 1.

Didier, (dom Marie), XV, 218.

Didier de la Cour, (dom) et la réforme lorraine, XVII, 421, B. M.

Didon, (R. P.) Le Nouveau Testament, XVIII, 316 sqq.

Diest, (dom Jean) moine de S. Jacques de Liège, devient doyen de Stavelot, y est amené par l'abbé Henri de Mérode, XI, 8.

Diest, (Arnold de) abbé de S. Jacques de Liège, XI, 8.

Diète de Ratisbonne, sécularise en 1803 les corporations religieuses dont les biens doivent servir à compenser les princes allemands pour les territoires de la rive gauche du Rhin abandonnés à la France, XVI, 1.

Dietmar, premier évêque de Prague, XI, 470.

Dieulwart, (abbaye de) fondée en 1608 par le cardinal Charles de Lorraine, I, 231, 333, — fonde à la Révolution française le monastère d'Ampleforth en Angleterre. 334. — fonde l'abbaye de Lambspring, en Hanovre, en 1644. 334. — quelques religieux desservent l'abbaye de Chelles (1611) et occupent en 1615, le petit monastère S. André, au faubourg S. Jacques à Paris fondé et doté de 150 livres sterlings par l'abbesse de Chelles, 380. — Sa fondation, XV, 553. B. M. — Récit de sa suppression, XVIII, 229. B. M.

Dikninge, (abbaye de) notice, VII, 502.

Dillingen, en 1798 l'évêque d'Augsbourg avait le projet de confier aux Bénédictins l'université de cette ville, XVI, 5. — XVI, 313. B. M.

Dimanche, uniformité dans les laudes du Dimanche du IVe au VIIe siècle, VI, 301.

Diplomatique, (la) ses progrès en Allemagne-Autriche depuis Mabillon, XV, 307. B. M.

Dirmstein, (Anselme de) abbé de S. Jacques près Mayence, XVI, 389.

Discours du Seigneur, le jeudi saint, XII, 161.

Disentis, (abbaye de) son histoire depuis la fin du moyen-âge jusqu'en 1584, XIV, 546. B. M.

Dochi, (Mgr Prime) abbé commendataire de l'abbaye nullius

S. Alexandre des Mirdites, en Albanie, X, 227.

Documents Pontificaux. Lettre encyclique de Léon XIII aux évêques français, I, 30. — contre la Franc-Maçonnerie, ibid. 166, 216, — 2e sur le Rosaire, ibid. 326, — Bref à dom Pothier, ibid. 89. — Lettre Pontificale au Cardinal Parocchi sur les Etudes littéraires, II, 277. — Au cardinal Guibert archevêque de Paris, sur la soumission à l'autorité du Pape, 279. — à l'empereur du Japon, 535. — Encyclique sur la constitution chrétienne des États, II, 560, 609, 650 ; III, 21, 74. — Encyclique promulguant un jubilé extraordinaire, 116, 160, 220. — Résumé de l'Encyclique *Pergrata nobis* adressée aux évêques portuguais (1886), III, 403 sqq. — Lettre à Mgr Dusmet O.S.B. à propos de la réouverture du collège S. Anselme à Rome, 565. — Analyse des principales parties de l'Encyclique de Léon XIII aux évêques bavarois (1887), V, 79, bref au R^{me} Dom Placide Wolter, VII, 401. — Résumé de l'Encyclique *Rerum Novarum*, VIII, 289. — Texte du Concordat entre la S. Siège et le Montenegro, IX, 45. — Résumé de l'Encyclique de Léon XIII aux évêques, au clergé et aux catholiques français, 145. — Bref nommant le 1er Primat de l'ordre de S. Benoît (12 juillet 1093) X, 404 — Bref à Dom Gérard van Caloen à propos de la restauration de l'ordre bénédictin au Brésil, XII, 285. — Motu proprio fixant l'organisation du collège grec à Rome, XV, 86. — Bref pour l'Institution des oblats séculiers O. S. B. XV, 472. — Bref au Comité protecteur des fêtes du 9e centenaire de la commémoration des défunts, XV, 559. — Constitution *Diu quidem* par la Congrégation anglo-bénédictine, XVI, 374 à 381.

Dodon. fils de Berwold avoué à vie de l'abbaye d'Egmond, — ses disputes avec l'abbé Wibold au sujet de l'avouerie, contrat entre Guillaume de Hollande et l'abbé d'Egmond au sujet de la nomination de l'avoué de l'abbaye, X, 202.

Dominique, abbé de Weingarten, sa correspondance avec Schoepflin au sujet de l'auteur de l'Imitation, XIV, 540. B. M.

Donald, abbé des Ecossais à Vienne, recteur magnifique de l'Université de Vienne, XII, 304.

Donauwörth, (abbaye de) XII, 293, 294.

Donauwörth, (Jean de) abbé déposé, se retire aux Ecossais de Vienne, XII, 290.

Donauwört, (Jérôme de) moine de Monsee, lettre à Chrétien, moine de Tegernsee, XIII, 173. B. M.

Donnadieu, (D. Hugues) II, 353.

Donné, (Henri) abbé de S. Amand, XIII, 222.

Dorat, (monastère du) son état matériel en 1702. XV, 554. B.M.

Dornbluet (Augustin) XV, 326.

Dotainès, son église donnée à S. Thierry-les-Reims par l'évêque Simon de Noyon, XVIII, 128.

Douai, (abbaye de) fondée et dotée en 1605, par l'abbé de S. Waast d'Arras, I, 231, Pierre Cavercel, — détruite en 1793. église convertie en temple de la déesse

Raison,détruite en 1833, collège transformé en raffinerie, revendu aux Bénédictins anglais sous Louis XVIII, 332. — Les quelques moines anglais survivants de S. Edmond de Paris en prennent possession en 1818, — état du monastère en 1880, évêques sortis de son sein depuis sa restauration en 1818, 381. — documents relatifs à sa fondation, XIV, 550. B. M.

Douai (université de) rapports des bénédictins avec cette université, X, 562.

Douai. l'enseignement de la philosophie chez les Bénédictins de S. Vaast à Douai au XVIIIe siècle.XVII, pg.51, ss. Influence des idées de Malebranche sur cette philosophie. 57 sqq.

Douleurs, (N.D. des Sept.) Élévation, VI, 145 sqq.

Dowdall, (Georges) archevêque d'Armagh, privé de sa dignité pour s'être opposé à l'introduction du Protestantisme en Irlande, exilé à S. Trond, XV, 138.

Downside, (S. Grégoire de) fondé en 1814 par les moines de Douai, chassés par la Révolution française ; évêques sortis de son sein, — état actuel (1880) I, 332. — ses origines, XVIII, 435, B. M.

Draerck, (D. Martin) prieur de S. Trond et ensuite abbé de Gembloux, VIII. 159.

Driedo, (Jean) professeur de théologie à Louvain; Louis de Blois suit ses leçons, VI, 268.

Driel, (Jourdain von) abbé d'Egmond, (1481) XIII, 315, — lettre de confraternité avec S. Trond, XV, 137.

Drogon, évêque de Théronaume,

disciple de l'abbé de S. Riquier, Engelram, VI, 505.

Drogon. moine de Lobbes, abbé de Florennes et de S. Jacques de Liège, V, 396.

Drogon, prieur de S. Nicaise de Reims,abbé de S. Jean de Laon, cardinal-évêque d'Ostie, XVIII, 115.

Droit, droit et tolérance, VI, 342, 391.

Droit naturel, Cours de droit naturel par M. Rothe, professeur aux facultés catholiques de Lille, analyse et remarques, X, 329 sqq.

Droz, conseiller au Parlement et secrétaire perpétuel de l'Académie de Besançon, ami de D.Berthod, XVI, 200.

Drumont (D. Pierre) moine de S. Denis en Broqueroie, XIV, 255.

Drutmar (Christian) écolâtre de Stavelot au IXe siècle, XV, 519, B. M.

Dublé (dom) XI. 352.

Dubois (D. Nicolas) abbé de S. Amand, XII, 145, 146 ; XIII, 149 sqq.

Dubois (Noël) théologien de Louvain, sa consultation sur l'abstinence, à propos des moines d'Afflighem, XIV, 295, 296.

Dubois (Paul) abbé de Lobbes, président de la congrégation des Exempts, (1774) XIII, 221.

Du Breul, (D. Jacques) revise les statuts de Chezal-Benoît, (1579) XVIII, 2.

Dubuis,(Jean) visiteur général des Exempts de France, difficultés que fait surgir sa nomination, XIV, 408.

Dubuisson, (Jean) prieur réformé

de S. Pierre de Brantôme, XVII, 121.

Duc, (Gilles le) dresse l'état du clergé et diocèse de Limoges en 1702, XV, 554. B. M.

Duchesne, les origines du culte chrétien, XV, 27.— Son opinion sur l'origine italienne de l'hieronymianum, XX, 285 ; les mss. proviendraient d'une recension faite en Gaule vers le VIIe à Auxerre, ibid. ; Voir Martyrologe.

Duden, (Henri) abbé de Werden, son histoire de l'abbaye, XIV, 543. B. M.

Dudik, (D. Bède) abbé honoraire de Trébitsch, notice, VII, 179.

Dumas, (D. Jean Laurent) profès de S. Augustin de Limoges, puis moine réformé de Solignac, — sa chronique, XIII, 510. B.M.

Dumfries, (Ecosse) (monastère de) Bénédictines du S. Sacrement, fondé en 1884, notice, IX, 485.

Dümmler D^r, voir Amalaire de Trèves : notice sur une lettre etc. attribue cette lettre à Amalaire de Trèves et renvoie au fol. 79 ms. de Munich 21568, XIIe s. qui vient de Weihenstephan. cfr. Neues Archiv XXI (1896) p. 783. — Son édition de la *passio Sœ Luciœ* et de la *passio Sanctorum Thebeorum*, X, 341 sqq. Voir Sigebert de Gembloux. — l'édition des lettres d'Amalaire dans les *Monumenta Germaniœ historica*, XVI, 419. voir Amalaire.

Dunes, (abbaye de) date du passage de S. Bernard dans cette abbaye, XX, 395. B. M.

Dünkelspühel, (Nicolas de) XII, 206.

Dunstan, (S.) abbé de Bath, XII, 329. B. M. — XV, 164. B.M.

Du Pinet, correspondant de D. Deforis. XVII, B. M. 421.

Duplessis, (D. Toussaint) bibliothécaire d'Orléans, XII, 330.

Dupré. (D. Henri) concourt au projet J. N. Moreau, (voir ce nom) XV, 349.

Duquesne, (D. Gilles) moine de S. Martin de Tournai, correspond avec les Mauristes — lettre relative à Heriman VI, 548, note 5. — XI, 15. Réforme son abbaye (1569), 170.

Durand, abbé de Troane, combat Bérenger VI. 9.

Durand, (D. Jean) moine réformé de S. Vincent du Mans, abbé de Jumièges, XVII, 118, 119.

Durand, (D. Ursin) collaborateur de D. Sabatier, XV, 82.— appuie et aide Dom B. Pez, XV, 221. — concourt au projet de N. J. Moreau, (voir ce nom) XV, 349.

Duras, (Madame de) abbesse de N. D. de Saintes, ses rapports avec D. Boudet XV, 338.

Durham, (collège de) notice, XVIII, 310. B. M.

Duret, (D. Quentin) professeur au Collège S. Adrien de Grammont, IX, 517. — ses ouvrages poétiques, 518. — XIV, 290.

Durmetz, (Pierre de) abbé de S. Ghislain rédige des statuts basés sur ceux de Cluny, VI, 453, XI, 13.

Durot, (D. A.) continuateur des Annales de S. Ghislain de dom P. Baudry — écrit un Mémoire du siége de S. Ghislain, VI, 458. XIV, 548. B. M.

Du Roussaux, (Isidore-Joseph)

évêque d'Euménide, auxil. de Tournai, XXI, 365.

Dusmet, (cardinal) discours sur... XII, 333. B. M.

Dutken, (Jean) abbé de Reinhausen, XIV, 547. B. M.

Duval, (D. Gérard) prévôt de S. Bertin, à Poperinghe, son portrait, XVII, 431. B. M.

Duverdier, (D. J. B.) prieur claustral de S. Étienne du Baigne, au diocèse de Saintes, général des Exempts de France, XIV, 409.

E.

Easton (Adam) moine de Norwich, cardinal sous Urbain VI. XIV, 539. B. M.

Eberhard, moine de Fulda, est-il faussaire, XV, 519, B. M. — ses travaux sur l'abbaye, XIX, 87. B. M.

Ebersmünster, (abbaye d') sa chronique, XV, 305. B. M.

Ebersheim, (abbaye d') fausseté de certains diplômes royaux, fabriqués dans la moitié du XIIe siècle pour protéger l'abbaye contre les avoués, XVI, 314. B. M.

Ebles, abbé de S. Denis, XIV, 320, B. M.

Ecclésiastique, le fragment toulousain de l'Ecclésiastique, publié par M. Douais, XII, 202 ; comparaison du texte grec avec S. Hilaire et la Vulgate, ibid. sq.

Echebert, probablement moine d'Himmerode, auteur d'une vie de S. Willibrord, XXI, 90. B.M.

Echenbrunn, (abbaye d') XV, 171. B. M.

Echter, (Jules) évêque de Wurzbourg, exile l'abbé de Fulda, Balthasar, XV, 167. B. M.

Echternach (abbaye de) notes sur un ancien sceau, XIII, 509. B.M. — histoire de la ville et de l'abbaye, XIV, 324. B. M. — son histoire au commencement du XIIIe siècle, XV, 550. B. M. — notice sur son ancienne maison de justice, XVII, 169. B. M. — diplôme falsifié de Pépin le Bref, XVIII, 208. B. M.

Eckard, XV, 308. B. M.

Ecklinger, (Jean) abbé de S. Paul de Carinthie, XII, 301.

Ecoles, épiscopales et monastiques du Moyen-âge, spécialement celles d'Hildesheim, Paderborn, Munster et Corbie, écoles externes, VI, 499 — X, 561.

Economie, histoire économique des monastères du VIIe au IXe siècles, XIV, 321. B. M. — relations économiques des monastères au Moyen-Age, XX, 391. B.M. XXI, 434. B. M.

Ecossais, (abbaye des) de Vienne, écrivains illustres, XII, 304. — monastères écossais en Allemagne, XVIII, 309, B.M. — Les monastères fondés par les moines écossais en Allemagne, XIX, 68 et suiv.

Ecosse, monastères anciens, XVII, 424, B. M.

Ecoute, (Jean de) trésorier et chanoine de S. Pierre de Lille, XV, 496, note 2.

Ecriture-Sainte, travaux des Bénédictins sur les SS. Ecritures, (Dictionnaire de la Bible, de Vigouroux) XII, 217. B. M.

Edmond, (Saint) archevêque de Cantorbéry, notice biographique X, 314, 367, 516. — sa vie par D. Mackinlay, XI, 555. B.M.

Edmond, abbé de S. Valéry-s-mer cède au collège S¹ᵉ Marie de Winchester en 1391, certaines possessions de nul rapport données par Guillaume le Conquérant à son abbaye, XV, 552. B. M.

Edouard, fils naturel du roi d'Espagne Jean III, abbé commendataire de Refoyos de Basto, XV, 414.

Education des enfants, Le mondanisme dans l'éducation II, 143, 283. — La reconnaissance, III, 199. — Education laïque propageant le socialisme (extrait d'une lettre pastorale de Mgr Ullathorne) III, 470, sqq.

Eename, (abbaye d') de la Congrégation de Bursfeld, puis des Exempts, XI, 541. — XIII, 145, sqq.

Egbert, illustre abbé de Schönau, XVI, 552.

Egeric, disciple d'Oduin II, devient abbé de S. Ghislain — ami de S. Bernard — transporte le corps de S. Ghislain à Béclers, à cause d'une incendie (1151) VI, 406.

Eginhard, formé aux sciences et aux lettres à Fulda, VI, 609. — date plus précise de ses lettres, XIII, 323. B.M.— Voir Elephas.

Eglise, Les droits de l'Eglise — Eglise société parfaite — le droit — le droit d'exister — le droit d'agir — le droit de posséder — de commander, V, 533 et sqq. — Les persécutions des trois premiers siècles de l'Eglise, VIII, 406 sqq. 443 sqq. — Voir *Allard*.

Eglises, Quelques opinions récentes sur l'union des églises, XIX, 412 sqq.; propositions du patriarche Joachim III, 412 ; Ambrazis, 413 ; lettres d'un anonyme, ibid. ; question fondamentale, 414 ; concept de l'Eglise d'après Ambrazis, 415 ; conséquence de cette définition, ibid. ; son explication de la primauté de S. Pierre, 416 sq. ; réfutation ibid,; opinion de l'auteur des lettres sur la réunion des églises au sujet de la primauté, 419 ; examen, ibid. sq. ; accusation d'additions et de changements aux définitions des sept premiers conciles, 421 sq. ; distinction apportée par Ambrazis, 422 ; opinions de l'auteur des lettres, 423 ; critique, ibid. ; divergence de vues entre Joachim III et Ambrazis, 424 ; moyens pratiques exposés par l'auteur des lettres et Ambrazis, 425 sqq.

Egmond, (abbaye d') O. S. B. notice, VII, 402 — démêlés entre ses abbés et ses seigneurs. — L'avoué Berwold et ses premiers successeurs, (1150-1226) X, 198. — Lutte entre les Seigneurs et les abbés de 1226 à 1367, 348 sqq. — Lettre de confraternité entre Egmond et S. Trond, (1486).— Jean de Constance, pénitencier du pape relève de l'excommunication un laïque qui avait tué un moine d'Egmond, XV, 137. — Nécrologe, XV, 552. B. M. — Visite du Cardinal de Cuse, XVI, 498. — documents sur son administration, sous l'abbé Walter, XVIII, 310. B. M. — Administration de Nic. van Nieuwland, évêque de Haarlem (voir ce nom) XIX. 296. B. M.

Egmond, (Comtes d') leur origine, VII, 403.

Egmond, (Jean d') sa guerre acharnée contre les religieux de l'abbaye d'Egmond, X, 355.

Ehrensberget Hugo, Libri liturgici bibliothecæ apostolicæ Vaticanæ manuscripti ; XV, 26.

Einhart, Sa « Vita Karoli », — son style, XV, 165, B.M. — Ses lettres et son traité «de adorandâ cruce,» XVI, 176, B. M. — historien de Charlemagne (étude,) XVI, 456, B. M. — Discussion sur ses Annales et l'époque de leur rédaction, XX, 191, B. M. — Sa langue, son style, XXI, 443, B.M.

Einsiedeln (abbaye d') ses rapports avec la maison des margraves de Bade, X, 558. — histoire du pélérinage, XIII, 505. B. M. — ancien inventaire des reliques et des autels, XV, 176. B. M. — difficultés que font les moines de rendre un manuscrit de D. Calmet, XV, 361 — catalogue des manuscrits, XVI, 182. B. M. — aperçu chronologique de l'histoire de cette abbaye, XVIII, 90, B. M. — Itinerarium Ensidlense, du XIIIᵉ-XIVᵉ siècle, XVIII, 226, B. M. — monographie, XX, 405. B. M.

Ekkehard I, de S. Gall et la chanson de Walthar (étude) XXI, 446, B. M.

Elbert, frère de Gérard de Rumigny, devient le 1ᵉʳ abbé de S. André de Cateau-Cambrésis VI, 64.

Elephas, parent de Charlemagne, abbé de S. Ghislain, fait don à l'abbaye de sa terre d'Alemans entre Laon et Soissons, VI, 403. Mabillon croit reconnaître en lui le célèbre Eginhard, XI, 251.

Elnham (Thomas de) prieur de Lenton, ancien moine de S. Augustin de Cantorbéry, X, 106.

Elnone, (abbaye d') voyez saint-Amand.

Elphège, abbé de Bath, XII, 329.

Ellwangen, (Ermauric d') auteur de la vie de S. Sola, patron d'Eichstädt, en Bavière, XII, 34, B. M. — Sa lettre à l'abbé Grimald de S. Gall, XVII, 174. B.M.

Ely, mémoires historiques sur la cathédrale d'Ely, XV, 311. B.M.

Emaüs, (abbaye d') à Prague son histoire, XX, 414, B. M. — ses historiographes et ses annalistes, XXI, 90. B.M.

Emmaüs, apparition aux disciples (élévation sur) III), 49. — dissertation sur l'emplacement de ce bourg, VII, 433.

Emmeric, (Saint) de Hongrie, XI, 373. B. M.

Empel, s/M. (prieuré de) dépendance de S. Crespin (ancien Hainaut) VII, 550.

Ems, (congrès d') ce qu'en pensait D. Berthod, XVI, 198.

Encens, son usage à la Sᵗᵉ Messe, I, 207.

Encensement, sens de l'encensement tel qu'il se pratique aujourd'hui, I, 208 — encensement de l'autel, des oblations, du prêtre et des fidèles, ibid.

Enchiriadis. L'auteur de la Musica Enchiriadis, VIII, 343 sqq. ; sa vogue au moyen-âge, 343 ; travaux divers pour en découvrir l'auteur, ibid. sq. ; examen des divers auteurs auquel elle est attribuée ; faiblesse des arguments en faveur d'Hucbald, 345 ; discussion du témoignage de Sigebert de Gembloux, ibid. sq. ; fondement de l'opinion en faveur d'Hucbald, 347 ; mss. l'attribuant à l'abbé Odon, ibid. sq. ; témoignages de Guy d'Arezzo et de Guillaume d'Hirschau, 349 sq.; le ms. de Gembloux du XIe-XIIe s., Bruxelles, 10078-95, l'attribue à un abbé Otger, 352 : autres mss., 353 ; autres témoignages avant la fin du XIe s., ibid. sq. ; l'auteur serait Otger-Odon, premier abbé de Saint-Pons de Tomières, 354 sqq. — Scholica Enchiriadis et la théorie des tons chromatiques dans le chant, XIV, 556 sqq. Voir Plain-chant.

Encloitre, (abbaye de l') de la Congrégation de Fontevrault, fournit les premières religieuses Bénédictines du Calvaire, X, 2.

Endenich, (monastère de) près Bonn, Bénédictines du S. Sacrement, fondé en 1888, — notice, IX, 487.

Engelberg, (abbaye d') deux élections abbatiales en 1724 et 1731. XVIII, 435. B. M. — histoire de son école abbatiale, XX, 281. B. M. — son école de peinture et de calligraphie, XX, 284. B. M.

Engelbert, abbé de S. Ghislain, en 1165. VI, 406.

Engelbert, moine de S. Laurent de Liège, excellent mathématicien, VII, 20.

Engelbert, abbé d'Admont, théologien, naturaliste, philosophe et exégète, XII, 303.

Engelbrecht, son édition des sermons de Fauste de Riez, IX, 49 sqq. Voir Fauste de Riez.

Engelram, abbé de S. Riquier — enseigne malgré sa charge abba-

tiale — ses disciples, Guy, évêque d'Amiens et Drogon, évêque de Thérouanne, VI, 505.

Engelmund, (S.) patron de Velzen, VII, 406.

Enghien, (Hugues d') abbé de Eename, XI, 541 ; XIII, 148.

Engrand, (D. Antoine) prieur, puis abbé de S. Pierre de Gand, XII, 149. refuse de prendre la réforme Lorraine, XIII, 553, 555, note 2.

Ennecon, (S.) abbé d'Ona, en Espagne, son culte public, XII, 505. B. M.

Enseignement, dans les monastères (étude) XXI, 434. B. M.

Enzersdorf, (Wolfgang de) moine des Ecossais à Vienne, XII, 304.

Epinlieu, (abbaye d') de l'ordre de Cîteaux (diocèse de Cambrai) étude sur la date de sa fondation IX, 381. — lettre de Jeanne, Comtesse de Flandre, à Adam, abbé de Cîteaux, pour lui proposer une fondation de moniales à Epinlieu, 382. — possédait des reliques des Saints de Cologne, envoyées par l'abbé de S. Trond, Guill. de Ryckel, (1270), XVI, 273.

Epiphane. (S.) sa liste des papes, XVIII, 414 sqq. voir Listes épiscopales.

Epiphanie. élévations sur : III, 444, sqq. ; VI, 1 — VII, 5 sqq.

Epistula ad virginem lapsam de la collection de Corbie, opuscule inédit de la fin du VIe s. XVI, 193 sqq. ; Gennade de Marseille l'attribue à Niceta, 193 ; il est placé dans les œuvres de S. Ambroise, ibid. ; Cotelier, le premier parmi les critiques, l'attribue à Niceta, 194 : opinion de Maximi-

lien Ihm, ibid. ; les mss. 68
d'Épinal, écrit entre 622 et 744,
et 17 A, du séminaire d'Autun,
Xᵉ s. le donne comme étant de
Niceta, ibid. ; comparaison entre
le texte de l'epistula et celui
inséré dans les œuvres de S. Ambroise, ibid. ; D. Morin se range
de l'avis des Mauristes, 195: con-
statation des mêmes traces d'in-
fériorité dans divers traités de
S. Ambroise, ibid. ; la lettre de
Gennade citée plus haut a probablement été perdue, ibid. ; le
ms. Paris lat. 12097, fol. 179-
181ᵛ, du VIᵉ s. reproduit l'*épis-
tula*, 196 ; la leçon de ce ms. n'a
jamais été publiée, ibid. ; carac-
tères du style, ibid. ; époque
à laquelle elle remonte, 197 ;
peut-on définitivement l'attribuer à Niceta ? D. Morin ne décide pas, 197 sq. ; texte de la
lettre d'après le ms. de Corbie,
198, sqq.

Eracle, évêque de Liège rend à
l'abbaye de Lobbes son autono-
mie et autorise les moines à élire
un abbé régulier — retient la majeure partie des biens de l'abbaye et compense cette perte, en
donnant aux abbés de Lobbes
l'usage des insignes pontificaux
et le droit de remplacer l'évêque
de Liège dans les grandes solennités, V, 375.

Erasme, son opinion sur l'auteur
de l'*epistula ad virginem lapsam*,
XIV, 193.

Ercambert, moine de Fulda, XVI,
176. B. M.

Erfürt, Chapitre provincial d',
XIV, 373.

Erhard, abbé de Niederaltaich,
abdique (1451), XII, 298.

Erhard, (D. Gaspard) bénédictin de
S. Emmeran de Ratisbonne, cor-
respondant de D. B. Pez, de D.
Massuet, de D. Prudent Maran,
XVI, 320. B. M.

Erigène, hérésiarque, sa doctrine,
VI, 12, sqq.

Erlebald, abbé de Reichenau, envoie S. Meinrad en 823, dirige
l'école d'une cellula située au lac
de Zurich et dépendante de son
abbaye, XIV, 534. B. M.

Erling, notice sur cette paroisse,
située près d'Andechs, XVI, 313,
B. M.

Erluin, abbé de Gembloux, sa supplique adressée à l'empereur
pour le relèvement de son abbaye
supprimée, XV, 301, B. M.

Ermentrude, béguine, apporte à
l'abbé de S. Trond, Guill. de
Ryckel, des reliques des Saints
de Cologne, en 1270, XVI, 276.

Ermin, (S.) né à Herly, au pays de
Laon, succède à S. Ursmer à
Lobbes — sacré évêque, V, 306,
307.

Escalada, (abbaye d') voir Saint-
Michel d'Escalada.

Escale, (D. Antoine de) prieur de
Munster (Alsace), XIII, 50 —
sa correspondance au sujet de
l'auteur de l'Imitation, XIV,
540, B. M. — introduit la réforme de S. Vannes à Munster,
correspondant de D. Bucelin,
XV, 220.

Eschau, (abbaye d') sa fondation
et sa restauration, XV, 805. B. M.

Esclavage, l'Église et l'esclavage
— tentatives de l'Église aujourd'hui pour abolir l'esclavage,
VI, 157. — tentatives autrefois
— l'Église tente d'abolir l'esclavage antique par son enseigne-

ment, sa législation, ses exemples, 160. — l'Eglise et l'esclavage indien. 163 — l'Eglise et l'esclavage nègre, 165. — esclavage et islamisme, VI, 556 sqq. VII, 31.

Escotay, (Seguin d') chanoine de Lyon, 3e abbé de la Chaise-Dieu, protecteur de S. Bruno, lui donne le désert de la Gde Chartreuse, notice historique, XVII. 174. B. M.

Espagne, Les trésors manuscrits d'Espagne, XII. 330, B. M. — monastères espagnols des Asturies, notices. XVII. 432, 433, 434, B. M.

Espinay, (Arthur d') évêque de Marseille, appelle les religieux de la société de Bretagne à réformer le monastère de Redon, XI, 106.

Esprit, (Saint) l'Esprit créateur, II, 129.— (Voir Pentecôte.)

Esprit et essence de l'ordre bénédictin, XI, 211. B. M.

Essen, (D. Jean) abbé de Lobbes, XI, 14.

Esséniens, origine—doctrine, VIII, 12. — essai critique de leur organisation, doctrine. son origine, XV, 513. B. M.

Essénisme, étude sur son origine, XVIII, 84. XX, 389. B. M.

Essoyes, (Christophe d') abbé de Molesme, notice, XX, 396. B. M.

Este, (cardinal d') abbé commendataire de Cluny, XI, 352.

Estienne, (D. Sébastien) moine lorrain, correspondant de Moreau, XIV, 541. B. M.

Estiennot, (D. Claude) son histoire manuscrite de S. Martin de Pontoise, XV, 169. B. M. — ses travaux, XVI. 314. B.M. — correspondant de D. Mabillon, son défenseur officiel à Rome et aussi son infatigable collaborateur — il était procureur de la Congrég. de S. Maur à Rome, 329. — lettres que lui écrit D. J. Mabillon, XX, 399. B. M.

Estrix, (D. Robert) moine d'Afflighem, prévôt de Bornhem écrit le Miroir de la vraie bénédictine. VI, 547. — va à S. Bertin, pour y introduire la réforme de Lorraine, XIV, 64.— professeur de théologie à Afflighem, XIV, 290.

Etat monastique en Terre sainte, V, 438.

Etats Pontificaux, Les origines des états pontificaux, XII, 444 sqq.; cause de l'influence des Papes au IVe s., 444 sq.; leur intervention en faveur des populations, 445 ; ils partagent le pouvoir civil, ibid.; le rôle de S. Grégoire le Grand, 446 ; la persécution des empereurs de Byzance, ibid.; le soulèvement des populations, 447 ; l'intervention de Grégoire II à Ravenne et auprès des Lombards, ibid.; le sens de la donation de Luitprand, ibid. sq.; Grégoire III, Zacharie et Luitprand, 448 sqq.; les relations de la papauté avec la race carolingienne, 449 sq.; intervention de Pépin le Bref et ses résultats, 450 sq.; intrigues des Lombards à Rome, 452 ; expédition de Charlemagne, ibid. sq.; constitution définitive des états pontificaux, 453 ; validité de cet acte, ibid.

Ethelrède (Ste), sa châsse à Ely. XV, 311. B. M.

Etienne, évêque de Tournai, sa

lettre au moine Baudouin de Baudeloo, IX, 313.

Etienne Iᵉʳ, ancien chanoine de Liège et cellerier de S. Vannes de Verdun, est préposé par le Bˣ Richard de S. Vannes à la fondation de S.Laurent de Liège, — comment il en devint abbé, — excellente discipline qu'il y introduit, VII, 14, 15.

Etienne VI, défend de célébrer l'office divin en Slavon,en Moravie, V, 20.

Etienne, évêque de Liège,abbé de Lobbes, consacre une nouvelle église pour remplacer celle bâtie par S. Ursmer en 697. V, 372.

Etienne de Paris, auteur d'un commentaire sur la Règle de S. Benoît, XV, 358.

Etudes *Liturgiques*, leur importance, IV, 14 sqq. — Les études à Rome. VIII, 164. sqq.

Etudes ecclésiastiques, d'après Mabillon,(étude)XVIII.91.B.M.

Eucharistie, La Procession du T. S. Sacrement au point de vue historique, dogmatique, liturgique, I, 112 — S. Pierre et l'Eucharistie ; rapprochements de similitude dans le rôle et la vertu de l'un et de l'autre, — rapprochement aussi de subordination, sorte de repos ineffable de l'Eucharistie sur Pierre et de Pierre sur l'Eucharistie, III, 145. — La Fête-Dieu, poésie, IV, 104. — Considérations sur l'excellence de l'Eucharistie — Eucharistie mystère de foi — mystère d'espérance,— mystère d'amour — V, 59, 60, 61, sqq. — L'Eucharistie préfigurée et prédite dans l'Ancien Testament, V, 116, sqq.— Institution divine de l'Eucharistie — Présage de cette institution — Promesse formelle faite par J. C. V, 161, sqq. — La Cène — confirmation de l'institution eucharistique — 207, 214. — Tradition catholique du dogme eucharistique — Période des SS. Pères, 251, 351. — Période du Moyen âge et de la scolastique, 486 — controverses des VIIIᵉ et XIᵉ siècles — 490 — des XIᵉ et XIIᵉ siècles, Bérenger et Lanfranc, VI, 4, 5, 55, sqq.— La doctrine scholastique exposée par Saint Thomas dans le « Lauda Sion »,VI,169 sqq. — Variations du Protestantisme touchant le dogme eucharistique, VI, 202, 245. — Décret du S. Office concernant l'iconographie et la littérature Eucharistiques, VIII,414.— Centre du culte catholique, rapport au congrès eucharistique de Namur XX, 77 sqq. — Les Bénédictins et les études eucharistiques au moyen âge, XII, 507. B. M.

Etudes, abbé de S. Père de Chartres, confirmé par le cardinal M. d'Albano, XVIII, 127.

Eugène, (S.) év. et martyr, reliques apportées de S. Denis à Brogue par S. Gérard, V, 173.

Eugène IV, formule la doctrine catholique touchant la matière de l'Eucharistie et des saints mystères, VI, 485. — Son bref à l'abbé de S. Laurent de Liège, Henri delle Cheraux, sur la réforme de son abbaye, XV,123. — révoque la bulle de Martin V en faveur de la sécularisation de S. Ghislain, à la demande de la comtesse Jacqueline de Hainaut, XVI, 89.

Eulogies, Aperçu général sur les différentes acceptions de ce mot — leur fondement dans le langage biblique et patristique — regardées comme le supplément de la communion, VII, 515. — mode de bénédiction des eulogies, — leur forme — leur matière — leur mode de distribution — qualités requises pour y participer — leur efficacité, — coutumes particulières dans certaines monastères à cet égard — vestiges de cette pratique, VIII, 28, . — description d'eulogies provenant de Farfa et rapportées de Terre-Sainte lors de la 1re Croisade, XX, 276. B. M.

Euphrasie ou Afraie, (B⁰⁰) fille de Charlemagne, abbesse du monastère S. Laurent de Bourges, IX, 387.

Euprepia, (monastère) situé autrefois à Rome sur l'Aventin, notice, XV, 550. B. M.

Eusèbe de Verceil, (S.) sa biographie, XII, 567 sqq.

Eusèbe, La chronologie des empereurs d'après Eusèbe, XVIII, 399 sqq. Voir Listes épiscopales.

Eusserthal, (Jongelin de) abbé Cistercien, auteur du « Purpura cisterciensis » et du « Purpura S. Benedicti. » VIII, 161.

Eustache, (Jean) célèbre abbé du Jardinet, restaurateur de cette abbaye, secouru par les moines de Florennes, XV, 500.

Eustaise, abbé de Luxeuil, XII, 325.

Evangéliaire, (une converture d') Description d'une converture d'Evangéliaire du XIIᵉ siècle appartenant au trésor de la cathédrale de Trèves, V, 25.

Evangile, (le saint) l'Evangile dans la liturgie, I, 318, 362. — le chant de l'Evangile à matines dans les monastères, ibid, 462. — annoncé d'abord par les Lecteurs, ibid. 460. — par l'empereur aux matines de Noël, ibid. 463. — n'était pas récité en particulier par le célébrant à la grand' messe, ibid. 507. — l'Evangile chanté solennellement par le diacre, ibid. 508. — Procession en usage avant l'Evangile, ibid. 509. — le peuple écoute l'évangile debout, pourquoi ? ibid. 510. — baisement du texte évangélique, 560.

Evéque suffragants, ou auxiliaires — leur origine et la nature de leurs fonctions, XX, 7 — indication d'un certain nombre de travaux publiés sur les évêques suffragants d'Allemagne, de France, d'Espagne, XX, 11.

Everard, moine de Florennes, abbé de S. Laurent de Liège, VI, 63.

Evergnicourt, (prieuré) au diocèse de Laon, les reliques de S. Hubert y sont transportées, vers 882, VI, 357. — dépendance de S. Hubert, XV, 310. B. M.

Everlin de Fooz, fait ses études à Paris, compagnon de S. Thomas Becket — lui érige le premier autel dédié à ce saint martyr en Belgique. — maintient une bonne discipline à S. Laurent de Liège dont il était abbé, — mort le 20 déc. 1183, VII, 19, 20. — Pierre de Celles fait son éloge, ibid.

Evodius, lettre inédite aux moines d'Adrumète sur la question de la grâce XIII, 481. Evodius, évêque d'Uzala ou Uzita dans l'Afrique proconsulaire, ami de S. Augustin, 481 ; circonstance de la lettre écrite aux moines d'Adrumète ibid ; quelques mots seulement étaient cités par Sirmond, L. Migne, P., 4, 53, 674, ibid ; Fessler l'a reproduite d'après un manuscrit du XIVᵉ s. N. V. 6, fol. 147, de la bibliothèque du séminaire de Trèves et un ms. du IXᵉ cod. 2681 de Darmstadt, aujourd'hui cod. LXXX, fol. 139, de la bibliothèque du chapitre de Cologne. 482 ; texte d'après ces deux mss. 482 sqq ; Evodius tient fortement la doctrine de S. Augustin, 485 ; cette lettre fut la cause des deux traités de S. Augustin *de gratia* et *libero arbitrio* et *De correptione et gratia*, 486. — Nouveau texte de la lettre d'Evodius. XVIII, 253 sqq. Voir S. Augustin : lettres inédites etc.

Evière, (prieuré d') à Angers, dépendance de Vendôme ; lieu de réunion des délégués de plusieurs monastères pour former la Congrégation des Exempts de France. XIV, 400.

Evrard, abbé de Corbie, son règlement monétaire, XIV, 544. B.M.

Exemption ecclésiastique des monastères depuis leur origine jusqu'à l'époque grégorienne-clunisienne, B. M. XI, 210. — monastique au moyen-âge, étude, XX, 186. B. M.

Exempts de Flandre, Congrégation bénédictine des, notice détaillée, XI, 414, 433, 541. — XII, 25, 145 ; inventaire sommaire par ordre chronologique des pièces relatives à cette Congrégation du fonds des Archives d'Eename, à la bibliothèque de Gand, XIII, 146, 215 ; Origines — état de la Congrégation en 1768, XIII, 224. notice détaillée, XIV 398 — liste par province des abbayes qui en dépendaient, 402. — notes bibliographiques, XVI. 475.

Exultet, notes sur : V, 110, sqq.

Eylarus, abbé cistercien d'Aduard (Hollande) prend sous sa protection les bénédictins de Termunten, dans la misère, (1300), VII, 413.

Eynon, (Guillaume) martyrisé, IV, 81.

Eylke, (Jean) moine de Bursfeld, abbé de S. Michel d'Hildesheim, XVI, 497.

Eysses, (abbaye d') dans le Lot-et-Garonne, X, 419.

F.

Fabre, (D. Louis) bibliothécaire d'Orléans, XII, 330.

Fabritius, (Bruno) abbé d'Abdinghof, XI, 214.

Fachsberg, (Jean de) abbé de Lambach, XII, 301.

Faculté de théologie de Paris, bénédictins les plus célèbres sortis de son sein, XVIII, 219. B. M.

Falcalin, moine de S. Laurent de Liège, publie en collaboration avec Francon, écolâtre de S. Lambert, un ouvrage sur la quadrature du cercle et sur le jeûne des Quatre-Temps. VII, 17.

Falcidius, Un prétendu Falcidius, théologien romain du IVᵉ s. XIV, 97 ; théologien dont il est question dans le ch. 101ᵉ des questions sur l'ancien et le Nouveau Testament attribuées à S. Augustin et appelé par S. Jérôme, ep. 146, Falcidius, ibid. : variante du ms. Paris lat. 2709, fol. 97, du IXe s., ibid., opinion de Morel, qui l'appelle Falsus, ibid. ; leçons des mss. Paris lat. 17385, fol. 80^v (fonds Notre-Dame) du IXe/Xe s. et Bruxelles (2e série 972, Cheltenham, 363) où on lit : *falsidei*, 98 ; ce Falcidius ne serait probablement que Jovinien, ibid.

Falck, (Adrien) abbé de S. Martin à Cologne, XV, 318.

Falkenstein, (Berthold de) abbé de S. Gall (1244-1272) XI, 376. B.M. — ses efforts pour obtenir les évêchés de Bâle, Coire et Constance, XV, 305. B. M.

Falkenstein, (Werner de) archevêque de Trèves, XVI, 391.

Faidy, (D. Laurent) notice, XX, 399. B. M.

Fanello, (B^{eux} Laurent) ermite à Subiaco, sa prière, XIV, 550. B. M.

Fangé, (D. Augustin) sa correspondance avec Schœpflin, XIV, 540. B. M.

Fanson, (Nicolas) célèbre abbé de S. Hubert, introduit les usages de la Congrégation de S. Vannes difficultés qu'il remontre à ce sujet, VI, 362. — introduit la réforme de Lorraine, sa biographie XIII, 348 sqq.; XIII, 348 sq.

Faremoutiers, (abbaye de) bulle d'Alexandre III pour cette abbaye, privilège de S. Faron, évêque de Meaux, XV, 173.B.M.

Farfa, (abbaye de) les Consuetudines Farfenses, XV, 169. B. M. — consuetudines Farfenses, étude et texte, XVII, 164, 165. B. M. — Notes XX, 276. B. M. — Ses

chroniques, XX, 409. B. M. — Lutte de l'élément germanique et italien dans ce monastère, XX, 414. B. M.

Faringdon, (Hugues Cook de) abbé de Reading, martyrisé, IV, 81.

Farneta (abbaye de) de la Congrégation du Mont-Olivet, notice, XIX, 92. B. M.

Faron, (S.) évêque de Meaux, accorde un privilège à l'abbaye de Faremoutiers, XV, 173. B. M.

Fastidius, epistola ad Fatalem, XIII, 339. Pitra pense qu'il s'agit de la conversion de l'Irlande par S.Patrice.Cette opinion ne repose sur rien : Gennade qualifie simplement Fastidius de « Britannorum episcopus. » 339. Ce doment est un exemplaire de l'apocryphe hiéronymien coll. t. 30. P. L. col. 239 (al. 347), et figure dans le ms. du IXe s.XVI, 14, du chapitre de Vérone. — Le *de vita christiana* de l'évêque breton Fastidius et le livre de Pélage *ad viduam*, XV, 481 sqq. ; Gennade attribue les deux opuscules à Fastidius, 481 ; plusieurs critiques les identifient avec le traité *de vita christiana* de l'appendice du t. VI de S. Augustin (Migne P.L. 40, 1031 sqq.) ibid. ; raisons apportés par Czapla, ibid. et seq. ; ces motifs sont adoptés par Labbe et Holstenius, 482 ; réfutation de ces motifs, 482 sq. ; deux auteurs pélagiens ont pu traiter le même sujet : la vie chrétienne, 484: «Corpus Pelagianorum» publié par Caspari, ibid. ; détermination de la provenance de ces différents écrits, dont l'auteur est un pélagien originaire de la Grande-Bretagne, ibid. et seq. ;

Caspari croit que l'auteur du *de vita christiana* est cet Agricola cité dans la chronique de Prosper, 484 ; Duchesne critique cette opinion, ibid. ; description d'une pièce contenue dans le ms. Vatic. Palat. lat. 216 (IXe-Xe s.) ibid. ; texte de cette pièce, 484 sqq. ; Analyse de pièce, 487 sq. ; conclusion : le *de vita christiana* de cette pièce n'est pas celui de l'appendice du t. VI de S. Augustin, mais le premier des écrits pélagiens publiés par Caspari, 488 ; détails de la vie de Fastidius empruntés à ces écrits, 489; probabilités que S. Césaire ait utilisé l'opuscule *de viduitate servanda*, ibid. ; *de vita christiana* du t. VI de S. Augustin est probablement de Pélage, 490 ; le ms. Sangall. 132 (IXe-X^e) le lui attribue, ibid. ; Caspari reconnaît lui-même la corrélation intime avec les écrits de Pélage, ibid. ; la prière contenue donne cette pièce, au témoignage de S. Jérôme et de S. Augustin est de Pélage, 491 ; cette prière se trouve dans l'un des écrits de Pélage signalés par S. Augustin, ibid. ; réponse à l'objection de Caspari sur l'omission de la mention du Pater, 492 ; conclusions, ibid. sq.

Fauconnier. (D. Pierre) dernier moine de S. Gérard, retiré à Gosselies, V. 223.

Faulcuez. (D. Pierre-Ernest) namurois d'origine, moine de S. Vaast, XI. 442.

Faur de Pibrac, (Grég. du) XVI, 461. B. M.

Fauste de Riez. Hiérarchie et liturgie dans l'église gallicane au Ve s., d'après un écrit restitué à Fauste de Riez, VIII, 97 sqq.; lettre de Fauste mentionnée par S. Césaire, 97 ; probabilités que cette lettre fut adressée à Rustique de Narbonne, ibid. sq.; occasion de la lettre, 98 ; le *septiforme Ecclesiæ Sacramentum*, 99 sqq.; exagération de Fauste sur les pouvoirs des prêtres, 101 sq.; l'épiscopat, 102 sq.; catégories de laïques composant le troupeau de l'évêque, 103 ; description abrégée des rites de l'initiation chrétienne, ibid.; prédication, 104. — critique des sermons attribués à Fauste de Riez dans la récente édition de l'Académie de Vienne, IX, 49 sqq.; édition d'Engelbrecht, 49 sq.; composition des œuvres de Fauste, 50 ; absence dans la nouvelle édition de la collection gallicane dite d'Eusèbe d'Emèse, ibid.; le codex 340 de Karlsruhe, 51 ; les 22 premiers sermons de cette collection et critique de leur attribution, 52 sqq.; conclusion : c'est un homéliaire Césarien avec des fragments de Fauste, 57 sq.; la même conclusion pour les neuf pièces suivantes, 58 sqq.

Fautrières (Henri de) abbé de Cluny, ses décrets pour les études monastiques, X, 151.

Fauvelet (Dame) abbesse de S. Laurent de Bourges, lutte avec succès contre les prétentions féodales du grand Condé, IX, 389.

Faux (Guillaume du) oratorien, natif de Basse-Wavre, son ouvrage ms. sur N. D. de Basse-Wavre, XIV, 494.

Faye (monastère de la) son état matériel en 1702. XV, 554. B. M.

Fayt (Jean de) abbé de S. Bavon

de Gand, ancien moine de S. Amand, docteur en théologie de Paris, XII, 373, 374, 375. — abbé de S. Bavon de Gand — ses sermons, XV, 535, son traité « de Esu carnium », 536.

Fécamp, (abbaye de) le Thrésor ou Abrégé de la noble et royale abbaye de Fescamp... ouvrage de dom Guillaume Le Hule, X, 559. — histoire — Fécamp au temps de la Ligue, XVI, 312. B. M.

Feckenham, (D. Jean) institué par la reine Marie abbé de Westminster (21 nov. 1555.) I, 231. — sa vie, ses œuvres, sa mort. V, 260 sqq.

Feijoo (D. Jérôme) bénédictin espagnol de S.Martin de Madrid, XIII, 173. B. M. — autobiographie écrite à Orviédo en 1733. XIV, 320. B. M. XX, 270. B. M.

Feldorf (Léonard de) moine de Melk, XII, 304.

Feldwirth,(abbaye de) notice, VII, 412.

Femme. La femme dans le cloître, XIV, 156, 157. B. M.

Fernand (D.Charles),**Fernand** (D. Jean) moines de Chezal-Benoit, XVII, 38,44,45, 46, 113.— natifs de Bruges, moines de la Congrégation réformée de Chezal-Benoît, écrivains célèbres, notice. XVII, 261. — leur bibliographie, XVII, 337 à 347.

Fernand, comte de Flandre, sa lettre en faveur de l'abbaye de Baudeloo. IX, 315.

Ferraz. (Pierre) moine de Bahia, fonde l'abbaye de Rio de Janeiro, XV, 416.

Ferrette, (Bernard de) son Diarium, XII, 80. B. M.

Ferrette. (Xavière de) dernière abbesse de Massevaux, X, 420.

Ferrier, (S.Vincent) la commission d'enquête sur sa vie et ses miracles tient ses séances à Saint-Guen, prieuré bénédictin près de Vannes, du 21 nov. au 8 déc. 1453. XVIII, 226. B. M.

Ferrières en Gâtinais, (abbaye) lettre d'un bénédictin sur.... X, 560. — fragments d'un diplôme de Clovis II en faveur de cette abbaye, XVII, 424. B. M. — son histoire, son influence religieuse et sociale, XVIII, 428. B. M.

Ferté, (abbaye de la) de l'ordre de Cîteaux ses reliques des Saints de Cologne envoyées à l'abbé Jean, par l'abbé de S. Trond, Guill. de Ryckel (18 juill. 1270) XVI, 273.

Fesmy, (abbaye de) documents, XX, 410. B. M.

Feuillen. (S.) La plus ancienne vie de S. Feuillen, notes, IX, 137.

Ficker. sa brochure : « studien zu Vigilius von Thapsus »,XV,1 sqq. Voir Vigile de Thapse.

Fides romana, XII, 546 sqq : notions contenues dans la lettre aux Romains I, 8, 546 : témoignage de S. Irénée,547 ; les trois explications littérales d'Origène, ibid. sq. ; la lettre des prêtres et des diacres de Rome à S.Cyprien sur les indulgences accordées par les martyrs, 548 ; S.Cyprien félicite l'Eglise romaine de sa glorieuse confession durant la persécution, ibid. sq. : S. Grégoire de Nazianze, 549 ; S. Jean Chrysostôme, ibid. sqq. : fréquence de l'emploi du texte de S. Paul par S. Jérôme, 551 sqq. : S. Ambroise n'admet que le symbole de l'Eglise romaine, 553 ; S. Augustin se sert de ce texte dans le sens traditionnel, ibid. sq. ; Pélage soumet ses opinions au pape,555 : Urbicus et le jeûne du samedi à Rome.555 : témoignage de Théodoret, ibid. sq. ; S.Léon à l'anniversaire de son avènement au trône pontifical,556 sq. : fidélité du peuple romain à la foi. 557.

Fisher. (B^{eus}) son martyre, IV. 26.

Filcok, (Roger) son martyre, XII, 567.

Fillastre, (Guillaume) profès de S. Pierre de Châlons, abbé de S. Thierry-lez-Reims, abbé de S. Bertin, évêque de Tournai, XV. 541.

Finalpia. (N. D. de) sanctuaire célèbre, près duquel se bâtit un monastère d'Olivétains en 1477, cédé en 1843 aux bénédictins de la Congrégation Cassinienne, supprimé actuellement, XV,172. B. M.

Fiquelmont.(René-Louis de)abbé-commendataire de Mouzon.XIV, 320. B. M.

Firmanus. (Saint) abbé de S. Jean près Montelupone, au diocèse de Fermo,sa vie écrite par Thierry d'Amorbach,—preuves à l'appui de cette thèse, XVI, 309. 310. B. M.

Fischer. (D. Léon) de Muri-Gries, célèbre poëte allemand, XIV, 541. B. M.

Fives. (prieuré de) chartes, XX, 411. B. M.

Flameng, (Nicolas) abbé de S. Martin de Tournai, XI, 15.

Flandre, (D. Philippe de) moine de S. Bertin, XIV, 61. 63.

Fleru, (D. Luc de) XIII, 355.

Fleury, (cardinal de) XV, 18, 19.

Fleury s/Loire, (abbaye de S. Benoît de) en 1235 — Jean son abbé fonde à Paris un collège bénédictin, X, 147 — notice sur ce collège, 149, 150.

Florennes. (abbaye de) Notice,VI, 60, — réforme de l'abbaye XI, 5. 6, — 232 — Lambert del Stache, prieur de Bertrée travaille à la réformer, avec l'abbé de S. Jacques de Liège, sur l'ordre de l'évêque de Liège, Jean de Bavière. XII, 344, 356. — chronologie des Abbés de Florennes, par dom Migeotte, religieux de ce monastère, XIV, 440, 497. — deux écrivains de cette abbaye au XVe siècle, notice, XV, 494, 529. — vie intime de l'abbaye au XVIIe siècle, sous Jacques de Vireux, XX, 278. B. M.

Florent III, comte de Hollande, arbitre entre l'abbé Wibold d'Egmond et Dodon, fils de Berwold, ancien avoué de l'abbaye qui réclamait l'avouerie comme lui revenant par succession de son père. X, 202.

Floris d'Udine, son opinion sur le « libellus contra Arianos », XIX, 230. Voir Origène, Autour des « tractatus Origenis ».

Florus, diacre, sa lettre à Hyldrade abbé de Novalèse, XVI, 176. B. M.

Folcuin, abbé de Lobbes, s'adonne aux travaux littéraires,relève les bâtiments réguliers détruits par les Hongrois — supplanté par Rathier — rentre en possession du siège abbatial — les Bancroix — meurt en 990 — V. 377,

Folmar, prévôt de Triefenstein, partisan de Bérenger, 58, 59. —

Foncemagne, jurisconsulte célèbre, XV, 347.

Fondateurs des Servites.(les Sept) notice détaillée, V, 295, sqq. —

Fontaine,(Philippe de) archidiacre de Liège fut-il moine à Lobbes ? — incertitudes à son sujet, V, 396 note 2.

Fontenai, (D. François de) moine et prieur claustral. puis abbé de Jumièges, XVII, 118, 119.

Fontanini.(Juste) camérier d'honneur de Clément XI, chanoine de Ste Marie Majeure et archevêque d'Ancyre, correspondant de D. J. Mabillon,XVII, 135 et sqq.

Fonteneau, (Dom) note sur cet écrivain célèbre, XVI, 87 — Sa vie et ses œuvres, XV, 337, 433. — nomenclature des dépôts d'archives dépouillés par lui de 1742 à 1772. XV, 344.

Fontenelle, (abbaye de) chronologie des moines, XIII. 509, B. M. voir S. Wandrille.

Fontevrault, (abbaye de) tentative de réforme de cette abbaye, XV, 517. B. M.

Fontgombault, (abbaye de) notice historique, XVII, 428. B. M.

Fontette, (Pierre de) abbé de S. Seine — l'Abbaye (Côte d'or).sa pierre tombale, XIV, 166, B. M.

Fonts de Baptême, leur bénédiction, III. 491.

Forannan (S.) abbé de Waulsort sa légende (poésie) I, 77.

Forcada, (Dom Anselme) moine du Montserrat, procureur de l'abbaye dans les Pays-Bas espagnols, auteur de différents ouvrages, X, 291.

Forez, (abbaye de), Bénédictines, près Bruxelles, sa bibliothèque,

lors du passage de D. Berthod. XVI. 202.

Forster. (Froben) correspondant de D. O. Légipont, XV, 325, 326. — notice, —correspondant de D.Catelinot. XV, 223, note 9, 224. 225, 228. — prince abbé de S. Emmeran à Ratisbonne, XVIII, 221. B. M.

Forlet, (D. Jacques) XV, 220, 247, note 5, sous-prieur de S. Nicaise de Reims, 248.

Foucher, abbé, membre de l'Institut, ses relations avec D. Fonteneau, XV, 442.

Fort-Augustus, (abbaye de) fondée sous le vocable de S. Benoît et occupée par les moines écossais des abbayes de S. Jacques de Ratisbonne et de Lambspring en Allemagne, I, 381.— Son état en 1880 — 383 : II, 295.

Fossa-Nuova,(Campanie), une visite à : III, 552, sqq.

Foswerd, (abbaye de) notice, VII, 408.

Foulhiac, (abbé de) dresse le catalogue des manuscrits destinés à Colbert, XVI. 347 — trois lettres à Baluze. ibid.

Four, (D. Thomas du) notice, XX, 399. B. M.

Fownsen, (Jean) moine de Lambspring et auteur d'une chronique de ce monastère, XIV, 30. B. M.

Foy, (S[te]) ses miracles, XIV, 552. B. M.

France. abbayes, prieurés et couvents d'hommes en France, XX, 418. B. M.

Franciscus, (oratorio de Tinel) appréciation et description. V, 424.

Franchi, (Antonio) sa conversion, VI, 513.

Franco, (D. Joseph) abbé de Rio, proteste contre les impôts injustes dont on grevait les religieux, XV, 422.

François, (D. Jean) de la Congrégation de S. Vannes, et le prieuré de Muno, XIII, 175. B. M. — de la Congrég. de S. Vannes, hérite des écrits de D. Légipont, XV, 364, note 1.

François, (D. Ermin) abbé de Lobbes, XI, 435.

Françoise Romaine, (Ste) souvenirs de la sainte à Rome, II, 658, III, 14 sqq. — ses visions, XII, 77. B. M.

Francon, écolâtre de S. Lambert à Liège, voir Falcalin.

Francon, sous son abbatiat, l'abbaye de Lobbes est incorporée à la mense épiscopale de Liège — maux causés par cette incorporation, V, 370, 371, — acquiert pour Lobbes le monastère d'Antoing, y met des chanoines dont l'abbé de Lobbes fut le prévôt jusqu'en 1793. — 372.

Francq, (D.) moine de Lobbes, XI, 444.

Francs-Maçons, la secte et l'union des Églises, mal et remède aux temps présents, X, 456 et suiv.

Francucci Bezzoli, (Justine) professe de S. Marc d'Arezzo, documents relatifs à sa vie et à son culte — son corps intact au monastère du S. Esprit à Arezzo, XIV, 550. B. M.

Franquart, (André) évêque de Chalcédoine, auxiliaire de Cambrai, XXI, 155.

Frédéric, abbé de S. Hubert restaurateur de la discipline régulière à S. Hubert, VI, 357 — avait été moine à l'abbaye de Gorze, dont il était devenu prieur, ibid.

Frédéric, archevêque de Salzbourg, XI, 470.

Frédéric II, abbé de Garsten, XII, 301.

Frédéric, missionnaire allemand, prêche aux Islandais, XV, 151.

Frédéric, abbé de Reichenau, assiste au chapitre de la province de Mayence réuni à Bâle (1435), XVI, 399.

Frédéric-Guillaume, évêque d'Hildesheim, XIII, 175. B. M.

Friess, (Henri) abbé de S. Ulric d'Augsbourg, XII, 293.

Frische, (D. Jacques du) XVI, 347.

Frisingue, (diocèse de) courte notice sur les monastères de ce diocèse avant la sécularisation, XIX, 297. B. M.

Frodobert, (S.) abbé de Celle, VI, 502.

Froumond, écolâtre et moine de Tegernsee, correspondant du bibliothécaire de Ratisbonne (S. Emmeran), Regimbald, XI, 470. — sa vie, ses œuvres, XIX, 302. B. M.

Fuchs, (Thierry) le même que Voss. (Thierry)

Fugger, (Columban) moine d'Erfurt, XIV, 322. B. M.

Fulda, (abbaye) diplômes, XIV, 323. B. M. — examen de ses privilèges, XVI, 452. B. M. — étude sur le plus ancien cartulaire de cette abbaye, XVII, 166. B. M. premiers travaux d'art et d'architecture, XVIII, 230. B. M. — reconstitution de ses manuscrits, XX, 282. B. M. — L'abbé de Fulda, primat de l'ordre bénédictin en Allemagne et en France, XVII, 152 sqq. ; le titre de primat dans l'ordre bénédictin n'est pas une nouveauté, 152 ; Jean XIII le concède à l'abbé Werinhar de Fulda, ibid ; ce privilège purement honorifique est confirmé par d'autres Papes, ibid. sq. ; l'abbé du Mont-Cassin l'obtient de Nicolas II et l'abbé de Fleury d'Alexandre II. 153 ; l'abbé Henri V de Weilnau en fait usage en Allemagne, ibid. sq. ; la réforme de l'ordre bénédictin au XVIᵉ s., 154 sq. ; elle est confiée à l'abbé de Fulde, 155 ; projet de confédération des monastères allemands, 156 ; il échoue à cause de l'opposition des évêques, 157 ; texte de la lettre du nonce Porzia, ibid. sqq.

Fulrad, archichapelain des premiers rois carolingiens et abbé de S. Denis, notice, XVIII, 305. B. M. — son rôle religieux et politique, XVII, 420. B. M. — XIX, 298. B. M.

Fulrade, abbé de Lobbes, fait l'élévation des reliques de S. Ursmer en 823, V, 308.

Fumée, (D. Martin) abbé de Chezal-Benoit, continue la réforme de l'abbé P. du Mas, XVII, 39.

Funck, sa réponse à Langen sur la traduction des mots "προκαθημέν τῆς ἀγάπης. " XIII, 390. Voir S. Ignace d'Antioche. — Voir S. Irénée, Témoignage en faveur de la primauté romaine.

Furstenberg, (François-Egon de) évêque d'Hildesheim, XIV, 30. B. M.

Furstenberg, (Ferdin. de) évêque de Paderborn, correspondant de D. J. Mabillon, XVI, 515.

Fursy, (S.) étude sur ses vies, XV, 518. B. M.

G.

Gabel, (Augustin) abbé d'Arrouaise, évêque de Chalcédoine, auxiliaire de Cambrai, XXI, 145.

Gabitus, (Thomas) moine des Dunes, passe en Angleterre pour prêcher la religion catholique, martyrisé sous Henri VIII, IV, 86.

Gabriel de Sᵗᵉ Marie, (Dom) voir Gifford.

Gadaleta, (Sébastien) abbé du Mont-Cassin, XV, 327.

Gaëte, (Jean de) voir Gélase II.

Galand, (D. Etienne) notice, XX. 399. B. M.

Gale, (Thomas) recteur de l'école S. Paul à Londres, doyen d'York, correspondant de D. Mabillon, XVI, 518, 519.

Galigaï, (Sébastien de) abbé commendataire de Marmoutiers, essaie d'introduire la réforme dans son abbaye par des moines de la Société de Bretagne, XI, 105.

Galilée, Galilée et la Belgique, analyse de l'ouvrage de M. Monchamp. Voir Monchamp.

Gall, (S.) La vie de S. Gall et le paganisme-germanique. XII, 34. B. M. — XIII, 323. B. M.

Galloys, (Jean) abbé de S. Martin de Cores, au diocèse d'Autun, attaché à Colbert jusqu'à la mort de ce ministre, XVI, 349. note 2.

Gallus, (Baudouin) évêque de Kruschwitz — quel est ce personnage ? — sa chronique XIX. 305. B. M.

Galopin, (dom Georges) moine de S. Ghislain, de science distinguée, auteur de quelques ouvrages. VI, 457, — chef de l'opposition contre la réforme lorraine, XIV, 254, et sqq. 255, note 1.

Galvain, (Pélage) cardinal, notice, XX. 194. B. M.

Ganau, (D. Robert) profès de S. Airy de Verdun, ses écrits, XV, 22, note 2.

Gandershein, (abbaye de) biens de fondation et dîmes de cette abbaye au XI siècle, XVIII, 309. B. M.

Ganglbauer, (Cardinal) Notice. VII, 37. sqq.

Garampi, (Mgr) préposé aux Archives secrètes du Vatican, envoyé en qualité de commissaire apostolique à l'abbaye de Salem, en Allemagne, — ses impressions de voyage, VI, 549, sqq., VII, 26, 89, 160.

Garet, (Dom Jean) travaille avec D. Le Nourri à l'édition des œuvres de Cassiodore, XVI, 347.

Garlande, (Étienne de) évêque de Paris, son différend avec l'archidiacre Thibaut, XVIII, 125.

Garmerwolde, (monastère de) notice. VII, 414.

Garnier, (D. J.-B.) moine de S. Madeleine de Marseille, ses œuvres provençales, X, 564.— lettre à D. Luc d'Achery, XVI, 180. B. M.

Garnier, (D. Eustache) né à Commercy, profès de S. Léopold à Nancy, sous-prieur, XV, 225.

Garsten, (abbaye de) son « Rationarium » ou fragment des comptes du cellérier. XXI, 86, B. M.

Gaspar de la Mère de Dieu, (Dom) moine de Rio, auteur célèbre, XV, 417.

Gasquet, (D. Aïdan) Henri VIII et les monastères anglais, X, 411, — Edouard VI and the Book of Common Prayer, VIII, 135 sqq.

Gassicourt, (prieuré de) près de Nantes, Bossuet en fut prieur jusqu'en 1706 — il valait 6000 livres de rentes XI, 212, B. M.— les moines résistent à Bossuet, XVIII, 220, B. M.

Gaudin, (D. Jacques) sous-prieur de Jumièges, XVII, 128.

Gaufrède, moine de S. Martial de Limoges, affirme que S. Odilon a institué le 1er la fête des Morts, XV, 470.

Gaufreteau, (D. Pierre) prieur de la Grande-Sauve, général de la Congrégation des Exempts, XIV. 406.

Gaunilon, moine du Bec, sa discussion avec S. Anselme, X, 562.

Gauthier 1er, fils d'Alard, seigneur d'Egmond, cause bien des ennuis au monastère d'Egmond et surtout à l'abbé Francon, X, 203.

Gauthier, moine du Mt Blandin, à Gand, — envoyé comme abbé à Egmond par Arnoul I, abbé de S. Pierre de Gand, VII, 403. — Donne à Berwold en récompense de ses bons services, le titre d'avoué à vie avec quelques maisons et une ferme proche de l'abbaye, X, 200.

Gautier, Moine de S. Martin de Pontoise, XV, 170. B. M.

Gavre, (Jean de) évêque de Cambrai, est probablement l'instigateur de la tentative de sécularisation de l'abbaye de S. Ghislain, XVI, 89.

Gegenbach, (abbaye de) XV, 328.

Geissenfeld, (Conrad de) moine de Melk, XII. 292.

Gélase II, (Jean de Gaëte), fait ses études au Mont-Cassin, VI 510. — y devient moine, proteste contre les paroles de S. Bruno de Segni, taxant Pascal II d'hérésie, XV, 275.

Gellone,(abbaye de) date du temps de Charlemagne, son cartulaire, XVI, 175, B. M. — notice sur son fondateur Guillaume de Toulouse, XVI, 306. — chronologie des abbés, son Sacramentaire, son cartulaire, 307. B. M.

Gembloux, (abbaye) notice détaillée, IV, 303. — Supplique d'Erluin, abbé de ce monastère (962-987) pour implorer la protection impériale en faveur de son abbaye supprimée, XV, 301, B. M. — Notice sur un sceau-matrice ogival de la fin du XII⁰ s. du chapitre de l'ancienne abbaye de Gembloux — résumé de la numismatique Gemblacienne, XVI, 312. B. M.

Genazzano, Récit d'une visite à, VII, 121, 217, 270.

Genebrard, (Gilbert) notice, XVI, 351.— lettre au Cardinal Sirleto, XVI, 461. B. M.

Gênes,(David de) évêque de Rose, auxiliaire de Tournai, XXI, 269.

Gengulphe, (S.) ses reliques transportées de Gedinne à Florennes, VI, 60.

Genève. Les abbayes cisterciennes du diocèse de Genève, X, 565.

Gennade, texte de son *de viris illustribus c. 12*, ed. E. C. Richardton, texte u. Untersuch. XVI, 77, sur Petronius, XIV, 6.

Gent de Waidhofen, (Erhard) moine de Melk, poète, XII, 304.

Geoffroi, moine de S. Nicaise, abbé de S. Thierry, évêque de Châlons s/Marne, XVIII, 115.

Geoffroy, (D. Mommole) notice, d'après D. Martène, XIX, 308. B. M.

Georgenberg, (abbaye de) en Tyrol, ses annales, XV, 168. B. M.

Georges, abbé de S. Bavon à Gand. XII, 375.

Georges, abbé de S. Gilles de Nuremberg, XVI. 401.

Gérard de Brogne,(S.) sa légende, I, 27, 78, 127 — II, 28, 84, 218, 344. — histoire abrégée du monastère qu'il avait fondé, V, 169, 216. — Étude sur la « Vita Gerardi Broniensis. » IX, 157 sqq. — Chartes : Donation de S. Gérard à son église de Brogne, 168. — Diplôme de Charles le Simple (914) et de Henri III, (1051) confirmant les donations faites à Brogne, 170, 171,

Gérard, (abbaye de S.) catalogue de la bibliothèque de l'abbaye, V, 175, not. 2.

Gérard, écolâtre de Lobbes au XII⁰ siècle, V, 394. — serait-ce le cardinal Gérard envoyé comme légat en Allemagne par le Pape Anastase IV ? V, 394, note 4.

Gérard, prieur de Bertrée, XII, 339.

Gérard, moine de S. Trond, compose au XV⁰ siècle une vie rimée du saint en néerlandais, XV, 166. B. M.

Gérard, chargé de dresser avec l'abbé de Nelis et J. de Roches, les catalogues des bibliothèques des couvents supprimés dans les Pays-Bas par Joseph II, XVI, 269.

Gérard, de Schœnau, ses statuts témoignent de la décadence de la discipline monastique, XVIII, 226. B. M.

Gérard d'Aurillac, (S.) XII, 216. B. M.

Gérard de Bazouges, moine de S. Aubin d'Angers. X, 556.

Gérard de Ganges, abbé de S. Laurent, puis de S. Jacques de Liège, VII, 22.

Gérard d'Orchimont, (B^eux) sa vie abrégée — son culte, ses reliques à Florennes, III, 78, sqq. VI, 65, 67, XI, 232.

Gérard de Rumigny-Florennes, fonde le monastère S. Jean-Baptiste de Florennes, — devient chapelain de l'empereur S. Henri et ensuite évêque de Cambrai — enrichit le monastère S.J.-B. des reliques d'un doigt du Précurseur et de S. Maur martyr de Reims, que Richard de S. Vannes et l'archevêque de Reims Arnould, lui donnèrent, VI, 60, 61.

Gérard de Thuin, moine d'Aulne, doit la conservation de sa vocation à une intervention surnaturelle — récit — VI, 81.

Gérard, (J. G.) un des fondateurs de l'Académie de Bruxelles, premier secrétaire perpétuel, ami de D. Berthod, XVI, 200, note 3.

Gerberge, femme de Gilles de Trazegnies, bienfaitrice du prieuré N. D. de Basse-Wavre, XIV, 474.

Gerberon, (Dom) lettres de D. Thierry de Viaixnes à son sujet, XII, 332. B. M.

Gerbert, Étude sur sa vie et ses écrits (R. Allen) X, 414. — le 1^r pape français, XIII, 171, B. M. — philosophe, d'après l'histoire et la légende, XIV, 534, 535, 536. B.M. — étude, XV, 165, B. M. — ses œuvres mathématiques, XVII, 310. B. M. — ses œuvres mathématiques, XVII, 416, sa lettre à l'écolâtre de Liège, Adelbold, — réponse de celui-ci, 417. B. M.

Gerbert, (D. Martin) prince-abbé de S. Blaise, XII, 330. — XIII, 171. B. M. XIV, 25. B. M. — sa famille anoblie par Ferdinand II, prend le titre de Hornau, ancien château près de Horb, XV, 308. B. M. — adopte le bréviaire de S. Vannes, (Nancy, 1777) — sa correspondance à ce sujet avec Dom B. Didelot, XVI, 207, note 1. — son sacramentarium triplex, XVII, 422. B. M. son œuvre musicologique, XVIII, 308. B. M.

Gerbold, abbé de Nieuburg, préside le chapitre provincial d'Erfürt (1259). XIV, 373.

Germain, (dom Michel) moine de S. Germain des Prés, s'interpose à la Sorbonne en faveur de l'abbaye belge de S. Gérard et obtient une résolution favorable d'un cas soumis relativement aux difficultés survenues entre le Prieur et l'évêque de Namur, VI, 548.

Germigny, dépendance de Stavelot, XV, 309. B. M.

Germys, (dom Hubert) abbé de S. Trond, mort le 19 oct. 1638, VIII, 154.

Gernsbach, (Bernard de) abbé d'Hirsau, XVI, 553.

Géroï, (famille des) Restaure le monastère d'Ouche, V, 40.

Gérold, moine de Corbie, chapelain de Louis le Débonnaire, ami de Rhaban-Maur, dirigea croit-on l'école claustrale de cette abbaye, il est l'auteur des « Annales Einhardi ». XVI, 176, B. M.

Gérou, (Dom Guillaume) profès de Vendôme, associé et continuateur de l'histoire du Berry de Dom Verninac, XV, 345, note 1. — concourt au projet J. N. Moreau, XV, 349. Voir Moreau.

Gerrin, (D. Jean) moine lorrain, correspondant de Moreau, XIV, 541. B. M.

Gersen, auteur prétendu de l'Imitation de J. C. — notes sur une thèse soutenue à la Faculté des lettres de Paris (1891) et tendant à prouver que Gersen était bien l'auteur de l'Imitation et de plus était bénédictin ! IX, 398. — et l'auteur de l'Imitation de J. C. XVII, 418. B. M.

Gerson, (le chancelier) prononce un discours au Concile de Constance (1416) pour demander l'établissement d'une fête universelle en l'honneur de S. Joseph V, 102. — Sa dévotion à S. Joseph, XIV, 146 sq. Voir S. Joseph.

Gertrude (Ste), portée de ses œuvres, XIV, 539. B. M. — fut-elle bénédictine ? XVI, 457. B.M. — sa vie, XVIII, 217. B. M.

Gervais (Georges), martyr anglais documents. XIV, 550. B. M.

Gervase, (Vénérable), martyr. XIV, 325. B.M.

Gesvres (de) cardinal, archevêque de Bourges, grand ami et correspondant de D. Prudent Maran (voir ce nom) XVI, 354.

Gevaert. Voir S. Grégoire le Grand, le rôle de S. Grégoire etc. — tradition grégorienne.

Ghislain (S.) né à Athènes, va à Rome, y est sacré évêque — reçoit, dans une vision, l'ordre de s'en aller en Hainaut, devient l'ami et le coopérateur de S. Amand, fonde l'abbaye de Celle des Apôtres, VI, 402, 403.

Ghislenghien (abbaye de), l'abbé de Broqueroie, y envoie pendant deux mois deux de ses religieux enseigner la pratique de l'office bénédictin au lieu du cistercien qu'on y suivait depuis la réforme des cisterciennes de Beaupré (XVe siècle), XIV, 298. — ses pierres sépulcrales, XVIII, 435, B. M.

Gif, (abbaye de N. D. du Val de) histoire de cette abbaye par l'abbé Alliot — le jansénisme y pénètre sous l'influence de la Mère Angélique de Port-Royal — abbaye illustrée par beaucoup de grands noms de France, X, 419.

Gifford, (dom Gabriel de Ste Marie), novice à Dieulwart en devient prieur, puis est choisi comme premier président de la Congrégation anglaise restaurée, nommé archevêque de Reims, I, 233, 333. — fonde en 1619 le monastère S. Edmond au faubourg S. Jacques à Paris, 380. — ses relations avec la société de Bretagne, O. S. B. XI, 105. — XV, 75, 77, note 1. — notice, XVII, 302. B. M.

Gilbert, prieur de S. Bavon à Gand, XII, 375.

Gilles (S.), son culte à l'abbaye de ce nom en Brunswig, XIX, 296, B. M.

Gilles, abbé de Signy, élève le corps

7

du Bᵃ Gérard de Florennes, VI,
67.

Gilles de Flandre, évêque de Linda
(1346-1352), auxiliaire de Cambrai, notice, XX, 244, XXI, 271.

Gilles de Rochefort, charte par
laquelle il échange avec l'abbaye
de S. Hubert le patronage de
l'église de Marcourt contre celui
de S. Remy près Rochefort, où
il voulait établir un monastère
de religieuses, IX, 423.

Gilles de Raitenau, notice biographique, voir *Kremsmünster*.

Gillocq, (dom Philippe) abbé de
S. Bertin, introduit la réforme
de Lorraine, XIV, 61.

Gippus (Gilles), abbé de Liessies,
reçoit le V. Louis de Blois, VI,
266.

Girard (S.), moine de S. Aubin
d'Angers, sa vie, XI, 373. B. M.
XVIII, 216. B. M.

Girard, abbé du Mont-Cassin, bénit
par Pascal II, XV, 274.

Girard, (Jean) prieur claustral de
S. Gildas de Ruis, déposé et excommunié, XIV, 407.

Gislebert, prieur d'Hastière, abbé
intrus de Florennes, V, 176.

Gislebert, premier abbé de Maria-
Laach, obtient de Innocent II,
en 1138, confirmation des possessions et immunités de son abbaye, X, 79.

Giustiniani, (Bᵉ Euphémie), O. S.
B., abbesse de Sᵗᵉ Croix en l'île,
au XVᵉ siècle, XVI, 464. B. M.

Giustiniani, (Nicolas-Antoine) évêque de Vérone, cardinal, XV,
249, 259.

Giustiniani, (Vincent) dominicain,
général de son ordre et cardinal,
XV, 260, note 1.

Giustiniani, (Benoît) cardinal, XV,
260, note 1.

Giustiniani, (Horace) cardinal, XV,
260, note 1.

Giustiniani, (Pierre-Marie) évêque
de Sagona, puis de Vintimille,
XV, 260, note 2.

Giustiniani, (Paul), XV, 260.

Giustiniani, (Innocent), XV, 260.

Gladbach, (abbaye de) modifications apportées aux coutumes de
Bursfeld dans cette abbaye,
XVIII, 228. B. M. — Diplôme
de 1315. XVIII, 310. B. M.

Glanfeuil, (Odon de) et l'authenticité de la mission de S. Maur,
XIV, 315. B. M.

Glascarrig, (prieuré) dans le comté
de Wenford, fondé en 1192, dépendance de l'abbaye SaintDog-
maell, de l'ordre de Tiron, XIV,
30. B. M.

Glastonbury, (abbaye de) centre de
vie religieuse et intellectuelle,
son influence sous l'abbé Whiting, IV, 82. — Le dernier abbé
de.... et ses compagnons, XII,
327. B. M.

Glimes, (Marguerite de) citée dans
un acte d'échange entre l'abbé
Thierry de S. Hubert et Gilles
de Rochefort (1228), IX, 423.

Glimes, (dom Arnould de) moine
de S. Remi de Reims, prévôt de
Meersen, XI, 8.

Gloria in Excelsis, Élévation sur :
III, 438. — Le Gloria in excelsis
avec intercalations fort anciennes, XII, 194 ; le ms. de l'antiphonaire ambrosien, Xᵉ s., cod.
Addit. 34209, ibid. ; texte du
Gloria avec intercalations, ibid.

Gloucester, (collège) à Oxford, sa
suppression. XX, 279. B. M. —
notice, XX, 415. B. M.

Gmünden, (D. Henri de) moine de S. Mathias, restaure la discipline monastique à S. Martin de Trèves, XII, 114.

Godefroid, évêque Braxialiensis, auxiliaire Cambrai, XX, 22.

Godefroid, évêque de Schwérin, auxiliaire de Tournai, XXI, 266.

Godefroid, collaborateur de S. Hildegarde, XXI, 313.

Godefroid, duc et marquis de Lotharingie, bienfaiteur de N. D. de Basse-Wavre, XIV, 473, 474.

Godefroid le Barbu, cède quelques biens au prieuré N. D. de Basse-Wavre, XIV, 474.

Godefroid, duc de Lotharingie et comte de Louvain, fonde l'abbaye de Grand-Bigard (1133), X, 418.

Godefroid de Bouillon, emmène avec lui dans son voyage en Terre-Sainte des moines pour chanter les louanges de Dieu dans son campement, V, 548.

Godefroid de Villers, (le B^x) notice sur — II, 467 et sqq.

Godefroid de Bath, un écrivain belge ignoré du XIIe siècle, X, 28 sqq. ; le recueil des sermons de S. Augustin publié par Caillau, 28 ; analyse de quelques pièces, ibid. sqq. ; l'auteur de ces pièces est belge d'origine, 32 sq. ; renseignements fournis par Sigebert de Gembloux et leur valeur, 33 : l'évêque Godefroid de Bath, ibid. ; comparaison du recueil cité avec celui de Geoffroy Babion, 34 ; probabilité pour l'identité des deux personnages, 35 sq.

Godeliève, (S^te) de Ghistelles, notice historique ainsi que sur le prieuré, XV, 313. B. M.

Godescale, (Jean) abbé de Stavelot, XI, 7.

Godescale, abbé d'Afflighem, témoin dans un acte, XIV, 474.

Godin, (dom Godefroid) moine de Florennes, introduit la réforme monastique à l'abbaye d'Hasnon (1466) XI, 6.

Godinne, (dom Godefroid de) moine de Florennes, prieur et réformateur de l'abbaye d'Hasnon, ses écrits, XV, 497.

Goegnies, (Antoine de) seigneur de Vendegies, gouverneur et prévôt du Quesnoy, XI, 260.

Goess, (abbaye de) près de Loeben (Styrie) commentaire historique de la petite chronique de cette abbaye écrite en 1652 par le P. Marcellin Preinman d'Admont, confesseur des Bénédictines de Goess, X, 559 ; XV, 171. B. M.

Gondelbert, (Saint) fondateur de Senones, étude. XII, 34. B. M.

Gondi, (Henri de) archevêque de Paris, un des 1ers supérieurs de la Congrégation des Bénédictines du Calvaire; X, 3 ; XI, 105.

Gonzon, célèbre abbé de Florennes, frère de Wazon, évêque de Liège et d'Emelin, abbé de S. Vaast d'Arras, VI, 62 — estimé par le pape S. Léon IX, 63 — décide le moine Thierry de S. Hubert à accepter la dignité abbatiale, 63 — assiste au sacre du roi Philippe à Reims, ibid.

Goold, (Henri) prêtre anglais martyrisé, IV, 25.

Gorgone et Dorothée, (SS.) auteur et sources de la Passion de ces Saints, XVI, 309. B. M.

Gorze, (abbaye de) XI, 378. B. M.

— son cartulaire (Mettensia) XVI, 173. B.M. — ses biens dans le Pagus Vongensis, travail d'identification des localités du pagus Vongensis, renseignées dans le cartulaire de Gorze, XVIII, 435. B. M. — remarques chronologiques et topographiques sur son cartulaire, XX.273. B.M.— Chronologie de ses chartes, XX, 404. B. M.

Gosselet, (Jean) abbé de Maroilles, (1483-1523) notice biographique, XIX, 82. B. M.

Gossuin, évêque de Tournai, approuve la fondation du monastère de Baudeloo, IX, 314.

Gottshalk, moine de Limburg sur l'Hardt et prévôt d'Aix-la-Chapelle,ses écrits. XIV, 537. B.M.; XV, 164. B. M.

Gottesau, (abbaye de) demande l'union avec Bursfeld, en 1458, XVI, 553.

Göttweig, (Bénédictines) histoire de leur monastère et leur translation à S.Bernard près de Horn, XV, 553. B. M.

Göttweig, (abbaye de) chartes et regestes de l'abbaye de 1058 à 1400, XVIII, 309. B. M.

Goudon (Dom) sous-cellérier de S. Jean d'Angély, XV, 439.

Gouffart, (dom Martin) abbé de S. Denis en Broqueroie — son journal — mention curieuse qu'il y fait du culte rendu au S. Cœur à Mons, en 1659. — révélation faite à une religieuse bénédictine de Mons, 12 ans avant la prise de voile de la Bse Marguerite-Marie.IX,140.— essaie d'introduire la réforme de Lorraine à S. Bertin, il échoue, XII, 32 ; XIV, 69, 289. — notes généalogiques sur cet abbé de S. Denis en Broqueroie, XVI, 87.

Gouffier (Eymar) abbé de S. Denis, dossier de sa nomination comme abbé de Cluny, XV, 167. B. M.

Gougnies, (Albert de) abbé de S. Ghislain, XI, 11.

Gounod, Le credo artistique de Gounod, X, 395 sqq.

Gourdin, (dom Michel) moine de S. Germain des Prés, vient à S. Gérard et y prêche à la S.Benoît, — prêche le carême à S. Laurent de Liège avec succès, VI, 548.

Gozbert, abbé de Rheinau, notice, XVIII, 421. B. M.

Gozbert, abbé de Tegernsee, XI, 470.

Graça, (abbaye de N. D. de) à Bahia, XV, 416.

Grâce, voir S. Césaire d'Arles XIII, 433.voir Evodius ibid.481.

Granier, (D. Claude de) bénédictin de Talloires, évêque de Genève, ami de S. François de Sales, XVIII, 210. B. M.

Grandidier, lettres à dom Berthod, XIII, 172. B. M.— sa correspondance avec Dom Grappin. XIV, 542. B. M. — falsifications des diplômes qu'ils donnent dans ses ouvrages,XIV, 544, B. M. — né à Commercy, profès de S. Avold, décédé à S. Mihiel, écrivain célèbre, XV, 225. — correspondant de D. Berthod. XVI, 196. — ses correspondants, XVIII, 303. B. M.

Grand-Bigard,(abbaye de) près de Bruxelles, fondé en 1133 par Godefroid, duc de Lotharingie et comte de Louvain, soumis à l'abbé d'Afflighem jusqu'en 1245. — érigée en abbaye en 1548. X, 418.

Grange, (de la) cardinal, bienfaiteur du collège S. Martial d'Avignon, XI, 351.

Grange, (dom de la) abbé de Munster, XI, 213.

Grand-Leez, église cédée au prieuré de Basse-Wavre par Henri, évêque de Liège (1153) XIV, 473, cédée à l'abbé Herman de Floreffe en échange de l'alleu de Chebais, XIV, 474.

Granter, (dom Martin) prieur de S. Pierre de Colmar, et de S. Morand d'Altkirch, XI, 213. B. M.

Granvelle, cardinal, analyse de ses manuscrits par D. Berthod, XVI, 197.

Grappin, (dom) moine de Luxeuil, sa correspondance avec Grandidier, XIV, 542. B.M. — prieur de S. Ferjeux correspondant de D. Berthod, XVI, 196.

Grasse, (abbaye de la) acte de provision d'un camérier en 1438, XVIII, 311. B. M.

Gray, (Werner de) mort en 1100, enterré à N. D. de Josaphat, V, 551.

Grecs, La question religieuse chez les Grecs, VIII, 117 sqq. ; comment se fit la séparation chez les Grecs, 118 sqq. ; la situation présente de l'église grecque, 121 ; obstacles à l'union, 122 sq. ; relations fréquentes à établir entre Grecs et Latins, 123 sqq. ; moyens efficaces de travailler à l'union, 126 sqq. ; adhésion aux idées proposées, 313 sqq.

Grégoire le Grand, (S.) Le rôle de S. Grégoire le Grand dans la formation du répertoire musical de l'Église latine, VII, 62 sqq. ; théorie de M. Gevaert, 62 sq. ; examen des arguments apportés contre l'opinion traditionnelle, 64 sqq. ; valeur des arguments en faveur des papes helléniques, 68 sqq. ; le triple travail de S. Grégoire, 193 ; le fonds sur lequel S. Grégoire a travaillé est le chant Ambrosien, 194 ; preuves a priori, ibid. sq. ; preuve a posteriori par la comparaison de pièces des deux chants, 195 sqq.; raison des divergences dans les mélodies, 199 ; procédés de S. Grégoire pour refondre le chant Ambrosien, 200 ; exemple, 201 sq. ; les changements et additions apportés au fonds primitif, 202 sq. ; voir tradition grégorienne. — Le «libellus synodicus» attribué par Bède à S. Grégoire le Grand, XI, 193 sqq. ; mention de Bède, 193 ; la lecture authentique de ce passage, 194 sq. ; improbabilité de l'interprétation des Mauristes à la leçon « quem cum episcopis », 195 sq. ; hypothèse de Maassen réfutée par Meyer, 196 sq. ; rapprochement du fonds primitif du *liber diurnus* de l'opuscule décrit par Bède, 197 ; les 56 formules constituant le fonds primitif du *liber diurnus* ont été composées pour les évêques d'Italie, 198 sqq. ; la plupart appartiennent à S. Grégoire, 200 sqq. ; raisons de croire que ces formules de provenance grégorienne sont les seuls à faire partie du liber primitif, 203 sq. ; les expressions de Bède peuvent s'appliquer au liber, 205 sq. ; de l'expression *libellus synodicus*, ibid. : analogies entre le sort du *liber diurnus* et les œuvres liturgiques de S. Grégoire, 207 sq. — nouvelle solution, 271 sqq. ; la lettre de S.Grégoire aux évêques des Ibères, au pied du Caucase, 271 ; le livre y mentionné de Pélage II, 272 : rapports de l'épître dogmatique de Pélage et le libellus synodicus, ibid. ; S. Grégoire encore diacre en serait l'auteur, ibid. sq. ; la 3e lettre de Pélage au patriarche d'Aquilée et aux évêques d'Istrie, 273. — Témoignage attribué à S. Grégoire touchant son œuvre musicale, XII, 193, texte du ms. 190 du collège de Corpus Christi à Cambridge, 193. — et les frayeurs de la fin du monde au moyen-âge. XIII, 323. B. M. — La prétendue *regula canendi* du pape Grégoire, XV, 103 ; erreur de Montfaucon sur le ms. Vatic. 629, XI-XIIe s., 103 ; mention à la fin du ms. fol. 268v 269v, ibid.; il s'agit de chanoines, ibid. ; notice du liber Pontificalis, ibid.; opinion de Duchesne sur ces *monachi canonici*, 104, voir S.Grégoire VII.— XV,164,B.M.— ses Homélies, XVIII,215, B.M.— ses dialogues traduits en français anglo-normand — exposé de ses relations avec l'empereur Phocas, — XIX, 298, B. M. — et l'église des SS. André et Grégoire sur le mont Cœlius à Rome, XX, 404, B. M. — Les ancêtres de S. Grégoire et leur sépulture de famille à S. Paul de Rome, XXI, 113 sqq. : lois relatives aux sépultures des chrétiens, 113 sq. ; l'administration ecclésiastique des cimetières, 114 : les différents espèces de tombeaux, 115 sq. : les cimetières du IIIe au VIe s. 116 sq.; la gens Anicia et ses principaux représentants, 117 : les sépultures des Papes, ibid. sq. : les tombeaux des ancêtres de S. Grégoire, 118 sq.; la généalogie de ce Pape, 121 ; notice sur sa famille, 122 sq. — série d'articles à l'occasion de son XIIIe centenaire, XXI, 436, 437, 438, 439, 440. B. M.

Grégoire, (S.) abbé de Burtscheid, XI, 373. B. M.

Grégoire VII, (S.) Poésie : l'exilé de Salerne,II,292. — fut-il moine? examen des arguments tirés du silence de certains contemporains à ce sujet, témoignages de contemporains en faveur de l'opinion qui le veut moine, X, 336 — La lutte de Grégoire avec Henri IV, XI, 218, 374, 375. B. M. — caractère de ce pape — lutte de la puissance séculière contre la 5e leçon de l'office du saint. XII. 37. B. M. — fut-il moine, XII. 215. B.M.— inscription sur une ancienne porte de l'abbaye S. Paul de Rome, preuve du monachisme de ce saint, XIII, 172. B. M. — et son temps XIV. 318. B. M. — et S. Bruno de Segni, XV. 266. — Règlements inédits du Pape Saint Grégoire VII pour les chanoines réguliers, XVIII, 177 : fausse attribution à S. Grégoire le Grand, 177 ; opinion de Duchesne l'attribuant à Grégoire IV, ibid. : ils sont de Grégoire VII, ibid. ; zèle de ce Pape pour la discipline canoniale ibid. ; ms. Vatic. 629 donne le texte, 178 ; erreurs de Bernold de Constance et de Gratien, ibid.;

texte de la «regula canonicorum»,
179 sqq. ; — étude sur ce pape et
Innocent III, XX, 192. B. M. —
les reproches faits à ce Pape dans
la lettre des évêques de Worms
en 1076, sont-ils justifiés ? — ses
idées sur le célibat et la science,
— sa doctrine sur les sacrements
XXI, 444. B. M.

Grégoire IX, ses statuts pour la
réforme des moines noirs, **XX**,
187. B. M.

Grégoire XIII, fonde le collège S.
Athanase pour les Grecs et lui
assigne comme revenus les biens
de l'abbaye supprimée de Mileto,
XV, 90.

Grégoire XVI, ses rapports avec
Belluno, **XX**, 416, B. M.

Grégoire de Nazianze, (S.) sa vie
abrégée, III, 52. — historique de
l'édition des œuvres de ce Père
entreprise par les Mauristes,
(leurs noms) **XX**, 268. B. M.

Grégoire, abbé du Sud de l'Italie,
fonde, vers la fin du Xe siècle,
l'abbaye bénédictine de Burt-
scheid, **XV**, 165. B. M.

Grégorien, une intéressante démonstration du rythme grégorien, **IX**, 220 sqq.

Greiffenklau, (Isengarde de) abbesse de Marienberg, **XII**, 118.

Grenet, (dom Mathias) moine de
S. Martin de Tournai, membre
de la chambre de Rhétorique de
cette ville, ses œuvres, **X**, 236.
— ses compilations historiques,
XIV, 319. B.M. — notice, **XVIII**,
424. B. M. — notes, **XIX**, 205.

Grenet, (Vaast) abbé de S. Vaast,
XI, 441.

Grenier, (D. Nicolas) concourt au
projet J. N. Moreau, (voir ce

nom) **XV**, 349. — ses écrits, **XVI**,
265, note 2.

Greveray, (Godefroid) évêque de
Dagne, auxiliaire de Cambrai,
XXI, 65.

Grignart, (Jean) évêque de Dschébail, auxiliaire de Cambrai et
suffragant de Tournai, **XXI**, 59,
279.

Grigny, Étude sur l'ancien port,
XI, 217.

Grimalt, moine de Reichenau, sa
lettre à l'abbé Réginbert sur le
texte de la règle de S. Benoît,
XVI, 176. B. M.

Grimbald, prieur de S. Bertin,
abbé de Winchester, **VI**, 509.

Grimoard, (Guillaume) abbé de S.
Germain d'Auxerre, de S. Victor
à Marseille, pape sous le nom
d'Urbain V (voir ce nom) — sa
légation près de Jean Visconti,
archevêque de Milan, **XV**, 167.
B. M.

Groa, recluse islandaise, **XV**, 151.

Gronen, (D. Raymond) moine de
S. Boniface à Munich, son journal d'un aumônier militaire en
1870-1871. — **XVI**, 321. B.M.

Grosley, avocat au parlement de
Troyes en 1744, ses lettres à D.
Calmet, **XV**, 548. B. M.

Gross, (D. Severin) moine et prieur
de S. Jean, Collegeville (Minne-
sota), article nécrologique, **XI**,
139.

Grottaferrata, (abbaye de) **XIII**,
322. B. M.

Grundner, (D. Wieterp) professeur
de Théologie, bibliothécaire et
archiviste de S. Ulric d'Augsbourg, puis abbé de ce monastère
(1790), **XVI**, 2.

Grünhain, (abbaye de) O. Cist. la

culture des sciences dans cette abbaye. XVI, 452. B. M.

Grüninger, (D. Augustin) abbé de Muri-Gries, notice détaillée. XV, 178.

Grupont, (dom François de) prieur de Cons en Lorraine, XIII, 260.

Gruytrode, (Jacques de) prieur de la chartreuse de Liège, ses écrits, XV, 500.

Gualbert, (S. Jean) notice, XXI, 445. B. M.

Guarin, (Dom) moine de S. Germain des Prés. XVI, 319. B. M.

Guels, (Herbrand de) abbé de S. Mathias à Trèves, craignant de devoir embrasser la réforme passe à S. Maximin dont il devient prieur, XI, 6.

Guépin, (dom Alphonse) abbé de Silos (Espagne), récit de sa bénédiction abbatiale, XI, 517.

Guérard, (Vaast) moine de S. Vaast, se retire à Broqueroie, XIV, 297.

Guérin de Gembloux, moine et scolastique, prieur de Gembloux, IV, 311.

Guibert, (S.) notice, IV, 303.

Guibert, abbé de Florennes et de Gembloux, collaborateur de Ste Hildegarde. XXI, 380.

Guibert-Martin, abbé de Gembloux, notice, IV, 312 sqq.

Guichard, prieur de Saint Ayoul de Provins, abbé de Moustiers-la-Celle, évêque de Troyes et conseiller du roi, son procès — XIV, 159. B. M.

Guidoni, (Vble Philippe) d'Arezzo, de la Congrégation des Santuccie, sa vie, XIV, 551. B. M.

Guillaume, (S.) abbé de S. Bénigne de Dijon ouvre des écoles monastiques, VI, 506.

Guillaume, (S.) de Norwich, sa vie et ses miracles, XIV, 325. B. M.

Guillaume, abbé d'Afflighem, interdit aux moines de N. D. de Basse-Wavre de recevoir des novices, ainsi qu'à ceux de Frasnes-les-Gosselies et de Bornhem, XIV, 475.

Guillaume I, abbé de S. Trond (1248-1272) et son polyptique (Note de H. Pirenne), X, 418.

Guillaume Ier, seigneur d'Egmond, fils de Gauthier Ier, nommé par l'abbé Lubbert I, avoué du monastère avec droit de succession pour ses enfants mâles, — difficultés qu'il cause aux religieux, X, 205.

Guillaume, ancien prieur de Clairvaux, reçoit des reliques des Saints de Cologne de la part de l'abbé de S. Trond, Guill. de Ryckel, en 1272, XVI, 276.

Guillaume, procureur d'Egmond — étude, XX, 397. B. M.

Guillaume, abbé de S. Denis, savant helléniste, XVIII, 216. B. M.

Guillaume, abbé de S. Thierry, étude, XV, 303. B. M.

Guillaume de Toulouse, ou de Gellone, XVI, 306. B. M.

Guillaume de Cambrai, archevêque de Bourges, aide S. Jeanne de Valois à rétablir la discipline monastique à S. Laurent de Bourges et à faire incorporer ce monastère à la Congrégation de Chezal-Benoît, IX, 388.

Guillaume II de Hollande, bienfaiteur de l'abbaye d'Egmont, nomme l'abbé son chapelain, puis vice-chancelier, honore l'abbaye royale, obtient du pape Innocent IV le privilège des

pontificaux pour les abbés d'Egmont. IX, 408.

Guillaume le Conquérant, son
affection pour Cluny — en confraternité avec cette abbaye, X,
99.

Guillemi, (Salvator) abbé de S.
Gilles, exprime dans une supplique à l'empereur Sigismond
de Luxembourg, les pertes oc-
casionnées à son abbaye par le
grand schisme d'Occident, XVIII,
227. B. M.

Guillemin, (D. Augustin) XV, 229.

Guillemot, (dom Simon) moine de
S. Ghislain, compose une his-
toire de l'abbaye et une notice
sur la réforme de l'abbé Crulay,
VI, 457 — correspond avec dom
Mabillon, VI, 547 ; XIII, 257.

Guiremond, moine de S. Jacques
de Liège, abbé intrus de S. Gérard, V, 176.

Guisignies, (Simon de) abbé de S.
Martin de Tournai, XI, 169.

Guitmond, evêque d'Aversa, combat la doctrine de Bérenger, VI,
9.

Guitres, (abbaye de N.D.) sa restauration, XIV, 409.

Gurtreden, moine de Quimperlé
(Ste Croix) ses écrits, XIV, 324.
B. M.

Gurthiern, (S.) sa vie — XIV, 324.
B. M.

Guppenberger, (D. Lambert) notice, XIX, 310. B. M.

Güterstein, (prévôté de) notice,
XV, 312. B. M.

Güssenhoven, (D. Gérard) moine
de Laach, XV, 546. B. M.

Guy, moine de S. Maur des Fossés,
est-il le même que Guy d'Arezzo?
XIV, 550. B. M. voir aussi : Guy
d'Arezzo.

Guy, évêque d'Amiens, disciple de
l'abbé Engelram de S. Riquier,
VI, 505.

Guy, archevêque de Vienne et
légat du Pape au Concile tenu
dans cette ville, XV, 274.

Guy de Farfa, atteste que S. Odilon
fut le véritable instituteur de la
commémoraison des morts, XV,
470.

Guy, (d'Arezzo) notice biographique, V, 446. — Les œuvres de
Guy d'Arezzo sous le nom de
Guy de Saint-Maur, XII, 195 ; le
micrologue de Guy porte ce nom
dans plusieurs traités du moyen-
âge, ibid. sq. — sa vie XIV, 550.
B. M. — son origine probable,
XVIII, 216. B.M. — Notes. XX,
393. B. M.

Guyard, (dom Bernard) syndic.
général des Exempts de France,
XIV, 408.

Guyaux, (J.) théologien de Louvain, sa consultation à propos
de l'abstinence, au sujet des moines bénédictins d'Afflighem,
296. XIV.

Guyon, (dom Jean) prieur de Lehon, de Trouchet et vicaire général de la société de Bretagne,
— sa vie sainte, ses miracles —
sa sainte mort, XI, 102, 103.

Guyson, (Dom) religieux de l'ab-
baye de Signy, en diocèse de
Reims, son voyage littéraire.
XVII, 430. B. M.

Guzman, (D. Jean) moine espagnol
travaille à restaurer la discipline
à l'abbaye portugaise de S. Thyrse de Riba d'Ave, XV, 415.

Gwinner, (D. Georges) moine de
Kremsmünster, XII, 305.

Gymnich, (Erard de) chevalier,
XII, 103. — Wimmar de... 103.

Gymont, (Robert de) abbé de S. Laurent à Liège, XII. 338. 340.

H.

Habitations ouvrières (les). X. 159 sqq.; la situation actuelle, 159 sqq.; l'initiative privée pour la construction des maisons ouvrières, 162 ; ce qui reste à faire, 163 sq.

Hablützel, (Ulric) abbé de Wiblingen. XII. 295.

Habsbourg (les) dévotion de la famille des Habsbourg envers S. Joseph, V, 104.

Haccart, (dom Martin) théologien et prédicateur distingué, XI.176.

Haeften, (dom Benoît) prévôt d'Afflighem, XII. 26 — embrasse la réforme de Lorraine, XIII. 493.

Hagen (Jean de) abbé de Bursfeld, XII. 121. — XVI, 403.

Halberstadt, résistance de la part des religieuses à laisser introduire la Réforme protestante dans le diocèse, XVI. 311. B. M.

Halberstadt (Hymnon), XV, 278.

Hallay (Jean) S. J. natif du Mans, recteur du Collège de Verdun, ouvre la chasse de Ste Scholastique (1642). XV, 129.

Hannecart (dom Jean) abbé intrus de S. Ghislain, XI, 303.

Hanonsart sous Ohain, terre donnée au prieuré de Basse-Wavre par Godefroid, duc et marquis de Lotharingie. XIV, 473.

Harbert, moine de Corbie, nommé par Louis le Débonnaire à l'abbatiat de Lobbes, chassé de son siège par Lothaire II, roi de Lotharingie, V, 308.

Halderwijk, (Gérard de) prémontré et cellérier de Bethléem en Hollande, consent à devenir abbé bénédictin de Foswerd, VII, 409.

Hariulf, sa chronique, XII, 277. B. M.

Harnack, pense que les expressions employées par S. Ignace ne contiennent aucun témoignage en faveur de la primauté de l'Eglise romaine, XIII, 385, sa traduction de la 2e proposition de l'introduction à la lettre aux Romains est fausse 387, son interprétation de προκάθημαι 391, sens donné au mot ἐπισκοπήσει 398 sqq. Voir S. Ignace d'Antioche. — Préface sur la chronologie de l'ancienne littérature jusqu'à Eusèbe, XIV, 49 ; ses idées sur le Nouveau Testament, 55 ; critique de l'école de Baur, 56 ; ne pousse cependant pas ses déductions jusqu'à admettre l'histoire surnaturelle du christianisme primitif, 57 ; pour lui le christianisme s'est promptement constitué 57 sq.; voir Protestantisme. — Son opinion sur l'origine des sentences de Jésus, XIV, 438. Voir sentences de Jésus. — « das Wesen des Christentums », exposé sommaire et réfutation, XVII.406 sqq.— sa discussion sur la chronologie des listes épiscopales, XVIII, 399 ; restauration de la liste de Jules l'Africain, 406 ; son opinion sur le διαδοχήν de la liste d'Hégésippe, 412 ; son opinion sur la mort de S. Polycarpe, XIX, 145 sqq ; Voir listes épiscopales. — Son étude sur S. Irénée. Voir S. Irénée : témoignage en faveur de la primauté romaine.

Hartung, abbé de Michelfeld puis de S. Emmeran à Ratisbonne,

XII. 298. — abbé d'Erfürt. XVI, 401.

Hartwich, moine de S. Maximin, abbé de Tegernsee, y introduit la réforme monastique. XI. 469.

Hartwig, abbé d'Hersfeld, annaliste sous le pseudonyme de Lambert, XIV, 534. B. M. — preuves de cette assertion, XV, 301. B. M.

Harvengt (Philippe de) moine et abbé de Bonne-Espérance de l'ordre de Prémontré — notice — entrée au monastère — priorat, IX, 24. — son différend avec S. Bernard — son exil, 69 — son abbatiat — sa mort, 130. — ses travaux littéraires — ses écrits exégétiques, 193. — controverses sur la chair du Christ et sur la dignité des clercs, 199. — ses écrits hagiographiques — poésies — ouvrages supposés, 245. — XII. 375.

Harde, (dom Gérard de) moine de S. Jacques à Liège, envoyé à Stavelot pour la réforme monastique par son abbé Arnold de Diest, XI. 8.

Hasnon, (abbaye d') pièces relatives à la réforme de cette abbaye, XV. 494. — histoire de cette réforme, 495 et suiv.

Hassefeld, (abbaye de) extraits du nécrologe, XV. 313. B. M.

Hasselt, (D. Gérard de) moine de Maria-Laach, abbé de l'abbaye de Tholey, théologien et canoniste de mérite, X. 81.

Hattem, (monastère N. D. de) voir Klaarwater.

Hatton, prieur de Baudonvillers, XV. 173. B. M.

Hatumod, abbesse de Gandersheim, XVI. 176. B. M.

Haudiquer, (Dom) prieur de Saint Cyprien de Poitiers, XV, 351.

Hauer, (D. Georges) moine de Niederaltaich, chroniqueur du XVᵉ siècle, notice, XX, 398. B. M.

Haureau, Réfutation de son opinion sur Hugues de S. Victor XV, 112 sq. voir Hugues de S. Victor. — son opinion sur les œuvres d'Adam de S. Victor, XVI, 218 : ne pense pas qu'Achard soit l'auteur du traité de *discretione animæ, spiritus et mentis,* ibid.: voir Adam de S. Victor.

Hauser, (D. Jean) exégète et poète, moine de Monsee, XII. 305.

Hausheimer, (Jean) abbé de Melk, XII. 304.

Haut-bois, (Charles de) abbé de S. Amand, évêque de Tournai, XI, 15, 544.

Hautmont, (abbaye de) histoire, XIII. 504. B. M.

Hauwere, (Guillaume de) évêque de Sarepta, auxil. de Tournai, XXI, 559.

Havet, (Antoine) évêque de Namur, visite Dom M. Moulart, abbé de S. Ghislain, son compatriote, XI, 256.

Havine, abbé de S. Ghislain, XIV, 548. B. M.

Hawide de Soest, envoie des reliques des Saints de Cologne à Guill. de Ryckel, abbé de S. Trond en 1270, XVI, 272.

Hawide, abbesse de Juvigny-les-Dames, son procès à Rome avec l'abbé de S. Mihiel, XVIII. 126.

Hay, (dom Romain) auteur de l'Hortus Crusianus, VIII, 161.

Haydrois. (les) XII, 341.

Hazart. (dom Jean) abbé de S. Ghislain, maintient la bonne discipline et fait fleurir les sciences, VI, 545.

Hecquet, (D. Jean) cellérier de S. Ghislain, XVI, 89.

Hedwige, (S^{te}) voir Pologne.

Heetvelde, (Jean Van der) carme, évêque d'Hiérapolis, auxiliaire de Cambrai, XXI, 143.

Hégésippe, liste des papes d'après Hégésippe, XVIII, 410 sqq. Voir listes épiscopales.

Heggenzin, (D. Conrad) moine de Schaffhouse, prieur de Wiblingen, XII, 295.

Heigne, (prieuré de N. D. de) près Jumet, — sa fondation — dépendait de Lobbes, — Ste Marie d'Oignies y vient chaque année en pélérinage, V, 372, note 2.

Heinsberg, (Jean de) évêque de Liège, nomme Louis, moine de Florennes, comme prieur de Brogne pour y rétablir la discipline, V, 181, note 2. — donne des statuts à l'abbaye de S. Trond, son zèle pour la réforme disciplinaire des monastères de son diocèse, XV, 132.

Heisser, (Edmond) abbé de Heresheim, son élection, XV, 547. B. M.

Heister, (dom Pierre) moine de Brauweiler, procureur général de la Congrégation de Bursfeld à Vienne, prieur des Ecossais de Vienne, sa correspondance avec le président de la Congrégation de Bursfeld, dom Léonard Colchon, X, 561.

Helfaut, (François d') abbé de S. Pierre de Gand, présenté par Philippe II comme évêque de Gand, XI, 244, 417, 433.

Helgi Biola, seigneur chrétien de Norwège, XV, 146.

Héliand, poëme — son auteur ? XXI, 443. B. M.

Helmic, moine d'Erfürt, XIV, 322. B. M.

Hemelspoort, (monastère de) notice, VII, 549.

Helmode, abbé de S. Godchard, XVI, 497.

Héloïse, supérieure du monastère d'Argenteuil, XV, 164. B. M.

Hemelum, (abbaye de) notice, VII, 411.

Hemricourt, (Gérard de) abbé de S. Bertin, évêque de S. Omer, XI, 244, 417.

Henau, (dom Jean d') professeur au Collège S. Adrien à Grammont, IX, 517.

Hennin, (Jean de) seigneur de Boussu, XI, 257.

Henningh, évêque d'Hildesheim, visite les bénédictines de Neuwerk à Goslar, XIII, 175. B. M.

Hennion, (dom Paul de) prieur de S. Gérard, correspondant de dom Mabillon, VI, 548.

Henri, abbé d'Egmont cité dans un acte du 16 août 1228, X, 349.

Henri, ancien moine de S. Gilles de Brunswig, évêque de Lubeck, XII, 504. B. M.

Henri, avoué et comte de Brabant, donne de concert avec son frère Godefroid le patronat de Basse-Wavre et la dîme XIV, 471.

Henri, abbé d'Afflighem, rehausse le pélérinage de N. D. de Basse-Wavre et à partir de 1441 fait mettre par écrit des miracles opérés au prieuré, XIV, 475.

Henri, abbé de Füssen, XVI, 399.

Henri, abbé d'Amorbach, XVI, 401.

Henri, abbé de Melk, notes sur la tradition de ses poésies. XVIII, 423. B. M.

Henri de Césarée, archevêque, ratifie la donation des biens de l'abbaye du Mont-Thabor faite par Alexandre IV, à l'Hôpital de Jérusalem (1262), V, 559.

Henri delle Cheraux, abbé S.Laurent de Liège, continue la réforme de son prédécesseur, VII, 23.

Henri V, empereur d'Allemagne et le pape Pascal II, XV, 270.

Henri VIII, roi d'Angleterre, comment il modifia la doctrine et le culte, VIII, 136 sqq.

Hensdorf, (abbaye d') près d'Apolda, son Copialbuch, XVI, 173. B. M.

Herbitzheim, (abbaye) fondée en 740 par S. Pirmin dure jusqu'en 1586, X, 418.

Herde, (D. Corneille de) prieur de Basse-Wavre, XIV, 490.

Hergott, (D. Marquard) savant bénédictin de S.Blaise, XV, 319. note 4, 362.

Heribodesheim, (abbaye de) voir Herbitzheim.

Héribrand, abbé de S. Ghislain — chassé par Reginier de Hainaut, avec ses moines emportant la châsse de S. Ghislain, va trouver l'empereur d'Allemagne, Henri, demande et obtient prompte justice, VI, 404.

Héribrand, abbé de S. Laurent, de Liège, écrit la vie de Thierry II, abbé de S. Hubert, VII, 20.

Héribrand de Fooz, écolâtre de S.Laurent de Liège, successeur, de l'abbé Bérenger VII, 19.

Hériger, moine, écolâtre et abbé de Lobbes. — ami de Notger, évêque de Liège — sous son gouvernement l'école de Lobbes fleurit. — ses travaux littéraires V, 392, 393. — opuscules mathématiques revendiqués pour lui (attribuées ordinairement à Gerbert). XVII, 417. B. M. — son ouvrage contre Ratbert et Ratramne, XVIII, 421. B. M.

Herman, abbé de Floreffe, cède au prieuré de N. D. de Basse-Wavre, l'alleu de Chebais, près Jodoigne, en échange de l'église de Grand-Leez, et de ses dépendances, XIV, 474.

Herman, abbé de Corbie (1227-1233) actes relatifs à ses difficultés avec la Curie romaine, XVI, 310. B. M.

Herman, de Cologne, évêque d'Henna, (1315-1332), auxiliaire de Cambrai, XX, 23.

Herman, abbé de Niederaltaich, historiographe (étude), XX, 194. B. M.

Hermann, (le B* Contract) ses écrits, XIV, 536. B. M.

Hermann, de Reichenau, discussion sur les sources historiques de cette abbaye. XVIII, 87.B.M. — le Chronicon Suévic. universale, XIX, 80. B.M.

Hermann le Dalmate, traduit d'arabe en latin trois petits traités relatifs à Mahomet (Generatio, vita, doctrina) pour Pierre le Vénérable, X, 562.

Hersfeld, (abbaye) diplômes, XIV, 323. B. M.

Hersfeld, (Hartwig d') abbé, lettre que lui adresse la communauté du Mont-Cassin, XIV, 315. B. M.

Hersfeld, (Lambert de) Etudes sur X, 562 ; XI, 376 ; XIII, 324.B.M.

Hertaing,(dom Hermann de) moine

de S. Amand, notice, VIII, 419.;
XVII, 421. B. M.

Hertius, XV, 308. B. M.

Hescelon, abbé de Florennes, intervient en 1126, dans une charte, du monastère de S. Jacques de Liège, X, 569.

Heuckelum, (Guillaume de) abbé de S. Paul d'Utrecht, déposé en 1451 par le cardinal légat Nicolas de Cuse. XI, 10.

Heyden, (Gilles van der) carme, évêque de Beyrouth, auxiliaire de Cambrai, XXI, 133.

Hickman, (dom Robert) mort le 7 juillet 1787, moine de S. Hubert, célèbre par ses écrits sur les sciences naturelles, VI, 363.

Hiérarchie catholique, son établissement dans les Indes, III. 362.

Hierges, Manassès de Hierges promet une relique de la vraie croix à l'abbaye de S. Gérard ; il y prend l'habit de convers, y meurt et y est enterré, V, 178.

Hilaire de Poitiers, (S.) une epistula ou Apologie faussement attribuée à S. Hilaire de Poitiers, XV, 97 sq. ; cet opuscule se trouve dans les mss. sous le nom de S. Jérôme, 97 ; d'après la leçon du ms. lat. Vatic. 289. XI-XIIe s. ce n'est pas une instruction à un évêque nouvellement élu, mais une apologie, ibid. et seq. ; elle paraît être d'un évêque espagnol de la fin du IVe s., probablement Tiberianus, 98 sq. — Deux fragments d'un traité contre les Ariens attribué parfois à S. Hilaire, XX, 125 sqq. ; notice de Mercati sur ce fragment, 125 ; édition du traité contra Arianos par Sedlmayer, ibid. ; propositions de D. Morin, ibid. ; les frag-

ments ne peuvent être attribués à S. Hilaire, ibid. sq. ; présomptions pour l'attribuer à l'Ambrosiaster, 126 sq. ; comparaison avec le sermon CCXLVI de l'app. du t. V de S. Augustin, 127 sq. ; comparaison des deux fragments avec les ouvrages de l'Ambrosiaster, 128 sqq.; le «Dulcitius» du papyrus de Vienne. 130 sq. ; conclusion, 131.

Hilaire, dernier abbé de Chemnitz, notice. XIX, 308. B. M.

Hilarion, (S.) sa biographie, XII, 33. B. M.

Hildebald, célèbre grammairien, disciple de Remi d'Auxerre, dirige l'école de S. Michel-sur-Meuse, en Lorraine, VI, 504.

Hildebert, archevêque de Tours, fait l'éloge de Bérenger, VI, 11.

Hildebert du Mans, ses poésies, XII, 375.

Hildegarde, (S[te]) ses œuvres inédites (Analecta de dom Pitra),X, 562. — études sur ses écrits divers, XVIII, 422. B.M. — lettres d'Eugène III, Anastase IV, Adrien IV, fausses, XIX, 81. B. M. — XX, 395. B. M. — Ses « Causæ et curæ. » XXI, 89. B. M. — ses collaborateurs, XXI, 192. 302, 381.

Hildemer, sa lettre à l'évêque Ursus de Bénévent, en 831, XVI, 176. B. M.

Hildr, recluse islandaise, XV, 151.

Hilduin, moine de Lobbes, sacré évêque par l'archevêque de Cologne, dispute le siège de Liège à Richard évêque-abbé de Lobbes, — est nommé évêque de Vérone en Italie, puis archevêque de Milan, V, 373.

Hilduin, abbé de S. Denis, ses let-

tres, XVI, 176, B. M.— note sur
sa mort, XX, 393. B.M.— étude
sur les personnages de ce nom
au IXᵉ siècle, XXI, 87. B. M.

Hillegom, (D. Jean van) sacristain
d'Egmond, puis abbé en 1367,
XIII, 295.

Hillin, chanoine de Fosses, adresse
sa vie métrique de S. Feuillen à
son ancien maître Sigebert de
Gembloux, VI, 507.

Hillin, archevêque de Trèves consacre, en 1156, l'église de l'abbaye
de Maria-Laach, X, 79.

Hiltrude, collaboratrice de SᵗᵉHil-
degarde, XXI, 305.

Hincmar, (archev. de Reims) à
propos du sermon sur l'Assomption qu'il attribue à S. Jérôme,
V, 348. — XIII, 171. B. M.

Hippolyte, L'origine des canons
d'Hippolyte, XVII, 241 sqq. ;
importance des documents, 241 ;
opinions anciennes sur leur origine, ibid. ; opinion d'Achelis
et de Duchesne, 242 ; Dom Morin opine pour leur origine égyp-
tienne, 243 sq. ; leur auteur
serait Denys d'Alexandrie, 244
sq. ; liste épigraphique des travaux de S. Hippolyte au musée
du Latran, 246 sqq. — Liste des
papes d'après Hippolyte, XVIII,
488 sqq. Voir listes épiscopales.

Hiring, moine de l'abbaye de Benken, XIV, 534. B. M.

Hirsau, (abbaye de) régestes de
cette abbaye (16 nov. 1648 —
24 février 1501) XII, 78. B. M.—
Ulric, moine allemand de Cluny,
y transporte la réforme clunisienne, XIV, 23, 24. B. M. —
catalogue des monastères fondés ou réformés par Hirsau,
XIV, 313. — son école artistique

née sous l'influence de Cluny,
XV, 174, B. M. — guide historique des ruines, XV, 550. B. M.
— un chapitre provincial tenu
dans cette abbaye, en 1493, im-
pose des taxes aux monastères
de la province de Mayence, XVI,
315. B.M. — la réforme de Bursfeld y est introduite, XVI, 553.

Hirzenach, (prévôté de) dépendance de l'abbaye de Siegburg, ses
relations avec l'avoué, XIV, 166.
B. M.

Histoire ecclésiastique, étude de
l'histoire ecclésiastique de nos
jours, résumé d'une conférence
donné à l'université de Würzbourg, en Bavière, par le Docteur Albert Erhard, — place occupée par l'histoire de l'Eglise au
sein de l'histoire universelle
dans le cadre des études historiques. La place qui leur revient
dans les études théologiques, les
qualités que doit avoir l'histoire
ecclésiastique pour remplir son
rôle à notre époque, XVI, 113.

Hoexter, X, 559.

Hofmann, (Gaspard) abbé de Melk
en 1587 XIII, 177. B. M.

Hohenberg, (Henri VI de) prince
abbé de Fulda, XVII, 154.

Hohensteiner, (Jean) abbé de S.
Ulric d'Augsbourg, XII, 293.

Hohorst, (monastère) appelé aussi
plus tard Heiligenberg, notice,
VII, 509.

Hollande, impressions de voyage
sur la Hollande et la Belgique du
XVIIIᵉ siècle, voyage de Mgr
Garampi, VI, 549 sqq. — Coup
d'œil sur l'ordre de S. Benoît
en Hollande avant la Réforme,
VII, 369, 401, 501, 545.

Holschen, (Henri) abbé de Marienmünster, XVI, 403.

Holzkirchen, (abbaye de) son histoire, XIV, 323. B. M.

Hombourg. (abbaye de) accepte la réforme de Bursfeld, noms des moines qui l'introduisirent, XVI, 554.

Hommeril, (Dom F.) lettres, XIX, 176, 177.

Honau, (monastère de) près de Strasbourg, fondé par des moines irlandais en 724, — XV, 149. B. M.

Hongrois, assiègent le monastère de Lobbes, sont repoussés grâce à la protection de S. Ursmer, V, 374.

Hongroise, (Congrégation) son histoire, XX, 413. B. M.

Honorius, d'Autun, XXI, 88. B. M.

Hontheim, (Jean-Nicolas de) évêque de Myriopolis, suffragant des Trèves, fait la translation des reliques de Ste Scholastique conservées à Juvigny-les-Dames, (1775) XV, 129.

Hopital. (abbaye de) à Jérusalem, V, 505, 546.

Horenbaut, (D. Josse) moine cistercien de l'abbaye de Baudeloo — on lui attribue la vie de Baudouin de Boucle, moine de S. Pierre de Gand et ensuite de Baudeloo, IX, 307, note 1.

Hornes. (Jean de) évêque de Liège, lettre au sujet du parcours de la procession de N. D. de Wavre, XIV, 476.

Hospitaliers, (de S. Jean de Jérusalem, cartulaire général, XV, 170. B. M.

Hotot, (Guillaume de) abbé de Cor

mery et évêque de Senlis, note sur son mausolée, XVIII, 435. B. M.

Hotton, (D. Jean) sous-prieur de S. Jacques de Liège, abbé de Florennes, envoyé pour y introduire la Réforme monastique, abdique, XI, 6.

Hotz, (Henri) prieur de S. Ulric à Augsbourg, abbé de Thierhaupten, XII, 293.

Housseau, (D. Etienne) concourt au projet J. N. Moreau, (voir ce nom) XV, 349.

Hovel. (D. Michel) prieur de Jumièges. XVII, 120.

Hovius, (Mathias) abbé d'Afflighem, VI, 305 — archevêque de Malines, XIII, 490.

Hroswitha, moniale de Gandersheim, Ottolied, XII, 507. B. M. — réminiscences de Prudence dans le poème de Hrotsvita, XIV, 315, B. M. — ses œuvres — relations entre leur rédaction et celles du Protoévangile, XX, 192. B. M. — étude, XXI, 446. B. M.

Hubens, (P.) bollandiste, D. Berthode lui succède, XVI, 194.

Hubert, (S.) Notice sur le pain de S. Hubert, IV, 363.

Hubert, capitaine de gueux, brûle N. D. de Wavre, XIV, 483.

Hubert, évêque de Rose, XXI, 46.

Hubert (Lambert) abbé de S. Pierre à Gand, XIII, 545.

Hubin. (Jacques de) abbé de Stavelot, son sceau, XIV, 320. B. M.

Huguenet, (dom Charles) prieur claustral de Cluny, XI, 353.

Hugues, (Saint) abbé de Cluny, sa lettre adressée à Bernard d'Agen ancien moine de Cluny, abbé de

Sahagun, et premier archevêque de Tolède, XVIII, 87. B. M. — texte complet de sa lettre à Bernard d'Agen, archev. de Tolède, XX, 393. B. M.

Hugues, évêque de Liège, ancien abbé de S. Maximin de Trèves, abbé de Lobbes, V, 373.

Hugues, prieur de Lobbes, auteur d'une chronique intitulée ; « Fundatio monasterii Lobbiensis » (Mon. Germ. SS. XIV) — époque de son priorat incertaine, IX, 41.

Hugues, (B^{us}) abbé de Marchiennes, étudie à S. Remi de Reims sous l'écolâtre Albéric, VI, 505.

Hugues, 1er abbé de N. D. de Josaphat en Palestine, V, 549 — assiste au concile de Jérusalem en Octobre 1102, 550 — cité dans une charte de Guillaume de Jérusalem, 551.

Hugues, abbé de Flavigny, son « Chronicum Virdunense », XV, 21.

Hugues d'Amiens, introduit la fête de l'Immaculée Conception en Normandie, XIII, 533. Voir Immaculée Conception, — moine de Cluny, prieur de S. Martial de Limoges, abbé de Reding et archevêque de Rouen, XV, 519. B. M.

Hugues de Langres, essaie de ramener son ancien condisciple Bérenger à se rétracter, VI, 6.

Hugues de S. Victor, Dieu, d'après Hugues de S. Victor, XV, 109 sqq. valeur doctrinale de Hugues, 109 sq. ; opinion de certains critiques contemporains sur cet homme, 110 ; Hugues inaugure la période scolastique, ibid.;

d'après lui, la connaissance de Dieu nous est possible, ibid; deux voies pour connaître Dieu, la raison et la révélation, 111 sq.; critique de l'opinion de Hauréau, 112 sq.; les trois preuves de l'existence de Dieu, la contingence, les perfections, la dépendance, 114 sqq ; essence de Dieu, 117 ; simplicité, 118 ; éternité, ibid.; immensité : 119 ; parallèle avec la doctrine de S. Thomas, 120 ; réponse à quelques objections, ibid.; immutabilité, ibid. et seq.; erreurs d'Abélard sur la Trinité, 201 sq.; doctrine de Hugues de S. Victor sur la Trinité, 203 sq.; examen de sa doctrine, 204 sqq.; exagérations dans ses expressions, 207 ; distinction des Personnes, 210 ; comparaison entre S. Thomas et Hugues, ibid.; consubstantialité des personnes, 211 ; nombre des personnes ibid. et seq.; résumé de la pensée de Hugues, 212 ; ses divergences avec Abélard, ibid. et seq.; jugement de la doctrine de Hugues, 213.

Hugonot, (D. Pascal) prieur de S. Hilaire du Harcouet, puis abbé de N. D. de Lonlay et de S. Pierre de la Couture au Mans, XII, 217. B. M.

Hugot, ancien bibliothécaire et archiviste de Colmar, son catalogue des manuscrits grecs et latins de la bibliothèque de l'abbaye de Marmoutier, XIV, 542. B. M.

Huiles, (S^{tes}) leur bénédiction le jeudi-saint, I, 20.

Huisseau, (d') grand prieur de Marmoutier, XI, 99.

Hulst, (Olivier van der) abbé

d'Oudenbourg en 1550, XI. 15.

Hunaud, (Guillaume) abbé de Lézat, XVII, 163. B. M.

Hunneghem, (abbaye de) Bénédictines, leurs rapports avec les Bénédictins de la Congrégation de la Présentation de N.D., XIV, 298.

Hus, (Jean) son hérésie, cause de la décadence de la Bohème, VII, 117 sqq.

Husdingen, (D. Simon de) moine célèbre de Maria-Laach, X, 81.

Hussites, le mouvement hussite en Bohème, VII, 115.

Hutchinson, (D. Matthieu Dunstan) moine de Lambspring, poëte, notice, XX, 270. B. M.

Hutter, (Henri) abbé de S. Ulric d'Augsbourg, XII, 292.

Huysburg, (abbaye de) histoire de cette abbaye par Th. Eckart, X. 418. — XI, 215. B. M.

Hydulphe, moine de Lobbes, époux de Ste Aye, V, 307.

Hyldrade, abbé de Novalèse, XVI, 176. B. M.

Hymnaire, de Moissac, notice, XVII, 304. B. M.

Hyrache, (abbaye de) son collège des moines espagnols, XII, 367.

I

Iburg, (abbaye d') XII, 505. B. M. — récit de la suppression, XIV, 30. B. M.

Ida de Louvain, (Bienheureuse) notice sur la B[se], III, 7.

Ide, (S[te]) a-t-elle été excommuniée en 1049 ? XV, 165. B. M.

Idéalisme, de S. Augustin et de S. Thomas d'Aquin, XIV, 415 sqq. ; différence avec l'idéalisme transcendental de la philosophie moderne, 415 ; sa conception, ibid. et sq. ; il prédomine dans les diverses branches de la philosophie, 416 ; histoire de l'idéalisme chez les anciens, 417 ; influence du christianisme, 418; idéalisme moderne, ibid. et sq. ; comparaison de l'idéalisme de S.Augustin et de S. Thomas d'Aquin : dans les rapports entre la foi et la science 421 sq. ; sur l'origine des idées, 422 ; dans l'éthique 423 sq.

Icpes, abbé de S. Jean de Corias, XVI, 453. B. M.

Ignace d'Antioche, (S.). opinion de Harnack sur les expressions employées par S. Ignace en faveur de l'Eglise romaine XIII, 385; texte du passage de la lettre aux Romains, 385 sq.; comparaison de l'introduction avec les adresses des autres épîtres du même Saint, 386 sq. ; division de l'introduction en cinq propositions 387 ; Harnack donne une traduction fausse de la 2e proposition 387. ; sens de l'expression ἐν θελήματι et κατὰ ἀγάπην, 388 ; comparaison de la 3e proposition ibid.; conclusions pour les introductions de S. Ignace en général et en particulier pour l'épître aux Romains ibid. ; l'opinion de Zahn sur χωρίον Ῥωμαίων et sa correction ἐν τόπῳ doivent être rejetées ibid.; de même pour l'interprétation « qui préside dans la région de Rome » donnée par Lightfoot et adoptée par Harnack, 389 ; c'est un pléonasme emphatique qui signifie « dans le lieu même des Romains » ibid. ; les six adjectifs interposés après προσεύχεται témoignent du désir de S. Ignace de rehausser la dignité de l'Eglise ibid. ; traduction de « προκαθημένη τῆς ἀγάπης » donnée par les Protestants et les Catholiques, 390 ; Bright rejette la traduction des catholiques, ibid. ; réponse de Funck à Langen, 330 sq. ; interprétation de Harnack donnée au mot προκάθημαι, 391 ; elle est impossible et raisons de cette impossibilité, 391 sqq. ; elle signifie « s'asseoir devant 393 sqq. ; Nirschl explique le mot ἀγάπη de la charité comme qualité, 395 ; Funck de l'union des fidèles ibid.; divers passages des lettres de S. Ignace l'interprètent dans le sens de communauté, 395 sqq.; interprétation de Harnack du mot « ἐπισκοπῆσαι », 398 sq. ; le sens donné par lui est un affaiblissement de la primauté, ibid. ; le vrai sens voulu par S. Ignace est une affirmation de la primauté, 399 sqq.; — travail inédit de D. Denys de Ste Marthe sur ses Epîtres, XVI, 433.

Igny, (abbaye d') de l'ordre de Cit. au diocèse de Reims, possédait des reliques des Saints de Cologne, donné à l'abbé Pierre, par l'abbé de S. Trond, Guill. de Ryckel, XVI, 273.

Ilsenburg, (abbaye d') restes de la bibliothèque, XV, 312. B. M. — diplômes de 1460, 1471 et 1500, XVIII, 309. B. M. — étude sur les deux plus anciennes bulles en faveur de cette abbaye, XX, 415. B. M.

Imécourt, (Victoire d') abbesse de Juvigny-les-Dames, XV, 129.

Imitation de J. C. Son auteur, XVII, 175. B. M. — Son auteur n'est pas un bénédictin, XVIII, 423. B. M.

Immaculée-Conception, époque de son introduction en Occident incertaine — les auteurs ne sont pas d'accord à ce sujet. — lettre d'Osbert, prieur de Westminster, à Anselme, abbé de S. Edmond, félicitant ce dernier d'avoir répandu la dévotion à la Conception de Marie et fait célébrer cette fête en beaucoup d'endroits (1129), particulièrement dans les grands monastères bénédictins (S. Edmond, Reading, Westminster, S. Alban), I, 413, et sqq. — Cette fête se célébrait en Normandie au milieu du XIIe siècle; on l'appelait « Festum Normanorum. » et presque dans tout le royaume de France ; en Allemagne, en Espagne, en Belgique, 416. — L'Eglise romaine n'avait point adopté cette fête, — lettre de S. Bernard aux chanoines de Lyon pour leur reprocher d'avoir adopté une fête non établie par Rome, — le Saint trouvait incontestable l'Immaculée Conception — écrits défendant ce privilège de Marie — au XVe siècle, l'Eglise romaine adopte cette fête, 417, 418. — Origine bénédictine de cette fête, III, 393. — Le dogme de l'Immaculée Conception à l'Université de Salzbourg, XIII, 529 ; part de l'ordre bénédictin dans le développement du dogme de l'Immaculée Conception, 529 sq. ; hymne en l'honneur de la Conception immaculée de Marie composée par Paul diacre au milieu du VIIIe s. et en usage dans les monastères de l'Italie méridionale, 530 sq. ; doctrine de Pascase Ratbert, 531 sq. ; il distingue trois sanctifications successives en Marie, ibid. ; conséquence théologique de cette doctrine, 532 ; la fête de la Conception paraît avoir pris naissance parmi les moines de Winchester, 533 ; les deux documents les plus anciens mentionnant cette fête, ibid. ; Anselme, abbé d'Edmundsbury fait sanctionner cette institution au synode de Londres en 1129, ibid. ; Hugues d'Amiens, abbé de Reading, l'introduit en Normandie, ibid. ; S. Vérémond en Navarre, ibid. ; opposition de S. Bernard et réplique de Nicolas de S. Alban, 533 sq. ; autres témoignages en faveur de ce culte, 534, not. 1 ; vœu de défendre l'Immaculée Conception émis par l'Université de Salzbourg, 538 sq. ; consécration d'une église en l'honneur de l'Imm. Conception, 539 ; lutte contre le prince-archevêque, Jérôme de Coloredo, ibid. ; doctrine des théologiens de Salzbourg sur la Conception de Marie et le *debitum peccati*, 541 sq. ; preuves tirées de la tradition et de l'Ecriture, 542 sq. ; conclusion, 543. — fête de.... dans les monastères O. S. B. à partir du XIIe siècle, XIV, 313 B. M. — ouvrage de D. M. Ziegelbauer, XV, 262, 263, note 1.

Immon, abbé de Gorze, XVI, 309. B. M.

Indes, établissement de la hiérarchie catholique dans les Indes, III, 362.

Ingobrand, moine de Lobbes, abbé intrus de S. Hubert, VI, 361,

Ingon, évêque d'Asti ; S. Bruno de Ségni lui dédie son « Explication du Psautier gallican. », XV, 278.

Inguimbert, (dom Malachie) évêque de Carpentras, de l'Ordre de Citeaux, ses lettres, X, 564.

Innocent II, son élection — schisme d'Anaclet II, voyage d'Innocent II en France, XVIII, 134, 135.

Innocent III, rétablit les évêchés catholiques de Bosna-Seraï et de Sirmium, VI, 281. — accorde un privilège au prieuré de Lihons, Est-il authentique ? XIV, 322. B. M. — Etude sur ce Pape et Grégoire VII, XX, 192. B. M.

Innocent IV, adresse une bulle en faveur des études sacrées à l'abbé de Clairvaux, Etienne de Lexington, X, 145. — Saint Louis et Innocent IV, analyse critique du livre de M. Elie Berger, 172

Innocent VIII, élève la fête S. Joseph au rit double. V, 103. — bulles en faveur de la réforme de Chezal-Benoît, XVII, 38.

Innocent XI, rend un décret, (le 19 avril 1679) plaçant tous les royaumes soumis à la couronne d'Espagne sous le patronage de S. Joseph, V, 104.

Institutions monastiques, de la Bretagne et de l'Irlande, identité établie par M. Skene, XI, 210. B. M.

Iona, (île d') Les monastères celtiques aux VIe et VIIe siècles d'après les usages d'Iona, XI, 210. B. M.

Irénée, (S.) le témoignage de S. Irénée en faveur de la primauté romaine, XII, 49 sqq. ; le travail de Harnack sur cette question, 49 ; le passage de S. Irénée, ibid.

sq. ; texte latin, 51 ; la construction et la valeur précise des mots: *convenire-principalitas-in qua*, d'après Langen, Funk et Harnack et critique, 52 sqq. ; explication catholique, 57 sq. ; les trois interprétations de *in qua*, et critique, 58 sqq. ; la signification du passage, 60 sq. ; valeur de l'argument de S. Irénée, 61 sq. ; il implique l'infaillibilité pontificale, 62, sq. ; rapports avec la lettre 59 de S. Cyprien, 63 ; l'intervention de S. Irénée dans la question de la Pâque, ibid. sq. ; l'école critique moderne et le livre contre les hérésies de S. Irénée, 64; les protestants anglais et leur inconséquence, ibid. — Sa liste des papes, XVIII, 415 sq. Voir listes épiscopales. — Sa doctrine sur l'immortalité de l'âme, voir *substances spirituelles*.

Iride, (D. Jean de) moine de S. Laurent de Liège, copiste du Catholicon et auteur d'un ouvrage intitulé « *De curà prælatorum* » conservé encore manuscrit à l'abbaye de Melk (Autriche), VII, 24.

Irish, Liber Hymnorum, edited from the Mss. with translations, notes, and glossary by J. H. Bernard and R. Atkinson, XVI, 282.

Isabelle, infante, sa dévotion envers N. D. de Wavre ; — fait ériger une statue de Marie sur la maison Broot-Huys à Bruxelles — inscription qui la décorait, XIV, 489.

Isabelle, princesse, fille de D. Pedro II, empereur du Brésil, promulgue le décret de liberté des esclaves brésiliens, XV, 422.

Isard, (dom Charles d') XV, 82.

Isarne, archevêque de Lund, consacre en 1304. l'autel et le cimetière de la nouvelle paroisse S. Georges, en l'honneur des SS. Pierre et Paul et Georges, XX, 21.

Islamisme, Esclavage et islamisme, VI, 556 ; VII, 31. — Pierre le Vénérable contre l'Islamisme, X, 562.

Islande, histoire de l'ordre bénédictin en Islande, XIV, 530. B.M. — Le christianisme implanté en Islande — premières religieuses, les Bénédictins en Islande, XV, 145, 193.

Isle, (D. Joseph de l') professeur de théologie à l'abbaye S. Maurice d'Agaune, ses lettres au Cardinal Passionei, dont deux intéressantes pour la question du jansénisme au sein de la Congrégation de S. Vanne, XVI, 177. B. M.

Isleif, 1er évêque régulier d'Islande, XV, 152.

Israël, Israël et Amalec, discours du Card. Sanfelice, XI, 181 sqq.

Itoria, Itoria, un nouveau mot latin d'après un discours inédit de S. Augustin, IX, 173 sqq ; particularités du codex Additionnel 30844 du British Museum, 173 ; le sermon de la messe de l'Ascension, ibid. ; comparaison avec le 5e sermon de S. Augustin pour la même fête, ibid. sqq.; passages où se rencontre le mot *Itoria*, 175; signification de ce mot, 176; son étymologie, 177.

Ive. (Frédéric) ancien abbé de Maroilles, abbé de S. Pierre à Gand, XI, 443.

Ives, abbé de S. Denis de 1071 à 1094, XIII, 324. B. M.

Ivoire,(Laurent d')abbé d'Hasnon, fait appel à l'abbaye de Florennes pour la réforme monastique, XI, 6. ; XV, 495.

Ivry,(abbaye d')son histoire,XVII, 171. B. M.

J.

Jacobi, (Luc) évêque de Sarepta, auxil. de Tournai, XXI, 363.

Jacobsthal, son ouvrage : *L'Altération chromatique dans le chant liturgique de l'Eglise occidentale,* analysé et critiqué, XIV, 511 sqq. Voir Plain-chant.

Jacobuzzi, (dom Zelli) abbé de S. Paul à Rome, notice biographique, XIII. 40.

Jacqueline de Hainaut, à sa demande Eugène IV révoque la bulle de Martin V, déclarant la sécularisation de S. Ghislain, XVI, 89.

Jacques, (dom) moine de Broqueroie, XII, 31.

Jacques, évêque Euguinensis, (1373) auxiliaire de Cambrai, XX, 265.

Jacques, (Philippe) abbé de S. Pierre de Fribourg, protecteur de la société littéraire organisée par Dom O. Légipont. XV. 328.

Jacques II, roi d'Angleterre et les Bénédictins à Londres. (étude), XVI, 316. B. M.

Jamar, (dom Lambert) moine de S. Trond, régent du séminaire érigé à Cologne par le chapitre de Bursfeld et procureur à Rome de la Congrégation de Bursfeld, mort à Rome en 1635, VIII, 154.

James D[r], voir *Liber hermeneumatum.*

Jansénisme, chez les Bénédictins Lorrains, X, 556. — à l'abbaye N. D. de Saintes, XIX, 29. B.M.

Janssen, Auteur de l'Histoire du peuple allemand depuis la fin du Moyen-Age, historien célèbre, notice biographique, IX, 62.

Janssens, (Chanoine) notice biographique, VI, 319 sqq.

Januarius, l'épître inédite du prêtre Januarius, XVIII, 244 sqq. Voir S. Augustin : lettres inédites etc.

Jarenton, abbé de Saint-Bénigne de Dijon. met son monastère à la disposition de Thierry II, abbé de S. Hubert et de ses moines exilés, VI, 361.

Jaunay, (dom Isaïe) profès de Marmoutiers, général de la Congrégation des Exempts de France, XI. 98. — portait grand intérêt à la société de Bretagne O.S. B. — en suivait les règles et avait renouvelé ses vœux entre les mains du P. Stample à Lehon, le 10 août 1603, 104,105. — XIV, 403, 405 — ses écrits, XVI, 475.

Jean, (S.) Apôtre, souvenirs de S. Jean à Pathmos, IV, 515.

Jean, évêque de Cambrai — acte du 8 mars 1381, relatif à la réforme du prieuré de Grand-Bigard, O. S. B. ; X, 418.

Jean, abbé de Gorze, fait ses 1[eres] études à Metz et les achève à l'abbaye de S.Michel-sur-Meuse, en Lorraine, VI, 504.

Jean, abbé de Donauwörth, déposé, se retire à l'abbaye de Stein, XII, 290, 294.

Jean, prieur de Mauerbach, XII, 296.

Jean,abbé des Ecossais de Vienne, XII, 289, 290, 304.

Jean, bâtard de Bourgogne, dispute le siège abbatial d'Egmond à l'abbé légitime. XIII, 373.

Jean, archidiacre de Paris, fait la visite canonique de S. Vaast d'Arras avec deux autres, XIV, 372.

Jean, abbé de Laach, fait la visite canonique de l'abbaye de S. Avold en 1483, XV, 134.

Jean, abbé de La Ferté, de l'ordre de Cit. ; XVI, 273.

Jean, abbé de S. Georges de Stein, assiste au chapitre de la province de Mayence à Bâle en 1435. XVI, 387, 399.

Jean, abbé de Gottesau, demande l'union de son abbaye à la Congrég. de Bursfeld, en 1458, XVI, 553.

Jean, prieur camaldule, évêque d'Ostie, annonce la mort du cardinal Matthieu d'Albano, XVIII, 297.

Jean, (diacre) auteur de la vie de S. Grégoire-le-Grand, notice, XVIII, 420. B. M.

Jean, archevêque de Mytilène (1228-1235), évêque auxiliaire de Cambrai, notice, XX, 13, 236.

Jean, évêque d'Apros, auxiliaire de Cambrai, notice, XX, 21, — auxiliaire de Tournai, XXI, 267.

Jean I, roi de Castille et de Léon, fonde un monastère dans son palais à Valladolid sous le vocable de S. Benoît, chef de la Congrégation dite de Valladolid, XIX, 255.

Jean II, seigneur d'Egmond, appelé Jean aux Sonnettes, XIII, 300, 301, 302, 303.

Jean III, abbé de S. Hubert (1330) relève l'abbaye. VI, 362.

Jean VIII, (Pape) approuve le slave comme langue liturgique, V, 18.

Jean XIII, à la demande d'Othon Ier accorde à l'abbé de Fulda le titre de primat. O. S. B. en Allemagne et en France, XVII, 152.

Jean XX, favorise Guy d'Arezzo, V, 448.

Jean Augustin, abbé de Laach, auteur d'un Rituale Lacense, dédié au prieur Mathias de Cochem, X, 82.

Jean-Baptiste, (S.) La date de la S. Jean, résout un problème liturgique au IVe siècle. — Incertitude et ignorance en Orient relativement à la date de la Nativité de J. C. jusqu'à la fin du IVe siècle. — Introduction de la fête du 25 déc. à Antioche vers 378, probablement à l'instigation de S. Jérôme — Homélie de S. J. Chrysostôme à cette occasion — S. Jérôme ne parvient pas à la faire accepter en Palestine, passage d'une de ses homélies à ce sujet. — Argument principal de S. J. Chrysostôme en faveur de la nouvelle fête : la date de la Conception et de la naissance de S. Jean B. prise comme point de départ. — Quelques documents contemporains sur lesquels a pu se baser son argumentation et leur valeur, conclusion, V, 257 et sqq. — S. Jean au désert (considération). VI, 241.

Jean de Fleury, fonde vers la fin de 1235, un collège dit de Fleury, à Paris et pousse activement les études monastiques, son décret de 1247 à ce sujet. X, 149.

Jean de la Résurrection, (Dom) moine d'Olinda, XV, 418.

Jean de Riome, (S.) X, 555.

Jean de S. Gertrude, (Dom) moine de Rio, reconstitue la Congrégation bénédictine portugaise, fait appel à la Congrégation de Beuron pour consolider son œuvre, XV, 423. 424.

Jeanne, comtesse de Flandre, sa lettre en faveur de l'abbaye de Baudeloo, IX, 315. — sa lettre à l'abbé Adam de Cîteaux pour lui proposer une fondation de moniales à Epinlieu, 382.

Jeanne de Valois, (B^{se}) fille de Louis XI, aidée par Guill. de Cambrai, archev. de Bourges, rétablit la discipline monastique à S. Laurent de Bourges et fait incorporer ce monastère à la Congrégation de Chezal-Benoît, IX. 388.

Jérôme, (S.) du sermon pour l'Assomption attribué à S. Jérôme, V, 347. sqq. — Un écrit méconnu de S. Jérôme : « la lettre à Présidius sur le cierge pascal », VIII, 20 sqq. ; état de la question, 20 sq. ; les deux parties indépendantes de cette pièce, 22 ; preuves d'authenticité de la première partie ou lettre à Présidius, ibid, sqq. ; résultats au point de vue archéologique, 25 sqq. — difficultés de Duchesne relatives à l'authenticité de cette lettre ; IX, 392 ; la partie finale rédigée en 384 fait mention du cierge pascal, 393 ; analyse de la lettre, 394 sqq. ; réponse à l'objection : l'auteur de la lettre n'est pas un prêtre, 396 sq. ; l'objection tirée de la présence de S. Jérôme en 384 et réponse, 397 ; conclusion, ibid. — Les commentarioli inédits de S. Jérôme sur les psaumes, édités dans les anecdota Maredsolana, XI, 472 sqq. — Est-il bien l'auteur de la vie de Malchus le captif ? XIX, 76. B. M. — Quatorze nouveaux discours inédits de S. Jérôme sur les Psaumes, XIX, 113 sqq. ; description du ms. Vatic. lat. 317, 114 sq. ; l'exposition de S. Jérôme super psalmos et remarque sur le contenu, 115 sq. ; cinquante-quatre pièces sont authentiques, 116 ; description du ms. Vatic. Ottoboni lat. 478, 117 sqq. ; remarques sur cette copie, 118 ; est inférieure au précédent ms. ibid. sq. ; description du ms. Venise. S. Marc. lat. class. I. XCIV, 119 ; description du ms. Florence, Laurent, Médic. Plut. XVIII, cod. XX, 120 ; contient cinq pièces nouvelles, ibid. ; cette nouvelle série est de S. Jérôme, 121 ; le tractatus sur le ps. X a été prononcé après celui sur le ps. IX, 122 ; points de contact de ce tractatus avec les œuvres du saint, 123 ; authenticité du tract. sur le ps. XV, 124 sq., particularités de certains passages, 126 sq. ; citation du testament des XII patriarches, 127 ; témoignage relatif à l'Eucharistie, ibid. ; réminiscences du symbole, 128 ; explication du passage relatif à la descente aux enfers, ibid. sq. ; ressemblances de ce tractatus avec les épîtres pascales de Théophile, 129 ; date de ce tractatus sur le ps. LXXXII, 130 ; authenticité 151 ; particularité du v. 13, ibid. ; tractatus sur le ps. LXXXIII, 132 ; particularités à signaler, ibid. ; tractatus sur le ps. LXXXIV, 133 ; preuve de l'authenticité, ibid ; dogme de la pénitence, ibid. sq. ; signification du mot *plebs*, 134 ; tractatus sur le ps. LXXXVII, ibid. sq. ; passage contre les Anthropomorphites, 135 : la fin du traité dans les divers mss., ibid. ; tract. sur le ps. LXXXVIII, 136 ; marques d'authenticité. ibid. ; merveilles de Dieu, 137 : addition des différents mss., ibid. ; tract. sur le ps. LXXXIX, 138 ; comparaison avec les commentarioli et l'ep. 148 de S. Cyprien, ibid. : tract. sur le ps. XC, ibid.; rapprochement avec un endroit du *Contra Rufin.*, 139 : tract. sur le ps. XCI, ibid. ; particularité sur les controverses entre les disciples du saint, ibid. ; la suite est le sermon 232 de l'append. de S. Augustin, 140 : erreur des Mauristes sur l'attribution de ce passage ibid. ; tract. sur le ps. XCII, 141 ; preuves qu'il est de S. Jérôme, ibid. ; tract. sur le ps. XCIII, ibid. ; particularités, ibid. ; ms. de Rouen 527. 142 : tract. sur le ps. XCV, ibid. ; sur le ps. XCVI, 143 : citation des épitres de S. Paul. ibid. ; privilège de Marie, ibid. — Hieronymus de *Monogrammate*. un nouvel inédit hiéronymien sur le chiffre de la bête dans l'Apocalypse, XX, 226 sqq. ; le ms. 73 de S. Gall, et son importance pour la reconstitution du texte pélagien sur les épîtres paulines. 226 : description du ms. 26 de Merton Collège à Oxford, ibid. ; comparaison du contenu avec celui de S. Gall, ibid. ; texte du v. 15 du ch. V de l'épitre aux Romains, 227 : l'opuscule : «hieronymus de monogramma XPI», 228 : collation avec le ms. 3049 de Harlem et le Clm. 14276-7 de

Munich. ibid. ; l'opuscule de S. Jérôme connu au VI⁰ s., ibid., preuves de l'authenticité, 229 sq.; l'explication du *crucissignum*, 231 ; texte du ms. d'Oxford, 232 sqq. — Un symbole inédit attribué à S. Jérôme, XXI, sqq. ; contenu dans le cod. 28 de S. Mihiel, IX⁰ siècle, 1 ; analyse du codex, ibid. sq. ; mss. où l'on retrouve la même formule du Symbole, 2 ; texte, 3 ; commentaire du symbole, 3 sqq.; type oriental jusque *conceptus est*, 6 ; addition à *Credo et in spiritum sanctum*, 7 ; comparaison avec la *fides romanorum* et le credo de Damase, ibid. ; sa date vers 400. 8 ; occasion probable de la composition, ibid. sq.

Jérôme, abbé de Pompone, XV, 175. B. M.

Jésuites, opposition qu'ils font aux premiers Bénédictins rentrés en Angleterre pour s'y consacrer à l'apostolat secret, (voir vie du Vᵇˡᵉ J. Roberts O. S. B.) — pièces relatives aux Jésuites, XIV, 551. B. M.

Joest, (Henri de) abbé de Reinhausen, XVI, 403.

Joffride, moine de S. Thierry, abbé de S. Médard de Soissons ; Guibert de Nogent lui dédie son commentaire sur Abdias. — évêque de Châlons s/Marne (1131). X, 567.

Johannisberg, (abbaye du) notice, XVII, 311. B. M.

Jonas, historien ecclésiastique (étude) XX, 392. B. M.

Jonas, Un ἄγραφον de la Διδαχή dans la vie de S. Hubert. Voir Agrapha.

Jonas, (dom Léandre) sa mission

relative au serment de fidélité, essai tenté pour opérer la réunion de Rome et de l'Angleterre, XIV, 532. B. M.

Jónsson (Carl) abbé de Thingeyrar, en Islande, abdique en 1181, se rend en Norwège où il se lie étroitement avec le roi Sverre, dont il écrit la vie, XVI, 177. B. M.

Josaphat (abbaye de), notice, V, 547 sqq.

Joseph, (Saint) considérations sur l'éclosion tardive du culte de — histoire de cette dévotion jusqu'à nos jours, V, 97, développement historique du culte de S. Joseph, XIV, 104 sqq.; considérations théologiques, 104 sqq.: culte de S. Joseph chez les Orientaux, 109 sq.; les martyrologes, 110 ; en Occident, les premières traces apparaissent au XIIe s., 111 ; dévotion privée au XIIIe, 112 ; office composé par un anonyme du XIIIe, 113 ; la dévotion publique s'accentue au XIVe s., ibid. et sq. ; son développement au XVe s., 145 sqq.: S. Bernardin de Sienne, ibid.; Jean Gerson s'efforce de faire adopter en France d'abord, puis au concile de Constance la fête des Fiançailles de Joseph et de Marie, 146 sq.; il est secondé par Pierre d'Ailly, 147 : le card. Alleman autorise dans sa légation la célébration de deux fêtes à S. Joseph, ibid.; Paul III charge le dominicain Pierre Doré de la rédaction de l'office et l'étend à plusieurs pays, 147 sq.; monuments liturgiques au XVe et XVIe s., 148 sqq.; efforts dans l'ordre bénédictin pour la propagation de la fête, 153 sq.; formation de congrégations religieuses sous le vocable de S. Joseph au XVIIe s., 203 ; dévotion des empereurs d'Autriche, 203 sq.; de plusieurs évêques d'Allemagne, 204 ; de Charles II d'Espagne, ibid ; S. Joseph reconnu comme patron de la Belgique, 204 sq.; Carmels fondés sous ce patronage, 205 ; confréries, 206 ; écrits du XVIIe s. en faveur de cette dévotion, 207 ; institution de la fête comme obligatoire par Grégoire XV, 208 : institution de la fête du patronage, ibid.: Pie IX et le culte de S. Joseph, ibid. ; Léon XIII, 209.

Joseph, (Père) capucin, aide beaucoup à la fondation des Bénédictines du Calvaire, X, 1. sqq. ; XII, 333. B. M.

Joseph II, Édit du 28 nov. 1781, relatif à la juridiction sur les ordres religieux, principaux points de cet édit, X, 498. — rapports avec l'ordre de S. Benoît, XI, 233.

Joseph de la Nativité, (Dom) orateur célèbre, moine de Rio de Janeiro, XV, 417.

Joseph de Ste Scolastique, bénédictin archevêque de Bahia, XV, 418.

Josion ou le Moine aux roses, légende tirée des Annales de S. Bertin écrite par Jean d'Ypres, II, 405.

Josselin, (Louis) sacristain de l'abbaye S. Nicolas d'Angers, contribue à la rédaction des statuts de la Congrégation des Exempts de France, XIV, 400.

Jostes, voir Amalaire de Trèves ; note sur une lettre etc. pense que cette lettre est postérieure au couronnement de Charlemagne, mais antérieure à l'assemblée d'Aix-la-Chapelle en 802. cfr. Zeitschrift für Deutsches Altertum XL, (1896) p. 186 sq., XIII, 289.

Jotsald, biographe de S. Odilon, XV, 470.

Jouarre,(abbaye de) notice, et 50ᵉ anniversaire de sa restauration, IV, 481, sqq.

Jouhe, (prieuré de) en Franche-Comte.près Dôle,XIV,166.B.M.

Journée du moine, la journée du moine d'après la Règle et la tradition bénédictine. VI, 71 — Le lever des pères, 181 — les Matines, 211. — entre matines et laudes, 273 — le chapitre, 309 — la récréation, 350 — travail et lecture, 398 — la Messe Conventuelle 458, — les repas, VII, 170. — la collation, Complies et le coucher, 324.

Jousselin, (dom Louis) provincial de Touraine, XI, 103.

Jouveneaux, (dom Guy) moine de Chezal-Benoît, abbé de S. Sulpice de Bourges, désigné par l'abbé de Chezal-Benoît pour visiter et réforme les monastères bénédictins d'hommes et de femmes, XVII, 40. — ses ouvrages, 347.

Joyeuse, (cardinal de) abbé-commendataire de Marmoutier,XIV, 401.

Judith on Yvette, fille du roi de Jérusalem Beaudouin II, religieuse de Sᵗᵉ Anne de Jérusalem, abbesse de Béthanie, V, 556.

Julemont, (Guill. de) moine et abbé de S. Jacques de Liège, introduit la réforme, XI, 5.

Jules l'Africain, la liste papale de Jules l'Africain, XVIII, 406 sqq. Voir listes épiscopales.

Juliofredus, abbé d'Aniane, XVI, 308. B. M.

Jully-les-Nonnains, (prieuré de) ses conflits avec l'abbaye de Molesme, XX, 396. B. M.

Jumièges,(abbaye de) Les 450 élus de — (poésie) I, 280. — uni à Chezal-Benoît par son abbé-commendataire, le cardinal Philippe de Luxembourg, XVII, 118.

Jumilhac, (Dom Pierre Benoît) Mauriste. ses travaux sur le plain-chant, XVIII, 308. B. M.

Jundiahy, (présidence) au Brésil, dépendance de l'abbaye de S. Paul, XV, 416.

Jupille, (Jean de) moine de S.Laurent de Liège, XII, 488.

Jura, vie des Pères du Jura, écrit remontant au VIᵉ siècle. d'après Mgr Duchesne. XV, 300. B. M.

Juvigny-les-Dames, (abbaye) fondée par Richilde, femme de Charles-le-Chauve ; description du reliquaire de Sᵗᵉ Scholastique. X, 558 ; XV, 124, et suivantes. — notice sur l'état de cette abbaye en 1790. et sur ses ruines actuelles, XV, 553. B. M. — histoire de l'abbaye de 874 à 1086, XVII, 169. B. M.

K.

Kálfsson, (Laurent) évêque de Hólar, en Islande (1267-1331) notice biographique, IX, 224. sqq.

Kattenbusch, (Dʳ) son histoire du symbole des Apôtres, XI, 358 sqq. Voir symbole des Apôtres.

— Son opinion sur la date du symbole dit de S. Athanase, XV, 30.

Kaufungen, (monastère de) cartulaire, XVIII, 208. B. M.

Keck, (Jean) moine de Tegernsee, député au Concile de Bâle, XII, 305. — Notice, XVIII, 423. B.M.

Kemexe, (Arnoul Loen de) abbé de S. Laurent de Liège nuit notablement à la discipline, XI, 11.

Kempis, (Thomas a) XI, 237.

Keppler, (Mgr.) «die Wahre und die falsche Reform», XX, 198 sqq. Voir Munich, le conciliabule.

Kerschberger, (D. Frédéric) moine de Kremsmünster, XII, 305.

Ketilbjörg, recluse islandaise, XV 151.

Ketil Nez-plat, seigneur norvégien, XV, 146.

Kienle, (dom Ambroise) Analyse et défense de son livre « Koralschule », V, 317 sqq.

Kiew, les moines irlandais à Kiew, XIX, 294. B. M.

Kilgenstein, « Die Gotteslehre des Hugo von St. Victor », XV, 109 sqq. Voir Hugues de S. Victor.

Kiltzanidès, ses travaux sur la musique ecclésiastique grecque, XVI, 231 sqq. Voir système musical de l'Eglise grecque.

Kint, (Jean) échevin de S.-Trond, parent de l'abbé Chrétien, XV, 131.

Kintheuser, (Jean) abbé d'Hornbach, XIV, 541. B. M.

Kircher, (D. Jean) moine d'Erfurt, XIV, 322. B. M.

Kirchmair, (D. Séraphin) prieur de Garsten, lettre de 1643, relative aux « Annales Garstenses », XX, 266. B. M.

Kirtzjubœr, (abbaye de) en Islande, son histoire, ses abbesses, XV, 196.

Klaarwater, (abbaye N. D. de) notice, VII, 505.

Kladreau, (abbaye de) XII, 79. B.M. — sa fondation, XV, 171, 550. B. M. — sa suppression, XVIII, 435. B. M.

Klasen, son discours prononcé à Munich, XX, 397 sq. Voir Munich, le Conciliabule.

Klingenmünster (abbaye de) au diocèse de Spire, XIV, 537. B. M.

Knapp. (Pierre) abbé de S. Paul de Carinthie, XII, 301.

Knepler, (D.) accompagne D. Calmet en Suisse en 1748, XV, 361, note 1.

Kolping. (Adolphe) fondateur du Gesellenverein allemand, sa biographie fort détaillée, V, 275, 473, 517, 564 ; VI, 38, 90, 135, 233, 328, 430, 470, 567 ; — VII, 42, 182, 280.

Kremsmünster (abbaye de) écrivains célèbres, XII, 304, 305. — nécrologe, XV, 171. B. M. — L'observatoire astronomique et météorologique des bénédictins, V, pg. 448. Histoire de l'Abbaye, 448, ss., principaux astronomes, 449, ss., publications, 455.; le P. Gilles de Raitenau, 455, ss.

Krogh-Tonning, «De gratia christi et de libero arbitrio S. Thomas Aquinatis doctrinam breviter exposuit atque cum doctrina definita et cum sententiis protestantium comparavit». XV, 459 sqq.

Kropf, (D. Martin) moine de Melk, auteur du Bibliotheca Mellicensis, XV, 319.

Krozé, (monastère de) de Bénédictines polonaises, récit de barbare
suppression en 1893, XI, 89.

Krush, sa critique du testament de
S. Césaire d'Arles, XVI, 97 sqq.
Voir S. Césaire : Le testament et
la critique. — Son opinion sur le
martyrologe de S. Jérôme, XX,
285 et ; critique.286.Voir Martyrologe.

Kuffsteiner, (Jean) abbé d'Etal,
abdique (1451), XII, 298.

Kunz, (Othmar II) abbé de S.Gall,
sa biographie, XV, 167. B. M.

Kupp,(D.Thomas)moine de Laach,
XV, 546. B. M.

Kurth, (Godefroid) manifestation à
l'occasion du 25e anniversaire de
l'institution des cours pratiques
d'histoire en Belgique, XV, 555.

Küssinger (Jean) abbé de S. Ulric
d'Augsbourg, XII, 292.

Kydrer, (D. Wolfgang) moine de
Tegernsee, auteur ascétique, XII,
305.

L.

Laa,(D.Thomas de)moine de Melk,
XII, 303.

Labbaène, voir Saint-Georges de :

Labbe, (dom Jacques de) moine de
S. Bertin, XIV, 61.

La Couture, (abbaye de) XVII,
41.

Ladeuze, (Charles de) XI, 173.

La Forcade, (dom) moine de S.
Denis, sa correspondance avec
D. Poirier et Grandidier, au
sujet du prieuré de Lièvre, XIV,
160. B. M.

Lagni, (abbaye de) XVI, 177.B.M.

Lagrange d'Arquiau,(Marie-Fran-
çoise) nièce du roi Sobieski et
sœur de la reine Marie-Casimire

de Pologne, prend le voile à S.
Laurent de Bourges, vers 1684,
sous le nom de Dame S. Bona-
venture, IX, 389.

Lairac, (prieuré de) dépendance
de l'abbaye de Moissac, son histoire, XVI, 311. B. M.

Lairdieu, (Jean de) moine de S.
Laurent de Liège, notice et œuu-
vres, XII, 437 ; XV, 133.

Lalaing, (Philippe de) XI, 263.

Lambert, (S.) évêque de Liège, sa
Légende, II, 615 ; III, 29, 82,
124, 172, 222, 255.

Lambert,ancien prieur de Crespin,
abbé de Lobbes, V, 397.

Lambert, moine de S. Laurent de
Liège — abbé intrus de Florennes, se retire pour faire pénitence à Nogent, VI, 65.

Lambert, moine de S. Laurent,
placé à la tête de l'école abbatiale de Deutz — compose le
récit de la vie et des miracles de
S. Héribert de Cologne ainsi
qu'un office en son honneur,
VII, 17 ; XIV, 323. B. M.

Lambert, moine de S. Laurent de
Liège, compose un poéme sur
le cycle pascal et un commentaire allégorique sur les fables
d'Esope — ce qu'est devenu ce
dernier travail, VII, 20.

Lambert, (Hubert) abbé de S.
Pierre à Gand, XI, 442.

Lambert, abbé de Lobbes, visite
Eneame, XII, 150.

Lambert, annaliste du monastère
d'Hersfeld, pseudonyme de l'abbé
Hartwig, XIV, 534. B. M.

Lambert le jeune, auteur du Cantatorium ou Chronique de S.
Hubert, preuves à l'appui de
cette assertion, XVIII, 87, 88.
B. M.

Lambspring, (abbaye de) de la Congrég. anglaise, fondée en Hanovre en 1643, I, 233, — supprimée en 1803 par Napoléon Ier, 382.— chronique de Jean Fownsen, XIV, 30. B. M.

Laminne, (Philippe de) 1er abbé mitré de S. Jean de Valenciennes, VIII, 420.

La Mothe-Saint-Héray, (monastère de) couvent de Bénédictines fondé en 1646 par Henri de Baudéon, marquis de la M. S. Héray X, 419.

Lamy, (Mme) abbesse de Saint-Avit de Châteaudun, XVI, 175. B. M.

Lancey, (prieuré) près Vendôme, dépendance de Marmoutier, XIV, 400.

Landas, (Nicolas de) XI, 264.

Landau, (D. Ulric de) moine de Tegernsee, auteur ascétique, XII, 305.

Landelin, (S.) né à Vaux près Bapeaume, fonde Lobbes avec les SS. Hadelin et Domitien, V, 304. — fonde Aulne, Crespin, où il met Hadelin comme supérieur, 304.

Landen, (Henri de) bienfaiteur de N. D. de Basse-Wavre, XIV, 474.

Landevenec, (abbaye de) de la société de Bretagne O. S. B. XI, 105 ; XVII, 123.

Landris, (Pierre de) évêque de Dora, auxiliaire de Cambrai, XXI, 62.

Landry, évêque de Metz, fils de S. Vincent de Soignies, — Marculf lui dédie son Formulaire, X, 413.

Lanfranc, (B^{eux}) sa vocation (poésie) I, 213. — combat Bérenger et sa doctrine, VI, 7, 8, 9, 57

sqq. — lettres que lui écrit l'antipape Clément III, XV, 165. B. M. — XVIII, 421. B. M. — sa position vis-à-vis de la dialectique — les phases diverses de sa carrière scientifique, XIX, 303. B. M. — a-t-il falsifié des documents sur son évêché ? XIX, 304. B. M. — étude sur sa politique, — conseiller de Guillaume-le-Conquérant, XX, 193. B. M.

Lang, (Paul) son chronicon Citizense, XII, 507. B. M.

Langue, parlée par Jésus et les Apôtres, VIII, 105 sqq. ; importance de la question, 105 sq.; opinions diverses, 106 sq.; arguments de Paulus en faveur de la langue grecque et critique, 108 sqq. ; arguments en faveur de l'araméen et preuves, 145 sqq. ; influence des mots sur les pensées, 225 sq. ; contraste entre le génie aryen et le génie sémitique, 227 ; entre deux idiomes, 228 sq. ; les hébraïsmes dans le nouveau Testament, 229 sqq.

Langen, voir S. Irénée : témoignage en faveur de la primauté romaine.

Langenmantel, (Joseph-Marie) abbé de S. Ulric d'Augsbourg, président de l'Université bénédictine de Salzbourg, XVI, 2. — mauvais administrateur, 4.

Langerack, (Elburge von) abbesse de Rijnsburg, en 1553, actes relatifs à son élection, XV, 553. B.M.

Langue slave, usage liturgique de la, — introduite par les SS. Cyrille et Méthode (IXe siècle) — difficultés faites aux Saints par les évêques bavarois — Jean VIII concède l'usage de cette langue dans la liturgie. — Etienne VI en défend l'usage et permet seulement la prédication en cette langue en Moravie — quelle fut la liturgie traduite par les SS. Cyrille et Méthode ? — vicissitudes par lesquelles passe l'usage liturgique du slave dans le cours des siècles — rites suivis actuellement par les peuples slaves, V, 17 sqq.

Langhe, (D. Olivier de) moine, prieur et bibliothécaire de S. Bavon de Gand au XVe siècle, commentateur flamand de la Règle de S. Benoît, étude sur son commentaire, IX, 420.

Langlois, (D. Adrien) prieur de Jumièges, y introduit, la réforme de Lorraine, passe à S. Maur, XVIII, 7.

Langres, (évêché de) étude sur la géographie de cet évêché XIe-XIIIe siècles, XVIII, 415, B. M.

Lanneau, (Dom) général de la Congrég. de S. Maur, administra le cardinal de Bissy, XVI, 356.

Lannoy-Molembaix, (Jean de) ami du V. Louis de Blois qui lui dédie sa traduction latine de l'opuscule de S. Jean Chrysostôme ; « Comparaison du roi et du moine », VI, 268.

Lantenac, (abbaye de) de la société de Bretagne, O. S. B., XI, 102.

Lantenas, (Dom Hugues) notice, XX, 399. B. M.

Lanson, 1er prieur de Lewes, dont Guillaume de Malmesbury parle avec éloge, X, 103.

La Oliva, (monastère) ses cloîtres, XV, 175. B. M.

La Parre, (D. Guill.) procureur-général de S. Maur à Rome, let-

tre à D. Claude Boistard, au sujet de la lettre de D. Mabillon sur les saints inconnus, XVI, 344.

La Règle, (monastère de) son état matériel en 1702. XV, 554. B. M.

Larger, (D. Maurice) XII, 331.

La Roche-Aymon, (cardinal de) grand aumônier de France, archevêque de Reims, demande à dom Fonteneau, par l'organe de ses supérieurs, de vouloir faire des recherches généalogiques sur la famille de Lusignan, dont il descendait par sa mère, XV, 442.

Laronde, (D.) prieur de Moutier-neuf, XV, 443.

La Roque, (D. Anselme) notice, XX, 399. B. M.

La Loque d'Avène, (D. de) prieur de l'abbaye de Valence, XV, 443.

Las Casas, ses efforts pour abolir l'esclavage indien, VI, 163.

Laschari, (André) archevêque de Posen, XII, 207.

Lassaigne Saint-Georges, (Scholastique de) réorganise l'abbaye S. Laurent de Bourges en 1802, prieure en 1806, IX, 390.

Lastingham, (abbaye de) notice, XX, 279. B. M.

Laud, (William) archevêque de Cantorbéry, XII, 368.

Laudes, l'uniformité dans les laudes du Dimanche du IVe au VIIe siècle, VI, 301.

Laurens, (Pierre de) son procès avec Bossuet au sujet du prieuré de Gassicourt-lez-Mantes, XI, 212 B. M. — XVIII, 220. B. M.

Laurens, (des) Jean et Claude, prieurs de S. Martial d'Avignon, XI, 451.

Laurent, moine de S. Laurent de Liège, restaurateur des études à S. Vannes et auteur d'une histoire de Verdun, VII, 20.

Laurent, abbé de Mariazell, puis de Göttweig, XII, 296, 297.

Laurent, abbé d'Altdorf et d'Ettenheimmünster, son poëme, XVI, 313. B. M.

Laurent, abbé de S. Vannes de Verdun, ses réclamations contre l'évêque de Verdun, Henri, XVIII, 130.

Laurenty, (D. François) moine de S. Hubert, prieur de Malmédy célèbre par ses travaux d'histoire monastique, XIII. 255.

Laurin, (D.) abbé de S. Bertin, XII, 32 ; XIII. 150. note 3 ; XIV, 67 sqq.

Lautrec, (abbaye de) revenus de l'abbaye au XVIIe siècle, listes des religieuses en 1725, XV, 312. B. M.

Lavement des pieds, le Jeudi-Saint et le « discours du Seigneur ». XII, 161.

Laverne, (Philibert) abbé de Chezal-Benoît, résigne en faveur de Pierre du Mas, XVII, 34.

Laveyne, (Dom de) moine bénédictin, fondateur de la Congrégation des Sœurs de la Charité de Nevers, notice, XV, 547. B. M.

Layens, (Jean de) abbé de S. Ghislain, érudit — Pierre d'Ailly, cardinal et ancien évêque de Cambrai l'avait en haute estime — fut député par le compte de Hainaut aux conciles de Pise et de Constance — alla en Angleterre avec le comte, traiter de la paix entre l'Angleterre et la France, VI, 451 ; XI, 11, 12, 13. — tente de séculariser son abbaye, XVI, 89, — demande à Rome le pouvoir de choisir un coadjuteur avec future succession, — refusé sur l'opposition du duc de Bourgogne, 90.

Lay-Saint-Christophe, (prieuré de) XIII, 508. B. M. — près de Nancy, D. Calmet en était prieur titulaire, XV, 14.

Le Bourgoing (Jeanne) abbesse de S. Marie de Nevers, XVII, 127.

Lebrun, (D. Martin) abbé de S. Adrien de Grammont fonde un collège d'humanités (mai 1629), XI, 517 ; XIII, 403.

Le Cerf, (Dom) écrivain célèbre, sa lettre à Briasson, libraire de Paris, sur l'ouvrage de Nicéron, XVI, 357.

Le Chausse, (Jean) abbé de Chezal-Benoît, XVII, 40, 41, 42, 43.

Le Chevalier, (Dom Léon) prieur de S. Maur-sur-Loire, XV, 81.

Le Clercq, (Gilles) secrétaire de Louis de Nassau, XI, 254.

Leclercq, (D. Henri) Etude sur l'emploi des sources dans les travaux d'érudition, XVIII, 66 sqq. ; exemples du symbole des Apôtres, 67 sqq.; étude directe des documents, et exemples, 73 sqq.; rapprochement de textes, 75 sqq.

Leclercq, (dom Nicaise) moine de S. Ghislain, est envoyé à l'abbaye d'Hautmont pour y introduire les usages de Bursfeld, — en devient abbé, VI, 454 ; XI, 15.

Lecompte, (D. Philippe) moine de S. Ghislain, XIV, 256.

Leçons du Bréviaire, leçons apocryphes du Bréviaire romain, nomenclature, VIII, 270.

Le Coq, (dom Gilles) prieur de S. Ghislain, XI, 248.

Le Court, (dom Pierre) prieur de S. Airy, correspondant de D. Calmet, ses lettres, XV, 13.

Lectionnaire romain, étude sur ses origines, VII, 416 sqq.

Lecture de table des moines de Marchiennes au XIIIe siècle, XI, 27.

Lectures liturgiques, un système inédit de lectures liturgiques en usage au VIIe-VIIIe siècle dans une église inconnue de la Haute Italie, XX, 375 sqq.; le ms.39, inf. de l'Ambrosienne du VIe s., 375; date des notes marginales, 376; texte d'après le ms. milanais, 376 sqq.; groupement des lectures pour l'Avent, Noël, et l'Épiphanie, 380 sq.; pour la Sexagésime et le Carême,381; la semaine sainte et le temps pascal, 382; pour le propre et le commun des saints, 383 sq.; le type de ces lectures est milanais, 584; il est peu probable qu'il se rapporte à l'église même de Milan, ibid. sq.; autre type du même genre publié par Tommasi, 386 sq.; impossibilité de déterminer l'église à laquelle il appartient, 387 sq.

Leez,(Henri de) cède quelques terres au prieuré de Basse-Wavre, XIV, 473.

Lefèvre,(D. Jean) moine d'Etaples, XIV, 319.

Le Gallois, (D. Antoine) XX, 401. B. M.

Légat romain du Pape, sa situation, comme représentant du Pape, conséquence pratique qu'elle entraînait dans la gestion des affaires et les relations avec le légat, XVIII, 421. B. M.

Le Gentil, (D. Etienne) prieur de S. Martin des Champs, introduit la réforme cazalienne à S. Pierre de Lagny, XVII, 121.

Légipont, (D. Olivier) religieux de S. Martin de Cologne et son projet de Société littéraire bénédictine, XIII, 511. B. M. — XV, 220 — sa vie, ses travaux, 313.B. M. ; notice sur sa vie et ses écrits, sa correspondance avec D. Calmet et autres, XV, 315, 357; — a-t-il falsifié les documents relatifs à son monastère ? XVIII, 424, 427. B. M.

Legrand, (D. Benoît) XII, 147, — administrateur de l'abbaye S. Amand, XIII, 152.

Le Guai, (D. Innocent) abbé de S. Allyre de Clermont, visiteur général de la Congrégation de Chezal-Benoît (1578.),XVII,120.

Lehon, (monastère de) en Bretagne, premier monastère de la société bénédictine de Bretagne XI, 98, — ses vitraux, XV, 174. B. M.

Le Hule, (D. Guillaume) son ouvrage intitulé : Le Thrésor ou Abrégé de la noble et royale abbaye de Fescamp, X, 559.

Leifsson, (Gunnlangr) moine de Thingeyrar, l'homme le plus érudit de toute l'Islande, auteur de la saga de l'évêque de Holas, Jean Ogmundsson, de la vie de l'évêque Thorlak-le-grand-voyageur,d'une saga du roi Olaf Truggvason, d'une saga de S. Ambroise,enfin d'une traduction métrique islandaise de la prophétie de Merlin. XVI. 177. B. M.

Lejay, (Paul) les sermons de S. Césaire d'Arles, XIII, 97, not. 2, — opuscule : *de discretione animae, spiritus et mentis* d'Adam de S. Victor, XVI, 218.

Lejosne, (D. Pierre) moine de Lobbes, XI, 445.

Lelong, (D. Nicolas) notice et ouvrages, XV, 22, note 4.

Le Magnier, (D. Mathieu) moine de S. Ghislain, XI, 311.

Le Michel, (D. Anselme) correspondant de D. Luc d'Achery, lettre à ce dernier, XVI, 180, B. M. ; XVI, 324.

Le Natier, (Guillaume) carme, nommé abbé bénédictin de S. Sauveur à Valenciennes, V,181, note 3.

Leno, la translation de S. Benoît et la chronique de Leno, XIX, 337 sqq. Voir S. Benoît.

Le Noir, (D. Jacques) concourt au projet J.N. Moreau.(voir ce nom) XV, 349.

Le Nourri, (D. Nicolas) ses travaux,—ses rapports avec Baluze, — lettre de ce dernier, XVI, 347, 359. — sa correspondance avec Pfaff, XVIII, 427. B. M.

Lentailleur, (Jean) abbé d'Anchin, XI, 244.

Lenton, (prieuré clunisien de la Ste Trinité de) dans le comté de Nottingham,fondé par Guillaume Peverel, X. 99.

Léocadie,(S^te) son corps à S. Ghislain, restitué à Tolède en 1583, XI, 263, note 1.

Léofric, Le « collectaneum » de Leofric, et le « liber capitularis » d'Etienne de Liège,XII, 196 sqq. le cod. Harl.2961 et son contenu, ibid. traces de liturgie liégeoise et motifs probables, 197 ; le collectaneum est d'origine lorraine et dérive d'un ouvrage d'Etienne de Liège, ibid.

Léon,(S.)2e abbé de Cava,XII,469.

Léon, cardinal évêque d'Ostie, moine du Mont-Cassin,XV, 274.

Léon III, Le Pape Léon III, et les moines du Mont des Oliviers à Jérusalem, V, 443.

Léon IX, (S.) confirme les biens de l'abbaye de Florennes en 1050, VI, 63, — revendique le rite des azymes comme une tradition apostolique, 488. — sa vie, XV, 303. B. M.

Léon X, bulle en faveur de la Congrégation réformée de Chezal-Benoît, XVII, 47. — concordat de Bologne entre lui et François Ier au sujet de la nomination des évêques, des abbés, etc., XVII, 252, 253.

Léon XII, érige la Congrégation bénédictine brésilienne, XV, 420.

Léon XIII, son jubilé sacerdotal, IV, 89, 378. — ses poésies, 473, 543, — et l'ordre de S. Benoît, 520. — Coup d'œil sur les dix années de son Pontificat,V,4 sqq. — La biographie de Léon XIII par Mgr de T'Serclaes, XI, 425 sqq. — XX, 337 sqq.

Léonard, évêque de Passau, XII, 291.

Léonius, abbé de Lobbes, V, 396. — abbé de S. Bertin, 397.

Léopol, (monastère de) des Bénédictines du S. Sacrement, notice IX, 2.

Le Pelletier, (Dom) les mots irlandais de son Dictionnaire, XIX, 84. B. M.

Le Plat, (Josse) né à Malines, mort à Coblence, professeur de droit ecclésiastique à Louvain, XVI, 197, note 5.

Leporius, le diocèse d'origine de Leporius, théologien gaulois du Ve s., XIV, 102 sq. ; hypothèses proposées sur ce sujet, 103 ; corrélation entre la rétractation de

Leporius et l'apparition du symbole attribué à S. Athanase, ibid. ; il serait probablement de Trèves, ibid.

Lequien, (Jean) abbé de S. Nicolas des Prés à Tournai, de l'ordre des Augustins, sous prétexte de réformer l'abbaye S. Martin se fait nommé abbé de ce monastère par la cour, XI, 170.

Lérins, excursion aux îles de Lérins, etc. récit, IV, 180.

Lérins, (abbaye de) la fin du monnayage de ses abbés à Sabourg, XV, 553. B. M.

Le Roist, (D. Jean) abbé de Chezal-Benoît, XVII. 40.

Le Roy, (D. Thomas) moine de S. Martin de Tournai, membre de la chambre de Rhétorique de Tournai (1482) ses œuvres, X, 233.

Le Roy. (D. Julien) de la société de Bretagne, XI, 102.

Le Samme, (Philippe de) conseiller, XI, 302.

Lesbroussart, (J.B.) professeur au collège thérésien de Bruxelles, un des meilleurs correspondants de D. Berthod, XVI. 200, note 1, 205.

Le Seur, (D. Guillaume) correspondant de D. de la Rue, XVI. 356.

Lespoix, (D. Jacques) son récit de la réforme à S. Bertin. XIV, 60, note 1.

Lessay, (abbaye de) une page de son histoire, les sorciers en Normandie au XVIIe siècle. XVIII, 227. B. M.

Lesves, (Nicolas de) abbé de S. Gérard, compose le récit de la translation de la Sainte Croix à Brogne, V. 180.

Le Tellier, (Jean) convers de la société de Bretagne, XI, 98.

Leto, (D. Augustin) dernier abbé de S. Ghislain, retiré à Pommerœuil, VI. 458.

Leurcy-le-Bourg, (abbaye de) au diocèse de Nevers, Gilduin du Puiset en est prieur, V, 554.

Leutfroid, (S.) abbé, élevé dans l'école de S. Taurin d'Evreux, VI, 502.

Levaux, (D. Martin) de la Congrégation de S. Maur succède à dom Pierre Kendal, prieur de Douai, et devient le premier supérieur de Downside, I, 332.

Levèque, (D. Louis) son étude sur les monastères des grandes basiliques de Rome aux VIIe et VIIIe siècles, X, 411.

Lewes, (prieuré de) en Angleterre, de l'ordre de Cluny, filiation de Cluny. X, 99. son prieur était vicaire général de l'abbé de Cluny pour l'Angleterre et l'Ecosse, Sixte IV exempte ce prieuré de toute subjection à Cluny et le place sous la dépendance immédiate du S. Siège, 107 — ses Annales, XIX, 295. B. M.

Lexington, (Etienne de) abbé de Clairvaux, reçoit une bulle d'Innocent IV, au sujet des études, X. 146.

Lézat, (abbaye de) notice. XVII, 169. B. M.

Lhoumeau, rythme, exécution et accompagnement du chant grégorien. X. 275 sqq.

Liber hermeneumatum, date du XIIIe s. — ses affinités avec le ms. de la Bodléienne d'Oxford. Bodl. 816. avec ms. CCXI de la bibliothèque du chapitre de Cologne. IXe s., avec un autre exemplaire cité par Mai, t. IX, de son spicilège romain p. 3, p. VI sqq. ; avec le mss. lat. 17155, XIe s. et 5515, XIIe s. de la bibliothèque roy.de Munich ; la préface du livre indique son origine ; l'auteur l'a composé pour l'usage de frères simples d'esprit; son but est d'expliquer les locutions un peu difficiles de l'Ecriture, texte inédit de la préface, l'ordre suivi est celui des bibles copiées à Tours ; il paraît avoir connu les ouvrages de Raban Maur ; ce livre daterait donc de cette époque, XIII, 66-71.

Libéralisme, le libéralisme d'après l'encyclique « Libertas » — son caractère général, ses principales formes, V, 361 sqq. — Le libéralisme et la saine notion de la foi, VII, 255, 386.

Lieb, (D. Christophe) XII, 304.

Lièble, (D. Philippe-Louis) notice, lettres, XIX, 179.

Liège, (pays de) sources de son histoire, XXI, 94. B. M.

Lièvre, (prieuré de) fondé par Fulrade, abbé de S. Denis au VIIIe siècle, puis uni par Alexandre VI, en 1502, à la collégiale S. Georges de Nancy, notice, sur l'église, XIV, 160 ; XVIII, 309. B. M.

Liesborn, (abbaye de) notice, XX, 281. B. M.

Liessies, (abbaye de) la légende du scribe de l'abbaye, XIX, 543. B. M.

Liétard, (D. Jérôme) abbé de S. Ghislain, refuse la dignité d'évêque suffragant de Cambrai, XI, 455 ; XI, 306.

Ligerz, (Henri de) moine de S.Jean d'Erlach et bibliothécaire d'Einsiedeln, XIV, 25. B. M.

Lightfoot, ses travaux sur les listes des papes, XVIII, 399 sqq. voir Listes épiscopales.

Ligue démocratique belge, son premier congrès à Bruxelles, 25 et 26 sept. 1891, IX, 509.

Limousin, les Bénédictins de S. Maur originaires du Limousin (Arbellot), X, 412 — origine des monastères Limousins, 558.

Lihons, (prieuré) privilège d'Innocent III, accordé à ce prieuré. Est-il authentique ? XIV, 322, B. M.

Limal, (Siger de) et sa femme Béatrice cèdent quelques biens à N. D. de Basse-Wavre, XIV, 474.

Limoges, texte du chapitre provincial bénédictin de 1367, XVI, 464. B.M. — le plus ancien mandement écrit signé d'un évêque de cette ville, XVI, 175. B. M. — état du clergé et diocèse de Limoges dressé en 1702 par Gilles le Duc, état matériel des monastères, XV, 554. B. M.

Lindanus, évêque de Ruremonde, réfugié à S. Martin de Tournai, XI, 176.

Lindemayr, (D. Maur) moine de Lambach, poète, notice, XX, 269. B. M.

Liron, (dom) ses ouvrages, XV, 308. B. M.

Listes épiscopales, la chronologie des premières listes épiscopales de Rome, XVIII, 399 ; difficultés du problème, 399 ; appréciation du travail de Harnack, ibid. ; chronologie des empereurs d'après Eusèbe, 400 sqq. ; additions faites à la thèse de Turner, 402 sq. ; époque de la mort de Probe, 402 ; rectification pour le règne de Constantin, 403 sq. ; comparaison de la 6ᵉ et 7ᵉ colonne du tableau, 404 ; première liste des empereurs, 405 ; deuxième liste et erreurs y contenues, ibid.sq. ; Eusèbe dans sa chronologie des évêques des grands sièges suit la chronographie de Jules l'Africain, 406 ; Harnack a restauré cette liste, ibid. ; liste des papes d'après Jules l'Africain 407 sq. ; le catalogue libérien transmet la liste papale d'Hippolyte, 408; les consulats ont été ajoutés, ibid. ; liste sur laquelle a travaillé celui qui a ajouté les consulats, ibid. ; remarque de Lightfoot sur cette liste, 409; liste d'Hippolyte comparée à celle de Jules l'Africain et d'Eusèbe, 409; remarques sur cette liste, ibid. sq. ; réfutation de l'opinion de Harnack quant à l'identité de ces listes, 410 ; passage d'Hégésippe sur la chronologie des papes, 410 sq. ; discussion sur le mot διαδοχήν, 411 ; opinion de Lightfoot, ibid. ; opinion de Harnack et réfutation, 412 sqq. ; liste de S. Epiphane, 414 ; particularités de cette liste et ses relations avec celle d'Hégésippe, 415; S. Irénée connaissait cette liste, ibid. ; le pseudo-Tertullien *contra Marcionem*, ibid.; ordre de S. Irénée dans sa chronologie, ibid. sq.; raison de l'erreur concernant Anicet, 416; notice sur Cerdon et Hermas, ibid. sq. ; Eusèbe cite la liste de S. Irénée et non pas celle d'Hégésippe, 417 ; Hippolyte n'a pas connu celle de Jules l'Africain,

ibid. ; réponses aux objections à l'existence de la liste d'Hégésippe, XIX, 13 sq. ; la liste Epiphane-Irénée-Hippolyte est celle d'Hégésippe, 15 ; le catalogue n'est pas du temps de Soter,ibid. sq. ; la liste a été faite au temps d'Anicet, 16 ; elle est l'œuvre d'un homme étranger à Rome, ibid. ; elle a été composée afin de montrer la tradition apostolique de l'Eglise romaine, 17; l'auteur ne peut être qu'Hégésippe, ibid.; remarques sur la reconstitution de cette liste par Harnack, 18 sqq. ; reconstitution de la chronologie de cette liste, 20 sq. ; erreurs dans la chronologie de Jules l'Africain, 22 ; preuves que Jules l'Africain a écrit Néron 14, ibid. sqq. ; raisons pour lesquelles cet auteur a écrit Néron 14, 26 sq. ; résultats relatifs à la chronologie de Jules l'Africain et d'Hégésippe, 27 sq. ; Hégésippe compte les années de la même façon que Jules l'Africain et Eusèbe, 29 ; il est probable que ce dernier a emprunté à Hégésippe la liste des empereurs, ibid. ; difficultés pour reconstituer la liste de Jules, 30 ; erreurs dans la liste des empereurs 31 ; reconstitution par Gelzer, 32 ; autre reconstitution, 32 ; complément de la liste des Papes, 33; remarques sur la chronologie d'Eusèbe, ibid. ; tableau des Papes jusqu'à Pontien, 34 ; liste des évêques d'Alexandrie, 35 ; explication des difficultés de cette liste, ibid. ; reconstitution de cette liste, 36; de la crédibilité de cette liste, ibid. sq. ; opinion de Harnack sur la date de la mort de S. Polycarpe et réfutation, 145 sqq. : opinion de Harnack d'après laquelle Anicet fut le premier évêque monarchique de Rome et réfutation, 149 sqq. : idem sur l'épiscopat de Thélesphore et les ambitions de Valentin, 156 sqq. : erreur chronologique de Tertullien, 159 sq. ; explication du passage de Tertulien relatif à l'ère des Marcionites, 160 sq. ; erreur dans sa chronologie pour établir cette ère, 162; explication de « l'isolement de S. Pierre dans certaines listes », 163 sq. ; la place de S. Clément dans la liste épiscopale, 165 sqq.: conclusion en faveur du caractère historique de la liste Z, 168 sq.

Litanie majeure, procession du 25 avril dite de S. Marc, pourquoi appelée litanie majeure — son origine probable et son importance pratique. V, 152 sqq.

Litanie mineure, voir Rogations.

Littérature anti-maçonnique, XIII, 78, 178.

Liturgie, études liturgiques, leur importance, IV. 14. — Un nouveau type liturgique d'après le livre des Évangiles, Clm. 6224, 246 sqq. : sa publication par White, 246; rectifications à faire, ibid ; provenance première inconnue, ibid. sq. ; les rapports du texte biblique avec ceux de la Haute-Italie, 247 ; la date des notes liturgiques, ibid. ; rareté des fêtes des saints, ibid. ; la fête de Timothée. ibid. sq. ; reconstitution des péricopes et remarques, 249 sqq. — Récentes publications liturgiques. XV. 26 sqq.

Liutbirge, (Sᵗᵉ) sa vie, XV, 162. B. M.

Livron, (de) abbesse de Juvigny-les-Dames, y introduit la réforme monastique en 1629, XV, 129.

Lobbes, (abbaye de) le dernier abbé de Lobbes, IV, 114. — notice historique sur l'abbaye, V, 302 et sqq. — chartes inédites, XVII, 430 — inventaire des archives de l'abbaye, 430. B.M. — les tentatives pour faire adopter aux religieux les observances clunisiennes, XVIII, 132-133.

Lobineau, (D.) sa lettre à D. Vaissette, XVI, 180. B. M.

Locnikar, (D. Bernard) abbé de S. John (E. U.) notice, XII, 89.

Locres, (Ferry de) curé de S. Nicolas d'Arras prononce le panégyrique de Mathieu Moulart, XI, 245.

Loebel, (Bennon) abbé de Brevnov, son projet d'Académie de jeunes nobles à Prague, XV, 318, 319.

Loisy, l'Évangile et l'Église, analyse et critique, XX, 203 sqq.

Lombard, (D. Célestin) bibliothécaire de S. Laurent de Liège, XVI, 178. B. M.

Loncin, (Oger) abbé de S. Laurent à Liège, XIII, 265.

Longchamps, (Barthélémy de) abbé de S. Laurent de Liège, VII, 23 : XI, 11.

Longueval, (Maximilien de) XI, 298.

Longueville, (prieuré de) notes sur ses derniers jours (1790), XI, 213. B. M.

Lonlay, (abbaye de) près de Domfront (Orne), XI, 216. B. M.

Loofs. Athanasianum. XV. 28.

Loose, (D. Antoine de) abbé d'Eename, XIII, 222.

Looz,(D.Jean Peecks de) moine de S. Laurent de Liège, XII, 487.

Lorrain, (Catherine de)abbesse de Remiremont fonde les Bénédictines de N. D. de Consolation en 1625, XIV, 549. B. M.

Lorsch, (abbaye de) XI, 216. B.M. — notes, XIV, 315. B. M. — le mark Michelstadt,legs d'Einhard à l'abbaye de, XIV,325. B.M. — reconstitution de ses manuscrits, XX, 282. B. M.

Los, (D. Hidulphe de) prévôt de S. Michel, XII, 150.

Lostan, (D. Pierre-Joseph) prieur de S. Sauveur de Blaye, élu général des Exempts de France, XIV, 412.

Lothaire, empereur d'Allemagne, donne à l'abbaye de S. Hubert un précieux Psautier enrichi d'or et de pierreries, VI, 356, note 4.

Louis IX, (S.) et Innocent IV, analyse critique du livre de M. Elie Berger, X, 172.

Louis, écolâtre de S. Laurent de Liège, écrit le récit de la translation des reliques de S.Laurent de Rome à Liège, VII, 17.

Louis, prieur de Brogne, auparavant moine de Florennes,nommé prieur de S. Gérard par l'évêque de Liège Jean de Heinsberg (1447) pour y rétablir la discipline affaiblie, V, 181, note 2. — XI, 6.

Louis, abbé de Florennes,XI, 232.

Louis, abbé de Reinhartsbrunn, préside le chapitre provincial d'Erfurt (1259), XIV, 373.

Louis, abbé de Trenorch, diocèse de Châlon, préside le chapitre général de la Province de Mayence-Bamberg, en 1417, XVI, 387.

Louis,abbé de S.Eucher à Trèves, collaborateur de S. Hildegarde, XXI, 308.

Louis, empereur, « Capitula monachorum Ludovici imperatoris jussu diligentius observanda », XVI, 176. B. M.

Louis de Sainte-Cécile, cardinal légat, approuve les décisions du premier chapitre général de la Congrég. de Bursfeld, texte du document, XVI, 408, 412.

Louis le Débonnaire, empereur donne à l'abbaye de S. Hubert, un précieux évangéliaire enrichi de pierreries et d'or, VI, 356, — diplôme en faveur de S. Maria de Val Fabrica d'Assise, XVII, 424. B. M.

Loup, abbé de Ferrières, date de son abbatiat, XIV, 321. B. M.— disciple de l'école de Fulda, correcteur critique des œuvres de Valère Maxime,XIX, 79.B.M. — ses lettres, 301. B.M. — XXI, 88. B. M.

Louvain, le séminaire d'histoire ecclésiastique de l'université de Louvain et ses récents travaux, compte-rendu, et appréciation, X, 310 sqq. — Le manuscrit de Louvain 174 des *Actus S.Francisci* et sociorum ejus, XVI, 211 sqq.; porte actuellement la côte 174, est du XV^c s.,211; liste des opuscules contenus dans le volume, 211 sq.; chapitres que l'on retrouve dans les *Fioretti*, 212 sqq.; dans le *speculum perfectionis*, 214 sq.; dans le ms. d'Anvers, 215.; dans les mss. Vatic. 4754 et Berlin 196, 216.

Louvart, (D. François) profès de

S. Mélaine de Rennes, — lettre à Mʳ Toinard, XVI, 350; à Mʳ Baron, 351; à un prieur, peut-être celui des Blancs-Manteaux, 353.

Louvrex, (Mathias-Guillaume de) jurisconsulte liégeois, sa correspondance avec D. Ed. Martène, XVI, 464. B. M.

Lovat, (Lord) fondateur de l'abbaye de Fort-Augustus — sa vie — sa mort ; IV, 399.

Loyola, (S. Ignace de) ses Exercices et le bénédictin Cisneros (Garcias), XIV, 313. B. M.

Lubbert Iᵉʳ, abbé d'Egmond, ses disputes avec Guillaume Iᵉʳ seigneur d'Egmond, X, 205 sq.

Lubbert II, comte d'Egmont, et abbé d'Egmont (1240-1263), notice biographique, IX, 406. sqq.

Lubert, abbé de S. Jacques sur le Schönberg, près Mayence, XVI, 405.

Lubin, (monastère de) en Pologne, fondé par des moines liégeois ? VIII, 112, — notice, ibid.

Luc, évêque de Sobenico et légat du S. Siège, approuve les propositions de réforme rédigées par le dominicain André Boucher, XV, 534.

Lucas, (D. Remi) grand-prieur de Marmoutier, a le premier l'idée de former la congrégation dite des Exempts de France, XIV, 399.

Lucerne, figure pour la 1ʳᵉ fois dans un diplôme de Lothaire I, en faveur de Murbach, 25 juillet 840, XIV, 325. B. M.

Lucius III, vient canoniser S. Bruno de Segni à Segni même, XV, 276.

Ludger, (S.) prend et garde l'habit monastique au Mont Cassin, sans toutefois faire profession, III, 107 ; notice, VII, 412.

Luiteux, (Thomas) abbé de Liessies, V, 221.

Lune. (Pierre de). XII, 346.

Lungh. (Henri) abbé de Laach (1619-1624) est obligé d'abdiquer, X, 82.

Lupus, (Chrétien) XIV, 293.

Lusignan, (comtesse de) protectrice de D. Fonteneau, XV, 353.

Lusignan, recherches faites par D. Fonteneau, sur cette famille à la demande de M. de la Roche-Aymon, grand aumônier de France, XV, 442.

Lutgarde, (Sᵗᵉ) abbesse d'Aywières, sa vie, XV, 165. B. M.

Luxembourg, (Baudouin de) archevêque de Trèves, fonde la chartreuse de S. Alban, XII, 100.

Luxembourg, (Philippe de) cardinal, évêque du Mans, protecteur de la réforme et de la Congrégation de Chezal-Benoît, XVII, 30. — abbé commendataire de S. Vincent du Mans et de S. Martin de Séez, essaye d'y introduire la réforme de Chezal-Benoît, abandonne l'abbaye de S. Vincent à un moine de Chezal-Benoît, 41, 46, — abbé commendataire de Jumièges, y introduit la réforme de Chezal-Benoît, 118 ; résigne cette abbaye en faveur d'un moine réformé de S. Vincent du Mans, ibid.

Luxeuil, (abbaye de) pouvoir des abbés de Luxeuil à travers les siècles, XII, 79, 80. B.M. — part prise par les moines de… dans le développement du monachisme et de la discipline ecclésiastique, XII. 325. B. M. — transformation des domaines et les droits féodaux, XIII, 326, B. M. — ses abbés jusqu'au XIe siècle, XVIII, 225. B. M.

Luz, (D. Colomban) notice, (XV, 249. note 1.

M.

Mabillon, (D. Jean) anecdote inédite sur, III, 335. — Sa vie par D. S. Beaumer, IX, 523. — Deux lettres inédites de dom M. à la princesse Dorothée de Salm, abbesse de Remiremont (J. Favier), sur les efforts de réforme faits par l'abbesse Dorothée. et sur un pallium conservé dans l'abbaye et dont les religieuses ignoraient l'origine, Lettre sur le Ier institut de l'abbaye de Remiremont, Voyage littéraire en Alsace (Ingold), X, 415, 416. — étude sur la diplomatique depuis son temps en Allemagne et en Autriche, XV, 307. B. M. — l'édition de S. Augustin, 546. B. M. — lettre du procureur général D. La Parre au supérieur-général de la Congr. de S. Maur, D. Cl. Boissard, à propos de la lettre de D. J. Mab. sur le culte des Saints inconnus, XVI, 345. — ses restes transférés à S. Germain des Prés avec ceux de D. B. de Montfaucon et de Descartes, XVIII, 437. B. M. — son voyage en Alsace, XIX. 84. B. M. — La carrière scientifique et leçons qui se dégagent de sa vie littéraire, XIX, 309. B. M. — lettres inédites, XVI ; 328, 514 — XVII, 128 — XX, 268, 399. — lettre à Noris, XXI, 92.

Machabrun, moine de Basse-Wavre, cède quelques terres au prieuré N. D. et les réclame ensuite, se décide enfin à renoncer à ses prétentions, XIV, 474.

Machado, (D. François) abbé de Rio, s'oppose à la nomination des abbés brésiliens par la Congrégation portugaise après la proclamation de l'indépendance du Brésil, XV, 419.

Machhausen, (Augustin) abbé de Maria-Laach, XV, 546. B. M.

Madelberte, (Ste) fille de Ste Aldegonde et sœur des Ste Aldetrude, se retire avec sa mère à Maubeuge, VI, 402.

Maes, (Nicolas) évêque de Sarepta Auxil. de Tournai, XXI, 281.

Maestricht, un saint de Maestricht rendu à l'histoire, VIII, 176 sq. ; le codex Harléien 3034 du VIIIe-IXe s., 176 ; le traité *Omnia tribus constant*, ibid. ; discours pour la fête de S. Servais. ibid. sq. ; S. Candide de Maestricht, 178 : son culte, ibid. ; incertitude jusqu'ici sur son identité. 179 ; Wizo, évêque de Trèves. ibid. sq. ; son identification avec Candide Wizo, 180 ; la vie de ce dernier, ibid. sq. ; probabilités que Candide Wizo est celui de Maestricht, 181 sqq.

Mages, (les rois) VII, 40 sqq.

Magin, (S.) espagnol, ermite du XIe siècle et non pas martyr du IIIe, XVII, 434. B. M.

Magistretti, (D. Marco) la liturgia della chiesa Milanese nel secolo IVo, XVI, 286. — Le chanoine D. Marco Magistretti et son travail sur la liturgie de l'église de Milan, XVI, 414, sqq.

Magloire, (S.) Miracles de S. Magloire et fondation du monastère de Redon, (N. D. la Borderie) — étude qui montre que la vie de ce saint publié par D. J. Mabillon n'est qu'un extrait d'un texte plus ancien, X, 419. — notice sur ses reliques, XVI, 312. B. M.

Maheut, (D. Jean) concourt au projet J. N. Moreau, (voir ce nom) XV, 349.

Mahieux, (Charles) curé de Rumigny (Ardennes) en 1709, correspondant de D. Calmet, XV, 79.

Mai, (mois de) le mois de mai, épanouissement du culte de Marie, IV, 55.

Maier, (Wolfram) abbé d'Hirsau, y établit la réforme de Melk, puis celle plus sérieuse de Bursfeld, XVI, 553.

Maihingen, notes sur plusieurs mss. de la bibliothèque princière d'Oetingen-Wallerstein à Maihingen, X, 165 sqq. ; description des mss. par Wattenbach, 165 ; le cod. I 2 latin 4ᵉ 36, manuscrit daté de l'Imitation, 166 ; est de 1459 et antérieur de douze ans à la mort de Thomas a Kempis auquel il est attribué, ibid. sq. ; cod. I 2 lat. 4ᵉ 11, bénédictionnaire d'Engilmar, 167 ; la bénédiction de S. Maur martyr, ibid. sq. ; cod. I 2 lat. in 8° 4, fragment d'un journal de visites pastorales dans le diocèse de Bayeux au XIIIᵉ s., 168 sq. ; cod. II I lat. in fol. 200, recueil de sermons de S. Augustin, 169, sq. ; cod. I 2 lat. in 4° 10, commentaire sur les quatre évangiles attribué faussement à S. Jérôme, 170 sq.

Maillart, (D. Benoît) prieur de Vlierbeck, XIV, 289.

Mailliard, (D. Benoît) grand prieur

de Savigny-en-Lyonnais, XX, 276. B. M.

Maillart, (Jean) abbé de S. Laurent de Liège, abdique et se retire au Val-Saint-Lambert, VII, 22.

Maillezais, (chapitre de) sa sécularisation sollicitée à Rome par l'évêque Henri de Béthune, XIV, 319. B. M.

Mailly, (D. Benoît de) moine de Marchiennes, choisi par l'abbé de Lobbes comme coadjuteur, V, 181.

Mainsent, (Etienne) pensionnaire de Mons, XI, 258.

Malaise, (D. Nicolas) abbé de S. Hubert, rétablit la discipline, VI, 392 ; XI, 10.

Malchus le captif, sa vie est-elle bien l'œuvre original de S. Jérôme ? XIX, 76. B. M.

Malesec, (Guy de) cardinal, XI, 351.

Maldolo, (Bᵉᵘˣ) d'Arezzo, ermite et disciple de S. Romuald, sa vie, XIV, 551. B. M.

Malines, congrès de Malines, ses travaux de section, VIII, 451, — la théorie de l'art pour l'art, 469.

Malines, (Guillaume de) prieur d'Afflighem, de Basse-Wavre, abbé de S.-Trond, auteur d'une vie de Sᵗᵉ Lutgarde, en vers thiois, XV, 166. B. M.

Malinghen, (Dom. J. B.) XV, 218.

Malingié, (D. Emilien) moine de S. Pierre de Gand, extraits de son journal, X, 499.

Malle, (D. Martin de) prieur de S. Jacques à Liège, démissionne XIV, 375.

Malmédy, différend avec Stavelot sur la primauté entre ces deux monastères, XVI, 179. B. M.

Malmesbury, (abbaye de) description de l'église abbatiale, XVIII, 434. B. M.

Malnory, S. Césaire d'Arles, XIII, p. 97, not. 1.

Mambour, (Jean) abbé de S. Hubert, mauvais administrateur, VI, 362.

Man, (dom Meinrad) abbé d'Egmond, envoie quelques moines à Afflighem pour y introduire la réforme de Bursfeld, XI, 16.

Manare, (Maximilien) vicaire général de Morillon, évêque de Tournai, XI, 173.

Manassès, archevêque de Reims, ses luttes avec Walo, abbé bénédictin de Metz, XVIII, 439. B. M.

Manassès de Hierges, donne une magnifique relique de la Ste Croix au monastère de S. Gérard ; il y prend l'habit, y meurt et y est enterré, V, 178.

Manderscheid, (Christophe de) abbé de Stavelot-Malmédy, description d'une pièce d'un demi-rixdaler à son effigie, XV, 176. B. M.

Mangeart, (D. Thomas) bénédictin de la Congrég. de S. Vanne numismate du prince Charles de Lorraine, XV, 328, note 2. — obtient que le prince de Lorraine accepte le titre de Protecteur royal de la société littéraire formé par Dom O. Légipont, sa lettre à dom Calmet sur ce sujet, XV, 357.

Manglieu, (abbaye de) notice historique, XVII, 429. B. M.

Mani, reclus irlandais, XV, 151.

Manosque, notice sur ce séminaire fondé par Urbain V, XVIII, 218. B. M.

Mans, (le) notice sur les Bénédic-

tins originaires de ce diocèse, XVII, 303. B. M.

Mansfeld, (comte de) et l'abbé de S. Ghislain, D. M. Moulart, XI, 264.

Manuscrits, leur transcription dans les monastères, XXI, 434. B. M.

Maran, (Dom) moine de S. Germain des Prés, XVI, 319. — écrivain célèbre, lettre au cardinal de Gesvres, archev. de Bourges, son ami, XVI, 354.

Marc, (S.) notes sur la Procession dite de S. Marc, — origines de cette procession, — époque où elle fut instituée, V, 152 sqq.

Marchand, (Charles) abbé de Munster (Alsace), XIII, 50.

Marchand, (D. Robert) notice, XX, 399. B. M.

Marchant, (dom) sa correspondance sur l'auteur de l'Imitation, XIV, 540. B. M.

Marche, (la) origine des monastères de la Marche, X, 558.

Marchiennes, (abbaye de) les lectures de table des moines de Marchiennes au XIIIe siècle, XI, 27. — notes, XV, 551. B. M. — documents et textes anciens intéressants pour l'histoire de cette abbaye, XIX, 307. B. M.

Marcigny, (Hugues de) abbé de Cluny, XVIII, 120.

Marcillac, (abbaye de) documents sur cette abbaye, XIX, 296. B. M.

Marcourt, patronage de l'église de Marcourt échangé contre celui de S. Remy-lez-Rochefort par l'abbé de S. Hubert et Gilles de Rochefort (1228), IX, 423.

Marculf, son formulaire, écrit au diocèse de Metz, le dédie à Landry, non évêque de Meaux

(Zeumer), mais de Metz (Pfister) vers 650, X, 413.

Maredsous, (abbaye de) récit des fêtes de la dédicace de l'église abbatiale, V, 405 et sqq.

Mareuil, (Pierre de) abbé de S. Pierre de Brantôme, protonotaire apostolique, évêque de Lavaur, unit son abbaye à Chezal-Benoît, XVII, 121.

Maria,(René de) abbé de S. Mihiel, note sur une médaille à son effigie, XVII, 302. B. M.

Maria-Hamicolt, (monastère de) près Dulmen (Munster), Bénédictines du S. Sacrement, fondé en 1891, notice, IX, 489.

Maria-Laach, (abbaye de) notice, X, 78, XI, 558. B. M. — notice historique, XIV, 28. B. M. — moines lettrés en rapport avec Jean Curvello, célèbre humaniste, moine de Johannisberg en Rheingau, XIV, 319. B. M. — les écrivains de cette abbaye, XV, 545. B.M.; XVI, 316. B. M.

Maria-Pia, (sanctuaire de) voir N. D. de Finalpia.

Mariasberg,(monastère de) notice, VII, 505, on l'appelle aussi Marienberg ou encore Zwartewater.

Maria-Stein, (abbaye) l'abbaye autrefois et aujourd'hui, II, 36, — son histoire, XIV, 325.B. M. — son pèlerinage, XV, 312. B. M. — son histoire pendant la Révolution, XVII, 172. B. M.

Mariazell, (abbaye de) notice historique, XVII, 429. B. M.

Marie,(Ste Vierge)Epanouissement du culte de Marie, IV, 53 sqq. — Comment les premiers chrétiens représentaient Marie dans les catacombes, VI, 289.

Marie-Madeleine, (S^te) une visite à la Sainte-Baume, IV, 232.

Marienberg, (abbaye de) de Bénédictines près Boppard sur le Rhin, XI, 216. B. M.

Marienfluss, (chartreuse de) XII, 102.

Marienkamp, (monastère de) notice, VII, 415.

Marille, (Etienne de) abbé de S. Laurent de Liège, meurt en 1404, XI, 10 ; XII, 338, 340.

Markward, abbé de Fulda (1155-1165.), XV, 519. B. M.

Marlier, (D. Jérôme) moine de S. Ghislain, auteur de Mémoires intéressants. VI, 458 ; XIII, 257 ; XIV, 257, 262.

Marmoutier, (abbaye de) et Urbain II, XII, 504. B.M. — vente du mobilier en 1792-93, XIV, 31. B. M. — catalogue des manuscrits grecs et latins de la bibliothèque, XIV, 542. B. M. — ses annales,XV, 305.— B.M. catalogue des abbés, ibid. — son histoire, 313. B. M. — texte authentique de différents diplômes de Louis le Pieux,Charles le Chauve et du roi Raoul, XV, 550. B. M. — acquiert des chanoines de S. Hilaire de Poitiers en 1092, l'église de S. Lienne (à la Roche-sur-Yon)et y fonde une prieuré, XV, 552. B. M. — histoire de, XVI, 465. B. M. — son histoire jusqu'au XIe siècle, XVIII, 315. B. M. — note sur les dépenses faites par cette abbaye pour la Congrégation de S. Maur, XVIII, 435. B. M. — faux diplômes des comtes Eudes et Robert, et du roi Raoul, XX, 404. B. M.

Marmoutier, (Collège de) à Paris,

fondé vers 1328, — notice, X, 153.

Maroquin, (D. André) moine de S. Ghislain, auteur d'Annales ecclésiastiques en 6 vol. folio, VI, 457.

Marquais, (D. Jacques de) abbé de S. Martin de Tournai, notice biographique, XI, 169 — généalogie de la famille de Marquais, ibid.

Marquais, (Jean de) seigneur de Villers, Verquin, échevin d'Arras en 1548, XI, 170.

Marquis, (D. Pierre) prieur claustral de S. Nicolas d'Angers, rédige avec quelques autres les statuts de la Congrégation des Exempts de France, XIV, 400.

Mars, (D. Noël) moine de Marmoutier, puis de la Société de Bretagne, sa vie et ses œuvres, XI, 98, 99 sq. — XIV, 403.

Marsch, (Dom) moine de Dieulwart, façon dont il s'échappe lors de la suppression du prieuré, XVIII, 229. B. M.

Marshall, (Thomas) abbé de Colchester, enfermé et martyrisé (1539), IV, 81.

Marsum, (abbaye de) abbaye de moniales, notice VII, 409.

Martianay, (D. Jean) ses travaux bibliques, XV, 81.

Martène, (dom) appuie et aide Dom B. Pez, XV, 221. — sa correspondance avec le baron Crassier, archéologue liégeois, XVI, 178. B. M. — sa correspondance avec le jurisconsulte liégeois de Louvrex, XVI, 464. B. M.

Martin V, consent à la sécularisation de l'abbaye S. Ghislain, XVI, 89.

Martin, abbé de S. Vaast d'Arras. XI, 36.

Martin, abbé des Ecossais de Vienne, XII, 304.

Martin, (D. Athanase) moine de Cava, XII. 361.

Martin. (D. Jacques) bibliothécaire de S. Germain des Prés. XV. 325.

Martin de Braga, (S.) coutume générale en Espagne de communier pendant la messe : — communier hors de la messe, scandale puni par pénitence publique, (cf — somme de S. Martin de Braga, cap. CXXXIII.) I, 235.

Martin, (S.) de Vertou, diocèse de Luçon, XIII, 323. B. M.

Martinsberg. (abbaye de) ses archives, XIV, 167. B. M.

Marty, (Mgr Martin) notice biographique, XIII, 570.

Martyrologe, A propos des martyrologes, XX, 285 sqq. ; la recension gallicane du martyrologe de S. Jérôme, 285 sqq. ; Achelis laisse en suspens la question de la date et du lieu de la recension gallicane de l'*hieronymianum*, 285; il est d'accord avec Duchesne quant à l'origine italienne vers le milieu du Ve s., ibid. ; opinion de Duchesne sur la provenance des mss. ibid.; opinion de Krusch et critique, 286 ; classification des mss. d'après Duchesne et Krusch, ibid. ; opinion de Duchesne sur la date et le lieu de la recension, 286 sqq. ; Dom Chapmann pense que les copies gallicanes ont été faites sur l'original italien, 288 ; la place des ajoutes gallicanes et leur valeur dans la solution du problème, ibid. sq. ; probabilités de priorité en faveur d'Arles, 291 ; objections de Krusch tirées de l'insertion de la fête de S. Columban, 292 ; réfutation, ibid. sq. ; l'histoire du codex de S. Willibrord, 293 ; celle du martyrologe V, ibid. sq. ; du martyrologe N et F, 294 ; liste des recensions gallicanes, 295 ; les fêtes de S. Benoît aux VIIᵉ- IXᵉ s. 295 sqq. ; trois fêtes anciennes de ce saint, ibid. ; ces fêtes dans le martyrologe de S. Jérôme, 296 ; les données de la famille F, ibid. sq. ; restauration de la leçon, 297 ; celle de C. ibid. ; la fête de S. Benoît en décembre 298: variante de la fête du 21 mars, 299 ; la fête de S. Benoît et le codex d'Epternach, ibid. sq. ; résultats provisoires, 300 sq. ; deux familles de bréviaires hiéronymiens, 301 sq. ; le martyrologe de Bède et les additions gallicanes, 303 sqq. ; les fêtes de S. Benoît dans les martyrologes du IXᵉ siècle, 306 sqq. ; histoire des trois fêtes, 309 sqq. ; la fête de Sᵗᵉ Scholastique, 313. Voir S. Benoît : le martyrologe hiéronymien et les fêtes de S. Benoît.

Martyrs anglais, sous Henri VIII, IV, 22, 77, 111. — au XVIᵉ siècle, XII, 488.

Mas, (Pierre du) abbé de Chezal-Benoît au diocèse de Bourges, sa réforme bénédictine, XVII, 29.

Masbourg, (Jean de) abbé de S. Hubert, prisonnier des Hollandais, XIII, 259.

Mas-d'Azil (abbaye de) au diocèse de Rieux, XIV, 412. — ses derniers jours, XX, 409. B. M.

Massart, (D. Eugène) né à Philippeville, profès à S. Gérard en 1686, curé de S. Gérard pendant 42 ans, fait faire un superbe ostensoir en argent, écrit l'Histoire de S. Gérard, V, 22. note 6.

Masson, (D. Hidulphe) prieur de Lobbes, XIII. 221.

Massuet, (D. René) XV, 82. — appuie et soutient D. B. Pez, XV, 221.

Masters, (Richard) prêtre anglais martyrisé, IV, 22, 77, 111.

Masure, (D. Placide) moine de S. Gérard, peintre, V, 222.

Mathias, (Dom) prieur de Florennes, XV, 499, ses écrits, 537.

Mathias, abbé de Boneffe, informations prises par lui, comme commissaire du gouvernement, au sujet d'une abbesse de Rijnsburg en 1553, XV, 553. B. M.

Mathias de Cologne. carme, évêque de Trébizonde, (1345-1359), auxiliaire de Cambrai, XX, 249.

Mathieu, abbé de Vendôme, fonde le collège S. Denis à Paris, X, 153.

Mathieu, abbé de Foigny, visite S. Vaast d'Arras, XIV, 372.

Mathieu, moine de S. Jacques de Liège, prieur de Gembloux, y introduit la réforme monastique, XI, 8.

Mathilde, 1ᵉʳᵉ abbesse de Béthanie V, 558.

Matzen, (dom Nicolas de) prieur de S. Anne de Mondragone, XII, 205, 206, — abbé de Melk, 303 — assiste au Concile de Constance, XVI, 388.

Maugerard, (Dom) sa lettre au libraire de Paris, Dubure, XVI, 474.

Maumousseau, (dom), supérieur

général de la Congrég. de Saint-Maur, XV, 353. — ses défiances à l'égard de D. Fonteneau, 444.

Maupair, (Pasquier) évêque de Sélivrée, auxiliaire de Cambrai, XXI, 144.

Maur, (S.) disciple de S. Benoît — sa mission en Gaule ; qu'en pensait Mabillon, ce que dit la critique moderne, XII, 326. B. M. ; XIII, 170. B. M. — sa vie par Fauste, 323. B. M. ; XIV, 23. B. M. — Odon de Glanfeuil et l'authenticité de la mission de S. Maur, XIV, 315. B. M.

Maur, (S.) martyr de Reims, ses reliques (sauf le chef) données par l'archevêque Arnould à l'abbaye de Florennes, VI, 61.

Mauret, (dom Michel) moine de S. Denis en Broqueroie, XIII, 350.

Mauristes. les correspondants littéraires des Bénédictins de S. Maur dans les monastères belges, Affighem, Saint-Ghislain surtout, puis à Lobbes, S. Jacques de Liège, Gembloux, Stavelot, Orval, S. Martin de Tournai, S. Gérard, VI, 542 sqq. — les Mauristes originaires de Limousin X, 411. — lettres des Mauristes, X, 412. — la Congrégation de S. Maur d'après les lettres et le journal de D. B. Dassac, X, 411. — correspondance de D. Calmet avec le libraire Ant. Urbain Coustelier X, 560. — celle des bénédictins de S. Germain des Prés avec des savants lyonnais, ibid. — correspondance des Mauristes (1701-1741) B. M. XI, 213. — les monastères mauristes dans le midi de la France à la veille de Révolution, XIV, 27. B. M. — lettres, 160. B. M. ; 324. B. M. ; 542. B. M. ; XV, 176. B. M. ; XVI, 319, 325, 344, 422, 468, B. M. — les plus célèbres écrivains mauristes, notices, XVII, 303. B. M. — leurs correspondants allemands, XIX, 309. B. M.

Maurmünster, (abbaye de) étude sur l'église abbatiale, XVI, 313. B. M.

Maximien, évêque de Synice, XV, 127.

Maxime, la lettre de l'évêque Maxime à Théophile d'Alexandrie, épisode de l'histoire ecclésiastique des Gaules au commencement du Vᵉ s., XI, 274 sqq. ; différentes hypothèses sur Maxime, 257 sq. ; la mention de Daniel dans la lettre, 276 sq. ; l'auteur est de la Gaule. 277 : incertitude sur le siège épiscopal de Maxime, ibid. sq.

Maximilien I, roi de Bavière, conclut un concordat avec le Pape Pie VII, en 1817, V, 75. — y ajoute un Edit de Religion, 75.

Maximin, (dom) moine de Senones, ami de D. O. Légipont, XV, 362.

Mayer, (D. Léger) XII, 331.

Mayhew, (D. Edouard) reçu à la profession par Dom Sigebert Buckley, V, 274.

Mazet, (D. Hugues) notice, XV, 445.

Meaux, (Vᵗᵉ de) le livre du vicomte de Meaux sur l'Eglise catholique et la liberté aux Etats-Unis, analyse. X, 505 sqq.. XI, 17 sqq.; 108 sqq.

Méchitaristes, leur fondateur, développement de la Congrégation, état actuel, IV, 460, 530. — esquisse de leur activité littéraire-typographique à Vienne, XV, 549. B. M. — notes sur le fondateur et les moines illustres de cette congrégation, XIX, 311. B. M.

Mechtilde, (S**) fut-elle bénédictine ? XVI, 457. B. M.

Mechtilde du S. Sacrement, (Mère) notice, VIII, 242.

Médaille, (de S. Benoît) son histoire, son origine. II, 453, 454. — ses effets. 505. — conversions à l'heure de la mort obtenues par l'usage de la médaille de S. Benoît, 290. — merveilles opérées par ; V, 230 : VI, 35, 423 ; 427, 429.

Médecine, (la) dans les monastères bénédictins, XII, 82. B. M.

Médiante die festo, (fête du) notions sur cette antique solennité au 25* jour après Pâques, VI, 199, sqq.

Médicis, (Jules de) cardinal, abbé commendataire de S. Martin de Tournai, pape sous le nom de Jules II, XI, 169.

Meere, (dom Michel del) moine de Gembloux, correspondant des Mauristes de Paris, VI, 548, note 3.

Meersen, (prévôté de) notice, VII, 551 — dépendait de S. Remi de Reims — échangée en 1611 avec les Augustins d'Aucourt, près d'Arras, ibid.

Meichelbeck, (D. Charles) moine de Bénédictbeuern, ses écrits, XIV, 540. B. M.

Meier, (Berthold) postulé par les moines de Berge pour abbé, l'archevêque de Magdebourg, refuse, son recours à Rome, gagne le procès élu abbé de S. Gilles de Brunswick, renonce à ses prétentions sur Berge au prix de 200 florins, XVI, 413.

Meier, (Adam) abbé de S. Martin de Trèves, s'unit à Bursfeld, XVI, 558.

Meinrad, (S.) envoyé par son abbé en 823 pour y diriger l'école, d'une cellula, dépendante de Reichenau et située au lac de Zurich. Quel est ce monastère ? XIV, 534. B. M. — son culte, XVIII, 86. B. M.

Meisterlin, (D. Sigismond) XII, 280. B. M.; moine de S. Ulric d'Augsbourg, 306 ; — ses travaux littéraires 502. B. M.

Meinwerk, (S.) évêque de Paderborn, XII, 506. B. M.

Mélanie, (S**) l'ancienne, fille d'un consul romain, bâtit un monastère à Jérusalem, V, 439.

Melgueil, (Ponce de) abbé de Cluny, trouble la congrégation clunisienne, XVIII, 120.

Mélissende, fille de Baudouin II, de Jérusalem et femme de Foulques d'Anjou, 3* roi de Jérusalem, morte le 12 sept. 1160, enterrée à N. D. de Josaphat, V, 551 — fonde et dote l'abbaye de Béthanie, y introduit des Bénédictines, V, 557.

Melk, (abbaye de) la réforme de Melk au XV* siècle, étude, XII, 205, sqq. ; moines célèbres, 303. — description des manuscrits historiques de la bibliothèque, XIV, 26. B. M. — fragments d'un Formulaire, XIV, 509. B. M. — esprits des religieux en à l'abbaye, XVIII, 436. B. M.

1738, XV, 263. — description des incunables (367) de la bibliothèque, XVIII, 212. B. M.

Melun, (Pierre de) prince d'Antoing, frère du sieur de Rysbourg, XI, 265.

Memling, peintre célèbre, on lui attribue quelques peintures de l'abbaye S. Bertin, XV, 172. B. M.

Ménardière, (D. Robert de la) abbé commendataire de Ste Colombe à Sens, unit son monastère à Chezal-Benoît, XVII, 121.

Mendiants, notes par les religieux mendiants qui se faisaient recevoir dans les monastères bénédictins, au XVe siècle, surtout dans les abbayes nobles. XV, 167. B. M.

Meneust, (D. Pierre) de la société de Bretagne, O. S. B. XI, 98.

Mengen, (prieuré de) conflit survenu à son sujet entre Saint-Blaise et Petershausen, XVII, 169. B. M.

Menges, (D. Benoît) abbé de S. Bernard dans l'Alabama (Amérique) son jubilé de prêtrise. XV, 554. B. M.

Merbes-le-Château, (monastère) sa durée éphémère, VII, 450.

Mercatel, (Raphaël de) évêque de Rhosus, auxil. de Tournai, XXI, 353.

Mercati, sa notice sur un fragment de traité « Contra Arianos, » XX, 125. Voir S. Hilaire : Deux fragments d'un traité contre les Ariens.

Mercier, (D. Jacques) abbé de S. Vincent du Mans, concordat avec D. Cotton, prieur de S. Germain des Prés, XVIII, 13.

Mercier de S. Léger, (D.) bibliographe distingué, bibliothécaire de l'abbaye S. Geneviève à Paris, D. Patert lui écrit, XVI, 425.

Mérode, (Henri de) chanoine d'Aix-la-Chapelle, élu abbé de Stavelot, initié à la vie religieuse à S. Jacques de Liège, y fait profession le 17 mai 1439, béni le 20 mai de la même année, part avec des moines de S. Jacques pour Stavelot et y introduit la réforme monastique, XI, 7, 8.

Mérovingiens, les moines mérovingiens, XVII, 423. B. M.

Mersebourg, (abbaye de) accepte la réforme de Bursfeld. XVI, 555.

Méry. (D. François) bibliothécaire d'Orléans, XII, 330.

Messe, (la Ste) entretiens sur la Ste Messe. La vraie dévotion ; 1º théorie, 2º pratique, II, 12. — Remplissons nos églises : 1º théorie, 2º pratique, 74. — Le Missel : 1º théorie, 2º pratique, 138. — Explication de la Ste Messe — 1º préparation, 199 — 2º prières et instructions, 264. — 3º l'oblation, 336. — 4º Préface et Canon, 460, 509, 557. — 5º Communion et action de grâces, 650.

Messines, (abbaye de) en Flandre, notice historique, XVIII, 309. B. M. — notes sur deux diplômes en faveur de cette abbaye par Philippe Ier, XX, 275. B. M.

Metellus, moine de Tegernsee, ses écrits, XIV, 538. B. M.

Methode, (S.) vie abrégée, III, 149. sqq. introduit avec S. Cyrille la langue Slave dans la liturgie. V, 17. sqq.

Metten, (abbaye de) élection de D. Benoît Braunmüller, I, 95. — histoire du gymnase annexé

Mettlach, (abbaye de) notes, XIV, 315. B. M.

Metz, documents relatifs à l'histoire de Metz (Mettensia), XVI, 172. B. M.

Meurant, (D. Hubert) abbé de Grammont, XIV, 294.

Meurisse, (D. Jean) maître des novices à Liessies, le V. Louis de Blois se met sous sa direction, VII, 268.

Mèves-sur-Loire, (prieuré de) dépendance de l'abbaye de Saint-Satur, chartes de 1107 à 1476. XV, 312. B. M.

Meyer, (Adam) abbé de S. Martin de Cologne, XII, 122.

Meymac, (abbaye de) inventaire du mobilier en 1791, X, 419. — état matériel en 1702, XV, 554. B. M.

Mezger, (D. Paul) ses *orationes Partheniae Panegyrico-Paraeneticae* XIII, 537, not. 1. Voir Immaculée Conception.

Michel, (S.) élévation (Dédicace de S. Michel) IV, 289. — La Missa in honore Sancti Michahel, du missel de Bobbio, XV, 106 sqq. : théorie de la Paléographie musicale, (t. V. p. 115) sur l'origine du missel de Bobbio, prouvée par la messe in honore S. Michahel, 107 : réfutation de la preuve ibid. : on a emprunté les formules romaines, ibid. ; raison du choix de l'Évangile de la Transfiguration, 108 ; autres documents où l'usage de cette péricope évangélique est constaté. ibid.

Michelsberg, (abbaye de) XI, 380. B. M.

Michiels, sa thèse : l'origine de l'épiscopat, XVIII, 26 sqq.

Micrologue, l'auteur du Micrologue, VIII, 193 sqq. ; les anciennes éditions du Micrologue, 193 ; opinions diverses sur l'auteur aux XVIe et XVIIe s. 194 ; mss. de cet ouvrage, ibid. sq. ; auteurs auxquels les mss. l'attribuent, 195 sq. ; probabilité pour Yves de Chartres, 197 ; raisons intrinsèques confirmant cette paternité, ibid ; comparaison entre le Micrologue et la Panormia, ibid. sq.; raison du silence à l'égard d'Yves dans plusieurs manuscrits, 198 ; chapitres additionnels dans les mss. anglais et romains, 199 : texte des deux chapitres additionnels sur la messe, 200 sq.; voir Bernold de Constance.

Migeotte, (dom Jean) moine de Florennes, sa chronologie des Abbés de Florennes, XIV, 440, 497.

Milan, la sputation, rite baptismal de l'église de Milan au IVe siècle, d'après un passage corrigé du « De mysteriis » de S. Ambroise, XVI, 414 : appréciation du travail de Magistretti, 414 ; l'explication de la leçon *cui renuntiandum* et du *de mysteriis* est difficile, 415 ; différentes interprétations données, ibid. ; correction de ce texte fautif, 416 ; concordance avec la liturgie orientale sur le rite de la sputation, 417.

Milburge, (Ste) notice, XVII, 168. B. M.

Mileto, (abbaye de) sous le vocable de la T. S. Trinité et de S. Michel Archange, fondée par le comte Roger le Normand, confiée par Urbain II aux bénédictins qui la possédèrent de 1091 à 1445 — abbés commandataires, cardinaux, supprimée par Grégoire XIII, en 1581, et ses revenus affectés au collège grec S. Athanase fondé par ce Pape en 1577. — Clément XI en 1717, transfère la juridiction et les revenus à l'évéché de Mileto, à charge de payer annuellement au collège 2400 écus, ce dont le dispensa le Pape en 1766, XV, 89, 90.

Millet, (Dom Germain) XVI, 324.

Millon, (Guillaume) abbé de S. Jacut, fait partie de la commission apostolique sur la vie et les miracles de S. Vincent Ferrier, XVIII, 226. B. M.

Millstadt, (abbaye de) en Carinthie, XII, 332. B. M.

Milon, évêque de Minden, XV, 301. B. M. — la Passion de SS. Gorgone et Dorothée, XVI, 309. B. M.

Milon, cardinal de Palestrina, ancien bénédictin de S. Aubin d'Angers, décédé à Cluny, enterré à Marcigny, fragments de son rouleau mortuaire, XX, 395. B. M.

Milon, moine de S. Amand, notice, XV, 301. B. M.

Minden, (abbaye de) visite du cardinal de Cuse, XVI, 497 — sa réforme et son union à Bursfeld, 498.

Miniature, étude sur la miniature allemande au Moyen-Age, XIX, 312. B. M.

Mirdites, (les) les Mirdites d'Albanie, notice, X, 239.

Mirmelberg, (abbaye de) près Selz, son histoire, XIX, 91. B. M.

Mirtius, (D. Chérabin) de Trèves, auteur de la chronique de Subiaco, XX, 266. B. M.

Misson, (dom Pierre) profès de S. Remi de Reims, correspondant de D. J. Mabillon, composa l'histoire de l'abbaye S. Remi de Reims, XVII, 129.

Moehner, (D. Reginbald) chapelain-major au service du margrave Léopold-Guillaume de Bade, pendant l'expédition au secours des Pays-Bas espagnols en 1651, son voyage, XX, 398. B. M.

Moelher, (Jean-Adam) célèbre théologien allemand, notice biographique, XIII, 241.

Modeste, (Ste) abbesse à Trèves, XI, 373. B. M.

Moines, diverses sortes de moines en Orient avant le Concile de Chalcédoine, XVII, 162. B. M.

Moissac, (abbaye de) et les évêques de Lectoure, XV, 173. B. M. — ses relations avec le monastère espagnol de S. Pierre de Camprodon, XV, 313. B. M.; XVI, 315. B. M. — ancien diocèse de Cahors, sécularisée en 1618, et transformée en collégiale, XVI, 348, note 4.

Moissac, (Collège de) à Toulouse, fondé par Bernard de Montaigne, abbé de Moissac, X, 154.

Molesmes, (abbaye de) notice, XIV, 351. B. M. — son cartulaire — étude sur les origines de ce prieuré et sur la géographie de l'évéché de Langres du XI au XIIIe siècle, XVIII, 315. B. M.

Molina, jésuite célèbre, écrit son livre De Justitia en faveur de l'abolition de l'esclavage, VI, 165. — Voir Monopole.

Monachisme, S. Benoît et le monachisme primitif. (étude), VII, 105, 204, 246. — Les origines du monachisme et la critique moderne —Les Thérapeutes — Les Esséniens. — Les prétendues origines du monachisme. Sources historiques du monachisme primitif ; *a)* vie de S. Antoine ; *b)* de S. Pacôme ; *c)* de S. Hilarion ; *d)* Rufin et Pallade ; le développement du monachisme chrétien, VIII, 1, 49. — le monachisme au IXe siècle, IX, 466. — L'ascèse chrétienne, origines du monachisme (Meyer), XI, 209. B. M. — Influence exercée par les monastères français et lorrains sur le développement économique aux Xe et XIe siècles, 211. B. M. influence exercée sur le développement du monachisme par la situation économique, 211. B.M.—diffusion du monachisme, XII. 33, B. M. — son idéal, son histoire, XII, 32. B. M. — ce qu'il était avant et du temps de S. Benoît, XII, 501. B. M. — S. Pacôme et le monachisme primitif — Les Thérapeutes, XIII. 321. B.M.—auxiliaire des papes, — histoire du monachisme depuis S. Antoine jusqu'à S. Boniface, XIV, 309, 311. — le monachisme ancien et moderne, ses principes, origine, développement, triomphe, décadence et suppression, possibilité de sa restauration, 309, 310. B. M. — La réglementation du monachisme dans l'empire d'Orient jusqu'à la fin du IXe siècle au point de vue juridique. XIV, 529. B. M. — étude sur les origines du monachisme pendant les 3 premiers

siècles chrétiens — l'Ascèse et le monachisme, XV, 159. B. M. — les moines de Constantinople depuis la fondation de la ville jusqu'à la mort de Photius, XV, 296. — les monastères et la civilisation, conséquences de leur suppression, XV, 298. B. M. — le monachisme protestant est-il possible ? exposé de cette idée, XVI, 168. B. M. — le monachisme au point de vue de la santé, ibid. — le monachisme, son organisme, sa nature, sa méthode, son but, etc., ibid. l'enthousiasme et le pouvoir pénitentiaire dans le monachisme grec, exercice du pouvoir de remettre les péchés confié ou reconnu aux moines même non-prêtres, 170. — les groupes monastiques de l'Eglise bretonne ne dérivent pas d'anciennes communautés celtiques de druides, 170. B. M. — Pallade et Rufin, le monachisme égyptien, les sources de son histoire elle-même, — institutions monastiques de la Thébaïde et du Delta du Nil — Origines bénédictines — XVI, 448. B. M. — le monachisme et le culte de Sérapis, XVII, 307. B. M. — examen critique des sources de l'histoire du monachisme, XVIII, 83. B. M. — chrétien, ses origines, son premier développement, XVIII, 18. B.M.— Les Circumcelliones — ibid. — Histoire et organisation des monastères Pachômiens, XVIII. 419. B. M. — La vie des premiers moines gallo-romains, XVIII, 262 sqq. ; apparition tardive du monachisme en Gaule, 262 ; manque de documents pour les premiers temps du monachisme en Gaule, ibid., propagation du monachisme par S. Martin, ibid. sq. ; le fondement de l'enseignement ascétique, 263 sq. : S. Hilaire de Poitiers et le monachisme, 265 sq. ; vie de S. Martin comme évêque, 266 sq. ; comment ses disciples envisagent la cléricature, 267 sq. ; l'aristocratie gallo-romaine et le monachisme 269 sqq.; apparition en Gaule de l'usage de consacrer les enfants au Seigneur, 271 ; les soldats embrassent la vie monastique, ibid. sq. ; la mortification, 273 sqq. ; la pauvreté religieuse, 275 : occupations des moines, ibid. sq. ; leur genre de vie, 276 sqq. — d'où viennent les moines? Véritables origines chrétiennes du monachisme et ses rapports avec les formes analogues de l'ascèse païenne et judaïque. XIX, 76. B. M. — étude sur les premiers monastères de la Gaule méridionale, XIX, 279. B. M. — aux IVᵉ et Vᵉ siècles, sa conception dans ses auteurs et ses panégyristes, XX, 185. B. M. — notice sur Vigilance de Callagurris, adversaire de monachisme, XX, 390. B. M. — son action dans l'organisation de l'unité nationale en France, ibid. — La vie monastique au VIIᵉ siècle, XX, 392. B. M. — oriental (étude) XXI, 433. B. M. — les origines du monachisme arménien, ibid.

Monachisme africain, étude, XVII, 162. B. M.

Monastères, des grandes basiliques de Rome aux VIIᵉ et VIIIᵉ siècles, X, 411. — leur influence dans l'ancienne France au point de vue du groupement de la population. XVII, 166. B. M. — leur rôle social au moyen-âge, XVIII, 304. B. M. — en France au VIᵉ siècle, étude sur la manière dont se fondèrent les monastères en France, protection, royale, construction, exploitation, constitution du domaine, XX. 391. B. M. — en Allemagne au XIIᵉ s. — ibid. — relations économiques des monastères au moyen-âge, ibid.

Monastères écossais, étude sur les anciens monastères d'Écosse, XVII, 168. B. M.

Monastères doubles, antérieurement à l'influence de S. Colomban, leur origine et leur histoire, XVII, 308. B. M.

Monastères de femmes en Angleterre au VIIᵉ siècle, tableau de cette institution et comparaison avec le mouvement féministe actuel, XV, 519. B. M.

Monchamp, Galilée et la Belgique IX. 141-142; 207-212 ; 254-263 ; 398-405 ; 448-464.

Mönchemeier, voir Amalaire : « encore la question des deux Amalaire ».

Mönchen-Nieubourg, (abbaye de) unie à Bursfeld en 1456, XVI, 556.

Mönchröden (abbaye de) inventaire des biens mobiliers en 1531, XX, 416. B. M.

Mondanisme, religieux, II, 18. — dans l'éducation, 143, 283.

Mondsee, (abbaye de) moines célèbres, XII, 305, — état des propriétés et cens au XIIᵉ s., XIX, 288. B. M.

Monéteau, (monastère de) dépendance de S. Germain d'Auxerre aux IX° et X° siècles, son histoire. XV. 552. B. M.

Mongin, (D. Athanase de) notice. XX. 399. B. M.

Monmouth. (Thomas) auteur du martyre de S. Guillaume de Norwich. XIV. 325. B. M.

Monnier, (Henri) évêque de Lydda, auxiliaire de Cambrai, XXI. 160.

Monopoles, les monopoles industriels et commerciaux jugés par les principaux théologiens moralistes. X. 295 sqq.: doctrine de S. Alphonse et les quatre espèces de monopole. 295 sq.: doctrine de Lessius et de Molina sur la vente à un prix arbitraire et sentiment de S. Alphonse. 397 : la vente au prix *summmum* et l'opinion des moralistes. ibid. sq.: conciliation entre la solution donnée et le 3° mode de monopole, 298 : discussion du texte du catéchisme romain, 299 : dissertation de Lessius sur les monopoles, 300 sq.: de Molina et ses rapports avec les 4 modes de monopole de S. Alphonse. 301 sq.; de Lugo et sa doctrine du monopole légal, 302 : du monopole privé, ibid. sq.: de la gravité du péché contre la charité, 303 sq.: doctrine de Bonacina, 304 sq.: de Tamburini, 305 sq.; de Gury, 306 ; Scavini, ibid. sq.; Lehmkuhl. 307 : d'Annibale. 308 sq.: conclusions, 309.

Montacute, (prieuré clunisien de) sous le vocable des SS. Pierre et Paul, dans le Sommerset, fondé par Roger de Mortagne, X. 99.

Montaigu, (Gautier de) abbé de S. Martin de Pontoise, introduit la réforme de S. Maur. XV. 169. B. M.

Montaigu, (Bernard de) abbé de Moissac fonde à Toulouse un collège bénédictin. X, 154.

Montaigu, (Richard de) évêque anglican de Chichester, puis de Norwich. XVI, 351, note 4.

Mont-Blandain, (abbaye du) voyez. S. Pierre de Gand.

Montboisier. (Pierre-Maurice de) abbé de Cluny, ses rapports avec Matthieu d'Albano, XVIII, 120. 121, 122, 123.

Mont-César, (abbaye du) à Louvain, sa fondation, notes sur le Mont-César à travers les âges, XVI. 41 sqq.

Mont des Oliviers, (abbaye) à Jérusalem notice sur : V, 440, 441.

Montebourg, (abbaye de) diocèse de Coutances, ruines de son église, XV. 174. B. M.

Montereau. (Pierre de) architecte de l'église abbatiale de S. Denis, XXI, 86. B. M.

Monte-Rubiano, (Daniel de) des ermites de S. Augustin, et son commentaire de la Règle de S. Benoit. XII. 500. B. M.

Montesino, dominicain, ses efforts pour abolir l'esclavage à Haïti, VI. 163.

Monte-Vergine, (abbaye de) assassinat de dom Guillaume de Cesare, abbé de Monte-Vergine, I, 92.

Montfaucon, (D. Bernard de) XI, 213. — XIII. 511. B.M.— et l'archéologie préhistorique, XV, 308. B. M. — documents biographiques, XVI. 323. — ses restes transférés à S. Germain des Prés avec ceux de D. J. Mabillon et de Descartes, XVIII. 437. B. M. — et Muratori. XIX. 84. B. M.

— sa correspondance avec Jean Christophe de Bartenstein, 309. B. M.

Montfélix, (Hugues de) son différend avec l'abbaye de Gorze, XVIII, 131.

Montieramey, (abbaye de) documents carolingiens, XIV, 321. B. M. — notes sur cette abbaye, XVIII, 229. B. M. — lettre de Henri IV, en faveur de ce monastère, XX, 410. B. M.

Montignies, (Gilles de) abbé de Lobbes, V, 398.

Montmajour, (Collège de) fondé à Avignon, vers 1471, X, 155. — ses anciennes archives, XIV, 324. B. M.

Montmartin, (Jean de) évêque de Rose, auxil. de Tournai, XXI, 281.

Montmorency, (Roger de) abbé de S. Vaast d'Arras, XI, 417.

Mont Olivet, (Congrégation du) fondée en 1319, par Bernard Tolomei, Patrice Patrizzi et Ambroise Piccolomini, confirmée par Clément VI en 1344, état ancien et actuel (1880), I, 519 et sqq. — « Spicilegium Montolivetense » documents sur l'histoire de cette Congrégation O. S. B., XVIII, 438. B.M. — Guide illustré de l'abbaye, XX, 417. B. M.

Montpellier, notices sur plusieurs anciens monastères bénédictins de ce diocèse, XVIII, 230. B. M.

Montpeyron, (monastère de) Bénédictines du S. Sacrement fondé en 1876. — notice, IX, 483.

Montreuil-Bellay, (prieuré de) XIII, 510. B. M.

Mont-Saint-André, les échevins de… font des donations à N. D. de Basse-Wavre à condition que la châsse sera amenée chaque année par le prieur la veille de S. Jacques et qu'elle y restera jusqu'au jour de la fête à midi, XIV, 476.

Mont Saint-Michel, (abbaye) description, XI, 379. B. M. : XV, 174. B. M. : XX, 410. B. M.

Montserrat, (N. D. du) pélérinage au Montserrat (récit), III, 122, 227, 266, 318. — La muse latine au Montserrat, ouvrages de moines de cette abbaye, X, 289 — Un manuscrit de Montserrat, XVII, 362 sqq. ; est indiqué à l'Escurial sous la côte Q. III, 3 et est du XVᵉ s. 362. ; deux rédactions plus récentes dans le cod. Paris.B. N. Fds. esp. n. 323, ibid. ; description sommaire de deux statuts de ce dernier ms., 363 ; description et analyse du Cod. Escorial Q. III, 363 sqq.; texte du ch. XXII, 369 sq.; regula puerorum, 371 sqq.

Mont-Thabor, une visite au, IV, 211 — abbaye du Mont-Thabor, notice V, 558 — ses chartes, XV, 170, B. M. — notice, XVII, 428, B. M.

Mopinot, (dom Simon) collaborateur de D. Sabatier, XV, 82, 218.

Moraes, (D. Gonçalo de) général de la Congrégation portugaise, XV, 417.

Moreau, historiographe de France, sa correspondance avec les bénétins Lorrains, XIV, 541. B.M.

Moreau, (Jacob-Nicolas) avocat des finances, son projet sur la formation d'un dépôt de droit public et d'histoire, ses rapports avec les bénédictins de S. Maur, XV, 346 ; XVI, 194, 204.

Morand, (S.) iconographie de. XI, 213. B. M.

Morel, (dom Gall) moine d'Einsiedeln, notice biographique. VIII, 370.

Morel, (D. J. B.) notice. XX. 399. B. M.

Morellet, (abbé) essaye d'avoir le prieuré de S. Valentin de Rouffach. XX. 280. B. M.

Morillon, évêque de Tournai. XI. 173.

Morisson, (D. Yves) moine de Chezal-Benoît, abbé de S. Vincent du Mans. XVII. 41. 42. — puis supérieur de S. Germain des Prés, après l'union de cette abbaye à Chezal-Benoît. 117.

Mort, les bienfaits de la mort (d'après le « de bono mortis » de S. Ambroise). VII. 497.

Mortagne, (Roger de) fonde dans le Sommerset, le prieuré des SS. Pierre et Paul de Montacute, de l'ordre de Cluny. X. 99.

Morts, (Jour des) 2 nov. Réflexions pieuses, origine et développement de la fête de la commémoraison des Morts. III, 347.

Morus, (B^{eus} Thomas) son martyre, IV, 26.

Morville, (François de) premier abbé cistercien d'Aulne. VI. 76.

Mosekow, (Henri de) abbé de Berge, près Magdebourg. XVI, 412.

Moul, (D. Conrad de) prend l'habit bénédictin à Basse-Wavre et cède des biens allodiaux situés à Grand-Leez, XIV, 473.

Moulart, (Adrien) bailli de S. Ghislain, frère de Mathieu Moulart, abbé de S. Ghislain, chanoine et archidiacre d'Arras, XI, 254, 308.

Moulart, (dom Mathieu) moine de S. Ghislain, coadjuteur de l'abbé Charles de Croy, abbé de S. Ghislain en 1565 — homme d'État, chargé de plusieurs missions diplomatiques — évêque d'Arras, VI. 454. 455 : XI. 15 — Biographie détaillée. XI. 244. 296. — biographie et portrait, XIV. 319. B. M. — notice. XVIII. 307. 424. B. M.

Moulart, (Robert) frère de D. M. Moulart. XI, 260.

Moulins, dépendance de S. Hubert. XV, 310. B. M.

Moutier-d'Ahun, (abbaye de) catalogue de ses abbés. XX. 414. B. M.

Moûtiers, (prieuré des) dépendance de Ronceray, XI, 217. B. M.

Moyenmoutier, (abbaye de) XIV, 31. B. M. — étude historique, XVI, 454. B. M. — 1438, acte de la nomination de l'abbé, XVIII, 311. B. M. — son histoire, XIX, 290. B. M.

Moyker, (Henri) abbé de S. Lambrecht. XII, 299.

Muisis, (Gilles Li) abbé de S. Martin de Tournai (1331-1352) notes sur cet abbé et sa famille d'après ses livres de compte, X, 257 ; XI. 15 : XIV. 160. B. M.

Müller, (D. Anselme) moine d'Einsiedeln, ami de D. Légipont. XV, 361.

Müller, (Hans) son ouvrage : « Hucbalds echte und unechte Schriften über Musik ». VIII, 343 sqq. Voir Enchiriadis.

Müller, (Hermann) abbé de Berge, réforme le monastère, XVI, 413.

Münden, (Jean de) restaurateur de Bursfeld, assiste au Concile de Constance, XVI, 389, 394.

Mundwiller, (D. Fintan) abbé du S. Meinrad, notice. XV, 186.

Munich, le conciliabule de Munich. XX, 195 sqq.

Munier, (dom Pierre) moine de la Congrégation de S. Vannes, ses écrits. XV, 24, note 2.

Muno, (prieuré de) XIII, 175. B.M. — et son prieur D. Jean-François, XIV, 320. B. M.

Münster, (abbaye) *en Alsace*, les bénédictins de... et la question de l'auteur de l'Imitation de J. C., XIII, 49 : XV, 171. B. M. — ses annales 305. B. M.

Münstereifel, (D. Henri de) moine et écrivain célèbre de Maria-Laach. XV, 546. B. M.

Münster-Maifeld, (D. Benoît de) moine de Laach, auteur célèbre, X, 82.

Murat, (Joachim) et Pie VII. XIX, 310. B. M.

Muratori, son Epistolaire, XIX, 84. B. M. — L'auteur du canon Muratorien, XXI, 240 sqq.: l'auteur n'est ni de Rome ni d'Asie, 240 sqq.; le fragment est traduit du grec, 242 : la liste est incomplète, ibid. sq.: essai de reconstitution, 244 ; identité de la liste avec celle des *Adumbrationes* de Clément, ibid. sq.: l'apocalypse de Pierre est acceptée comme canonique, 246 : particularité relative au Pasteur d'Hermas, ibid.; la sagesse de Salomon placée parmi les écrits du N.T., 247 : correspondance avec les écrits de Clément, 248 : les écrits hérétiques sont inscrits au catalogue, 249 sqq.: l'ordre des livres du N. T. d'après le fragment, 251 sqq.; restauration de l'ordre du catalogue, 254 : raison de la différence d'ordre dans le fragment et les Hypotyposes, 255 : point de contact dans les citations des actes apocryphes de Jean et de Pierre entre le fragment et les Hypotyposes, 256 sq., une citation biblique du fragment, 257 ; la traduction du fragment proviendrait de Cassiodore, 258 : le manuscrit qui contient le fragment renferme une collection due à quelque disciple de Cassiodore, 259 sq.; relation entre le ms. de l'Ambrosienne et les recommandations de Cassiodore, 261 : l'auteur serait Clément d'Alexandrie, 263 sq. Voir Clément d'Alexandrie.

Murbach, (abbaye de) Diarium de. XII, 80. B. M. — XII, 220. B.M. — ses annales. XV, 305. B. M. — diplôme de Lothaire I. (25 juill. 840) influence de l'humanisme à Murbach. XIV, 325, B. M. — son histoire. XVIII, 309. B. M. — le catalogue de sa bibliothèque au XVᵉ siècle, XIX, 312. B. M.

Mureschi, (Thomas) son Evangile en Anglo-Saxon, XVI, 252.

Muri-Gries, (abbaye de) XII, 506. B. M. — notice sur D. Augustin Grüninger, abbé de ce monastère. XV, 178.

Murza, (Didace de) religieux hiéronymite, abbé commendataire de Refoyos de Basto, consacre les revenus de cette abbaye à l'entretien d'un collège Bénédictin à Coïmbre et d'un collège de Hiéronymites, relève l'abbaye de Refoyos avec 12 moines du collège de Coïmbre, XV, 414.

Musicologie, médiévale, son histoire et ses méthodes, XVIII, 308. B. M.

Musique moderne, La musique

moderne et le chant grégorien, V, 448.

Musique religieuse, choses de musique religieuse, X, 270 sqq. hommage jubiliaire du séminaire vatican à Léon XIII, 270 sqq.; la messe d'Edgard Tinel et la critique, 272 sqq.; le livre du P. Antoine Lhoumeau sur le chant grégorien, 275 sqq.

Myten, (Jean) curé du Béguinage de Bruxelles sur la prise de la ville de S. Ghislain, en 1657. XIX, 91. B. M.

N.

Nack, (D. Charles) moine de Neresheim, rédige avec le P. Pl. Braun un mémoire à l'empereur et au Pape Pie VII, pour le rétablissement de l'abbaye. XVI, 10.

Naghel, (Thierry) moine d'Egmond, puis abbé de Vlierbeek, fait élire Jean van Hillegom comme abbé d'Egmond (1367) XIII, 295.

Nagler, (D. Jean) écrivain célèbre, moine des Ecossais à Vienne, XII, 304.

Najera, (abbaye de) en Espagne, XII, 331. B. M.

Namur, abbaye de S. Gérard incorporée à la mense épiscopale — occasion de cette incorporation — démêlés de l'évêque et des moines à ce sujet, V, 216, 220 — Mgr Wachtendoncq fait tous ses efforts pour obtenir résiliation de la bulle de Pie IV (1566) incorporant S. Gérard à la mense épiscopale, 220. — Le manuscrit namurois du *Liber de locis sanctis* de Bède, XVI, 210.

Nanteuil en Vallée, (abbaye de) du diocèse de Poitiers, son état en 1766, XIV, 412.

Naples, la liturgie de Naples au temps de S. Grégoire d'après deux évangéliaires du IXe s. découvert à Naples en 1742, 481; deux mss. plus anciens, ibid.; l'évangéliaire de S. Cutbert, ibid. sq.; particularités des quasi-capitulaires y contenus, 482; raison de la présence de ces particularités liturgiques au VIIe s. en Angleterre, ibid. sq. importance de ces capitulaires, 483; système de reconstitution, 484 sq.; texte des capitulaires d'après les deux évangéliaires anglo-saxons, 485 sqq.; reconstitution de l'année liturgique : liturgie du temps, 528 sqq.; vue d'ensemble sur la liturgie napolitaine au VIIe s., 533; Avent, Noël, Epiphanie, ibid. sq.; carême, 534 sqq.; temps pascal, 536; fêtes des saints, ibid. sq.; résultats acquis, 537. — Etude sur une série de discours d'un évêque (de Naples ?) du VIe s., XI, 385 sqq.; le contenu des fol. 1-42 du ms. lat. 14445 de la bibl. royale de Munich, 385; les sermons apocryphes attribués à S. Augustin, ibid.; rapports avec les sermons de S. Jean Chrysostôme, ibid. sq.; les traits les plus intéressants de chacune de ces homélies, 391 sqq.; l'auteur de cette série de discours est un latin, évêque, 398; vivant vers 550, ibid. sq.; sa ville épiscopale est probablement Naples, 399 sqq.; auteur probable, Jean de Naples, 402.

Naples, (Jeanne I de) XII, 507. B. M.

Narsès, (S.) archevêque de Tarse, traduit la règle de S. Benoît en Arménien, V, 560.

Nassau, (Flandrine de) fille du Taciturne et abbesse de S¹ᵉ Croix de Poitiers, (18 août 1577 — 10 avril 1640) XI, 219. B. M.

Nativité de Marie. élévation sur : V, 385 ; VI, 385.

Naumbourg, (abbaye de) accepte la réforme de Bursfeld, XVI, 554.

Nazareth, (monastère de) près de Tegelen, Hollande, Bénédictines du S. Sacrement, fondé à Viersen (Prusse Rhén.) en 1873, transféré en 1875, notice IX, 483.

Neefs, (dom Benoît) abbé de S. Bernard, choisi comme vice-visiteur en 1782, X, 502.

Nek, (Jean) prieur des dominicains de la Haye, surnommé le Grand Prieur, XIII, 307.

Nélis, évêque d'Anvers, ses rapports avec D. Berthod, le fait nommer bollandiste, XVI, 195 et suivantes, — lettre sur la mort de son ami, 205.

Nenius. (Michel) XI, 173.

Nenquin (Simon) abbé de Florennes, (chronologie) XIV, 411, 505.

Neresheim, (abbaye de) changée en lycée fondé par le prince de Thurn et Taxis, dirigé par les anciens religieux. D. Placide Braun demande à Pie VII, de la rétablir. XVI, 9.

Néronville. (prieuré) près Château-Landon — chartes de 1080 à 1225. XIV, 324. B. M.

Ness, (Robert) abbé d'Ottobeuron, notice. XIV, 320. B. M.

Neuburg, (D. Wolfgang de) XII, 294.

Neuw-Engelberg, (abbaye) sa fondation. I, 239.

New-Minster, Register and martyrology, X, 559.

Niceta. Opuscule de *Vigiliis servorum Dei*. XIII, 337. ms. lat. 13089 de la biblioth. nation. de Paris (Sangerman, lat. 591, 3) coll. lat. 12233, moderne, lat. 10604 du Xᵉ s., N. a. lat. 1448, fonds de Cluny, 33, IXᵉ s., 337 sq. Quel est le *vir inter pastores eximius* p. 338 ; ce n'est pas S. Ambroise, mais bien plus sûrement S. Basile de Césarée. — fragment inédit des catéchèses de l'évêque Niceta. XIV, 98 sqq. ; édition de Michel Denis, ibid. ; particularités du ms. 469 (A.214) XIᵉ/XIIᵉ s. de la bibl. de Rouen, 99: fragment : *Instructiones igitur* plus complet dans le ms. de Rouen, texte, ibid. : ces lignes ont probablement fait partie du premier discours de Niceta aux catéchumènes, ibid. — probablement l'auteur de l'*epistula ad virginem lapsam*. XIV, 193 sqq. — Le *de psalmodiae bono* de l'évêque saint Niceta, rédaction primitive, d'après le ms. Vatic. 5729. XIV, 385 : il est publié déjà au XVIIᵉ s. par d'Achery qui l'attribue à l'évêque Nicetius de Trèves, 385: remarque sur les retouches faites par d'Achery sur le *de vigiliis* de Niceta, ibid. et seq. : texte primitif du *de psalmodiae bono* existe dans la bible de Farfa (XIᵉ/XIIᵉ s.) ms. 5729 Vatic. 386 : Tommasi l'avait déjà signalé, 387 ; il est contenu fol. 253-254 de la bible de Farfa et attribué à S. Jérôme, ibid. ; plus complet que l'édition de d'Achéry, ibid. ; l'exorde est complet et très long, 388 : passage où il est fait mention d'un apocryphe inconnu jusqu'ici, l'*Inquisitio Abrahae*, et d'un cantique d'Elisabeth (Magnificat) ibid. ; disposition des cantiques à l'office solennel du matin à Rome, en Orient et à Milan.389: celui de Niceta se rapproche de ce dernier, ibid. ; liste des cantiques, ibid. ; texte donné par le mss.5729.390 sqq.— l'expression *suscipere hominem* du *Te Deum* semble faire croire que Niceta n'est pas l'auteur de cette hymne, XV, 99 sqq.; réponse : cette expression se rencontre fréquemment en Occident aux 4ᵉ et 5ᵉ s. 99 : l'argument négatif prétendant que cette expression ne se trouve pas dans les écrits de Niceta ne prouve rien, ibid. et seq. le contraire prouvé par divers écrits de cet évêque. 100.

Nicasius, d'où était l'évêque Nicasius, l'unique représentant des Gaules au concile de Nicée? XVI. 72 sqq. ; opinion de Labbe sur l'évêché de Nicasius,72 ; opinion de Hardouin, ibid. ; opinion de plusieurs historiens en faveur de Die, en Dauphiné. 73 : examen des différentes listes des Pères du Concile, ibid. et seq.; conclusion en faveur de la ville de Die, 74 sq.

Nicolas, (S.) translation du corps de Nicolas à Bari. — manne de S. Nicolas, III, 287.

Nicolas,(D.) prévôt de S.Dorothée à Vienne, XV, 296.

Nicolas, abbé des Ecossais à Vienne, conservateur de l'Université de cette ville. XII, 304.

Nicolas, abbé de S. Trond, démissionne en 1193. XV, 131.

Nicolas, (D.) prieur de Sᵗᵉ Marguerite, dans le département de la Meuse, XV, 173. B. M.

Nicolas, abbé de S. Blaise, XVI, 401.

Nicolas, évêque de Dagne, auxiliaire de Cambrai, XXI, 58.

Nicolas, évêque de.... auxiliaire de Tournai, XXI, 277.

Nicolas II, accorde à l'abbé du Mont-Cassin le privilège de siéger la premier après les évêques dans les Conciles, XVII. 153.

Nicolas V, bref élogieux à l'abbé de Bursfeld, XVI, 551.

Nicolas de S. Alban, sa réfutation des objections de S. Bernard à l'institution de la fête de l'Immaculée Conception. XIII,534.Voir Immaculée Conception.

Nider, (Jean) dominicain, auteur d'un ouvrage intitulé « Formicarius, » — parle de la régularité des moines de S. Jacques de Liège, XI, 7.

Nieder-Altaich,(abbaye)l'ancienne église abbatiale, X, 558 ; XII, 332. B. M.

Niedernburg, (abbaye de) dans le diocèse de Passau, protocole de la visite canonique faite par le nonce Ninguarda, XVIII, 210. B. M.

Nieuburg, (abbaye de) documents inédits, XIX, 91. B. M.

Nieuwland, (Nicolas von) évêque d'Haarlem (1561-1570) son administration à l'abbaye d'Egmond qui formait sa dotation en vertu d'une bulle du 10 mars 1561, XIX, 296. B. M.

Nil, (Nicolas de) fonde des lampes à N. D. de Basse-Wavre, XIV, 475.

Ninguarda, (Félicien) nonce apostolique, fait la visite canonique du monastère de Ste Croix de Niedernburg, XVIII, 210. B. M. — sa visite a Tegernsee en 1581, XVIII, 305. B. M. — ses visites au monastère de Nonnberg à Salzbourg et à S. Pierre, en 1581, XIX, 90. B. M. — ses visites canoniques dans les terres de la couronne d'Autriche, de 1572 à 1576, actes de ces visites, XIX, 297. B. M.

Ninnoc, (S^{te}) sa vie, XIV, 324. B. M.

Nithard, (évêque de Liège) consacre la seconde église de l'abbaye de S. Gérard (14 nov. 1038), V, 176.

Nivelles, (Jean de) cité dans une échange entre l'abbé de S. Hubert et Gilles de Rochefort (1228) ancien chanoine de Liège, se retira au prieuré d'Oignies — homme savant et célèbre, — figure comme arbitre en 1225, dans un différend survenu entre l'abbé d'Aiwières et la maison d'Orival, IX, 423, 424.

Nivernais, sort des bibliothèques monastiques de cette province, XVII, 305. B. M.

Nizart, (dom Jean) prieur de S. Vaast, XIV, 62.

Nobles, étude sur leur admission exclusive dans les monastères, surtout à Reichenau, Waldkirch et Säckingen, XIV, 151. B. M.

Noces mystiques, commentaire du Psaume des Noces mystiques : « Eructavit cor meum verbum bonum ». VII, 527, 573.

Noël, (fête de) le Temps de Noël, II, 345 — une nuit de Noël au Moyen-Age, 565. — Incertitude et ignorance en Orient relative-ment à la date de la Nativité de J. C. jusqu'à la fin du IVe siècle — introduction de la fête du 25 déc. à Antioche vers 378 ; homélie de S. J. Chrysostôme à cette occasion — S. Jérôme ne parvient pas à la faire accepter en Palestine : passage d'une de ses homélies à ce sujet — Argument principal de S. J. Chrysostôme en faveur de la nouvelle fête : la date de la Conception de S. J. B. prise comme point de départ. — Quelques documents contemporains sur lesquels a pu se baser son argumentation et leur valeur —Conclusion.—Dates de la naissance de J. C. et de S. J. B. incertaines, V, 257 et sqq. — Elévation sur la, 529 ; VI, 529.

Nogent, (Guibert de) dédie son commentaire sur Abdias à Alard abbé de Florennes, X, 569. — analyse de ses œuvres, XII, 332. B. M. — son traité des reliques et les commencements de la critique historique au moyen-âge, XIV, 321. B. M. — sa méthode historique, XXI, 445. B. M. — Guibert et Philippe Ier, ibid.

Noircarmes, (Seigneur de) prend Valenciennes (24 mars 1567), XI, 254, grand bailli de Hainaut, 255, 256, 259.

Noirmoutier, (abbaye de) acte de fondation, XV, 551. B. M.

Nom de Jésus, (le Saint) Elévation sur, V, 1, 2, 3.

Nonantule, (abbaye de) XII, 333. B. M. — histoire de sa bibliothèque, XIII, 325. B. M. — ses origines, ses relations avec le duché de Persiceta et l'Eglise de Bologne, XVIII, 431. B. M.

Nonnberg, (abbaye de) à Salz-

bourg. documents, XIII, 327.
B. M. — Visite du nonce, Ninguarda en 1581, XIX, 90. B. M.

Norbert, (S.) sa controverse avec Rupert de Deutz, est-elle vraie ? VII, 452.

Norbert, abbé d'Iburg à la fin du XI⁰ s. authenticité de sa « Vita Bennonis ». XVIII, 216. B. M.

Nordheim, (Henri comte de) fonde l'abbaye S. Thomas de Bursfeld, XVI. 397.

Northeim, (abbaye de) XIV. 547. B. M.

Northwalde, (Hugues de) abbé de S. Edmond, XI, 217.

Norwich, (prieuré) son organisation, XIV. 325. B. M.

Notger, évêque de Liège, quel est l'auteur de la « Vita Notgeri » écrite au XII⁰ siècle ? opinion de M. Kurth, VIII, 309. — scholium sur l'« arithmetica institutio » de Boèce, XVII, 417. B. M.

Notker Balbulus, sa notice sur le *glossulae in totam scripturam* de Raban-Maur. XIII, p. 69 sq. — ses poésies, XVII, 174. B. M. — XVIII, 87. B. M. — XX, 191. B. M. — ses séquences XVIII, 420. B. M. — étude sur les manuscrits de ses commentaires sur les Psaumes. XIX, 300. B. M.

Notre-Dame, (prieuré de) de Nancy, chartes relatives à la donation de l'église Saint-Dizier à ce monastère, XV, 173. B. M.

N. Dame de Charenton, (abbaye de) au diocèse de Bourges, les moniales acceptent la réforme de Chezal-Benoît. XVII. 123.

Notre-Dame de Chartres, (abbaye) près Cognac, son église abbatiale. XVI, 176. B. M.

N.-D. de Consolation, (bénédicti-

nes de) fondées en 1625 par Catherine de Lorraine, abbesse de Remiremont, XIV, 549. B.M.

N.-D. de la Daurade, (abbaye de) travaux parus sur cette abbaye, usages liturgiques, XX, 418. B. M.

Notre-D. de la vallée de Josaphat, (abbaye de) chartes, XVII, 425, 426. B. M.— bulles papales, 427. B. M. — documents faux, XXI, 85. B. M.

Notre-Dame de Nevers, (abbaye) ses pierres tombales, XIX, 92. B. M.

Notre-Dame de Nancy, (prieuré) fondé au IX⁰ siècle, donné par le duc de Lorraine, Thierry I, à l'abbaye de Molesme, XIV, 165, 321. B. M.

Notre-Dame de Pontlevoy, (abbaye) au diocèse de Blois, son histoire par Dom Fr. Chazal. XVI, 174. B. M.

Notre-Dame de Puyeo de Barbastro, (Sanctuaire de) confié depuis 1890 à des Bénédictins espagnols, son histoire, XX, 414. B. M.

Notre-Dame de Saintes, (abbaye) D. Boudet, O.S.B. fait son histoire et traduit en les annotant les documents latins de cette abbaye à la demande de Mᵐᵉ de Duras, abbesse. XV, 338. — étude sur le jansénisme dans cette abbaye, XIX, 297. B. M. — son histoire économique, XIX, 288. B. M.

Notre-Dame sous Eau, (prieuré de) près Domfront, son histoire, XV, 173. B. M.

Notre-Dame d'Yerres, (abbaye de) au diocèse de Versailles, son histoire, XVI, 311. B. M.

Nouvelle-Zélande, Les Bénédictins en Nouvelle-Zélande, II, 165.

— Histoire de la N. Zélande du R^{me} P. Félix Vaggioli, XIV, p. 71. — Géographie de la N.Z., 72 ss.; richesses minérales, 75 ; les Maovis, indigènes de la N.Z., 115, ss. ; origine et caractère de ce peuple, 116, ss.; les institutions et ses croyances, 119, ss.; explorateurs européens, 263, 264; missions protestantes, 265 ; accaparement de terrains par les émigrants, 267 ; missions catholiques, 269 ; colonisation anglaise, 270 ss.: progrès du catholicisme, 274, ss.

Nouvion, (Jacques de) XX. 271. B. M.

Novalèse, (abbaye de) sa bibliothèque, XII, 222, 223. B. M. — documents sur cette abbaye, XVI, 171. B. M. — descriptions de quelques anciens manuscrits, XIX. 312. B. M.

Noviciat, faculté qu'avaient les abbés de Cluny d'abréger sa durée, XVIII, 116.

Nunez, (Mgr des Marquis de Los Salados,) évêque bénédictin de Coria, Espagne, notice biographique, I, 241.

Nuremberg, (D. Conrad de) moine de Götweig, fixé à Melk, en 1423, abbé d'Obernburg en 1427, rentre à Melk en 1436, XII, 210.

Nys, (D.) Etude de cosmologie. Voir Philosophie : questions de philosophie de la nature.

O.

Oberaltaich (abbaye d') XII, 332. B. M.

Oberholzer, (Basile) abbé d'Einsiedeln, XIV, 26. B. M.

Obernall, (Augustin de) abbé de Melk, XII, 304.

Obernburg, (D. Conrad d') XII, 294.

Obituaires, du Prieuré de Deuil, X, 558. — de l'abbaye Ste Croix de Bordeaux, ibid.

Oblation. voyez offertoire.

Oblats. enfants offerts dans les monastères par leurs parents, règlement à leur usage à l'abbaye de Savigny, XIX, 294. B.M.

Oblats, (de S. Benoît) les oblats de S. Benoît au Moyen-Age, — leur origine, — la constitution de l'institut des Oblats, — ses diverses manifestations, — son universalité et son utilité dans la société chrétienne aux jours de sa prospérité, III, 55, 107, 156, 209, 249. — Léon XIII organise l'Institut des oblats séculiers — indulgences, XV, 472 sqq.

Ochsenhausen, (abbaye de) notice XIV, 165. B. M. — sa séparation de l'abbaye de S. Blaise à la fin XIVe siècle, XV, 312. B. M.

Ochsenhausen, (D. Jean de) moine de Melk, XII, 209. — abbé des Ecossais à Vienne, 304.

Ockenberg, (Gérard d') abbé d'Egmond, XIII, 298.

Ocquier, (Berthold d') abbé de S. Hubert, délégué par Martin V pour la visite canonique de Stavelot, XI, 7.

O'Dally, (Jacques) évêque de Killfenora, auxil. de Tournai, XXI, 365.

Oderise, abbé du Mont-Cassin, XV, 268.

Odile, (S^{te}) était-elle bénédictine ou chanoinesse ? VIII, 172. B.M. — Observations sur sa légende, XX, 392. B. M.

Odilon, (S.) le IXe centenaire de

la commémoraison des défunts,
XV, 467 sqq.— sa vie, son temps,
ses œuvres, XV, 543. B. M. —
sa lettre à Henri III (oct. 1046),
XVI, 310. B. M. — Neuvième
centenaire de l'institution de la
Commémoraison des Morts, Récit des fêtes de Cluny en 1898,
XVI, 455. B. M. — Un opuscule
inédit de Saint Odilon de Cluny,
XVI, 477 ; contenue dans le cod.
Vatic. lat. 517, XIIIe-XIVe s.
fol. 12, 477 ; texte, ibid. et seq.

Odilon, abbé de Stavelot, notice,
XVIII, 223. B. M.

Odon, (S.) étude sur son « Occu-
patio. » XVIII, 86. B. M.

Odon, 1er abbé de Bonne-Espérance, IX, 28.

Odon, abbé de Glanfeuil, XVI, 306.
B. M.; XX, 394. B. M.

Odon, « Dialogus Odonis » et la
théorie sur la correction du
chant, XIV, 554 sqq. voir Plain-
chant.

Odon de Cambrai, notice, XVIII,
223. B. M.

Oduin II, abbé de S. Ghislain, va
à Rome, où Pascal II, l'accueille
bien, VI, 405. — son administration excellente—discipline pleine
de vigueur — à sa demande
l'évêque de Cambrai, Burchard,
en 1120, institue une confrérie
dans l'église de l'abbaye en l'honneur des SS. Apôtres Pierre et
Paul et de S. Ghislain, accorde
des indulgences, — Oduin meurt
en saint, VI, 405, 406.

Odwin, abbé de S. Bavon à Gand,
notice, XVIII, 223. B. M.

Oeder, (D. Jean) moine des Ecossais (Vienne) XII, 304.

Oekem, (D. Gall) moine et chroniqueur de Reichenau, XI, 215.

Oeren, (abbaye d') XVII, 168.
B. M.

Offertoire, étude sur l'oblation
ou l'offertoire, — différents rites
de l'offertoire, —coutumes orien-
tales, VII, 49 sqq.

Office divin, longueur des offices
introduits à Cluny— bulle d'Alexandre réformant cet abus et cette
cause de décadence, XI, 38. —
bénédictin, dissertation sur son
développement, l'office bénédictin du XIe siècle, œuvre de
S. Wulstan croit-on, XVIII, 306.
B. M.

Officiant, (de la messe) entrée de
l'officiant à la messe solennelle
— étude liturgique, VI, 408.

Offrandes, (les) à la Messe — étude
sur : VI, 534 — VII, 6, 49, 50.

Oger, (D Rogelin) religieux de l'abbaye de Vendôme, contribue à
la rédaction des statuts de la
Congrégation des Exempts de
France, XIV, 400.

Ogerviller, (Herman) abbé de S.
Evre à Toul, assiste au concile
de Constance, XVI, 388, 391.

Ogmundssen, (Jón) 1er évêque de
Holar, en Islande et fondateur
de l'abbaye bénédictine de Thingeyrar, XIV, 531. B. M. ; XV,
147.

O'Gorman, (Dom E. A.) abbé de
Westminster, président de la
Congrégation anglaise, notice,
XIX, 311. B. M.

Oheim, (D. Gall) moine de Reichenau, sa vie et sa famille, XV,
306. B. M.

Oignies, (Gilbert d') évêque de
Tournai, rétabli par le seigneur
de Noircarmes, XI, 170, 256.

Olaf le Blanc, roi de Dublin, XV,
147.

Olbert, (D. de Gembloux) notice. IV, 308 ; XVIII, 223. B. M.

Oldenbourg, introduction du christianisme en Oldenbourg, XIII, 323. B. M.

Oldenroth, (Jean) abbé d'Halberstadt, XVI. 405 — y introduit la réforme monastique. 406.

Oldenzaal, (monastère de) Bénédictines du S. Sacrement, fondé à Osnabrück (1854) transféré à Oldenzaal (1875), notice, IX, 434.

Oldesleben, (abbaye d') en Saxe-Weimar, notes bibliographiques, XIX, 91. B. M.

Olinda, (abbaye S. Benoît d') sa fondation (1595) XV, 416, 417.

Oliveten, (hospice) achète le refuge de l'abbaye S. Hubert à Malines, XV, 175. B. M.

Ommaney, « A critical dissertation on the Athanasian Creed », XV, 28.

Ona, (abbaye d') XII, 331. B. M. — en Espagne, notice sur deux manuscrits de cette abbaye, liste des douze premiers abbés, depuis 1033 jusqu'au XIIe siècle, XVIII, 310. B. M.

Onion, (G.) voir Eynon.

Onulphe, abbé de Stavelot, notice, XVIII, 223. B. M.

Oostbroeck, (monastère de) monastère double, notice, VII, 512.

Opitz. (Jean d') XII, 347.

Opstal, (Augustin van) d'Afflighem, notice, XVIII, 223. B. M.

Ordinarius, de Bursfeld, livre officiel de la Congrégation du même nom, XVI, 501.

Ordinations, le décret du 4 novembre 1892 sur les ordinations des religieux, X, 133 sqq.; occasion du décret, 133 ; les ordinations des profès à vœux simples, 134 sq.: les suites de l'expulsion, du renvoi ou de la dispense des vœux, 135 sq.: le « titulus paupertatis », 136 ; règles à suivre pour le renvoi ou l'expulsion d'un religieux: ibid. sqq.

Orey. (Henri d') abbé de S. Laurent de Liége, visite S. Hubert, VI, 362 : XI, 10.

Orgemont de la Fontaine, (Nicolas d') abbé du Mont-Cassin, notice biographique, XIII, 377.

Orient, les moines d'Orient, avant le concile de Chalcédoine, (analyse de l'ouvrage de d. Besse,) XVII, 399.

Orient, (monastère N. D. d') dans le diocèse de Rodez, Bénédictines du S. Sacrement, notice, IX, 7.

Origène, autour des « tractatus Origenis », XIX, 225 sqq.; points principaux considérés, 225 ; ces tractatus sont d'une époque postérieure à Origène, ibid.; D. Butler pense qu'ils sont d'un compilateur, 226 ; rapprochements avec S. Zénon de Vérone, 227 ; comparaison avec S. Gaudentius de Brescia, ibid. sq.; le faux Origène a utilisé ce dernier, 228 sq.; la compilation date probablement du Ve s., 229; le traité *de fide* attribué à S. Ambroise est très probablement de Grégoire d'Elvire, 229 sq.; Phébade d'Agen doit être écarté, 230 ; comparaison entre les deux éditions du *de fide*, 231 sqq.; but de Phébade et de l'auteur du *de fide*, 233 ; divergences des deux auteurs dans la manière d'entendre le mot *substance*. 234 sq.; raisons pour attribuer le *de fide* à Grégoire d'Elvire, 235 sq.; les sept livres *de Trinitate* du pseudo-athanase ne sont pas du même auteur que le *de fide*,237 ; l'Espagne est la patrie probable du *de Trinitate*, ibid. ; difficultés soulevées au sujet des deux hérétiques visés par le *de Trinitate*, ibid.sq.; réponses, 238 sq.; passage de Gennade sur les sept livres attribués à Syagrius et réponse aux difficultés, 240 sq.; rapprochements entre les leçons de divers mss., 241 sq.; conclusions probables sur ces sept livres, 242 ; l'*Altercatio* d'Evagre et l'*Altercatio* du pseudo-Augustin, 243 ; incertitudes touchant l'auteur, ibid.; conclusion, 244 sq. — sa doctrine sur la composition des esprits, voir *substances spirituelles*.

Origny-Ste Benoite, (abbaye) son histoire, XV, 551. B. M.

Orléans, bibliothécaires bénédictins d'Orléans, XII, 329.

Orléans, (Mère Marie Antoinette d') fondatrice des Bénédictines du Calvaire, X, 1.

Orléans, (Odon d') écolâtre de S. Martin de Tournai, évêque de Cambrai, VI, 508.

Ornhiac, (Pierre d') Ier abbé de Souillac, ancien abbé de S. Michel de Cuxa, ancien religieux d'Aurillac, XVII, 44.

Orséolo, (S. Pierre) doge de Venise et moine de S. Michel de Cuxa en Roussillon, XV, 163. B. M.; XVIII, 306.

Ostensoir, sa forme, tourelle où la S^{te} hostie est peu visible ; soleil, symbolisant le Soleil de Justice, N. S. J. C., I, 124.

Oswald, (Saint) rétablit le monastère de Ramsay, VI, 509.

Othon, abbé de S. Laurent de Liège, ancien doyen de S. Paul, accompagne en 1215, au Concile de Latran, Hugues de Pierpont, évêque de Liège, est chargé d'administrer le diocèse, pendant le pèlerinage de Hugues à S. Jacques de Compostelle, VII, 22.

Othon, abbé de Castel, en Autriche, XII, 98.

Othon, archevêque de Trèves, XII, 103.

Othon, évêque de Frisingue, XIV, 545. B. M.

Othon, abbé du Mont-Cassin, troubles à son élection, XV, 269.

Othon Ier, sa politique monastique, XX, 187. B. M.

Othelbold, abbé de S. Bavon à Gand, XVIII, 223. B. M.

Otloh, moine de S. Emmeran à Ratisbonne et l'un des plus célèbres écrivains du XIe siècle, XIII, 173. B. M.; XVII, 168. B. M.

Ottmarsheim, (abbaye d') en Alsace, XIV, 29. B. M.

Ottwin, abbé d'Erfurt, assiste au chapitre de la province de Mayence, tenu au couvent des Dominicains de Bâle, en 1435, XVI, 399.

Ouden-Bosch, (Adrien d') annaliste célèbre, moine de S. Laurent de Liège, VII, 24. — ses œuvres, XII, 485 ; XX, 272. B. M.

Oudenbourg, voir Arnoul (d'Oudenbourg).

Oudewater, (Jacques) prieur de S. Paul d'Utrecht, puis d'Egmond, XIII, 316.

Oudwijk, (abbaye de) notice, VII, 514.

Ouen, (S.) étude sur ce saint évêque de Rouen, l'ordre monastique et le palais mérovingien. XIX, 281. B. M.

Ouganda, les Martyrs de l'Ouganda, la masse noire, IV, 369.

Overham, (Grégoire) moine de Werden et prévôt de Helmstedt, ses écrits, XIV, 543. B. M.

Oxford, les étudiants cisterciens à Oxford pendant le XIIIe siècle, X, 564, — les Bénédictins à Oxford avant la réforme protestante, XVIII, 310. B. M.

Oyen, (Berthold van) abbé d'Egmond, très-mauvais administrateur des biens de l'abbaye, soutient cependant les droits contre le seigneur d'Egmond, X. 353. 354.

P.

Pacôme, (S.) et le monachisme primitif, XIII, 321. B. M. — recensions de sa vie, leur dépendances mutuelles, XIV, 311. B. M. — le cénobitisme pacômien, (analyse de l'ouvrage de M^{r} le Ch^{ne} Ladeuze), XV, 384.

Pacotte, (Dom) lettres, XIII, 511. B. M. — documents et lettres, XVI, 323.

Paganisme, germanique et la vie de S. Gall, XII, 34.

Pain, explication de la multiplication des pains (IVe Dimanche de Carême) III, 3. — notice sur le pain de S. Hubert. IV, 363. — pain d'autel, manière dont l'église a réglé sa confection — par qui il était fait autrefois — avec quelles cérémonies. — quelle était sa forme. VI, 437 sqq.

Paisley, (prieuré clunisien) fondé en Ecosse par des moines de Wenlock (1160-63), devient abbaye en 1220, X, 99.

Paiva, (Philippe de S. Louis) abbé d'Olinda, restaure Olinda en 1860, XV, 418.

Paix Notre-Dame, (abbaye de la) notice historique, XIV, 549. B. M.

Palestrina, XI, 548 sqq.

Pallade, recension grecque de son ouvrage intitulé : Historia Lausiaca, XIV, 530. B. M. — étude critique de son « Historia Lausiaca » XV, 513 sqq. B. M.

Palladium, (monastère) à Rome, séjour du cardinal Matthieu d'Albano, XVIII, 123.

Palladius, « commonitorium palladii » du ms. 1068 de la bible. d'Arras, du IXe s., XIV, 101 sq.; il n'est autre que la préface attribuée à S. Ambroise sur les mœurs des Brahmanes, 101 ; le contenu diffère de celui qui est imprimé dans l'appendice de S. Ambroise, (Migne, 17, 1131), ibid. et sq.

Pallium, Etude sur le — son origine, son usage, sa forme, sa bénédiction, son imposition, VI, 258 sqq.

Palmarea, (abbaye de) notice, V, 559.

Pamelius, président du conseil de Malines, XI, 171.

Panelles y Escardo, (Benoît) abbé de S. Félix de Guixols, évêque de Majorque, (1670-1743), XVIII, 310. B. M.

Pantale, évêque fictif de Bâle, travaux de D. Berthod à ce sujet, XVI, 197.

Papebrock, (Daniel) correspondant de Dom J. Mabillon, XVI, 328.

Papes, politique papale au XIIe siècle dans les questions de constitution et de propriétés des monastères allemands, XX, 391, B. M.

Pâque, (la) Notes sur la prescription du concile de Nicée sur l'époque de la Pàque, IX, 278.

Pâques, notes liturgiques et ascétiques pour les temps de Pâques à l'Ascension : la marche à travers le désert, II, 67, —les quarante jours du séjour du Christ sur la terre après sa Résurrection, et les Homélies des Pères sur la marche au désert, — notre séjour ici-bas après le Baptême est un voyage, — ce voyage s'effectue à travers le désert. — les privations du désert et les avant-goûts de la patrie, — le rôle de la croix dans notre pélérinage, — la fin du règne de la foi dans la patrie céleste, II, 67. 68, 69, 70. — Élévation sur la fête de — V, 145. sqq. — Date de la fête de Pâques, voir *comput pascal.*

Parahyba, (abbaye N.D.) XV, 416.

Pardessus, (D. Thomas) concourt au projet J. N. Moreau, XV, 349. Voir Moreau.

Pardieu, (Valentin) seigneur de la Motte, XI, 300.

Paris, le lectionnaire de l'église de Paris au VIIᵉ siècle, X, 438 sqq.; le lectionnaire de Luxeuil publié par Mabillon, 438 sq. ; le ms. lat. 256 de la biblioth. nat. de Paris, 439 sq. ; comparaison des deux mss., ibid. sq. ; conclusions, 440 : liste des notes liturgiques, 441.

Paris, (D. Matthieu de) le dernier grand chroniqueur bénédictin anglais, extraits de sa grande chronique, XIV, 315. B. M.

Pariseau, (D. Pierre) moine de S. Germain des Prés, prieur de Sᵗᵉ Colombe de Sens, XVII, 122.

Paroiche, (D. Placide) abbé de S. Amand, XII, 151.

Pascal II, confirme les biens et privilège, de N. D. de Josaphat en Palestine, V, 553, — bulle confiant le service divin de l'église des Quatre-Saints couronnés à des bénédictins, soumis plus tard à la juridiction de l'abbé de Sassovivo, XIV, 321. B. M. — ses rapports avec S. Bruno de Segni, XV, 257, 269, 270, 271. — avec Henri V d'Allemagne, 270.

Pascase Ratbert, discussions et controverse sur l'identité du corps du Seigneur, V, 490. — Voir Immaculée Conception. — sa doctrine eucharistique et ses contradicteurs, XIII, 323. B. M.

Passau, (diocèse de) visites des monastères et églises du diocèse par le Cardinal Commendone en 1569, X, 557.

Passion, (chant de la) primitivement la Passion était chantée par le diacre de la messe selon le cérémonial ordinaire de l'Evangile, — l'usage actuel (3 diacres) date du XVᵉ siècle, — cérémonies pour le chant de la Passion, — usages de différentes Églises pour le chant de la Passion, — notes sur les vêtements dont on se servait autrefois et sur d'autres particularités relatives au chant de la Passion, III, 61 sqq.

Passionei, (cardinal XV, 348, — lettre que lui adressent des moines lorrains de S. Vannes, XVI, 177. B. M.. — chargé par Clément XI, en 1706 de porter la barette cardinalice à Philippe Gualterio, nonce à Paris, — légat du Pape au Congrès d'Utrecht, XVII, 140. note 1, — légat en Suisse, étude historique,1714-1716,XVIII,226. B. M.

Pastor, Pastor et Syagrius, deux écrivains perdus du Ve siècle.X, 385 sqq. ; la mention de la chronique d'Hydatius et de Gennade, 385 ; identification de ces deux sources, ibid. sq.; écrit de Pastor mentionné par Gennade, 386 ; son existence dans les collections canoniques de l'Église latine, ibid. ; sa composition, ibid. ; doute sur la tenue d'un concile plénier à Tolède en 447,387 sqq.; mention de Gennade au sujet de Syagrius, 390 ; analyse de l'ouvrage sur *genitus* et *ingenitus*, 391 ; critique de la dernière partie, 392 ; description sommaire du ms. de Reims des *Regulae definitionum*, ibid. ; ressemblance le traité de Syagrius, ibid.; conclusions, 393 sq.

Patert, (D. Jean Samson) ses lettres à Mercier de S.Léger,XVI, 425 — à D. Ans.Costadoni, 468, 469, 470.

Paterno, (Henri de) comte, ses donations à l'abbaye N. D. de Josaphat, XXI, 85. B. M.

Pathmos, (île de) récit et souvenirs, IV, 515.

Patron, (D.) sa lettre à D. B. de Montfaucon, XVI, 180. B. M.

Paty, (D. Jean de) syndic général de la Congrég. des Exempts de France, XIV, 409.

Pau, (collège) XIV, 27. B. M.

Paul, (S.) les notes liturgiques du ms. Vatic. Regin. lat. 9, les épîtres de S. Paul, XV. 104 sqq. ; ce ms. 9 de la reine Christine semble être du VIIe s., 104 ; Samuel Berger lui donne la même origine que le ms. 16 de la biblioth.d'Orléans,ibid.: description des notes liturgiques ajoutées en marges, 104, sq. ; ces notes semblent attester l'usage d'une église inconnue du royaume franc à la fin de l'époque mérovingienne, 106.

Paul diacre, les sources non identifiées de l'homéliaire de Paul diacre,XV,400; complément aux indications fournies par Wiegand sur l'homéliaire de Paul diacre, 401 sqq. — historien des Lombards, notice, XVI,306. B.M. — études, 464, B. M. ; XVII, 173, 416. B.M.—sources de la vie de... XIX, 299. B. M. — notes bibliographiques sur l'état actuel des études critiques sur le texte de ses œuvres, ibid. — études sur ce personnage à l'occasion de son centenaire,XIX,300.B.M.

Paule, (Ste) fonde un monastère à Bethléem avec sa fille Eustochie, V, 438.

Paulinzella, (monastère de) sa sécularisation, XX, 415. B. M.

Paulus, (Gottlob) son opinion sur la langue parlée par Jésus et par les Apôtres, VIII, 107 sqq. Voir Langue parlée etc.

Payerne, (monastère de) au diocèse de Lausanne, fondé sous l'épiscopat de S. Maire par la reine Berthe de Bourgogne en 961,soumis dès l'origine à Cluny, X, 419.

Peecks de Los, (Jean) abbé de S. Laurent de Liège, annaliste célèbre, VII, 24 — peintre célèbre, ses œuvres — appelé par Erard de la Marck, évéque de Liège pour décorer la chapelle de son château de Huy, VII, 25 ; XI, 11.

Pegau, (monastère de) fragment du nécrologe (25 janvier au 21 juin), XI, 215. B. M. — culture des sciences, XVI, 452. B. M.

Peine, (Henri de) abbé d'Abdinghof, XVI, 395, 404, 405. — réformateur d'Abdinghof à Paderborn, notice, XIX, 307. B. M.

Peiresc, conseiller au Parlement de Provence, abbé commendataire de Guîtres, diocèse de Bordeaux, nommé par Louis XIII, restaure son abbaye, XIV, 409.

Pélage, son livre *ad viduam*, XV, 481 sqq. Voir Fastidius : *de vita christiana*, — le Pélagianisme dans les Eglises celtiques, XX, 190. B. M.

Pélerinages judiciaires, notice sur — au moyen-âge, VII, 520 sqq.

Pelet, (dom) grand prieur de S. Bertin, sa correspondance avec Dom Charles Colin, abbé d'Eename, XIII, 215, 216, 217.

Pelletier, (dom) son nobiliaire, lettre inédite, X, 420.

Penger, (Léonard) frère convers de Melk, poète, XII, 303.

Pénitentiel, de S. Colomban, XII, 34. B. M. — étude sur un pénitentiel du Mont-Cassin, XIX, 311. B. M.

Pentaflour, (Pierre de) XI, 170.

Pentecôte, l'Esprit Créateur, II, 129, — le cinquantième jour met fin à tous les mystères — comment l'Esprit travaille dans le Temps à la préparation de cette Pentecôte finale — difficulté de concevoir quelque chose de l'Esprit Créateur — la part qui lui est attribuée en propre dans la création naturelle — le monde de la grâce, œuvre de l'Esprit-Saint — Jésus et l'Eglise — le souffle de Dieu sur la créature glorifiée — n'éteignons pas l'Esprit, ne contristons pas le S. Esprit. II, 129, 130, 131, 132, 133, 134. — Temps après la Pentecôte, 193, 257, 321, 386. — Elévation sur cette fête, — Paraphrase du Veni Creator, — 193, 195.

Pepin Ier, (d'Aquitaine) diplôme et faveur des moines de S. Mesmin de Micy, XVIII, 437. B. M.

Peppange, (monastère de) Bénédictines du S. Sacrement, fondé à Trèves en 1854, réfugié à Bettembourg en 1875, transféré à Peppange (1883) notice, IX, 435.

Perdoulx, (de la Périère) lettres inédites à l'abbé Laurent-Josse Le Clerc, XII, 330. B. M.

Peristiani, (dom Athanase) XIII, 169. B. M.

Péronne, (abbaye irlandaise de) en Picardie, notice historique, XVIII, 311. B. M.

Pérouse, bague nuptiale de Marie conservée à ; III, 507.

Persécution, les persécutions des 3 premiers siècles de l'Eglise, étude analytique de l'ouvrage de M. P. Allard, VIII, 407.

Persons, supérieur de la mission anglaise des Jésuites, introduit 12 prêtres en Angleterre par une ruse habile, XII, 261.

Perwez, (Thierry de) évêque intrus de Liège, XII, 341.

Petershausen, (abbaye de) conflit avec S. Blaise au sujet du prieuré de Mengen, XVII, 169. B. M.

Petitdidier, (dom Matthieu) de la Congrég. de S. Vannes, abbé de Senones, puis évêque de Macra, XV, 12, 17.

Pétrart, (François) franciscain évêque de Chalcédoine, auxiliaire de Cambrai, XXI, 156.

Pétronax, la restauration du Mont Cassin par l'abbé Pétronax, XXI, 74 sqq. ; destruction du Mont-Cassin, 74 ; histoire primitive de cette abbaye par Paul Warnefrid, ibid. sq. ; monachisme de Pétronax, 76 ; passage de S. Willibald, ibid. sqq. ; la légende de Léon d'Ostie, 79 sq.

Pétronius, deux petits discours d'un évêque Pétronius, du V⁰ siècle XIV, 3 sqq. ; sont extraits du ms.lat.14386 de la bibl.royale de Munich fol. 31 et 32ᵛ, Xᵉ siècle, ibid. ; le 1ᵉʳ a été publié déjà d'après le cod. Veron. CXIII, fol. 47 du XVᵉ s., ibid. ; le 2ᵉ ne l'a jamais été, ibid. ; texte du 1ᵉʳ sermon 3-4 ; texte du 2ᵉ, 5-6 ; opinion de Gennade sur l'auteur, 6 sq. ; conclusions : ces deux discours sont du même auteur, 7 : l'auteur est étranger à Vérone ibid. ; paraît avoir occupé le siège de Bologne dans la première moitié du Vᵉ s.

Peverel, (Guillaume) fonde dans le comté de Nottingham le prieuré clunisien de la Sᵗᵉ Trinité de Lenton, X, 99.

Pez, (Jérôme) XV, 319, note 6.

Pez, (D. Bernard) correspondant de D. Calmet, notice XV, 219 à 222.

Pezron, (D. Paul) cistercien de Prières, docteur de Sorbonne, écrivain, XVI, 329, note 1 ; ses démêlés avec D. Martinianay, célèbre Mauriste, 330.

Pfaff, célèbre luthérien du XVIIIᵉ siècle, sa correspondance avec D. Nic. Le Nourry, XVIII, 427. B. M.

Pfister, note sur le formulaire de Marculf, X, 413.

Pforte, (abbaye de) cartulaire de l'abbaye, X, 565.

Phalesius, (dom Hubert) de Bornhem, VI, 306 — sa chronique d'Afflighem, XIII, 256.

Phémie, abbesse de S. Lazare d'Antioche en 1264, V, 561.

Philibert, évêque de Coutances, XII, 291.

Philibert, (dom) ses lettres sur l'auteur de l'Imitation, XIV, 540. B. M.

Philippe, abbé de Clairvaux, écrit la vie d'Elisabeth de Spalbek, moniale cistercienne de Herckenrode, XVI, 274, note 6.

Philon, XIII, 326. B. M.

Philosophie, philosophie et science, XI, 403 sqq. ; l'influence du positivisme, 403 ; la vérité, but des recherches 404 ; la vérité purement relative, d'après les modernes, ibid. sq. ; critique de cette assertion, 405 ; la vérité objective et la vérité subjective, 406 ; la formule du positivisme, ibid. ; distinction de la philosophie et de la science, d'après plusieurs, 407 ; rapports des sciences naturelles et de la philosophie, ibid. sq. ; erreur de la distinction entre la science et la philosophie, 409 sqq. ; Descartes auteur de cette opposition, 411 sq. : exagérations de certains philosophes et de savants, 413 sq. conclusion, 414. — La philosophie enseignée par les Bénédictins de S. Vaast au XVIIIᵉ siècle, XVII, 51 ; influence de Malebranche sur cette philosophie, 57, ss. — Questions de philosophie de la nature, **XXI**, 10 sqq.; étude de cosmologie de M. Nys, 10 sq.; le mécanisme philosophique et son impuissance à expliquer le caractère spécifique et constant des phénomènes, 14 sqq.; poids atomiques, valence, cristaux, 17 sq.; théorie cinétique des gaz, 19; le mécanisme, négation de la philosophie, 20 sqq.; la théorie scolastique : composé hylémorphique, propriétés, quantité, forces, 24 sqq.; transformation substantielle, 30 sqq.; le mixte chimique, 33; accord de la philosophie traditionnelle avec les faits, 34 sqq.; contraste entre ce succès et l'échec du mécanisme, 37 sqq.; la cause finale, l'ordre dans la nature, 40 sq.; retour sur des objections, 42 sqq.; l'atomisme dynamique et le dynamisme, 45 sqq.; l'individu dans le monde organique, le mixte, permanence virtuelle des éléments dans la molécule, 161 sq.; observation et déduction scientifiques, 163 sq.; la même matière retourne à l'espèce originaire, à la décomposition, 165 sq.: indices expérimentaux d'une hétérogénéité de la molécule, 167 sq.; une erreur de l'ancienne cosmologie, 169 sqq.; étude des causes, la matière première, 171 sq.; rappel de la marche d'une combinaison chimique, 173 sq.; preuves d'une hétérogénéité qualitative, la poly-qualité de la molécule, 176 sqq.: la forme substantielle, 180 sqq.; hétérogénéité accidentelle et substantielle, 186 sq.; étude comparée et approfondie de la molécule chimique et de la cellule; hétérogénéité *per se*, hétérogénéité *per aliud*, 286 sq.; la cellule, 288 sq.; superposition des degrés métaphysiques, 290 sqq.: hiérarchie des formes naturelles, 294 sq. : hétérogénéité minérale et unité essentielle, genèse de la forme du mixte, 296; double assimilation par efficience et par origine, 299 sqq.; unité du mixte purement formelle, 404 sq.; ordre esthétique dans la molécule, 406; la notation atomique, radicaux, valence, formule développée, 407 sqq.; synthèse, analyse, substitution, évolution méthodique, 410 sq.; valeur réelle des concepts scientifiques, 412; interprétation cosmologique, partie chimique intégrante, atomes virtuels, 413 sq.; la valence n'est pas une propriété proprement dite, elle s'identifie réellement avec l'appétit chimique, 415; preuves de l'ordre a posteriori, 416; causes élémentaires de l'ordre, 417 sq.; étude de l'ordre a priori, 419 sq.; distribution situelle des atomes, 421; assimilations successives de l'atome, 422; conséquences, isomérie, polymérie, 423; théorie complète de l'hétérogénéité du mixte, 425: mécanisme de la décomposition chimique, destruction de l'unité essentielle et de l'unité quantitative; actions transitives internes dans l'atome et la molécule, 426 sqq.; résumé, articles essentiels de l'ancienne théorie scolastique du mixte homogène, 429; rappel des preuves de l'hétérogénéité 430 : conclusion 431.

Piburg, (D. Benoît Eck de) moine de Monsec, XII, 305.

Pie II, bulles relatives aux monastères de Cologne, XIV, 549. B. M. — unit ensemble les trois observances bénédictines de Melk, de Castel et de Bursfeld, XVI, 562.

Pie V, approuve la congrégation bénédictine portugaise XV, 415.

Pie VII, conclut un Concordat avec le roi de Bavière, Maximilien Ier, V, 75. — biographie, XIV, 320. B. M. — à Paris — le couronnement de Napoléon, XVIII, 223. B. M. — et Joachim Murat, XIX, 310. B. M. — Pie VII à S. Sulpice, ibid.

Pie IX, institue la fête du Patronage de S. Joseph, le IIIe dim. après Pâques et le proclame Patron de l'Eglise universelle, (8 déc. 1870) V, 105. — élève sa fête du 19 mars au rang de 1re classe, 105, — guérisons attribuées à Pie IX, VI, 44 ; XX, 337 sqq.

Pie, (Card.) culte à S. Joseph, XIV, 108 sq.

Pierpont, (Anne de) abbesse de S. Laurent de Bourges, XVII, 125.

Pierre, (S.) sa fête à Rome, pélerinages à son tombeau, origine du jubilé (Boniface VIII), nombreux monastères bénédictins placés sous son vocable, nombreuses églises cathédrales et paroissiales dédiées à son nom, I, 164.

Pierre, (de Salerne S.) 3e abbé de Cava, XII, 469.

Pierre, (de Tolède) traduit de l'arabe avec la collaboration de Pierre de Poitiers la « Summula » pour Pierre le Vénérable, X, 562.

Pierre, (de Poitiers) secrétaire de Pierre le Vénérable, collabore avec Pierre de Tolède à la traduction de la « Summula, » X, 563.

Pierre, abbé de S. Pierre à Salzbourg, XII, 301.

Pierre, abbé de Middelbourg, XIII, 307.

Pierre, (dom Etienne) bénédictin lorrain, président de la Congr. de S. Vannes, correspondant de Moreau, XIV, 541. B. M.

Pierre, évêque de Panéade, préside la translation du corps de S. Anatole à l'abbaye de S. Mihiel, XV, 161. B. M.

Pierre, abbé cistercien d'Igny, (dioc. de Reims), XVI, 273, 275.

Pierre, évêque de Sude, (1275-1285), évêque auxiliaire de Cambrai, XX, 17.

Pierre, abbé de S. Bénigne de Dijon, ami et correspondant de Pétrarque, XX, 397. B. M.

Pierre, dominicain, évêque d'Hardany, auxil. de Tournai, XXI, 271.

Pierre le Vénérable, son activité littéraire contre l'Islam, fait traduire à ses frais divers ouvrages arabes, X, 562. — XII, 276. B. M. — XV, 172, 173. B. M.

Pierres précieuses, étude sur les pierres précieuses de la Bible et leurs attributions d'après les écrits de S. Epiphane, S. Ildefonse, du Bheux Raban-Maur, et Marbode, évêque de Rennes, et d'après les commentaires de Cornélius a Lapide, V, 30, 132, 223.

Pierret, (Philippe-Denis) libraire à Paris, lettre au chevalier Toustain au sujet du « Trésor généalogique » de D. Caffiaux, XVI, 425.

Pietkin, (dom Placide) moine de S. Jacques de Liège, correspond avec les Mauristes, VI, 548, note 2.

Pilar, (Richard du) frère convers de Rio de Janeiro, natif de Cologne, artiste, XV, 417.

Pilgrim, évêque de Passau, introduit le catholicisme en Hongrie, XI, 465.

Pindray, (dom) général desExempts de France, XIV, 412.

Pinna, (D. Matthieu de l'Incarnation) théologien de mérite, moine de Rio de Janeiro, ses écrits. XV, 417.

Pinot. (D. Etienne) XVII, 43.

Pinto, (D. Jean) chanoine régulier de S. Augustin, neveu de Didace de Murza, son continuateur dans la restauration de l'abbaye de Refoyos dont il était commendataire. XV, 414.

Piolin, (dom Paul) notice biographique. X, 37 ; XII, 331. B. M.

Piscopia, (Hélène Lucrèce) XVI, 177. B. M.

Pitra, (Cardinal) notice. VI, 128, sqq. — Voir « epistola Fastidii ad Fatalem » éditée dans les « Analecta sacra et classica » (Paris 1888 part I, p. 134-36.)

Placide, (S.) séquence latine en son honneur, IV, 368.

Plain-chant, les altérations chromatiques dans le plain-chant, XIV, 511 sqq. : exposition de l'état de la question et division, 512 ; les auteurs du moyen-âge admettaient les altérations chromatiques. 513: exemples de transposition ibid. et seq. ; témoignage de Bernon et de Jean Cotton sur ces transpositions, 515 sq. ; correction dans le chant grégorien, 516 : son importance pour prouver la préexistence du chroma : 516 sq. ; exemples de correction d'un degré affecté du chroma, 517 ; d'un passage, 518 sq.; Jacobsthal n'approuve pas la légitimité des corrections, 520 ; critique de son opinion, ibid. et sqq. ; théories des auteurs sur les altérations chromatiques, 554 sqq. ; l'ouvrage « Dialogus Odonis » est antérieur à Guy d'Arezzo, 554 ; il est opposé à la transposition, mais non à la correction, quoiqu'il recommande en cela la prudence, ibid. et sq. ; triple manière d'envisager les tons chromatiques à cette époque, 555 sq. ; traité : « Scholica Enchiriadis » et son auteur probable, 556; il justifie l'emploi des tons chromatiques, 557 ; exposition et discussion de la théorie, 557 sqq. ; critique de l'interprétation donnée par Jacobsthal, 563 sqq. ; preuves de l'interprétation contraire à celle de Jacobsthal, XV, 35 sqq. : application de ces preuves à deux antiennes de l'office de Noël, 38 sqq. ; examen de la doctrine de Réginon de Prüm et d'Aurélien de Réomé, 41 sq.

Plaine, (D. François) notice, XX, 217. B. M.

Planchea, (Bernard de) XII, 353.

Plantata, (Bulle) portée de cette bulle, sa promulgation en Angleterre, XIV, 530. B. M.

Pleichobo, (D. Adalbéron) canoniste célèbre de Lambach, XII, 303.

Plessis, (D. Geoffroi du) fonde le collège Saint-Martin du Mont à

Paris, plus tard appelé Collège du Plessis, X, 154 — notaire public, protonotaire de France, archidiacre de Coutances, chanoine de Reims, Paris et Angers, moine de Marmoutier, son testament, XV, 306. B. M.

Pliemel, (Adrien) abbé de Melk, reproche immérité de D. O. Légipont et de l'abbé Godefroid de Göttweig, XV, 318.

Ploich, (Étienne du) abbé de Hasnon, XV, 537.

Poblet, (monastère de) en Espagne, notice sur ses ruines, XV, 314. B. M.

Poelgeest, (Jacques van) abbé de S. Paul d'Utrecht, puis d'Egmond (1458), XIII, 312, 313.

Poelgeest, (Gérard van) cousin et successeur du précédent, XIII, 312.

Poirier, (dom Germain) moine et célèbre écrivain de S. Germain des Prés, ses œuvres, XIV, 160. B. M.

Poitiers, (Guillaume de) XIV, 31. B. M.

Pole, Cardinal, lettre de félicitation à l'abbé de S. Trond, Georges Sarens, pour l'accueil fait à Georges Dowdall, archevêque d'Armagh exilé, XV, 138.

Polemar, (Jean de) archidiacre de Barcelone, XII, 291.

Polding, (D. John) 1er archevêque de Sydney, ses lettres, XX, 270. B. M.

Polignac, (comte de) ami de D. Fonteneau, XV, 351.

Polirone, (monastère de) voir S. Benoît de Polirone.

Pologne, situation de l'Eglise en Podlachie et persécution contre l'Union ruthène, IV, 382. — en Pologne prussienne, 384. — une duchesse de Pologne au XIIIe s. (voir Hedwige) — L'ordre de S. Benoît en Pologne XI, 378. B. M. — Bénédictins liégeois en Pologne (XIIe s.), XIII, 112.

Polycarpe, (S.) Liturgical Echoes in Polycarp's Prayer, XVI, 278 sq. ; prière de S. Polycarpe avant son martyre, 278 : parallèles avec les documents liturgiques des premiers siècles, ibid. 1 sq. ; conclusion, 279.

Ponce, abbé de Vauclair, de l'ordre de Cîteaux, reçoit de l'abbé de S. Trond, Guill. de Ryckel, des reliques des Saints de Cologne (10 mai 1270), XVI, 272.

Ponce, abbé cistercien de la Valroy XVI, 273, 274.

Ponce le teuton. notes, XX, 393. B. M.

Poncet, (dom Gérard) vicaire général de l'étroite observance de Cluny, XI, 353. — sa lettre à D. Bern. de Montfaucon, XVI, 180. B. M.

Pontefract, (prieuré de) cartulaire, XVIII, 209. B. M. ; XX, 414, B. M.

Pontlevoy, (abbaye de) nécrologe, XII, 80. B.M. — son école, XIV, 323. B. M.

Pontlevoy, (collège de) notice, XVIII, 227. B. M.

Pontida, (abbaye de) XIII, 85.

Poolgeest, (Jacques de) chanoine régulier, prieur de s'Gravesande, abbé de S. Paul d'Utrecht, XVI, 498, 499. Voir Poelgeest.

Porcalho, (D. Jean) moine de Bahia, fonde l'abbaye de Rio de Janeiro, XX, 416.

Port-Dieu, (monastère de) son état matériel en 1702, XV, 554. B.M.

Porte, (dom Michel) de la prieuré de Basse-Wavre, VI, 306 : XIII, 550, — rehausse le pélerinage — son histoire de N. D. de Wavre, XIV, 489, 490.

Portebois, (D. Bertin) professeur de théologie à S. Bertin, XII, 150.

Porto, (Pierre de) cardinal, XV, 272.

Portraits d'outretombe, le frère sacristain, VI, 502.

Port-Royal, (abbaye) la Mère Angélique d'après sa correspondance, X, 565.

Portugal, coup d'œil sur son histoire — III, 403. — l'ordre de S. Benoît en Portugal, XII, 281, 282.

Porzia, nonce en Allemagne, ses efforts pour constituer et réformer l'ordre bénédictin, XVII, 154, 155, 156, et suivantes.

Potesta, (D. Gérard de) prieur de Stavelot, ses lettres à D. Martène, XVI, 178. B. M.

Potier, (D. Mathias) moine de S. Hubert, introduit la réforme de Lorraine à S. Denis en Broqueroie, XIII, 349 et suiv. surtout p. 353, note 1.

Pottes, (Jean de) seigneur d'Aulnois, 1er échevin de Mons, XI, 258.

Pottier, lettre de M. l'abbé Pottier en réponse aux observations présentées sur le premier congrès de la ligue démocratique belge et réponse, X, 10 sqq.

Pourbaix, (Émile-Joseph) évêque d'Eudociade, auxil. de Tournai, XXI, 365.

Pouvoir civil, la doctrine catholique de l'origine du pouvoir civil, X, 442 sqq.

Prazeres, (N. D. de) sa fondation et sa donation aux bénédictins d'Olinda, XV, 418.

Préaux, (Vaslin des) XII, 329.

Précieux, (D. Jean) concourt au projet J. N. Moreau, (voir ce nom) XV, 349.

Prédestination, la prédestination d'après S. Augustin et S. Thomas, IX, 529 sqq. ; exposition de la doctrine de S. Augustin par D. Rottmanner, 529 sqq. ; base de la théologie de S. Augustin et de S. Thomas, 531 : le prologue du traité *de Praedestinatione Sanctorum*, ibid. sq. : le problème de la prédestination d'après S. Thomas, 532 ; discussion des deux opinions, ibid. sq. ; gratuité du don de la persévérance d'après ces deux docteurs, 534 sq. ; discussion de l'action de la volonté divine dans la prédestination, 535 sqq. ; objection contre la prédestination absolue antécédente, 537 ; réponse, ibid. sq. ; de la préordination à la damnation, 538 ; difficulté d'accorder la providence divine et la damnation des non-prédestinés, ibid. sq. ; de la prévision des démérites in genere, 540 sqq. ; double difficulté contre le système de S. Augustin, 542 sqq.

Prédicateurs, bénédictins en Westphalie à la fin du Moyen-Age, XVIII, 229. B. M.

Prédication, la circulaire de la S. Congrégation des Evêques et Réguliers sur la prédication sacrée, XI, 500 sqq.

Preinmann, (D. Marcellin) moine d'Admont, confesseur des bénédictins de Goess, auteur d'une

petite chronique de ce monastère. XV, 171. B. M.

Prémy, (abbaye de) possédait des
reliques envoyées par l'abbé de
S. Trond, Guill. de Ryckel en
1270, XVI, 274.

Présentation de N. D. (Congrégation) notice détaillée. XIII, 253,
348, 401, 487. 544 ; XIV, 60,
253, 289. — son influence sur les
Bénédictines, XIV, 298.

Présidius, voir S. Jérôme : lettre à
Présidius sur le cierge pascal.

Preston, (D. Thomas) supérieur des
moines anglais cassiniens en
Angleterre, reçoit la direction de
la Congrégation anglaise de D.
Sigebert Buckley, dernier moine
survivant de cette congrégation,
I, 232 ; XII, 361.

Prévost, (D.) étude sur sa vie monastique, XX, 401. B. M.

Prieurés clunisiens, de l'ancien
diocèse de Liège, XIV, 28. B. M.

Primat, le premier Primat de
l'ordre de S. Benoît, nomination,
X, 403. — Sa lettre aux abbés
bénédictins, XI, 145 — L'abbé
de Fulde primat bénédictin en
Allemagne et en France, notice
sur ce privilège et usage qui en
a été fait. XVII, 152.

Priches, (prévôté de) à Battignies-
lez-Binche, XIII, 176. B. M.

Prix, (prieuré de) près Mézières
(Ardennes) dépendance de S.
Hubert, XV, 310. B. M.

Probe, abbé en Palestine, bâtit un
monastère à Jérusalem en 662,
S. Grégoire I, parle de lui dans
ses lettres, V, 439, 440.

Probst, (D. Marc) moine lorrain,
correspondant de Moreau, XIV,
541. B. M.

Procession, (du S. Sacrement) 1°
au point de vue historique, origine,
quatre opinions ; — 2e *au point
de vue dogmatique ;* doctrine du
Concile de Trente à ce sujet ;
l'Eglise pouvait instituer la procession du S. Sacrement et cette
manifestation était devenue
nécessaire dans les desseins de
Dieu à l'époque où elle fut introduite ; — 3° *au point de vue liturgique,* processions aux 1ers siècles
de l'Eglise dans les temples, plus
tard hors de l'église ; vers le
milieu du XIe siècle usage en
certaines églises de porter le
S. Sacrement à la procession des
Rameaux et à celle de la Résurrection, le matin de Pâques ; vers
le XIVe siècle s'introduit l'usage
de porter le S. Sacrement à
découvert. I, 112 et suivantes.
— de N. D. de Wavre, le dimanche dans l'octave de S. Jean-
Baptiste, récit de Dom Odon
Cambier, XIV, 476.

Procope, (S.) abbé de Sazawa,
introduit le rite slave à Prague
(1039), V, 23.

Promberger, (D. Martin) moine
de S. Ulric d'Augsbourg, meurt
en soignant les soldats français
atteints par l'épidémie, XVI, 6.

Prône, le prône dans la liturgie,
VII, 97, 145, 241.

Prosper de Reggio, (S.) consultation historique et liturgique, XII,
241 sqq. ; opinion l'identifiant
avec Prosper d'Aquitaine, 241 ;
critique depuis trois siècles, ibid. ;
le renom de Prosper d'Aquitaine
fait qu'on l'identifie avec les
saints du même nom, exemples,
242 ; mss. confondant Prosper
d'Aquitaine et Prosper de Reggio, ibid.; même erreur de Ber-

nold de S. Blaise et de l'écolâtre Honorius, 243 ; vers le XII⁰ s., la légende se forme à Reggio, ibid. sq.; la légende, ibid. sq.; Riez en Provence le revendique, 244 ; arguments des historiens qui ont abandonné la légende de Reggio, ibid. sq. ; le « Prosperius » de la fresque de S. Clément de Rome, 246 ; conclusion sur l'impossibilité d'identifier les deux personnages, ibid. sq. ; examen des documents relatifs au culte de S. Prosper, 247 sq.; examen des martyrologes et des calendriers, 248 sqq.: les listes épiscopales de Reggio, 250 ; la vie de S. Prosper de Reggio d'après les mss., ibid. sq.; particularités de cette compilation, 251 sq.: l'office de S. Prosper est ancien et aucune trace de confusion avec Prosper d'Aquitaine, 252 sq.: examen du récit de la translation et son caractère apocryphe, 253 sq.: conclusion à tirer de ces documents, 254 : la confusion des deux Prosper doit être rejetée, 255 ; le titre de *confessor Christi*, ibid.; S. Prosper de Camogli, 256 ; on ne peut l'identifier avec S. Prosper de Reggio, 25 ibid. sq.

Protestantisme, l'histoire du mouvement protestant à Braunau, X, 558.—évolution de la critique protestante, XIV, 49 sqq.; théorie du libre examen de la Bible proposée par Luther et conséquences tirées par le rationalisme protestant au XVIII⁰ s. ibid.: négation de l'inspiration des Livres Saints et des miracles, 50 ; théories de Strauss, 50 sqq. voir Strauss ; théories de Baur, 52 sqq. voir Baur ; de Ritschl 53 sq. voir Ritschl ; réaction contre ce subjectivisme, 54 ; on retourne vers la tradition, ibid.; on doit tenir compte des travaux de la critique sur les origines du christianisme, 58 ; fruits qu'en peut retirer l'apologétique, 59.

Prousteau, (D. Guillaume) XII, 329.

Provision, listes de provision des abbayes allemandes de 1431 à 1503, XVI, 455. B. M.

Prüm, (abbaye de) XIV, 30. B. M. — description d'un lectionnaire écrit entre 1056 et 1083, XV, 314. B. M. — transformation de ses possessions en principauté comment elle perdit son indépendance politique, XX, 275. B. M. — notice sur les Evangéliaires, XX, 409. B. M.

Prumont, (dom Benoît) procureur de Lobbes, XIII, 221.

Psaumes de David, les Psaumes sous l'ancienne loi, — la psalmodie sous la loi nouvelle. — caractère général des psaumes, — leur forme. — le Psaume et le Psautier, — III, 300, 244.

Psautier, notes sur un ancien psautier manuscrit du prieuré d'Hastière, IX, 109. — Une révision du psautier sur le texte grec par un anonyme du IX⁰ siècle, X, 193 sqq. ; le ms. 343 de la bibl. de Munich, 193 ; la préface et ses traits principaux, ibid. ; en quoi consistera la révision, 194 ; le ms. est du IX⁰-X⁰ s., 195; raisons de croire qu'il provient de Milan ou des environs, ibid. ; l'auteur est probablement Sédulius, ibid. sqq.

Pseudo-Donis, fut-il bénédictin à Reichenbach ? comment est venu ce nom de Donis, XVIII. 423. B. M.

Puibusque, (D. Hilaire) moine lorrain, correspondant de Moreau, XIV, 541. B. M.

Puiset, (D. Gilduin du) moine de Cluny, prieur de Leurcy-le-Bourg au diocèse de Nevers, abbé de N. D. de Josaphat à Jérusalem, V, 554.

Purification de Marie, élévations sur : III, 486 sqq. ; VI, 49 sqq.

Puy du Fou, (Elisabeth du) marquise des Planches, religieuse du Calvaire d'Angers, notice, XX, 266. B. M.

Pyrmisser, (Paul) abbé de Seitenstetten, XII, 301.

Q.

Quarante-Heures, (Les) instituées à une époque incertaine — attribuées à S. Charles Borromée, VI, 82 sqq.

Quaregnon, (Pierre de) abbé de S. Ghislain, VI, 407.

Quatremaires, (dom) sa correspondance sur l'auteur de l'Imitation, XIV, 540. B. M. : XIII, 50.

Quatre-Temps, origine des quatre-temps, XIV, 337 sqq. ; S. Léon lui assigne une origine apostolique, 337 sqq. ; l'auteur du *liber pontificalis* l'attribue au pape Calliste, IIIe s., ibid. : opinion de Duchesne qui voit dans cette institution un reste de l'ancienne semaine liturgique de Rome et critique de l'opinion, 338 ; les quatre-temps furent à l'origine une institution purement locale propre à l'église de Rome, mais les églises d'Espagne et de Milan se refusent longtemps à l'accepter, 338 sq. ; elle a une ressemblance frappante avec les solennités païennes en usage chez les Romains, 339 ; c'est la même idée qui préside à l'ordonnance du rite chrétien, ibid. ; même objet principal, ibid. ; témoignage de Tertullien en faveur de cette opinion, 330 ; exemples à l'appui dans l'institution de certaines fêtes, ibid. ; féries païennes, 341 sq. ; objection tirée des quatre-temps du Carême, 342 sq. ; correspondance des trois fêtes de saisons de l'Eglise romaine avec les trois féries analogues du calendrier païen, 343 ; autre ressemblance dans la liberté laissée pour les annoncer, ibid. ; exemple de formule d'indiction, ibid. ; le formulaire chrétien reproduit en les christianisant les pensées propres à la solennité païenne, 344 sq. ; à l'exception des quatre-temps de décembre, les lectures liturgiques sont dans les autres relatives à l'expulsion des démons, ce qui s'explique par ce fait que l'Eglise considérait les *feriae* comme des solennités diaboliques, 345 sq.

Queiroz, (Dom Jean de S. Joseph) bénédictin, évêque de Para, XV, 418.

Question sociale, quelques mots sur la — à l'occasion d'une visite à l'usine du Val-des-Bois (Marne) VIII, 281. — Une brochure du R. P. Castelein sur la question sociale, X, 84 sqq. ; analyse, 84 sq. ; remarques sur la participation aux bénéfices, 86 ; le contrat de louage, ibid. sq. ; circonspection vis-à-vis de la classe ouvriè-

re, 87 sq.; excès à éviter, 88 sq.;
la théorie du salaire d'après le
P. Castelein, 89 ; critiques, ibid.
sqq.

Quilliet, « De civilis potestatis origine théoria catholica,» analyse
et critique, X, 442 sqq.

Quirini, (D. Ange-Marie) cardinal,
ses ouvrages, XV,249.— accepte
le titre de protecteur de la société
littéraire formée par Dom. O.
Légipont, XV, 321. — ses essais
pour apaiser les conflits protestants en Allemagne et détruire
les préjugés contre Rome, XXI,
93. B. M.

R.

Raban, (Maur) controverse sur la
S. Eucharistie, V, 493. — Ses
glossulae in totam scripturam ne
peuvent être attribuées à Walafrid le Louche,ce traité est perdu,
XIII, 70 sq. — moine de Fulda.
sa vie avant son élection à l'archevêché de Mayence, XV, 161.
B. M. — ses lettres, XVII, 173.
B. M. — maître d'études, XVII,
309. B. M. — exégète, ibid. —
édition critique de son ouvrage
« De Institutione clericorum »,
XVIII, 305. — sa doctrine sur
l'Eucharistie (étude), XIX, 301.
B. M. — fondateur des études
théologiques en Allemagne (étude), XX, 191. B. M. — étude de
son opuscule « De institutione
clericorum » au point de vue
homilétique, XXI, 443. B. M.

Racine, (dom Robert) son histoire
manuscrite de S. Martin de
Pontoise, XV, 169. B. M.

Rabas, (chapelle de) près Metz,
notice, XX, 281. B. M.

Radbert, de Corbie, son « Epitaphium Arsenii », XVIII, 420.
B. M.

Radegonde, (Ste) sa vie, XV, 542.
B. M.

Radulphe, cellérier de l'abbaye de
Vauclair O. Cist. XVI, 275.

Radziwill, (dom Benoît) notice
biographique, XII. 518.

Raigern, (abbaye de) le passé de
Raigern, XII. 333. B. M.

Raitenau,(D.Gilles Everard)moine
de Kremsmünster, mathématicien, mécanicien et architecte,
directeur de l'observatoire de
Kremsmünster, XV, 456, 547.
B. M.

Rambeck, (D.Gilles) bénédictin de
Scheyern, auteur d'un « Calendarium annale Benedictium »,
XV,231, note 1.

Ramwold, abbé de S. Maximin de
Trèves, XI, 408.

Rancé, ses relations avec Bossuet,
XXI, 91. B. M.

Ranke,«Das Kirchliche Pericopensystem »,VII, 416.Voir Constantius.

Raoul, abbé de Clairvaux, fonde
une maison d'études à Paris en
1227, X, 146.

Raoul de Tongres, Le « De psalterio observando », traité inédit
de Raoul de Tongres, XII, 198 ;
analyse du ms.cod. 1996-2000 de
la bibl. royale de Bruxelles, ibid.
sq.

Raoul, (sire de Saint-Fergeux),
XII, 333. B. M.

Raoul le Vert, archevêque de
Reims,ami du cardinal Matthieu
d'Albano, lui vante la discipline
de Cluny, XVIII, 114.

Rathier, moine de Lobbes, évêque
de Vérone,— chassé d'Italie par

les vexations du roi Hugues — revient à Lobbes quelque temps, puis remonte sur le siège de Vérone — fugitif en Allemagne — nommé évêque de Liège, grâce à S. Brunon, archevêque de Cologne et frère d'Othon I, empereur d'Allemagne—les Liégeois se soulèvent contre lui — se réfugie à Aulne, probablement et y écrit son livre curieux des *Confessions*, V, 373, 374, 376. — X, p. 557 — sa lettre au B. Pierre Urséolo, XV, 164. B. M.

Ratramme, moine de Corbie, sa controverse au sujet de l'Eucharistie, écrit son livre *De Corpore et Sanguine Domini*, V, 495 — XXI, 87. B. M.

Ravenstein, (Josse) XI, 248.

Raynald, curé de S. Pierre-le-Vieil, à Reims et doyen du concile de Reims, reçoit des reliques des Saints de Cologne que lui envoye l'abbé de S. Trond, Guill. de Ryckel, en 1201, XVI, 276.

Reading, (abbaye de) notice, XX, 413. B. M.

Rebais, (abbaye de) Bossuet évincé une première fois travaille à reprendre la commende de cette abbaye, XVIII, 211. B. M.

Rebello, (Ferdinand) s'oppose à l'esclavage, VI, 105.

Recluses, (les) XII, 277. B. M.

Reconnaissance (la), comment l'enseigner aux enfants, III, 199.

Redon, (monastère de) X, 419. — réformé par les religieux de la Société de Bretagne XI, 106. — chronologie du cartulaire de... XIV, 545. B. M. — notes, XX, 410. B. M.

Réforme, une apologie pyramidale de la Réforme, analyse et critique du livre de M. Lagrange, X, 542 sqq.

Réformes bénédictines, des XVe et XVIe siècles en Belgique, XI, 1-16. — lettres relatives à la réforme monastique en Bavière, au XVe s., XIV, 313. B. M.

Refoyos de Basto, (abbaye de) restaurée et relevée par ses abbés commendataires Didace de Murzo et son neveu Jean Pinto, XV, 414.

Regaus, (dom Bède) dernier prévôt d'Afflighem et auteur de l'*Affligenium illustratum*, XIII, 256.

Réginbert, abbé, XVI, 176. B. M.

Réginon, abbé de Prüm, valeur historique de sa chronique, XIV, 317. B. M. — examen de sa théorie sur les tons chromatiques, XV, 41 sq. Voir Plainchant.

Règle, (de S. Benoît) Considérations sur la.... 104, 152, 206, 304, 448, III, — traduite en arménien par S. Narsès, archevêque de Tarse (1170), V, 560 — édition critique, XII, 499. B. M. — XIII, 166, 167, 168, 169, B. M. — étude, XV, 516. B. M. — son introduction en Espagne, XVI, 467. B. M. — études sur le texte, XVII, 162 sqq.—édition du Mont-Cassin (1900), XVIII, 212. B. M. — études sur le texte de cette règle, sur sa tradition, XIX, 279. B. M. — sa traduction en vieil anglais par Athevold, abbé d'Abingdon, 280.— fait de l'Ordre bénédictin un élément de premier ordre dans le développement de la civilisation en Occident, XX, 185. B. M. — son esprit, XX,

389. B. M. — interprétation du prologue, X, 391. B. M. — la version anglaise dite *du Winteney*, XXI, 435. B. M.

Règles monastiques antérieures au Concile de Chalcédoine, XVII, 162. B. M.

Regnault, (D. Jean) Vicaire général de la Congrégation des Exempts, et l'abbaye de S. Gildas de Ruis, XIV, 407. — abbé de S. Augustin de Limoges, unit son monastère à la Congrégation de Lorraine, XVIII, 4

Regnier, (D. Colomban.) notice, XX, 369. B. M.

Reichenau, (abbaye de) XI, 215. B.M. — XII, 507. B.M. — étude des sources historiques de cette abbaye jusqu'au milieu du XIe siècle, XIV, 536. B. M. — lettre des moines Grimalt et Tatton sur l'observance du monastère en 817. XVI, 176. B.M. — études sur les sources du continuateur de Réginon et sur les Annales elles-mêmes, XVI, 310. B. M. — projet d'incorporation à l'évéché de Constance, XVI, 313. B. M. — étude sur son école poétique, XVIII, 87. B. M. — sources historiques de cette abbaye, X, 87. B. M. — son trésor XVIII, 435. B. M. — son école de peinture, XXI, 86. B. M.

Reinhardtsbrunn, (abbaye de) ses chroniques, XIII, 326, B. M. — XV, 168. B. M.

Reinhausen, (abbaye de) son histoire, XIV, 325. B.M.; 547. B.M. — accepte la réforme de Bursfeld, XVI, 403.

Reinhausen, (Herman comte de) introduit les bénédictins à Rein-

hausen, vers 1112, XIV, 547. B. M.

Reimarus, (Herman Samuel) son rationalisme, XIV, 50, Voir Protestantisme.

Reims — Sens, procès-verbal du Chapitre de la province de Reims et de Sens, tenu à S. Remi de Reims, le 26 avril 1348, XI, 137. — liste des monastères de cette province avec les indications des taxes, XIX, 407.

Reiner de Ste Marguerite, abbé de S. Jacques de Liège, envoie des moines relever l'abbaye de Florennes, VI, 69 ; XI, 6. — relève celles de S. Mathias de Trèves, de S. Laurent de Liège, ibid.

Reiner, moine S. Laurent de Liège, célèbre écrivain ; notes curieuses sur les débuts de sa carrière littéraire, VII, 21, 22.

Reindorf, (abbaye de) notes sur ses cloches, XV, 554. B. M.

Reliques, (Saintes) usage de les porter suspendues au cou, XV, 126, 127.

Remacle (S.) les fêtes du XIIe centenaire de Remacle à Stavelot, VIII, 522.

Remiremont, (abbaye de) lettres de D. Mabillon à l'abbesse Dorothée de Salm, X, 415. — Le *Liber vitæ* et le nécrologe de Remiremont, 559 — Teuthilde (821-22) 3e abbesse depuis l'introduction de la Règle de S. Benoît, 559. — les 5 premiers siècles de son histoire, XV, 308, B. M. — notice, XVIII, 228, B. M. — S. Romary et sa donation en faveur de l'abbaye, XIX, 290. B. M.

Remouchamps, (Martin de) célèbre abbé de Florennes, VI, 70.

Remse, (prieuré) dépendant de Bürgel, XIII, 327. B. M.

Remy, d'Auxerre, son commentaire inédit sur le *Disticha Catonis,* XX, 192. B. M. — son commentaire sur la grammaire de Donat, XX. 393. B. M.

Renaud, abbé de Marmoutier, demande à Charles le Chauve un diplôme de confirmation des privilèges accordés à son abbaye par Charlemagne et Louis le Pieux ; étude de ce document. XV, 550. B. M.

Renée de Lévy, abbesse de S. Laurent de Bourges, permet à Calvin, étudiant à Bourges, de prêcher dans son abbaye. IX, 388.

Requesens, XI. 366.

Rerum novarum, l'Encyclique *Rerum novarum,* analyse de ce document, VIII, 289 sqq. ; examen de la question ; si ce document émane de l'autorité infaillible du pape parlant *ex cathedra,* 337 sq. ; réponse négative, 338 sq. ; son autorité doctrinale, 340 sqq. ; adhésion qu'elle exige, 342: réponse à M. Perriot. 425 sq.

Resch. Voir Agrapha.

Respitz, (Nicolas de) abbé des Ecossais de Vienne, XII, 208.

Rethère, abbé de Prüm, correspondant de Ulric de Steinfeld, XIV, 159. B. M.

Reticius d'Autun, méprise de Harnack à la p.752 de son ouvrage *Geschichte der altchristlichen Litteratur bis Eusebius.* XIII. 340 ; confond Béringer de de Tillemont avec Pierre Bérenger, disciple d'Abailard,340, cfr. Migne P. L. 178, 1864 b., Pitra, Spicil.Solesm.I, p.XXXV et 170.

Rétines, (Robert de) traduit le Coran pour Pierre le Vénérable, X, 562.

Rettel,(prieuré de)remis aux Chartreux de Marienflüss, XII. 102.

Rettenbacher,(D.Simon) moine de Kremsmünster, XII, 508. B. M. XIII, 506. B. M. — ses voyages, XVIII, 210. 211. B. M.

Retz, (Thomas de) abbé de Lambach, XII, 305.

Retz, (Cardinal de) abbé commendataire de la Chaume, près Machecoul, XI, 105.

Retz, (pays de) étude sur... XI. 217. B. M.

Reuber, (Jean) abbé de Maria-Laach, X, 81.

Reuchlin, (Simon) abbé de Mondsee, XII, 292.

Revelli, (S. Benoît) évêque d'Albenga au IXe siècle, notice, XX, 191. B. M.

Révolution bénédictine au XVe siècle ; la Congrégation de Ste Justine de Padoue. XIII, 511. B. M.

Reyner, (D. Clément) moine de la Congrégation anglaise, fait des démarches près de la Congrégation de Bursfeld pour s'établir dans un de ses monastères ; refuse Cismar, accepte Rintelin en Westphalie, fondation de courte durée, les moines se réfugient à Lambspring, X, 417. — prieur de S. Pierre à Gand, XII. 148. — profès de Dieulwart et 1er abbé de Lambspring. XV. 77. note 1.

Reyngodt, (Laurent de) abbé d'Eename. visite S. Adrien de Grammont : compliment en vers que lui adressent les élèves du Collège abbatial. IX, 521.

Reynistadr (abbaye de) en Islande, son histoire, ses abbesses, XV, 197.

Rheinau (abbaye de) l'abbaye et la Révolution suisse, XIII, 327. B.M. — étude sur cette abbaye à l'époque de la Réforme, XVIII, 434. B. M.

Rhétorique, (Ecole de) à Tournai en 1482, notice ; membres, X, 233.

Rhode, (Jean de) d'abord Chartreux à Trèves, puis abbé bénédictin de S. Mathias de Trèves, y introduit la réforme monastique secondé par des moines de S. Jacques de Liège. XI, 6, 7 : XII, 97 sqq.

Rhode-Sainte-Agathe, cédé en partie à N. D. de Basse-Wavre, XIV, 474.

Rich, (Hugues) martyrisé sous Henri VIII, IV, 25.

Richard, (évêque de Liège) abbé de Lobbes, le siège de Liège lui est contesté par un moine de Lobbes, Hilduin, sacré par l'archevêque de Cologne ; le Pape Jean X se déclare en faveur de Richard, V, 372.

Richard de Verdun, (Bᵉᵘˢ) relève l'ordre monastique dans de nombreuses abbayes, V, 394.

Richard, ancien moine clunisien, abbé du Mont Saint-Michel, abdique sur l'ordre du cardinal légat du Pape, Matthieu d'Albano, et se retire à S. Pancrace de Lewes. XVIII, 129.

Richarde, collaboratrice de Sᵗᵉ Hildegarde, XXI, 302.

Richardot, (François) évêque d'Arras, XI, 265, 266.

Richelieu, (cardinal de) prend une part active au développement de la Congrégation de S. Maur ; il était abbé commendataire de S. Benoît s/Loire et de Marmoutier, XIV, 404. — protecteur de la Congrégation de S. Maur à son début, XVIII, 6 — supérieur-général de Chezal-Benoît, 10.

Richer, moine de Waulsort, écolâtre. Est-il bien l'auteur des deux opuscules sur la translation des SS. Candide et Victor et sur celle de trois corps des compagnes de S. Ursule ? IX, 380.

Riedenthal, (Etienne de) réforme l'abbaye de Seitenstetten, XII, 290, note 2. — abbé de S. Pierre de Pirano en Istrie, XII, 294.

Riedwijk, (Thierry van) XIII, 313.

Rijnsburg, (abbaye de) notice, VII, 545. — accepte la réforme de Bursfeld, XVI, 499.

Rijsbergen, (prieuré de) dépendance de S. Bavon de Gand, VII, 550.

Ringodt, (dom Laurent de) abbé d'Eename, XII, 151.

Rintelin, (monastère de) en Westphalie, offert par la Congrégation de Bursfeld aux Bénédictins anglais qui y font une fondation de courte durée ; les moines sont chassés par les protestants et s'établissent à Lamspring, X, 417.

Rio de Janeiro, (abbaye de) sa fondation par deux moines de Bahia, (1589), — moines célèbres de ce monastère, XV, 416, 417.

Riquier, (S.) son ancienne vie, (étude et texte), XXI, 87. B. M.

Risby, (Richard) Henri VIII le fait arrêter et mettre à mort, IV, 25.

Rithen, (Dithmar de) abbé de Mönchen-Nieubourg, XVI, 556.

Rithove, (Martin) ancien président du S. Esprit à Louvain, doyen du chapitre de S. Pierre, reçoit chez lui Mathieu Moulart, XI, 248. — évêque d'Ypres, 302.

Rithoven, (Thomas Cox) prévôt d'Arras, XI, 311.

Ritschl, ne voit dans le Nouveau Testament qu'un récit historique de la vie et de l'œuvre du fondateur du christianisme et l'histoire de son établissement par les Apôtres, XIV, 53 ; — nie le miracle et le surnaturel du christianisme, ibid. ; Voir Protestantisme.

Rivet, (D.) XV, 223.

Rivol, (Antoine de) évêque de Dol, invite les 1ers moines de la Société bénédictine de Bretagne à prendre possession de l'abbaye de Tronchet, XI, 102.

Robert, abbé de S. Gérard, rétablit la discipline à l'abbaye de Lobbes, V, 179. — assiste au Concile de Latran, etc., V, 398.

Robert, évêque du Mans, à la prière de la reine Richilde envoie des reliques de Ste Scholastique à Juvigny-les-Dames, XV, 128.

Robert, chanoine de Blois, fait la visite canonique de S. Vaast d'Arras avec deux autres, XIV, 372.

Roberts, (Vble Jean) notice détaillée, XII, 258, 316, 358, 397, 456, 558 : XIII, 16, 154, 260, 412, 444, 557 : XIV, 9, 77, 124. — ses lettres, XIX, 308. B. M. — découverte de ses reliques à Douai, XX, 269. B. M.

Robigalia, fête païenne, son origine, VI, 199.

Robson, (D. Joseph) prieur de Lobbes, rédige la lettre par laquelle les abbés bénédictins de la Congrégation des Exempts de Flandre acceptaient la bulle *Unigenitus*. XII, 151. — Sa lettre au Chapitre de la Congrég. de S. Maur au sujet des discours de D. Martène contre l'abbaye de Lobbes, etc. XIII, 153, 224.

Robuste, évêque suffragant de Reims, XV, 17.

Rocca Fallucca, (abbaye de) documents, XIX, 285. B. M.

Roche, (Andronin de la) ancien abbé de Cluny, XI, 349.

Rochet, (dom de) dernier supérieur de S. Martial d'Avignon, XI, 357.

Rochefoucault, (de la) archevêque de Rouen, abbé général de Cluny, XII, 157.

Rochefoucault, (Jean de la) abbé commendataire de Cormery, fait visiter son abbaye par des Cazaliens, et adopte deux ans plus tard les statuts et les cérémonies de Marmoutier, XVII, 122.

Rochechouart, (Marie de) abbesse de N. D. de Charenton, unit son abbaye à Chezal-Benoît ; sa belle réponse aux Pères de Chezal-Benoît au sujet de l'abstinence, XVII, 123. — dirigeait aussi l'abbaye de Saint-Menoux, 125.

Rode, (Jean de) voyez Rhode.

Rodenberg, (D. Conrad de) XV, 314. B. M.

Roderique, (D. Ignace) revendique la primauté de Malmédy sur Stavelot, XVI, 179. B. M.

Rodolphe, écolâtre de S. Trond, VI, 507.

Rodolphe, abbé de S. Vannes, et la fondation de l'abbaye d'Altmünster à Luxembourg. XIV, 320. B. M.

Rogations, (Les) leur origine (vers 474. S. Mamert) — leur introduction dans les différentes Eglises et enfin leur adoption par l'Eglise romaine, III, 111.

Roger, (D. Gaspard) succède à D.Luiteux comme abbé de Liessies; est bénit par Mgr Eug.Desbois, évêque de Namur : envoie une colonie à S. Gérard, V, 221.

Roger, abbé de S. Vaast, XI, 171, note 2.

Roger de Sicile,(comte)restaure et fonde de nombreux monastères en Sicile, V, 553.

Roger le Normand. comte. érige un évêché et bâtit une magnifique abbaye à Mileto, XV, 89.

Rohan, (cardinal de) XVI. 357.

Rolland, (dom Guillaume) visiteur de la Congrégation de Chezal-Benoît, XVII, 120.

Rolle, (D. Anselme) notice XX, 399. B. M.

Rolle, (D. François) religieux de Fleury-s/ Loire, nommé visiteur de la Congrégation des Exempts de France, XIV, 400. — élu 1er général de la Congrégation, 401. — son zèle pour le rétablissement de la discipline monastique. 405.

Romain, (S.) appréciation de sa vie par M. Leclerc, X, 555.

Romainmôtier, (abbaye de) notice historique, XVII, 311. B. M.

Romary, (S.) fut-il marié ? sa donation au monastère de Remiremont ; en quoi consiste-t-elle ? XIX, 290. B. M.

Rome, monastères bénédictins à Rome au Moyen-Age. IV. 262.

— Rome monastique du VIe au XIIe siècle. 263. sqq. — coup d'œil sur la marche des affaires en Cour de Rome, VII, 85 sqq. —La ville des Papes revue après 15 ans, XI, 220 sqq.

Romuald, (S.) fonde les Camaldules, IV, 356. — hommes illustres de son ordre, IV, 358, 359.

Roore, (D. Antoine de) abbé de S. Martin de Tournai en 1622, XI. 176.

Rorate Cœli, considération liturgique sur cette prière ; explication littérale et mystique, XV, 425.

Rormayer,(D. Jean) profès de Mallesdorf, puis de Melk en 1424, abbé de Mariazell. XII, 210.

Rosaire, (fête du S.) analyse et description du nouvel office composé par Léon XIII, V, 433, — Considérations sur le... VI, 433.

Rosazzo, (abbaye de) près Udine, son nécrologe, du XIIIe s., XIX, 293. B. M.

Roscamp, (D. Bernard) moine de Werden, ses écrits, XIV, 543. B. M.

Rösch, (D. Ulric) abbé de S. Gall, second réformateur de l'abbaye, notice, XX. 397. B. M.

Rosenheim, (D. Pierre de) prieur de Melk, réformateur de plusieurs monastères, ses travaux littéraires, XII, 209, 290,note 2, 303 — XV, 314. B. M.

Roset, (D. Pierre) abbé de S.Airy à Verdun,XIII, 262.

Rosette, (D. Jacques) cistercien, abbé de Vaucelles, XI, 418.

Rosheim,(monastère de)en Alsace, Bénédictines du S. Sacrement, fondé en 1862. IX. 482.

Rosières-Saint-André, village près de Basse-Wavre, préservé de la peste par N.D. de Basse-Wavre. XIV, 473.

Rosmini-Serbati, (Antoine) notice, exposé et condamnation de sa doctrine, V, 199, 200.

Rossis, (Louis de) cardinal du titre de S. Clément, abbé commendataire de S. Martin de Tournai, XI, 169.

Rosslyn, The Rosslyn Missal, XVI. 286 sq.

Rost, (Maur) abbé d'Iburg en Westphalie, XII, 505. B. M. — XX, 192. B. M.

Rottmanner, (Dom Odilon) sa dissertation : *Der Augustinismus, eine dogmengeschichtliche Studie,* IX, 529. Voir Prédestination.

Rottum, (abbaye de) notice, VII, 413.

Rouen, (monastère de) de la Congrégation des Bénédictines du S. Sacrement, notice, VIII, 299.

Rougemont, (prieuré de) au comté de Gruyère (Suisse), XII, 79. B. M.

Rouleau, (des morts) provenant de S. Trond (1450); notes et nomenclature des monastères par où a passé le message funèbre, IX, 327.

Rousseau, (D. Claude) concourt au projet J. N. Moreau, (voir ce nom) XV, 349, 437.

Rousset, (dom Antoine) recteur du collège S. Martial d'Avignon, XI, 352.

Ruben, (Léonard) abbé d'Abdinghof, XI, 214.

Rudenberger, (D. Etienne) moine de Monsee, XII, 305.

Rüdesheim, (Rodolphe de) évêque de Breslau, XVI, 552.

Rudolphe, fils de Conrad I, comte de Luxembourg, moine de S. Airy, puis abbé de S. Vannes à Verdun, XIII, 174. B. M.

Rudolphe, évêque missionnaire anglais, organise le monachisme en Islande, fut plus tard abbé d'Abingdon en Angleterre et y mourut, XV, 152.

Rue, (D. Charles de la) lettre à D. Guill. Le Seur, XV, 215 ; XVI, 356.

Rufin, recension grecque complète de son ouvrage : *Historia monachorum in Ægypto,* XIV, 529. B. M.

Rugg, (D. Jean) martyrisé, IV, 81.

Ruinart, (D. Thierry) lettre à D. Ed. Martène, XVII, 142 ; XIX, 84. B. M.

Ruinen, (abbaye de) notice, VII, 501.

Rumigny-Florennes, (Seigneurs de) *Gérard*, plus tard évêque de Cambrai fonde l'abbaye de Florennes en 1010, avec l'aide de ses frères, VI, 60 — *Elbert*, frère de Gérard, devient le 1er abbé de S. André du Cateau-Cambrésis, 64.

Rumpler, (D. Ange) moine de Formpach, XII, 306.

Ruotbert, abbé de Prüm, XV, 314. B. M.

Rupert de Deutz, moine de S. Laurent de Liège, disciple de l'abbé Bérenger, son poëme sur la simonie et les troubles de l'Eglise et des abbayes du diocèse de Liège sous l'évêque Otbert, V, 176. — événements surnaturels de sa vie, soutient une dispute théologique contre Guillaume de Champeaux, évêque de Châlons s/Marne et contre

Anselme de Laon, persécuté à cause de cela se réfugie à Siegbourg, devient abbé de Deutz, ses écrits théologiques, VII, 17, 18. — sa controverse avec S. Norbert, 452. — édition correcte de son opuscule. XV, 168. B. M. — étude sur sa théologie. XX, 395. B. M.

Rupert de Jésus, (D.) abbé de Rio de Janeiro ; sous son gouvernement l'abbaye prend une grande importance, XV, 417.

Rupertsberg, (abbaye de) description d'un antipendium du XIIIe siècle de cette abbaye, XVII, 306. B. M.

Russie, la Russie et le S. Siège, incident diplomatique au XVIe siècle. VII, 70. — Rome et la Russie : possibilité de l'union avec l'Eglise romaine. XII, 1.

Rutant, (Gabriel de) abbé de Munster en Alsace, sa correspondance avec le cardinal Passionei, (1723 à 1727) relative à l'achat de livres et aux troubles du Jansénisme dans la Congrégation de S. Vannes, XVII, 422. B. M.

Ruteau, (D. Benoît) premier regent du Collège S. Adrien de Grammont, auteur d'une vie de S. Adrien, IX, 517. — moine de S. Denys en Brocqueroie, envoyé à S. Hubert pour s'y rendre compte de l'observance monastique réformée, XIII, 349.

Ruthart (Lubert) abbé de S. Jacques de Mayence, réformateur de Johannisberg, XVI, 552.

Ryckel, (Guillaume de) abbé de S. Trond et les reliques des Saints de Cologne, XVI, 270 — Son livre de comptes, XIII, 503. B. M. — note. XX, 194. B. M.

Rym (Gérard) abbé du Mont Blandain à Gand. VI, 309. — XIII, 545 sqq. — XII, 26, 149.

Rythme, dans le chant grégorien d'après Guy d'Arezzo. XX, 419. B. M.

S.

Sabatier, (D. Pierre) ses travaux sur l'ancienne Italique, XV, 81.

Sabourg, la fin du monnayage des abbés de Lérins à Sabourg, XV, 553. B. M.

Sachs, (Jean) abbé de S. Lambrecht. XII, 302.

Sacré, (D. Gérard) moine de S. Gérard, passe à S. Denis en Brocqueroie, ses ouvrages V, 221. — XIV, 297.

Sacré-Cœur, (de Jésus) la dévotion au Sacré-Cœur de Jésus dans l'Ordre bénédictin, II, 202, 270, 328, 392. — Elévation sur le Sacré-Cœur, V, 241 sqq. — Quel est l'objet propre du culte du S. Cœur ? le cœur et l'amour de J. C. — Est-ce l'amour humain du Christ comme homme ou l'amour divin du Christ comme verbe du Père ? Dans cet amour humain que veut-on considérer spécialement ? Peut-on, dans les formules de prières au S. Cœur, adresser légitimement au Cœur divin des demandes ou des hommages qui visent directement l'âme de Jésus ou même sa divinité ? VII, 553, sqq. — Décret du S. Office concernant l'iconographie et la littérature Eucharistiques, VIII, 414. — Révélation faite à une bénédictine de Mons touchant le

S. Cœur, et cela 12 ans avant l'entrée en religion de la B^se M. Marie, IX, 140.

Sacristain, le frère sacristain, portrait d'outretombe. VI, 562.

Sadler, (D. Robert) reçu à la profession par Dom Sigebert Buckley, V, 274.

Saënz, ses dispositions testamentaires, sa tombe. XIV, 20, B. M. voir *Aguirre*.

Sagesse, (la) la demeure de la sagesse : — les Livres Sapientiaux objet de lecture de l'office divin durant le mois d'août. — Comment l'homme a soif de la sagesse. — L'Eglise demeure de la sagesse. — Les sept colonnes taillées par la sagesse. — Pourquoi la sagesse a su immoler des victimes. — Le vin mélangé et la table servie par elle — servantes envoyées par la sagesse. — Sommets bénits où la sagesse nous donne rendez-vous. — Marie et la sagesse, II, 257, 258, 259, 260, 261. — L'œuvre de la sagesse rendue stable dans les saints, 322.

Saint-Abacuc, (abbaye de), Amalric, moine de Floreffe, en est le 1er abbé, V, 554.

Saint-Adrien de Grammont, (abbaye) inventaire des objets précieux et des tapis de cette abbaye (Pirenne), X, 419.

Saint-Adrien, (collège bénédictin) à Grammont, notice, IX, 517 — travaux poétiques sortis de ce collège, 518. sqq.

Saint-Alban, (abbaye de) en Angleterre, son histoire au Moyen-Age par Mr Aug. Jessopp. X, 418.— description, XV, 174. B.M.

Saint-Alban de Mayence, (abbaye) sécularisée par Martin V, à la demande des moines et de l'abbé, XVI, 389.

Saint-Alexandre, (des Mirdites) en Albanie, abbaye *nullius* rétablie par Léon XIII en 1888, notice, X, 226.

Saint-Allyre de Clermont, (abbaye de) prend la réforme de Chezal-Benoît, XVII, 41.

Saint-Allyre, (collège de) XV, 338.

Saint-Amand, (abbaye de) 2 chartes de visite canonique de cette abbaye, XI, 136, 137, — les Exempts de Flandres, XI, 543,— inventaire du trésor, XII, 81. B. M. — notice sur l'abbé N. du Bois, XVI, 462. B. M.

Saint-Ambroise de Milan, (abbaye de) actes concernant la nomination de l'abbé (1436). XVIII, 311. B. M.

Saint-André, (abbaye de) réformée en 1514 par des moines de Gembloux, adopte les constitutions de Bursfeld en 1516. XI, 9. — XIV, 474.

Saint-André de Villeneuve-les-Avignon, (abbaye de) étude sur ce monastère et ses abbés, XV, 550.B.M.— étude sur la réforme de S. Maur dans cette abbaye. XVI, 311. B. M.

Saint-Angel, (monastère) son état matériel en 1702, XV, 554.B. M.

Saint-Anian, (abbaye de) son histoire, XIV, 31, 324. B. M.

Saint-Anselme, (abbaye-collège) notice sur le collège, IV, 323. Lettre de Léon XIII, à Mgr Dusmet sur son rétablissement III, 565. — sa réouverture en 1888, V, 93 — pose de la 1re pierre du nouveau collège S. Anselme sur l'Aventin

— réunion des Abbés de l'Ordre bénédictin, liste des abbés présents ou des représentants des absents, X, 279. — Organisation et personnel de collège en 1894, XI, 39. — Description, XIV, 32.

Saint-Antoine, (monastère de) à Montigny-les-Metz. notice, XX, 281. B. M.

Saint-Arnoul de Crépy, (abbaye de) liste des manuscrits XX, 418. B. M.

Saint-Arnould de Metz, (abbaye de) diplômes de 956 à 1257, revenus de l'abbaye en 1315, XX, 275. B. M. — son martyrologe, XX, 283. B. M.

Saint-Astier, (Ursule de) réformatrice de S. Maur de Verdun, XII, 331. B. M.

Saint-Athanase, (Collège grec) notice sur ce collège et sur les collèges catholiques orientaux à Rome, X, 262 XV, 89.

Saint-Aubin d'Angers, cartulaire, XIV, 324. B. M. — chapitres généraux tenus dans cette abbaye, (XIVᵉ-XVIᵉ siècles), XVIII, 215. B. M. — examen de quelques documents de l'époque carolingienne, 224. B. M. — son cartulaire, XXI, 84. B. M.

Saint-Augustin de Cantorbéry, (abbaye) son histoire, XX, 279. B. M. — son Coutumier, XX, 408. B. M.

Saint-Augustin de Limoges, état matériel du monastère en 1702, XV, 554. B. M. — notes biographiques sur quelques moines de cette abbaye, XIX, 309. B. M. — XX, 268. B. M.

Saint-Avit de Châteaudun, (abbaye) sommaire des chartes,

notes sur cette abbaye après la Révolution, XVI, 175. B. M.

Saint-Avold, (abbaye de) charte de la visite canonique faite par les abbés de Maria-Laach et de Mettlach en 1483, XV, 135.

Saint-Bénigne, (abbaye de) à Dijon, XIII, 175. B. M. — histoire, XVIII, 318. B. M.

Saint-Benoit, (Szent Benedek) (abbaye de) X, 559.

Saint-Benoit, (collège de) fondé à Montpellier par le Pape Urbain V, sécularisé en 1536, notice, X, 155, 156.

Saint-Benoit-sur-Loire, XIV, 323. B. M. — Historiographie ; les miracles de S. Benoît, XV, 175. B. M. — Alexandre II confère à l'abbé de ce monastère la primauté parmi les abbés de France, XVII, 153. — Documents inédits sur cette abbaye, 168, — sa bibliothèque, 169. — Mémoire sur le *Testamentum Leodebodi*, acte de fondation de l'abbaye, XVII, 166. B. M. — description de l'église abbatiale, XX, 284. B. M.

Saint-Benoit de Polirone, (abbaye) son histoire, XV, 172. B. M.

Saint-Benoit de Portesano, (prieuré) de l'ordre de Cluny, près Trezzo (Italie), XII, 332. B. M.

Saint-Bernard, (abbaye de) située dans l'Alabama (Amérique), sa fondation, XV, 544. B. M.

Saint-Bernard, (abbaye de) près de Horn ; les bénédictines de Göttweig s'y transportent, XV, 553. B. M.

Saint-Bernard, (collège cistercien) fondé à Paris au *Cardinetum*, propriété de tout l'ordre cistercien, X, 146.

Saint-Bernard, (collège) de Prague, X, 565.

Saint-Bertin, (abbaye de) et la réforme lorraine.XIV,60 et suiv.— peintures attribuées à Memling, XV, 172. B. M. — épigraphie de S. Bertin, — registre relatant le siège de Saint-Omer, ibid.— note sur un fragment d'un *Liber confraternitatum* de S. Bertin, XVI, 452, B. M.

Saint-Bertin, (prévôté) à Poperinghe, XVII, 431. B. M.

Saint-Blaise dans la Forêt-Noire, correspondance des moines avec M. de Turckheim relativement aux papiers et manuscrits de Grandidier, XIV. 540. B. M. — conflit avec Petershausen au sujet du prieuré de Mengen, XVII, 169. B. M.

Saint-Calais, (abbaye de) la vie de cette abbaye aux XIVe et XVe siècles, XIX, 289. B. M. — son histoire, XX, 276. B. M.

Saint-Calocère à Albenga, (abbaye de) XIV, 29. B. M.

Saint-Chaffre du Monastier, (abbaye de) X, 558.

Saint-Chiniau de la Corne, (abbaye de) notice, XIV, 546. B. M.

Saint-Claude, (abbaye de) histoire XII, 217 sqq.

Saint-Clément de Casauria, (abbaye de) fondée entre 872 et 874 par l'empereur Louis II, sa chronique célèbre, X, 418.

Saint-Corneille, (abbaye de) à Compiègne, son cartulaire, XI, 380. B. M. — l'évêque de Soissons attaque la juridiction de cette abbaye, XVI, 179. B. M.

Saint-Crépin le Grand, (abbaye de) XVI. 315. B. M.

Saint-Cyprien de Poitiers, (abbaye de) D. Fonteneau y travaille à l'histoire générale du Poitou ; démêlés du prieur D. Cailhava, avec D. Fonteneau XV,339, 351.

Saint-Cyr-sur-Morin, XIII, 511. B. M.

Saint-Denis (Collège de) à Paris, fondé par Matthieu, abbé de Vendôme, en 1263, terminé sous l'abbé Renaud de Giffard en 1288, notice, X, 153.

Saint-Denis de Nogent-le-Rotrou, (abbaye de) histoire et cartulaire, XIV. 546. B. M.

Saint-Denis de Paris, (abbaye de) XII, 504. B. M. — contribution à l'histoire littéraire de... XIV, 321. B. M. — messe grecque en usage dans cette abbaye, XIV, 321. B. M. — chef-lieu d'une Congrégation bénédictine dite de S. Denis ; monastères qui en faisaient partie, XIV. 403. — ses richesses artistiques : ses annales (récit du moine Théophile),XIV, 549. B. M. — XVI, 177. B. M. — notes d'après les enquêtes faites en Cour de Rome pour l'application du Concordat 1517-1518, XVI, B. M. 315. — tradition des plus anciennes bulles et leur authenticité. XIX. 290. B. M. — son trésor en 1505 et1739, XX,284, 411. B.M.— son école historique et ses rapports avec la composition des *Grandes chroniques de France*. XX, 397. B.M.

Saint-Denis en Brocqueroie, (abbaye de) moines célèbres par leur science, XIV, 297.

Saint-Dié, (prieuré de) donné par Charlemagne à Saint-Denis de Paris, XII. 504. B. M.

Saint-Dizier, église donnée au prieuré de N. D. de Nancy. XV. 173. B. M.

Saint-Dominique de Silos, (abbaye de) ses cloîtres, XV. 175. B. M.

Saint-Edmond, (abbaye de) fondée en 1619 au faubourg S. Jacques à Paris par Mgr Gifford, alors évêque d'Archidal, occupée par la petite communauté anglaise venue de Dieulwart et installée par l'abbesse de Chelles (1615) dans ce même faubourg, sous le vocable de S. André, — église du monastère bâtie en 1674, consacrée en 1677 par l'abbé de Noailles, — Louis XIV contribue à sa construction pour 7000 livres, I. 380. — La communauté reprend le monastère S. Grégoire de Douai, en 1818. S. Edmond en devient le nouveau patron. 381. — ses origines, XX. 279. B. M.

Saint-Edmond de Bury, (abbaye de) XII, 279.

Saint-Emmeran de Ratisbonne, (abbaye de) notice sur le prince-abbé Kraus : correspondances des moines avec les Mauristes, XVI. 319. B. M. — liste des correspondants français des moines bavarois. 321. — faux diplômes d'exemption XVII, 168. B. M. — ses relations scientifiques avec S. Germain-des-Prés, XVIII, 223. B. M. — catalogue de sa bibliothèque, XX, 418. B. M.

Saint-Esprit, (Congrégation bénédictine du) fondée en 1685 dans la Basse-Souabe, XV, 547. B. M.

Saint-Etienne, (abbaye de) à Jérusalem, sa fondation, V, 502.

Saint-Etienne de Namèche, (prieuré) XIV, 28. B. M.

Saint-Etienne de Wurzbourg, (abbaye de) XII, 333. B. M. — diplômes pontificaux, de 1228 à 1452. XIV, 323. B. M.

Saint-Etienne du Mas-d'Azil, (abbaye de) son histoire, XV, 549. B. M.

Saint-Eusèbe, (monastère de) à Saluces, documents, XX, 412. B. M.

Saint-Evroult, (Thierry de) voir Thierry de...

Saint-Evroult, (abbaye de) procès-verbal du pillage des objets sacrés, sa bibliothèque etc. XVIII, 227. B. M.

Saint-Faron de Meaux, (abbaye de) chapitre général de 1410, XIV, 27. B. M.

Saint-Félix de Guixols, (monastère de) notes sur son histoire, XVIII, 310. B. M.

Saint-Florent de Saumur, (abbaye de) étude critique de quelques documents de l'époque carolingienne concernant cette abbaye, XVIII. B. M.

Saint-Florent-le-Viel, (abbaye de) en Anjou, mémoire sur des documents carolingiens de cette abbaye : faux diplômes de Charlemagne et de Charles-le-Chauve, XVII, 167.

Saint-Gall, (Hugues de) moine de Melk, XII, 304.

Saint-Gall, (abbaye de) catalogue des abbés, XIV, 165. B. M. — études sur son école poétique, XVIII, 87. B. M. — sur ses plus anciens diplômes, XVIII, 432. B. M.

Saint-Genest, (prieuré de) à Perrusson, dépendance de Cormery, notice, XVII, 314. B. M.

S. Georges am Längsee (abbaye de) XII, 299.

Saint-Georges-dans-la-Forêt-Noire. XII, 278. B. M.

Saint-Georges dans la Montagne-noire, (abbaye de) notice. V, 561.

Saint-Georges de Boscherville, (abbaye de) monographie, XVI, 455. B. M.

Saint-Georges de Labaëne, (abbaye de) notice V, 561.

Saint-Georges de Rennes (abbaye de) ses dernières religieuses, XVIII, 230. B. M.

Saint-Georges de Stein. (abbaye de) notice, XX. 416. B. M.

Saint-Gérard. (abbaye de) étude sur l'histoire de cette abbaye bénédictine, V, 169, 216.

Saint-Germain des Prés, (abbaye de) correspondance des religieux avec des savants lyonnais, X, 560. — ses principaux droits, XIII,326.B.M.—nécrologe,XIII, 507.B.M. — scandales donnés par 28 moines de cette abbaye, XV, 433. — classement des archives, XV, 552. B. M. — XVI, 177. B. M. — prend la réforme de Chezal-Benoît à l'instigation de Louis XII, de la reine Anne et de l'abbé commendataire, Guillaume Briçonnet, évêque de Lodève. XVII. 113, 114. la réforme de S. Maur y est introduite; difficultés à ce sujet avec Chezal-Benoît, XVIII, 8.—relations scientifiques avec S.Emmeran de Ratisbonne, XVIII, 223. B. M. — état de l'abbaye au XIVe siècle, XVIII. 434. B. M. — son école historique dans ses rapports avec la composition des *Grandes chroniques de France,* XX, 397. B. M.

Saint-Gervais. (monastère) près Belluno, actes et souvenirs, XX, 416. B. M.

Saint-Ghislain, (abbaye de) notice, VI. 402, 451, 547. — tentative de sécularisation en 1430 et de transformation en collégiale : dignitaires projetés pour le Chapitre. XVI.88, — la réforme lorraine dans cette abbaye.XIV,253.

Saint-Ghislain, (ville de) poëme sur la prise de cette ville en 1657, XIX, 91. B. M.

Saint-Gildas de Ruis (abbaye de) XIV. 407. — notice, XVII 310. B. M.

Saint-Gilles. (abbaye de) sa détresse pendant le grand schisme d'Occident; supplique de l'abbé Salvator Guillemi, à l'empereur Sigismond de Luxembourg, XVIII. 227. B. M.

Saint-Gilles de Brunswich (abbaye de) extraits des Annales de l'abbaye jusqu'en 1162, XV, 168. B. M.

Saint-Godehard, (abbaye de) à Hildesheim, XIV, 30. B. M. — visite du Cardinal de Cuse, XVI, 497. — contrat pour la construction de l'orgue, 1512, XX, 284. B. M.

Saint-Grégoire de Douai, (abbaye de) XII. 505. B.M. — liste exacte de ses prieurs, XIII, 510. B. M. — notice, XX, 416. B. M.

Saint-Grégoire de la Riazza Armerina, (prieuré de) ses rapports avec l'Université de Catane au XVe siècle, XIX, 291. B. M.

Saint-Guen, (prieuré de) près Vannes, dépendance de l'abbaye Saint Gildas de Ruis ; notice historique. La commission chargée d'instruire sur la vie et les miracles de S. Vincent Ferrier y tient ses séances, du 21 nov. au 8 déc. 1453, XVIII, 226. B.M.

Saint-Hilaire de Poitiers, les chanoines cèdent à l'abbaye de Marmoutier l'église de Ste Lienne à La Roche-sur-Yon. en 1092, XV, 552. B. M.

Saint-Hilaire du Nus, (prieuré) dans la vallée d'Aoste, dépendance de l'abbaye d'Ainay, notice, XX. 411. B. M.

Saint-Hubert, (abbaye de) notice. VI, 355, — documents historiques sur cette abbaye (Daris), X, 418. — la ville et l'abbaye, XIII, 175. B. M. — la réforme de cette abbaye, dite réforme de Lorraine, XIII, 258. — actes de vente du refuge de l'abbaye à Malines, à l'hospice Oliveten, XV, 175. B. M. — ses origines et son développement. XV, 309. B. M. — documents relatifs au rachat de l'église abbatiale de S. Hubert, XVI, 175. B. M. — ses écoles aux XVIIe et XVIIIe s., 228. B. M. — *Cantatorium* ou Chronique de ce monastère ; dissertation sur son auteur. Est-ce bien Lambert le jeune ? XVIII, 433. B. M. XIX, 289. B. M. — ses chartes, XX, 406. B. M.

Saint-Hubert, (D. Antoine de) moine célèbre de Maria-Laach, X, 81.

Saint-Jacques, (abbaye de) de Liège, foyer de réforme, XI, 5. — Visite canonique du 6 mars 1447, procès-verbal, XIV, 375. — notice sur sa bibliothèque, XX, 282. B. M.

Saint-Jacques, (abbaye de) à Ratisbonne, XII, 298.

Saint-Jacques, (prieuré de) de Neufchâteau, XIV, 320.

Saint-Jacques de Pirmil, (prieuré) diocèse de Nantes, dépendance de S. Jouin-de-Marne, occupé par les Mauristes en 1694 ; son histoire, XVI, 174. B. M.

Saint-Jacques du Haut-Pas, (église) à Paris, notice histor. sur ses reliques provenant de l'ancienne abbaye de S. Magloire, XVI, 312.

Saint - Jacques - sur - Caudenberg, (abbaye) siège des Bollandistes depuis 1778, XVI, 195.

Saint-James de Beuvron, (prieuré de) dépendance de S. Benoît sur Loire, son histoire, XV, 172. B. M.

Saint-Jean ad Vestem, (église) à Rome, VI, 153.

Saint-Jean d'Angely, (abbaye de) son cartulaire, XIX, 284. B. M.

Saint-Jean de Jérusalem ou de l'Hopital, (Ordre de) cet ordre est-il le continuateur de l'Hopital de la Latine à Jérusalem, ou bien doit-on lui attribuer une origine purement militaire ? Discussion à ce sujet, V, 505 et sqq. 546.

Saint-Jean de Corias, (abbaye de) notice, XVI, 453. B. M.

Saint-Jean de Laon (abbaye de) religieuses remplacées par des moines, XVIII, 128.

Saint-Jean de Soissons, (abbaye de) XIV, B. M.

Saint-Jean-du-Buisson-les-Aurillac, série des abbesses au XVIIIe siècle. XIV, 424, B.

Saint-Jouin-de-Marne (abbaye de) XIII, 509. B. M.

Saint-Julien de Samos, (abbaye de) XII, 224, B. M.

Saint-Laurent, (abbaye de) à Trente, X, 559.

Saint-Laurent (abbaye de) dans l'Hérault, XIV, 546. B. M.

Saint-Laurent de Bourges, (monastère de) fondé vers la fin du VII⁰ siècle et rétabli en 1806, puis agrégé à la Congrég. des Bénédictines du S. Sacrement en 1840 — notice, IX, 387. — prend la réforme de Chezal-Benoît, XVII. 125.

Saint-Laurent de Liège, (abbaye de) notice, VII, 13. — notes sur quelques moines écrivains, XII, 433. — notes, XVI, 179. — le bibliothécaire D. Célestin Lombard, X, ibid.

Saint - Laurent - hors- les - murs, (Eglise de) description, IV, 216.

Saint-Lazare d'Antioche, (abbaye de) notice, V, 561.

Saint-Léonard de Guines, (abbaye de) les coutumes de Marcigny y sont introduites ; les moniales sont placées sous la conduite des moines de S. Bertin, XVIII, 133.

Saint-Lomer, (abbaye de) à Blois, S. Bruno de Segni y rétablit la paix, XV, 269.

Saint-Loup de Sermaise, (prieuré de) contesté à la Congrég. de S. Maur, XVIII, 17.

Saint-Ludger d'Helmstedt, (abbaye de) XIII, 509. B. M.

Saint-Magloire (abbaye de) à Paris, ses origines, XII, 504. B. M. — notice historique sur les reliques provenant de cette abbaye, actuellement à S. Jacques-du-Haut-Pas, à Paris, XVI, 312. B. M.

Saint-Magloire de Léhon, (prieuré de) berceau de la Société de Bretagne, XIV, 403.

Saint-Magnus, (abbaye de) de Füssen, XII, 505, B. M. — XIII,

176. B. M. — D. Placide Braun, y fait ses études, XVI, 2.

Saint-Malo, (abbaye de) fondée par la Congrégation anglaise en 1611, I, 233.

Saint-Marcel-les-Chalons, (prieuré de) XII, 506. B. M.

Saint-Martial, (abbaye de) à Limoges, XII, 329. B. M. — catalogue des manuscrits, XIII, 326. B. M. — l'abbé avait le droit et le privilège de créer des chevaliers ; étude sur l'origine de ce privilège, XVI, 164. B. M. — étude historique, économique et archéologique de cette abbaye, précédée de recherches nouvelles sur Saint-Martial, XVIII, 313. B. M. — notice historique intéressante sur la vie intellectuelle morale et religieuse de cette abbaye, XIX, 90. B. M.

Saint-Martial, (Collège de) fondé à Avignon en 1379 ; horaire des étudiants bénédictins de ce collège, notice, X, 154, 155. — XI, 216, 346. B. M.

Saint-Martien de Tortona, (abbaye de) son histoire, XV, 175. B. M.

Saint-Martin, (dom Léandre de) prend possession du prieuré de Dieulwart en Lorraine, XV, 75.

Saint-Martin-au-Val, (abbaye de) de chanoines, le cardinal Matthieu d'Albano y rétablit la discipline, XVIII, 126.

Saint-Martin de Cologne, (abbaye de) notice, XV, 311. B. M. — ses origines, ses premières années, XVIII, 424. B. M.

Saint-Martin de Compostelle, (abbaye de) XII, 456.

Saint-Martin de Montauriol, (abbaye de) étude sur son Tropaire-prosier, XVIII, 436. B. M.

Saint-Martin de Pontoise, (abbaye de) son cartulaire, XIII, 327. B. M. ; XV, 169. B. M. — le *Livre de raison* de cette abbaye, XVII, 430. B. M.

Saint-Martin de Santiago, (abbaye de) XII, 558.

Saint-Martin de Tournai, (abbaye de) récit de sa fondation par l'abbé Hermann de Tournai, II, 400, 462, 516.— lettre de confraternité,XII,332. B.M.— chartes, XV, 170. B. M. — chartes de 1246 à 1690. — XIX, 285. B. M.

Saint-Martin de Trèves, (abbaye de) notice historique. XVII, 424. B. M.

Saint-Martin des Champs. (prieuré) le futur cardinal Matthieu d'Albano en devient prieur (1117) XVIII, 117, actes relatifs à son administration priorale, 120. — étude topographique sur une partie de la censive du prieuré, des origines à la fin du XVe siècle, XVIII, 315. B.M.

Saint-Mathias de Trèves, (abbaye de) notice sur une couverture d'Evangéliaire provenant de ce monastère, XIV, 323. B. M. — description de son trésor,XVIII, 309. B. M. identification de ses bâtiments, 310. — étude sur la Chapelle N. D. du cimetière, consacrée au XIIIe siècle.XVIII, 434. B. M.

Saint-Matthieu, (Jeanne de)prieur des Bénédictines de Poperinghe, fille spirituelle de D. Gouffart, abbé de Broqueroie, XIV, 298.

Saint-Matthieu de Gênes, (abbaye de) XIV, 166. B. M.

Saint-Maur, (Congrégation de) monastères de la Congrégation de Chezal-Benoît qui passèrent à S. Maur, XVIII, 1 à 20.

Saint Maur de Pulcherado, (abbaye de) acte de sa restauration, XVIII. 432. B. M.

Saint-Maur de Verdun,(abbaye de) XII, 331. B. M.

Saint-Maur-des-Fossés, (abbaye de) Guy d'Arezzo y est élevé, V, 447.

Saint-Maur-sur-Loire,(abbaye de) documents relatifs à cette abbaye, XI, 217.B.M.— les fouilles archéologiques faites pour retrouver les constructions décrites par Odon, abbé de ce monastère, XVI, 306. B. M. — fouilles archéologiques, entreprises en 1898-1899,par le Père Delacroix, S. J. d'après des textes anciens. XVI, 449. B. M. — XVII, 172. B.M. — chronique abrégée relative à l'introduction de la réforme de S.Maurdans cette abbaye, XVIII, 228. B. M. — déclaration des moines en 1790, XVIII, 435. B. M. — étude critique des actes de cette abbaye, XX, 392. B. M.

Saint-Maurice en Agenais,(abbaye de) XII, 221. B. M.

Saint-Maximin de Trèves,(abbaye de) faux diplômes carlovingiens, 327. B. M. — Notes, XIV, 315. B. M. — XIV, 323. B. M. — catalogues des manuscrits des XIIe et XIVe siècles — sort de la bibliothèque à travers les âges, XVIII, 212. B. M.

saint-Médard de Soissons,(abbaye de) XVI, 177. B. M.

Saint-Méen, (abbaye de)au diocèse de S. Malo, XVII, 122.

Saint-Meinrad, aux Etats-Unis

(abbaye de) Récit de l'incendie (1887). IV, 391.

Saint-Mesme, (port de) est bien le *Portus Veterana*. XVII, 167. B.M.

Saint-Mesmin de Micy, (abbaye de) diplôme de Pépin I. d'Aquitaine, XVIII, 437. B. M.

Saint-Michel de Cons.(prieuré de) dépendance de S. Hubert VI, 359.

Saint-Michel de Escalada, (abbaye de) dans la province espagnole de Léon, soumise à Cluny, étude sur un document apocryphe de 1124. — Documents du Xe à la fin du XIIe siècle relatifs à cette abbaye — elle fut donnée le 16 déc. 1155 aux chanoines réguliers de S. Ruf d'Avignon, XV, 172. B. M.

Saint-Michel de Hildesheim, (abbaye de) visite du cardinal de Cuse, XVI, 496. — XIV, 30. B. M.

Saint-Michel de l'abbayette, prieuré dépendant du Mont S. Michel, XII, 332. B. M.

Saint-Michel de la Guerche, (prieuré de) dépendance de Cluny à Tours, lieu de réunion du 1er Chapitre général de la Congrégation des Exempts de France, XIV, 401.

Saint-Michel de Lunebourg, (abbaye de) description de 3 évangéliaires de cette abbaye, XIX, 312. B. M.

Saint-Michel de Mirwart, (prieuré de) dépendance de S. Hubert, VI, 359.

Saint-Michel en Thiérache, (abbaye de) ses droits à Bourlers, près Chimay, (Hainaut). XIX, 296. B. M.

Saint-Mihiel, Un janséniste à S.

Mihiel en 1650, X, 556. — notes sur les archives, XVIII, 90. B. M.

Saint-Morand, (prieuré de) Voyez Altkirch.

Saint-Nicaise de Meulan, (prieuré de) XV, 169. B. M.

Saint-Nicaise de Reims, (abbaye de) XII, 333. B. M. — XV, 311. B. M. — XVI, 177. B. M.

Saint-Nicolas, (prieuré de) dans les Vosges, fondé par Pierre l'Ermite qui le cède à S. Robert de Molesmes, XIX, 296. B. M.

Saint-Nicolas aux Bois, (abbaye de) son histoire, XVII, 168. B.M.

Saint-Nicolas l'Arena, (abbaye de) ses démêlés avec l'évêque de Catane, Arias d'Avalos, au sujet du prieuré de S. Grégoire de la Piazza Armerina, XIX, 294. B. M.

Saint-Nicolas du Port, (monastère) de la Congrégation des Bénédictines du S. Sacrement, fondé à Toul (1664), rétabli à S. Nicolas (1812), notice, VIII, 250.

Saint-Offange, (Claude de) abbé régulier de S. Maur s/Loire, élu général de la Congrégation des Exempts de France, XIV, 406.

Saint-Office, un décret du S. Office touchant l'iconographie et la littérature eucharistiques, VIII, 414 sq.

Saint-Omer, contribution à l'histoire du siège de la ville en 1677, d'après un registre du conseil de l'abbaye S. Bertin, XV, 172. B. M.

Saint-Orens d'Auch, (abbaye de) XVI, 177. B. M.

Saint-Ouen, (abbaye de) de Rouen, devint chef-lieu de la Congrégation dite de S. Denis, qui reprit le titre de Congrégation des Exempts, XIV, 404. — ses sépultures, ses marques ou signes lapidaires, XV, 174. B. M.

Saint-Pantaléon de Cologne, (abbaye) ses livres-terriers, XIX, 287. B. M.

Saint-Paul, (abbaye de) dans l'État du même nom, au Brésil, sa fondation, (1586) XV, 416.

Saint-Paul d'Antioche, (monastère de) notice, V, 560.

Saint-Paul d'Utrecht, (abbaye de) notice, VII, 510. — visite du cardinal de Cuse, — déposition de l'abbé Guillaume de Heuckelum, — remplacé par Jacques de Poolgeest, XVI, 499.

Saint-Paul-hors-les-Murs, description de la Basilique, XV, 174. B.M.

Saint-Pé de Générés, (abbaye de) en Bigorre, ses ruines, XIII, 509. B. M. — Sa désolation à la fin du Moyen-Age ; XIX, 292, 265. B. M.

Saint-Père de Chartres, (abbaye de) XIV, 546. B. M.

Saint-Père de Melun, (abbaye de) XVI, 315. B. M.

Saint-Pierre, (abbaye de) à Gand, XI, 433 sqq. — notes sur un manuscrit, le « Liber traditionum » XII, 504. B. M. — La réforme bénédictine XIII, 544. — faux diplôme de Nicolas Ier (863) XX, 274. B. M. — notes sur quelques chartes, XXI, 404. B. M. — formation de son domaine, XXI, 85. B. M.

Saint-Pierre, (prieuré de) à Colmar, mandement de Frédéric II, XIII, 327. B. M.

Saint-Pierre d'Abbeville, (prieuré) description et reconstruction, XV, 553. B. M.

Saint-Pierre d'Aywaille, (prieuré de) XIV, 28. B. M.

Saint-Pierre d'Erfurt, (abbaye de) chronique, XIII, 326. B. M. — chronique de 1070 à 1355. — dédicaces des autels, — liste des abbés. XV, 168. B. M.

Saint-Pierre dans la Forêt noire, (abbaye de) notice sur cette abbaye, X, 416, 417. — Le P. Carloman, recteur de Breisach et prieur de l'abbaye de S. Pierre, X, 556. — choisie comme siège de la société littéraire organisée par Dom O. Légipont, XV, 328. — histoire de sa bibliothèque, XVIII, 212. B. M. — XIX, 313. B. M.

Saint-Pierre de Bouillon, (prieuré de) dépendance de S. Hubert, VI, 359.

Saint-Pierre de Brantôme, (abbaye de) au diocèse de Périgueux, unie à la congrégation de Chezal-Benoît, XVII, 121.

Saint-Pierre de Camprodon, (monastère de) en Espagne — ses rapports avec l'abbaye de Moissac, XV, 313. B. M.

Saint-Pierre de Lagny, (abbaye de) la réforme cazalienne y est introduite, XVII, 121. — obituaire, XXI, 86. B. M.

Saint-Pierre de la Réole, (prieuré de) son histoire, XX, 409. B. M.

Saint-Pierre de Lyon (abbaye de) prend la réforme de Chezal-Benoît, XVII, 126.

Saint-Pierre de Pérouse, (abbaye de) documents, XIV, 550. B. M. — inventaire des archives XX, 274. B. M.

Saint-Pierre de Ponthière, (monastère de) XV, 19.

Saint-Pierre de Salzbourg, (abbaye

de) visite du nonce F. Ninguarda en 1581, XIX, 90. B. M. —
règlement de son école. XX, 411,
B. M.

Saint-Pierre de Trévise.(monastère de)documents anciens XVIII,
431. B. M.

Saint-Pierre-le-Vif. (abbaye de)
XII, 232. B.M. — chartes de fondation, sont-elles vraies ? XIV,
323. B. M. — XVI, 173.
B. M.

Saint-Pierre sur le Perlach, (collégiale) à Augsbourg, son histoire par D. Placide Braun, XVI, 8.

Saint-Pons, (abbaye de) près
Nice, son Chartrier, XXI, 84.
B.M.

Saint-Pons de Thomières, (abbaye
de) XIII, 509. B.M.— XIV, 546.
B. M.

Sainte-Prisque, (monastère de)
situé autrefois sur l'Aventin,
notice, XV, 550. B. M.

Saint-Quentin, (Pierre de) capucin,
publie en 1660 divers ouvrages
sur le monastère d'Origny-
Sainte-Benoîte, et sur la Sainte,
XV, 551. B. M.

Saint-Quentin, chapitre de la province de Reims et de Sens tenu
à S. Quentin en 1220, résumé
du procès-verbal, XI, 138.

Saint-Quentin de Spigno, (monastère de) acte de sa fondation en
991, XVIII, 431. B. M.

Saint-Remi de Reims. (abbaye de)
diplômes des années 835-853,
XIX, 86. B. M.

Saint-Remy de Rochefort,(abbaye
de) notes à propos de l'année de
sa fondation, IX, 423 — charte
de Gilles de Rochefort échan-
geant avec l'abbaye S. Hubert
le patronage de l'église de Mar-

court contre celui de S. Remy
où il voulait établir des religieuses, 423.

Saint-Remy-les-Sens, (abbaye de)
inventaire de son trésor en 1467,
XVIII, 231. B. M.

Saint-Riquier. (abbaye de) sa chronique, X, 559. — XII, 277. B.M.
— ses reliques au IXᵉ s., XII,
332, B. M.

Saint-Ruf d'Avignon, (abbaye de)
abbaye de chanoines réguliers,
— le 16 déc. 1155, ils obtiennent
l'abbaye d'Escalada, en Espagne,
XV, 172. B. M.

Saint-Sabas, (monastère de) sur
l'Aventin, son histoire, XV, 550.
B. M. — notes sur des fouilles
pratiquées, XIX, 281. B. M.

Saint-Sacrement,(Bénédictines du)
Notice sur la fondation de cette
Congrégation et sur l'état actuel
de ses différents monastères,
VIII, 241, 299.— IX, 1, 385, 433,
481.

Saint-Saulve, (abbaye de) son
trésor XIX, 292. B. M.

Saint-Sauveur de Leire, (abbaye
de) son cartulaire, XV, 313. B.M.

Saint-Sauveur de Nogal, (abbaye
de) son état actuel, son histoire,
etc. XVI, 465. B. M.

Saint-Sauveur-le-Vicomte, (abbaye de) XII, 332. B. M.

Saint-Sébastien de Bahia, (abbaye
de) sa fondation (1581), XV, 416.

Saint-Seine,(abbaye de)son régime
féodal, XIII, 326. B. M.

Saint-Serge d'Angers,(abbaye de)
Chapitres généraux tenus aux
XIVᵉ et XVIᵉ siècles dans cette
abbaye, XVIII, 215. B. M.

Saint-Séverin en Condroz, (prieuré de) XII, 81. B. M. ; XIV, 28.
B. M.

Saint-Sulpice de Bourges, (abbaye de) fausses chartes, XIV, 544. B. M. — prend la réforme de Chezal-Benoît, XVII, 40.

Saint-Sulpice de Prix,(prieuré de) près de Mézières, (Ardennes), dépendance de S. Hubert, fondé en 1068, par le comte Arnoul de Chiny, VI, 359.

Saint-Swithun, (prieuré de) à Winchester, comptes des obédientiers de 1308 à 1537 XI, 217. B. M.

Saint Teofredo de Cervere,(prieuré de) en Piémont, ses relations avec l'abbaye de S. Chaffre en Velay, XIV, 346. B. M.

Saint Théoniste de Trévise, (monastère de) documents anciens, XVIII, 431. B. M.

Saint-Thierry-lez-Reims, (abbaye de) droits sur l'abbaye à Peteghem, XVII, 170. B. M.— reçoit de l'évêque de Noyon, Simon, l'autel de Dotaines, XVIII, 128.

Saint-Thomas de Bursfeld, (abbaye de) fondée en 1093, son triste état au milieu du XVᵉ s. — sa réforme et sa restauration par Jean de Münden, XVI, 397, 398.

Saint-Thomas de Leipzig,(abbaye de) culture des sciences, XVI, 452. B. M.

Saint-Thyrse de Riba d'Ave, (abbaye de) en Portugal,D. Antoine de Silva y restaure la discipline avec des moines espagnols, XV, 415.

Sainte-Trinité, (abbaye de la) de Vendôme, son cartulaire, XI, 216. B. M. — annales (1075). XVI, 173. B. M. — étude sur ses chartes de fondation et ses principaux privilèges pontificaux, XVIII, 432. B. M.

Saint-Trond, (abbaye de) Note sur un polyptique de l'abbaye, dressée par l'abbé Guillaume, (1248-1272) (Pirenne) X, 418. documents, XIII, 174. B. M. — Statuts de Nicolas de Cuse pour l'abbaye, XIV, 378. — histoire économique de l'abbaye depuis les origines jusqu'à la fin du XIIIᵉ s. XVI, 181. B.M.— étude sur ses avoués, XIX, 285. B. M. — sur le servage à S. Trond, XXI, 83. B. M.

Saint-Trond, Séminaire, son origine, nomination des professeurs, dirigé par des bénédictins de S. Trond depuis 1647 à 1710, remplacés par des séculiers, VIII, 156.

Saint-Ulric, (abbaye de) d'Augsbourg et la réforme monastique de Melk au XVᵉ siècle, XII, 292 sqq. — moines célèbres, 305 sq.; productions littéraires de ses moines, XV, 175, B. M.; description de l'ancienne église abbatiale, XVIII, 230. B. M.

Saint-Ulric, (prieuré de) de l'ordre de Cluny — administré en 1560 par l'abbé de S. Pierre dans la Forêt-Noire, uni à l'abbaye peu après, les moines de Weingarten y relèvent la discipline, l'abbaye est incorporée à la Congrégation de Souabe, supprimée en 1806, aujourd'hui séminaire épiscopal, X, 416, 417.

Saint-Vaast, (abbaye de) réforme de l'abbaye vers 1175 à la suite de la visite canonique du Cardinal Pierre de S. Chrysogone, XI, 36—acte relatif à cette visite canonique, 37 — son cartulaire du XIIe s., XIV, 323. B. M. — ses statuts (5 juin 1232), XIV, 371 sqq. — notes sur ses orgues, XVIII, 226. B. M. — chartes de l'abbaye, ibid. — inventaire de ses archives, XX, 406. B. M.

Saint-Vaast-la-Hongue, ancien fief de l'abbaye de Fécamp, son histoire, XV, 313. B. M.

Saint-Valentin de Rouffach, (prieuré de) son incorporation à la Compagnie de Jésus, XX, 280. B. M.

Saint-Valéry-sur-mer, (abbaye de) Guillaume le Conquérant lui donne des possessions en Angleterre, — confirmées par Henri II (1184), cédées en 1391 au collège Ste Marie de Winchester, XV, 552. B. M.

Saint-Vanne, (abbaye de) son histoire par D. Pierre Le Court, XV, 20 sqq. — catalogue des manuscrits dressé par D. Le Court, 22, note 3. — étude sur son église abbatiale, XVI, 313. B. M.

Saint-Victor de Huy, (prieuré de) Bénédictines, XIV, 28. B. M.

Saint-Victor de Marseille, (abbaye de) XIV, 546. B. M. — obligations de l'administrateur de cette abbaye, XX, 417. B. M.

Saint-Victor du Mans, (abbaye de) prieuré du Mont S. Michel, son cartulaire, XII, 506. B. M.

Saint-Vincent, (collégiale) à Salamanque, transformée en prieuré clunisien sous Pierre le Vénérable, XV, 172. B. M.

Saint-Vincent de Besançon, (abbaye de) D. Berthod en est nommé bibliothécaire, ses travaux, XVI, 194. — étude, XX, 410. B. M.

Saint-Vincent de Laon, (abbaye de) cartulaire, XX, 411. B. M.

Saint-Vincent del Pino, (abbaye de) en Galice, XIII, 177. B. M.

Saint-Vincent du Mans, (abbaye de) Philippe de Luxembourg, cardinal-évêque du Mans en était commendataire, démissionne en faveur d'un moine de Chezal-Benoît pour y introduire la réforme de Chezal-Benoît, XVII, 41.

Saint-Wandrille, (abbaye de) examen critique des sources historiques de cette abbaye, XVII, 172. B. M. — 308. B. M.

Saints Maurice et Gertrude, (collégiale) son histoire par D. Placide Braun, moine d'Augsbourg, XVI, 7.

Sainte-Afra d'Augsbourg (abbaye de) faux diplômes de 1023 et 1029. XX, 275. B. M.

Sainte-Agathe de Cologne, (abbaye de) suivait la règle de S. Augustin, l'archevêque de Cologne, du consentement de Pie II y introduit la réforme bénédictine, XVI, 560.

Sainte Agnès, (église) au béguinage de S. Trond, XVI, 271.

Sainte-Anne, (abbaye de) à Jérusalem, notice, V, 556.

Sainte-Anne, (Vosges) (monastère de) Bénédictines du S. Sacrement, fondé en 1880, notice, IX, 484.

Sainte-Austreberte, (abbaye de) son trésor, XIX, 292. B. M.

Sainte-Colombe de Sens, (abbaye de) unie à Chezal Benoît, XVII, 121. — note sur les armes de ce monastère et sur une inscription, XVIII, 230. B. M.

Sainte-Croix, (abbaye de), de Bordeaux, cartulaire, obituaire, et bulle d'exemption, X, 558. — lieu de réunion d'un Chapitre général des Exempts de France, XIV, 411.

Sainte-Croix de Quimperlé, (abbaye de) son cartulaire, XIV, 324. B. M.

Sainte-Croix de Talmond, (abbaye de) XII, 506. B. M.

Sainte-Flore et Lucille d'Arezzo, (abbaye de) documents, XIX, 293. B. M.

Sainte-Foi de Conques, (abbaye de) texte de quelques donations relatives au Gévaudan faites à cette abbaye, XVI, 174. B. M.

Sainte-Geneviève, (monastère de) Bénédictines du S. Sacrement, à Paris, rue Tournefort, notice, VIII, 304.

Sainte-Geneviève, (abbaye de) XVI, 315. B. M.

Sainte-Lienne de la Roche-sur-Yon, (abbaye de) église cédée à Marmoutier par les chanoines de S. Hilaire de Poitiers en 1092, XV, 552. B. M.

Sainte-Madeleine de Josaphat, (prieuré de) à Messine, en Sicile, fille de N. D. de Josaphat à Jérusalem, fondée par le comte Roger de Sicile, V, 553.

Sainte-Madeleine de Riga, (abbaye de) en Livonie, abbaye de Bénédictines, XI, 379. B. M.

Sainte-Marguerite, (prieuré de) dans la Meuse, XV, 173. B. M.

Sainte-Marguerite de Salarola, (monastère) XIV, 551. B. M.

Sainte-Marie d'York, (abbaye de) XIII, 510. B. M.

Sainte-Marie de Bertrée, (prieuré de) XIV, 28, B. M.

Sainte-Marie de Bosco di Calatamauro, (abbaye de) en Sicile, XII, 330, B. M.

Sainte-Marie de Fulde, (abbaye de) Bénédictines, histoire de ce monastère, XVI, 455. B. M.

Sainte-Marie de Nevers, (abbaye de) XVII, 127.

Sainte-Marie de Val Fabrica, (monastère de) à Assise, diplôme de Louis le Pieux, en 820, XVII, 424. B. M.

Sainte-Marie de Winchester, (collège de) l'abbé Edmond de S. Valéry-s-mer lui cède quelques possessions en Angleterre, (1391) XV, 552. B. M.

Sainte-Marie-du-Prieuré, (monastère de) situé autrefois sur l'Aventin, à Rome, notice, XV, 550. B. M.

Sainte-Marie la Latine et de l'Hopital, (abbaye de) à Jérusalem, décrite par Jacques de Vitry et Guillaume de Tyr, V, 503 — notice, 504, 505, 506. — description de deux sceaux de cette abbaye, XVII, 427. B. M.

Sainte-Marie la Petite, (abbaye de) à Jérusalem, notice, V, 555.

Sainte-Marie-la-Real de Najera, (abbaye) description d'un tryptique provenant de cette abbaye, XII, 505. B. M.

Sainte-Marthe, (D. Denys de) étude, son travail inédit sur les Epitres de S. Ignace d'Antioche, préface de cet ouvrage, ses autres écrits, XVI, 433 à 448.

Sainte-Marthe, (les frères) notice, XX, 400. B. M.

Sainte Ottile, (congrégation de) notice, XII, 134.

Sainte-Palaye, jurisconsulte célèbre, XV, 347.

Sainte-Walburge, (abbaye de) à Eichstaet, XI, 216. B. M.

Saintes. (abbaye de) notes, XVII, 430. B. M.

Salaire, Réponse du S. Siège sur la question du juste salaire, IX, 241 sqq. : provenance du document, 241 ; son autorité, 242 sq.; passage de l'encyclique *Rerum novarum,* objet des doutes proposés, 289 : analyse du passage d'après l'encyclique, ibid. sq. ; doute au sujet des mots : *justice naturelle* et réponse, 291 sqq. ; doute sur le salaire insuffisant à l'entretien de la famille de l'ouvrier, et réponse, 297 sq. ; différentes théories du salaire et celle que vise la réponse du S. Siège, 299 sqq. ; doute sur la justice lésée par un salaire moindre que le travail, et réponse, 303 sq. : commentaires, 304 sqq.

Salazar, (D. Alexis) concourt au projet J. N. Moreau, (voir ce nom) XV, 349.

Saldenberg,(Henri)curé de Ste Gertrude à Essen : on lui attribue une histoire manuscrite de Werden, XIV, 543. B. M.

Salle, (Caillebot de la) évêque de Tournai, évince Bossuet comme abbé commendataire de Rebais, XVIII, 211. B. M.

Salle, (Eustache de la) chanoine de Soignies, XI, 258.

Salm,(Dorothée de) Lettres adressées par D. J. Mabillon à cette abbesse (voir Mabillon) X, 415.

Saluce, (Amédée de) cardinal,cède sa bibliothèque à l'Université d'Avignon, XI, 351.

Salvieti, cardinal, reçoit en commende, de Charles-Quint, l'ab-

baye de S. Martin de Tournai, XI, 169.

Salzbourg, voir Immaculée Conception;—fondation de l'Université en 1617, XIII, 535 sa prospérité, ibid.; caractère dogmatique de son enseignement 536. — Les poésies sacrées du « moine de Salzbourg. » Quel est ce moine ? Différentes conjectures, XIV, 318, 319. B.M. — liste des étudiants, XII, 78. B. M.

Salzbourg, (diocèse de) visite des monastères et églises du diocèse par le Cardinal Commendone en 1569, X, 557.

Sampson, abbé de S. Edmond's Bury, XIV, 539. B. M.

Sancy, (prieuré de) dépendance de S. Hubert, X, 418. — XV, 310. B. M.

Sang de J. C. (Précieux) Elévation, IV, 150.— Le mystère permanent du S. Sang rédempteur, VI, 292.

San-Germano, (Richard de) XII, 276. B. M.

San-Millan, (abbaye de) en Espagne, documents, XI, 217. B. M.

San Zoil de Carrion delos Condes, (abbaye de) en Espagne, notice descriptive de cet ancien monastère, centre d'observance clunisienne au XIe s. XVIII, 310. B. M.

Santorio, cardinal, abbé commandataire de Mileto, protecteur du collège grec S. Athanase, à Rome, XV, 90.

Santos, présidence, au Brésil, près S. Paul, XV, 416.

Saraiva, (Dom Louis) évêque de S. Louis de Maragnano, XV, 419.

Sarens,(Georges)abbé de S. Trond, accueille l'archevêque exilé d'Armagh, Georges Dowdall; reçoit à cette occasion une lettre de félicitation du cardinal Pole, XV, 138.

Sarmiento, (dom Martin) disciple de D. Jérôme Feijoo, moine de S. Martin à Madrid, ses écrits, XIII. 173. B. M. — notice, XIV, 320. B. M. — défenseur de Feijo, XIV, 540. B.M. — divers articles sur cet historien. XV, 164. B. M. — médecin, bibliographe et érudit, philologue, XV, 548. B. M. — XVI, 321. B. M. — son influence littéraire, liste de ses ouvrages, XVII, 303. B. M. — ses écrits, son influence sur le mouvement des études en Espagne, XX, 270. B. M.

Sarnen, (collège de) dirigé par des moines exilés de Muri, XV, 181.

Sarrasin, (Jean) abbé de S. Vaast d'Arras, archevêque de Cambrai XI, 171, 420. 434. — XII, 333. B. M.

Sart, (Thierry du) moine de S. Laurent à Liège, XII. 487.

Sassenheim, (Nicolas de) abbé d'Egmond, X, 350.

Satisfaction, la théorie de S. Anselme à ce sujet, XX, 394. B. M.

Savigny, (abbaye de) règlement à l'usage des jeunes oblats, XIX. 294. B. M.

Savigny-en-Lyonnais, (abbaye de) les religieuses du prieuré d'Alix y venaient faire leur profession — rites de cette profession, XX, 276. B. M.

Saymon, (Charles) abbé de Florennes et les reliques du B^x Gérard de Signy, ancien abbé de Florennes, VI, 67.

Saymon, (D. Jacques) de Vireux, notes. XX, 278. B. M.

Sayr. (D. Grégoire) XII, 361.

Sazawa, (abbaye de) en Bohême, XIII. 176. B. M.

Scayk, ou Schayck (Joachim-Arsène) abbé de S. Pierre de Gand (1615) X, 444. — XIII, 545.

Schachner, (Jean) abbé de S. Lambrecht, XII. 302.

Schannat, (Jean-Fréderic) sa correspondance avec D. Calmet, XIX, 320 à 324.

Schanzler, (Louis) abbé de Melk, XII, 304.

Scharnitz-Junichen, (abbaye de) notice, XIV, 545. B. M.

Schaumburg, (Pierre de) évêque d'Augsbourg, XII, 292.

Schell. Sa brochure : *Der Katholicismus als Princip des Fortschrittes,* XIV, 449 sqq. ; le catholicisme doit s'épurer dans l'intelligence des doctrines fondamentales, 452; dans la manifestation de son culte, 454; critique des principes de Schell, sur la liberté de pensée en face de l'autorité de l'Église, 456 sqq. ; ses idées sur la formation actuelle du clergé et critique, 464 sqq.; ses idées sur la nécessité d'élargir la notion catholique de l'Eglise, 465 sqq. ; Schell cite en faveur de sa thèse le testament spirituel de Manning 469 ; critique de plusieurs opinions y émises, ibid. — son discours prononcé à Munich, XX, 196 sq. Voir Munich, le Conciliabule.

Schelstrate, (abbé de) anversois de naissance, bibliothécaire du Vatican sous Innocent XI, correspondant de D. Mabillon, XVI, 517.

Scheyern, (comtes de) leur généalogie, XVIII, 309. B. M.

Schiaffino, (cardinal) notice, VI, 523 sqq.

Schieber, (Ildefonse) professeur de Philosophie, XVI, 2.

Schilling, (Léonard) moine de Monsee, auteur de plus de 80 ouvrages sur la littérature. XII, 305.

Schilter, (Jean) conseiller de la ville de Strasbourg, correspondant de D. J. Mabillon, XVII, 130.

Schlitpacher, (Jean) moine de Melk. XII, 292.

Schlœger, (Jules-Charles) conseiller aulique du duc de Saxe-Gotha, bibliothécaire de Friedenstein. XV, 358.

Schmidt, (D. Wolfgang) abbé de Zwiefalten. XV, 261.

Schmidt, (D. Edmond) son édition de la règle de S. Benoît, XV, 503.

Schöffel, (Henri de) prieur de S. Ulric d'Augsbourg. XII, 292.

Schöffer, (Jean) moine de Laach, X, 82. — XV, 546. B. M.

Schöfler, (D. Grégoire) abbé de S. Ulric d'Augsbourg, XVI, 4. — meurt en soignant les soldats français atteints d'épidémie, 6.

Schönau, (Ste Elisabeth de) sa vie, XV, 301. B. M.

Schönau, (abbaye S. Florin de) réformée par Bursfeld, XVI, 552.

Schœpflin, auteur de l'Usatia sacra, ses lettres à D. Martin Gerbert, XIII, 171. B. M. — sa correspondance avec D. Calmet et les Mauristes, XIV, 540. B. M.

Scholastique, (Sainte) Ode à.., VII, 95. — sa vie, XV, 161. B. M. — description du reli-

quaire de Juvigny-les-Dames, XV, 124.

Schoppenzaun, (Ulric) abbé de Kremsmünster. XII, 301, 305.

Schottenabtei, voir Ecossais.

Schreiner, (Jean) abbé de Kremsmünster. XII, 305.

Schu. Die biblischen Lesungen, VII, 415. Voir Constantius.

Schwarzach, (abbaye de) X, 558. XIV, 31. B. M. — étude critique d'un diplôme de Henri II d'Allemagne relatif à la donation de cette abbaye à l'évêché de Constance. XV, 310. B. M. — ses abbés de 994 à 1144, XVIII, 225. B. M.

Schwazwadel, (Jean) abbé de Lambach. XII, 301.

Schweghœuser, (D. Placide) auteur d'un Catalogue des abbés de Marmoutier, XV, 305. B. M.

Scot, (Jean) favori de Charles le Chauve, sa doctrine sur l'Eucharistie, VI, 13. — mémoire tendant à lui restituer un opuscule « De corpore et sanguine Christi. » attribué à Gerbert par Dom B. Pez, XX, 192. B. M.

Scot, (Maur) martyr anglais, XIV, 325. B. M. 550. B. M.

Sébastien, roi de Portugal, fait venir deux moines espagnols pour travailler à la restauration de la discipline monastique à S. Thyrse de Riba d'Ave, XV, 415.

Seckau, (abbaye de) histoire de l'ancien monastère des chanoines augustins de Seckau, supprimé en 1782, et restauré par la Congrég. de Beuron, en 1883, XXI, 85. B. M.

Sécularisation, abbayes bénédictines qui se sécularisèrent au XVᵉˢ. avec permission du S. Siège, XVI, 389. — dans le Würtemberg, XX, 188. B. M. — Pie VII et la sécularisation, XX, 270. B. M.

Sedlmayer, son rapport sur le cod. 2160 Theol. C. 50⁰, XX, 125. Voir Hilaire (S.); Deux fragments d'un traité contre les Ariens.

Seghers, (Mgr) la mission d'Alaska, IV, 401.

Segni, (S. Bruno de) évêque, notice XIV, 532. B. M. — XV, 265, sqq. — XX, 444. B. M.

Seguiran, (Antoine de) abbé commendataire de N. D. de Guitres, succède à son oncle Peiresc, XIV, 410.

Seidl, (Wolfgang) moine de Tegernsee, théologien et humaniste distingué, sa vie et ses œuvres, XI, 218. B. M. — prédicateur de la cour sous le duc Guillaume IV, à Munich, XII, 305.

Seiger, (Gudwal) abbé de S. Pierre de Gand, XIII, 221.

Seixas, (Romuald de) archevêque de Bahia, proteste contre la défense faite par le Gouvernement aux ordres religieux d'admettre des novices, XV, 422.

Selender, (Wolfgang) abbé de Braunau — ses efforts pour ramener le peuple de la cité au catholicisme, X, 559.

Seligenstadt, (abbaye de) regestes de l'abbaye de 1232 à 1400, XI, 215. B. M.

Senach, (Dom Dominique) moine du Montserrat et poète, X, 293.

Sender, (Clément) moine de S. Ulric d'Augsb. XII, 306, sa chronique, XII, 328. B. M.

Senging, (Martin de) prieur de Melk, XII, 117 — XVI, 560.

Senlis, (Etienne de) évêque de Paris, protecteur de l'abbaye d'Yerres, XVI, 312. B. M,

Sentences de Jésus, découverte du papyrus à Behnessa, XIV, 433 : il serait de la seconde moitié du IIᵉ s., 434 : texte du papyrus, ibid. ; rapports de ces sentences avec les Evangiles canoniques, 435 ; opinion de Haris sur les lignes 4-11, 435 sq. ; la sentence contenue dans les lignes 11-21, 22, rappelle S. Jean, 436 ; essai de reconstruction du texte mutilé, ibid. et seq. ; difficulté d'expliquer le sens de la sentence, ligne 23-30, et hypothèses de Harnack et de Heinrici, 437 ; le compilateur a puisé dans les Evangiles canoniques, 438 ; origine de ces fragments : Harnack y voit un extrait de l'Evangile des Egyptiens, 438 ; Heinrici le reste d'une collection originale, ibid.

Senzeilles, (Walter de) abbé de S. Bavon à Gand, XII, 375.

Septuagésime, Notes liturgiques, II, 593.

Servage, étude sur le servage à l'abbaye de S. Trond, XXI, 83. B. M.

Servites, (Les sept fondateurs des) notice, V, 295 sqq.

Seurat, (Aignan) novice de la Société de Bretagne, XI, 104.

Séverin, (S.) d'Agaune, sa vie par Fauste, XIII, 323. B. M.

Severus, Le *responsum Sancti Severi* sur les sept degrés de la hiérarchie ecclésiastique XIV, 100 sq. : texte d'après le ms. 414, fol. 63ᵛ du catalogue de la bibliot. de Lambeth-Palace, 100: cet exposé n'est ni gallican, ni romain, 101 : on ne peut établir l'identité de Severus, ibid.

Seyringen, (dom Nicolas) de Matzen, voir ce nom.

Sfondrati, (Card.) XII, 508, B.M. — XIII, 538 ; son exposition de la doctrine de S. Thomas sur l'Immaculée Conception, 543. Voir Immaculée Conception.

Sforza, cardinal, abbé commendataire de Mileto, XV, 90.

Siber, (Thaddée) moine de Scheyern, professeur de l'Université de Munich, notice, XIV, 161, B. M.

Sibilia, abbesse de S. Anne de Jérusalem, V, 557.

Siegbourg, (abbaye de) son passé, XIV, 325, B. M.

Sigebert, (de Gembloux) illustre moine de l'abbaye de Gembloux IV, 311. — est appelé à S. Vincent de Metz pour y enseigner, VI, 504 — Les derniers travaux sur Sigebert de Gembloux, X, 241 sqq. : biographie de Sigebert, 241 : difficulté de fixer la chronologie de ses écrits, 242 sq. : la *passio Sclae Luciae* et la *passio sanctorum Thebeorum* publiées par Dümmler, 243 ; son rôle dans la question des investitures, 244 sq. ; ses écrits durant cette période, 245. — sa chronique, ms. provenant de Signy (Ardennes) XII, 222. B. M. — affirme que S. Odilon a institué le premier la fête des morts, XV, 470.

Sigebert, Les *Consuetudines Sigiberti Abbatis* dans Clm, 14765, XX, 420 sqq. : provenance de ce ms. et sa date 420 ; analogie de ce ms. avec le cod. Casanat, 54 et le cod. Barber, XI, 120, ibid. sq. ; preuves de la parenté de ces mss, 421 sqq. : diversité dans les textes, 424 : examen d'anciennes coutumes afin d'assigner les sources du ms. E, ibid. sqq. : E dans une des sources remonte probablement à l'abbaye de Fleury, 429 : autres preuves d'après Martène, ibid. sqq. ; les consuetudines du ms. E datent du XIe s. 431 : différentes hypothèses sur la personne de Sigebert, ibid. sq. ; conclusion de l'étude, 433.

Sigfrid, abbé d'Elwangen, XVI, 587.

Sigmar, abbé de Lambach, est-il l'auteur des sources historiques de Kremsmünster ? XV, 520. B. M.

Signy, (abbaye de) au diocèse de Reims, liste des abbés et chronique de l'abbaye, éditées par L. Delisle, XII, 222, B.M. — possédait des reliques des Saints de Cologne, envoyées le 10 mai 1270 à l'abbé Bertrand par l'abbé de S. Trond, Guill. de Ryckel, XVI, 273, 274.

Silhouette, (de) contrôleur général des finances, seconde N. J. Moreau, avocat des finances, dans son projet d'un dépôt de droit public et d'histoire, XV, 346.

Silos, (abbaye de) Chartes et histoire de l'abbaye, XIV, 163, B. M. — étude sur un calice ministériel de cette abbaye, XV, 554. B. M. — description d'une main-reliquaire du XVe s. et d'un antipendium brodé du XVIIIe siècle, — notice sur une patène ministérielle et sur une châsse en cuivre doré et émaillé, XVI, 175. B.M.—son ancien trésor. XVIII, 91. B.M. Voir aussi Saint-Dominique de Silos.

Silva, (D. Antoine de) abbé commendataire de Saint-Thyrse de Riba d'Ave, en Portugal, y restaure la discipline avec des moines espagnols, XV, 414.

Silva, (Dominique de) frère convers de Rio-de-Janeiro, artiste, XV, 417.

Silvestrins, développement de cette congrégation bénédictine XIV, 25.

Siméon, (*le jeune*) disciple de S. Siméon Studite, moine de Studion, puis higoumène du monastère de Mamas à Constantinople, auteur d'une lettre à propos de la Confession sur ce sujet : Peut-on se confesser à un moine non-prêtre ? XVI, 170. B. M.

Simon, (B[eus]) convers d'Aulne — Innocent III le fait venir à Rome et lui propose des questions difficiles, don de prophétie, Ste Lutgarde l'appelle à Aywières pour délivrer une possédée, Hugues de Pierpont, évêque de Liège, sur son avis, refuse le siège de Reims, VI, 80.

Simon, évêque de Noyon, donne à l'abbaye de S. Thierry-lez-Reims l'autel de Dotaines, XVIII, 128.

Simon, (dom Gabriel) abbé de Boneffe, X, 502.

Simon, abbé de Maria-Laach, X, 81.

Simonsz van Mathenes, (Guillaume) abbé d'Egmond. XIII, 305, 306.

Simpert, (S.) sa vie par D. Placide Braun, XVI, 3.

Sixte IV, Etablit le 19 mars une fête de rit simple en l'honneur de S. Joseph, V, 103.

Smaragde, d'Aniane, XV, 301. B. M.

Smaragde, étude sur sa « Via regia », XXI, 88. B. M.

Smaragde, abbé de S. Mihiel, sa vie et ses œuvres, XV, 300. B.M.

Smend, (Julius) *Kelchversagung und Kelchspendung in der abendländischen Kirche,* XVI, 283 sq. ; analyse de l'ouvrage, 283 ; trois modes de communion, 284 ; dans les ordres religieux, ibid. sq. ; « calix purificatorius », 285.

Smet, (Ignace de) abbé d'Eename, XII, 150.

Snorrason, (Oddr.) moine de Thingeyrar, en Islande, au milieu du XIIe s. écrit en latin la vie du roi Olaf Tryggvason, XVI, 177. B. M.

Socialisme, la question sociale, III, 356, 470.

Société bénédictine de Bretagne, voir Bretagne.

Société littéraire, conçue par Dom O. Légipont, son organisation, XV, 320 à 324.

Soest, (Conrad de) achevêque de Riga. XII, 346.

Soetendael, (dom Hubert de) abbé de S. Trond (1638-1663) notice VIII, 152 sqq. — XIII, 150. — XIV, 289.

Sola, (S.) patron d'Eichstätt, en Bavière, XII, 35. B. M.

Solbroecq, (D. Arnould de) natif d'Ath, moine de S. Martin de Tournai, prieur de S. Amand de Thorotte près Compiègne, plus tard probablement cistercien à l'abbaye du Jardinet, près de Walcourt, dont il devint abbé en 1484 — redevient bénédictin et abbé de Gembloux en 1502, par dispense de Rome — il prend avec lui 12 de ses religieux du Jardinet, relève Gembloux et l'unit à la Congrégation de Bursfeld (1505) † le 8 avril 1511, X, 237. — coopère à la réforme des Bénédictins de Cortenberg, XI, 8, 9.

Soledade, (Dom Vincent de) archevêque de Bahia, XV, 418.

Solesmes, exposé et justification de la méthode de plain-chant inaugurée par les Bénédictins de Solesmes, XVIII, 308. B. M.

Solesmes, (Nord) charte originale des coutumes de Solesmes donnée par l'abbaye de S. Denis de Paris (juin 1233) — traité pour Solesmes en langue vulgaire, de la même année, XVI, 173. B.M.

Solignac, (Saint-Pierre de) abbaye, sa chronique par Dom L. Dumas, XIII, 510. B. M. — état matériel de l'abbaye en 1702, XV, 554. B. M.

Solnhofen, (prévôté de) dépendance de Fulda, XII, 35. B. M.

Solver, (D. Jean) bénédictin lorrain correspondant de Moreau, XIV, 541. B. M.

Sommerberger, (D. Bède) abbé de Zwiefalten, XV, 262.

Sonoi, (Thierry) et ses soldats, pille et brûle l'abbaye d'Egmond, après en avoir chassé les religieux, (1572-73) VII, 404. — sur l'ordre du Prince d'Orange, brûlent le château d'Egmond-op-de-Hoef, XIII, 320.

Sorbillo, (Pierre) moine de Johannisberg en Rheingau, XIV, 319. B. M.

Sordell, (Jean) moine de S.Jacques

de Liège, élu abbé (1401), démissionne en 1408, XI, 5.

Sorèze, (abbaye de) X, 558. — XIV, 27. B. M.

Sorocaba, (présidence de) au Brésil, dépendance de S. Paul, XV, 416.

Sort, (D. Gaufrède) abbé de San Cucufate-del-Vallés (Espagne) et vicaire-général de l'abbé commendataire de Montserrat, Julien del Rovere, cardinal de S.Pierre aux Liens, IX, 415.

Sosoye, Prévôté dépendante de S. Gérard, V, 222.

Soubira, (D. Bernard) concourt au projet de J.N. Moreau, XV, 349. Voir Moreau.

Souillac, (abbaye N. D. de) prend la réforme de Chezal-Benoît, l'abandonne en 1532, XVII, 44, 45.

Sources, de l'histoire de Liège, XXI, 94. B. M.

Sousa, (François de) gouverneur de Rio-de-Janeiro, à sa demande on remplace le vocable de l'abbaye de Rio N. D. de Conception en celui de N. D. du Montserrat, XV, 416.

Spalbek, (Elisabeth de) moniale cistercienne d'Herckenrode, parente de Guill. de Ryckel, abbé de S. Trond ; sa vie a été écrite par Philippe, abbé de Clairvaux; reçoit des reliques des Saints de Cologne, en 1270, XVI, 274, 257.

Spanberg, (Etienne de) sous-prieur de Melk, XII, 292.

Specht, (Jean) abbé de Schönau, XVI, 552.

Spindler von Hofegg, profès de Melk, prieur de cette abbaye, abbé de Garsten en 1615, puis abbé des Ecossais de Vienne ; sa correspondance, X, 560.

Spire, (Jean de) XII, 303.

Spix, (François) abbé de S. Martin à Cologne, XV, 318.

Stample, (dom François) moine de Marmoutier, un des six fondateurs de la Société de Bretagne XI, 98.

Stanbroock, (abbaye de) ancienne fondation de Cambrai, transférée lors de la Révolution française en Angleterre et fixée définitivement à Stanbroock en 1838. I, 383. — état actuel (1880) 383, XIV. B. M.

Stasser, (Gall) moine d'Erfurt, XIV, 322. B. M.

Stations liturgiques, (Les) Explication de ce nom. — historique de cette institution, — rites des stations au temps de S. Grégoire-le-Grand qui les remit en honneur, III, 10, sqq.

Statistique, de l'ordre bénédictin en 1894, XI, 564.

Statuts, de Cluny édictés par Bertrand abbé de Cluny, (1301), X, 557.

Stavelot. (Jean de) célèbre chroniqueur, moine de S. Laurent de Liège, VII, 24. — XI. 11 — ses œuvres, XII, 481.

Stavelot-Malmédy, (abbaye de) procession en 1509, XII, 332. B. M. — recueil des chartes, documents, registres et manuscrits relatifs à cette abbaye, XIV, 542. B.M. — ses propriétés dans les Ardennes françaises, XV, 309. B. M. — le prieur Gérard de Potesta, sa correspondance avec D. E. Martène, XVI, 178. B. M. — primauté de Stavelot sur Malmédy, 179. — diplôme de

Sigebert III en faveur de ces monastères, XVII, 167. B. M.

Staveren, (abbaye) notice, VII, 410.

Stegmüller, (D. Augustin) abbé de Zwiefalten, XV, 262.

Steinfeld, (Ulric de) prévôt, sa correspondance, XIV, 159. B.M.

Steinheim, (Melchior de) moine de Melk, abbé de S. Ulric d'Augsbourg, XII. 292, 295, 305.

Stéphanie, fille de Joscelin de Courtenay, comte d'Edesse, abbesse de Ste Marie la petite, V, 554.

Stettheim, (André de) abbé d'Admont, XII, 301.

Stevart, (Pierre) vicaire-général de Liège, XIII, 265.

Steyer, (Wolfgang de) moine de Melk, XII, 292.

Stia, (B^eus Laurent de) camaldule, sa vie, XVI, 464. B. M.

Stichten, (Jean) abbé du Minden, XVI, 557.

Stiévenart, (Nicolas) curé d'Elouges, puis de S. Ghislain, dirige le petite collège fondé par D. Moulart, XI, 251.

Stitswerd, (prieuré de) notice, VII, 414.

Stocke, (Lambert de) nommé aussi *del Stache*, moine de S. Laurent de Liège, docteur en droit de l'Université de Paris (1398) — prieur de Bertrée, — délégué de l'évêque de Liège aux Conciles de Pise (1409) et de Constance (1416). VII, 24, XI, 11.

Stockle, (Ulric) moine de Tegernsee délégué des monastères bénédictins du diocèse de Frisingue au Concile de Bâle, XII, 305, XII, 501. B. M.

Stöcklin, (Ulric de) de Rottach,

abbé de Wessobrun — ses œuvres poétiques, XIX. 307. B. M.

Stoeger, docteur appelé par Joseph II
à enseigner au séminaire général de Louvain ; ce qu'en
pensait D. Berthod, XVI, 196.
note 4.

Stoet, (Michel de) prieur de S. Bavon, à Gand, professeur de théologie à l'Université de Cologne,
XII, 372, sqq.

Stone, (Jean) moine de Christ-
Church à Cantorbéry, sa chronique de ce monastère (1413 à
1471) XX, 272. B. M.

Strabon, (Walafrid). Voir Walafrid.

Strachqwas, fils de Boleslas I, confié aux bénédictins de S. Emmeran, XI, 470.

Strasbourg, prieurés clunisiens du
diocèse, X, 411.

Strauss, nie l'authenticité des
Ecritures, XIV, 50 sq. sa critique interne, 51 ; sa théorie des
mythes, ibid ; ne fixe pas l'époque
de la composition des Livres
Saints, ibid. Voir Protestantisme.

Strecheus (Etienne) évêque de
Dyonisie, suffragant de Liège,
appuie la réforme monastique à
S. Hubert, XIII, 264.

Stuart, (Marie) ses derniers moments, VII, 328, 486.

Subiaco, (abbaye de) manuscrits retrouvés, III, 88. — Récit d'une
visite à Subiaco, VII, 121, 217,
270. — XI, 279, 316. — ses peintures et son imprimerie, XVII,
312. B. M. — lutte entre l'élément germanique et italien dans
ce monastère, XX, 414. B. M.
Une nouvelle édition des Consuetudines Sublacenses XIX, 183
sqq. ; elles sont introduites
en Allemagne par Nicolas de
Matzen, 183 ; cet abbé réforme l'ordre bénédictin en Pologne
ibid. ; il entreprend la réforme
de Melk, 184 ; les Consuetudines
de Melk basées sur celles de Subiaco, ibid ; les divers mss., ibid.
sq.; le premier document sur les
Consuetudines Sublacenses, 185 ;
les divers mss. de ces Consuetudines, 186 sqq. ; leur analyse,
ibid.; incertitude sur leur auteur,
193 ; le ms. d'Altenburg, ibid.
sq. ; la date à la copie, 195 sqq.;
les rédactions E et C, 198 sq. ;
date de leur rédaction, 199 ; les
transformations du groupe A au
XVe siècle, ibid. sq. ; la concordance des Consuetudines données par Schramb avec les usages proposés à Salzbourg, 200 ;
les mss. 928 et 932 de S. Gall. 201;
raison de l'absence de la seconde
partie. ibid. ; les rapports de ces
mss. avec ceux des autres groupes, 202 sq. ; le groupe G est
indépendant, 203 ; résumé de
l'examen, ibid. sq.

Substances spirituelles, quel degré
de simplicité convient aux substances spirituelles, XX, pg. 52,
sqq. — Lumière apportée par la
Révélation sur ce sujet, 53, 54.
Psychologie platonicienne des
anciens écrivains chrétiens, 55.
Doctrine d'Origène sur la composition des esprits, 56, ssq. Doctrine de Tertullien, 58. Comparaison entre les doctrines de
S. Justin et de S. Irénée, 58, sqq.
L'âme humaine est composée
parce qu'elle participe de la vie,
c.-à-d. elle est composée d'essence et d'existence, 59 sqq.

Suger, XIII, 171. B. M. — étude,

XV, 544. B. M. — XVI. 473.
— examen critique de sa *Vita Ludovici* XVIII, 87. B. M. — comment il récupéra le monastère d'Argenteuil. XXI, 89. B. M.

Suisse, (Congrégation) notice.XX, 403. B. M.

Suitbert, (S.) 1er abbé de Werden, fonde les églises de Duurstede, Arkel et Malsem, VII, 406.

Surhon, (Pierre de) moine de S. Martin de Tournai, abbé du S. Sépulcre de Cambrai, XI,176.

Sury le Comtal, (prieuré de) dépendance de l'Ile-Barbe, XVII, 170. B. M.

Suse, (Jonas de) X, 555.

Susteren, (abbaye de) notice. VII, 375.

Syagrius. Notice de Gennade sur les sept livres de Syagrius, XIX, sq. Voir Origène : Autour des *tractatus Origenis*. — Voir aussi Pastor.

Sybert, (Jacques) moine de Laach, auteur célèbre, écrivain distingué, élève de Jean de Butzbach, X, 82.

Sycophantes, étude sur la querelle des... à l'Université de Salzbourg, XVI, 322. B. M.

Sylvestre II, examen de l'authenticité de sa bulle à Etienne I, roi de Hongrie, XV, 310. B. M. — son influence sur l'empereur Othon III, XVI, 309. B. M. Voir Gerbert.

Symbole des Apôtres. Une nouvelle histoire du symbole des Apôtres, XI, 358 sq.; le but de l'ouvrage de Kattenbusch, 358 sq.; les sources, 359 ; texte comparé de l'ancien symbole de Rome et du symbole moderne,

360 ; les textes qui se rapprochent de l'ancien, 361 ; d'après Kattenbusch, le texte grec est original, ibid. sq.; comparaison avec les autres formules de l'Occident, 362 sq.; variantes du type africain, 363 sq.; du type espagnol, 364 ; de la Gaule, ibid. sq.; texte du symbole de la messe, 266 ; le symbole de Nicée, ibid.; comparaison des textes de Jérusalem, de Nicée et de Constantinople, 367 sq.; les textes palestiniens, 368 sq.; traces du symbole en Egypte.369; Kattenbusch néglige la « doctrine d'Addai », ibid. ; S.Ephrem,ibid,sq.; origine de ces symboles en Syrie, 370.— Notice sur un ms. important pour l'histoire du symbole, cod.Sessorian, 52.XIV,481 sqq.; Caspari signale l'importance de ce ms. et croit pouvoir en fixer la date des documents qui y sont contenus à l'époque de Nicolas I (858-867) 481 ; description matérielle du ms. 482 ; détail des différentes pièces,ibid.; description détaillée de la 2e partie 482 sqq.; formule du symbole fol. 114v, 483 ; texte des acclamations solennelles contenues fol. 126, 484 ; rituel d'ordinationd'unévêquefol.128v-131,suivie de l'oblation du sacrifice eucharistique, 485 ; réminiscences de la formule *Quicumque vult* du Pseudo-Athanase ibid.; annotations à chaque article du symbole, 486 ; nouvelle explication du symbole, dans laquelle revient de place en place le *Tres unum sunt* et formule du symbole, ibid.; profession de foi, fol. 165, où il est fait des emprunts au symbole dit de S. Athanase,467 ;

suite du contenu de ms. fol.166-177,488 ; exposition anonyme du symbole, ibid.

Symbole : Quicumque vult, trois nouvelles références XV, 101 sq.: ce symbole figure en tête d'un des manuscrits les plus anciens de la bibliothèque de Munich, le Clm. 6298, fol. 1ᵛ. 101 : psautier de l'abbaye de Corbie, biblioth. d'Amiens, cote 18, fol. 138ᵛ, ibid.; rapport de l'abbé Angilbert sur l'ordre des offices institué par lui à l'abbaye de S. Riquier, ibid.

Syro Mabalar, Léon XIII, règle la situation des chrétiens du rite Syro-Malabar, dans les Indes, **IV, 230.**

Système musical, *de l'Église grecque*, XVI, 49 sqq.; état actuel du chant grec, 49 ; les musiciens grecs affirment que leur musique nationale est la continuation directe de la musique antique, ibid.; critique de cette assertion, 50 ; plan du travail et sources, ibid. sq.; gamme normale diatonique des Byzantins modernes, 51 ; théorie de leurs huit tons, 52 ; règles, ibid.; caractéristique du 1ᵉʳ mode, 53 ; correspondance avec la « *Musica Enchiriadis* » ibid. ; manière des Grecs de solfier cette gamme, 54 ; différence dans la pratique, 54 ; loi de l'attraction du *mi*, ibid.; exemple d'une mélodie du 1ᵉʳ ton, 64, nᵒ 1 ; ressemblance avec le 1ᵉʳ mode grégorien transposé, 55 ; 2ᵉ mode authente selon Chrysanthos, ibid.; échelle de ce mode, ibid.; opinions diverses sur la détermination des intervalles, 56; exemples 64 sqq.; 3ᵉ mode authente et

son échelle, 57 : exemple nᵒ 5, 66 ; 4ᵉ mode authente convient à trois sortes de chant, 57, sq ; exemples n. 6 et 7, 66 ; 5ᵉ mode authente et son échelle, 59 ; exemple n. 8, 67 ; 6ᵉ mode ou 2ᵉ mode plagal et son caractère, 60 ; exemple n. 9 et 10, 67 sq.; 7ᵉ mode ou 3ᵉ plagal et variétés de ce mode, 61 ; exemples de différents types, nᵒ 11-13, 69 ; 8ᵉ mode ou 4ᵉ plagal et son échelle, 62 ; exemples n. 14-15, 70 sq.; différents groupes s'occupant de la réforme du chant liturgique grec, 220, sqq.; comparaison des genres de cette musique, 223 sqq.; opinions des écrivains sur l'époque de ces transformations, 224 sq. critique d'un projet de réforme, 226 sq. les premiers travaux de Tzetzès pour prouver l'identité de la musique byzantine avec la musique antique, 228 sq.; modifie plus tard sa manière de voir, 229 ; affirme que la musique grecque fut polyphone, 230 ; admet des relations avec la musique turque et arabo-persane, ibid.; Kilzanidès et ses travaux, 231 ; n'est pas réformateur, 232 ; résultat incertain de toutes ces opinions, ibid. seq.; D. Gaïsser propose une solution, 503 ; l'auteur veut prouver que le système musical byzantin repose sur l'antique gamme dorienne et lydienne, 504 ; plan général de la preuve, ibid. seq.; tableau des anciens modes, 506 ; difficultés de la concordance des modes anciens, 507 ; la transaction avec la musique latine en est la cause, 508 ; identification de l'ancienne gamme dorienne et de la gamme du dorien byzantin, ibid.; elle remonte au XIII⁰ s., 509 ; preuves par le ms. 261 de la bibl. nat. de Paris, XIIIᵉ s. et du ms. 11389-91 de Bruxelles, XVIIᵉ s. ibid. ; réponse à l'objection du P. Borroy, 510 ; preuves par les tableaux de combinaison, 510 sqq.; conclusion, 513 ; exposition du système de la Roue (τροχός) et comparaison avec la *Musica Enchiriadis*, 529 sq.; application de la théorie au premier mode πρῶτος, 530 sq.; le premier mode hellène est la base pour l'arrangement des autres modes, 532 ; exposé de la transformation, ibid. et seq. échelle du dorien byzantin, 534 ; résumé des résultats obtenus, 536 sq.; explication du tableau B, 538 sq.; pourquoi les Byzantins suivent l'ordre inverse de celui des anciens dans l'énumération des modes, 539 sq. ; les martyries ou signes caractéristiques des notes modales, 541 ; ajoutes faites par les réformateurs modernes, ibid.; sens des martyries et leur importance, 542 ; tableau, 543 ; explications des martyries des différents modes, 542 sqq.; raison de l'emploi des signes dans le tétracorde des ὑπερβολαίων, 548 ; — solution de la difficulté provenant de l'usage de la notation antique à une époque relativement récente, XVII, 87 ; mention faite par Aurélien de Réomé, 88; provenance chaldéenne des noms du δεύτερος et du τρίτος, ibid. seq.; du πρῶτος, 90 ; difficultés et hypothèses relatives au nom αγια de la 4ᵉ martyrie, ibid. sqq.; conclu-

sion, 93 ; exercice pratique du τροχός, 207 ; analyse des particularités, 208; discussion du texte de la 1ᵉʳᵉ formule de Phokaeus, ibid. seq.; but des ἐπηχήματα, 209 sq.; 2ᵉ formule dans Phokaeus et Villoteau et sa valeur, 210 sqq.; valeur des autres formules chez ces auteurs, 212 sqq.; essai de rétablissement de cet ancien chant, 216 sq.; examen de la mutation des huit modes, d'après le ms. vatic. 791, XIVᵉ s., 217 sqq.; sens et portée du document, 221 sqq.; examen de la question des intervalles, 228 sq.; connexion entre le système musical de l'église grecque et latine, 379 ; particularités dans la musique grégorienne dérivant de sources grecques, 380 ; différence entre l'ordonnance des cantilènes latines et byzantines sous le rapport de la hauteur, ibid. seq.; emploi du *mi bémol* dans les mélodies grégoriennes, 384 sq.; abaissement du canon classique et classification des types modaux, 386 sqq.; importance de la note initiale, 391 ; conclusion, 394 ; synthèse qui se dégage de l'argumentation, 394.; — réforme de la musique grecque à la fin du XVIIIᵉ s., XVIII, 44 sqq. texte comparé du ms. 405 de la biblioth. nat. de Paris (Colbert 6465) et de l'édition de 1895, 48 sq.; existence de l'élément asiatique dans la musique byzantine, 50 sq.; identité du 2ᵉ mode byzantin avec l'antique mode lydien, 51 sqq.; gamme acoustique et ses intervalles, 53 sqq.; gamme lydienne, 55 sq.; comparaison du 2ᵉ mode byzan-

tin avec le type lydien authente.
57 sq.; identification des autres
variétés du mode lydien, 58 sqq.;
l'antique hypolydien dans la
musique byzantine, 61 sqq.; système musical chez les Byzantins
et chez les anciens Hellènes, 184
sqq.; examen du système du
Tétracorde, 186 sqq.; système
du Tricorde, 189 sqq.; application au 2ᵉ mode byzantin, 291
sqq.; examen critique des genres
antiques et surtout du genre
enharmonique, 194 sqq.; rôle de
chaque genre en particulier, 197
sqq.; de la loi d'attraction, 202 :
la division de la gamme en 68
parties, ibid. sq.; connexion de
ces chiffres avec la gamme acoustique des Byzantins, 203 sq. :
propriétés des intervalles dans
diverses formes modales, 205
sq.; conclusion, 207.

T.

Tabouillot, (D. Nicolas) moine lor-
rain, correspondant de Moreau,
XIV, 541. B. M.
Tancelin, hérétique, VI, 173.
Tapper, (Ruard) professeur de
théologie à Louvain; le V.Louis
de Blois devient son élève, VI,
268.
Taragone, (province de) notice sur
les fondations monastiques de
cette province, XVII, 434. B.M.
Tarisse, (Dom Grégoire) notice,
XIX, 309. B. M.
Tasque, (prieuré de) au diocèse de
Tarbes, son état en 1766, XIV,
413.
Tassin, (Dom) collabore avec D.
Toustain au « *Nouveau traité
de Diplomatique* » XV, 340. —

concourt au projet de J. N. Mo-
reau, XV, 349. voir Moreau.
Taste, (Dom de la) de la Congrég.
S. Maur, évêque de Bethléem,
XX, 399. B. M.
Tatton, moine de Reichenau, sa
lettre à l'abbé Réginbert sur le
texte de la règle de S. Benoit,
XVI.176. B. M. sur l'observance
du monastère, ibid.
Teckingen, (Marquard de) abbé de
Fulda, XI, 218. B. M.
Te Deum, L'auteur du Te Deum,
VII,151 sqq.; état de la question,
151 ; examen des raisons qui ont
fait donner à cette hymne
une origine orientale, ibid. sq.;
réponse, 152 ; c'est aux sources
occidentales qu'il faut recourir,
ibid.; la légende relative à l'origine du *Te Deum,* 153 ; elle ne
repose sur aucun fondement,
154 ; opinion l'attribuant à S. Hilaire de Poitiers, ibid. ; critique, 155 sq.; attribution par certains mss. à Abundius, 156 ; les
mss. britanniques à Nicet, 157 ;
sources de cette dernière donnée,
ibid. ; exclusions de Nicetius de
Trèves, ibid. ; probabilité pour
Nicetas, évêque d'Aquilée, ibid.
sq. ; concours de circonstances
en faveur de ce dernier, 158 ; sa
part dans la composition de cette
hymne, ibid. sq.; conclusion 159.
— Nouvelles recherches sur
l'auteur du *Te Deum,* XI, 49 sqq.;
résultats de l'étude des caractè-
res intrinsèques : renoncer à
l'origine gallicane et africaine,
mais le *Te Deum* a été composé
en latin, 49 sqq.; témoignages ex-
trinsèques : au temps de S.Benoît
et de S. Césaire d'Arles, il est en
usage aux vigiles du dimanche

en Gaule et en Italie, 51 sq.; S. Cyprien de Toulon en cite des fragments, 52 ; la leçon *Suscepisti*, ibid. sq. ; le *Te Deum* est d'un auteur occidental et a été composé avant le Ve s., 53 ; éliminations de plusieurs auteurs auxquels il est attribué, ibid. sqq.; liste des documents où il est attribué à un « Nicet évêque », 55 sqq.; élimination de Nicet de Trèves et d'Aquilée, 59 sq. ; groupe d'opuscules attribués à un Nicet évêque, 61 ; documents occidentaux se rapportant à un « évêque Nicet » ibid. sqq. ; ces documents proviennent d'un seul et même Nicet, preuves, 65 sqq.; c'est Nicet, évêque de Remesiana, preuves, 67 sqq.; Remesiana, ville de Dacie, 71 ; les indices chronologiques sont en sa faveur, ibid. sq. ; concordance de cette solution avec l'époque de la composition du Te Deum, la personne et les écrits de Nicetas, 73 sqq. — l'expression « suscipere hominem » en dehors de l'Afrique, 337 sqq. ; les six livres *de Sacramentis* et l'*Explanatio symboli ad initiandos* attribués à S. Ambroise appartiennent à un même auteur, 339 sqq.

Tegernsee, (abbaye de) XI, 469, 470. — moines célèbres, XII, 305. — notice sur les abbés et moines écrivains du monastère, XV, 520. B. M. — étude sur ses moines et ses abbés, XVI, 317. B. M. — visite du nonce F. Ninguarda en 1581. XVIII, 305. — continuation des chroniques de cette abbaye, XIX, 297. B. M.

Tegernsee, (Bernard de) son traité « *de abstinentia monachorum a carnibus* », XIV, 313. B. M.

Teixeira, (D. Maur de) fonde l'abbaye de S. Paul au Brésil, (1586.) XV, 416.

Temple de Jérusalem, sa description d'après l'ouvrage de Dom O. Wolff, V, 67. sqq.

Temple, (monastère du) Bénédictines du S. Sacrement, notice, IX, 5.

Templiers, étude sur leur règle primitive, XXI, 82.

Temps Pascal, Pieuses pensées pour la fête de Pâques, I, 65.

Teneur, (dom Noël) moine de S. Vaast, se retire à Grammont, XIV, 297.

Terbeek, (abbaye de) à Straeten, près de S. Trond, — Guill. de Ryckel, abbé de S. Trond y envoie des reliques des Saints de Cologne, XVI, 274.

Termunten, (abbaye de) notice, VII, 413.

Terrannova, (B^{se} Catherine de) XV, 548. B. M.

Terrasson, (abbaye de) son état en 1766, XIV, 413

Terrebosi, (V^{ble} Santuccia) abbesse de Ste Marie in Giulia, sa vie, XIV, 551. B. M.

Terre-Sainte, Les anciens monastères bénédictins de Terre-Sainte, avant les Croisades ; — abbaye du Mont des Oliviers, V, 437. — fondation de S. Etienne — Ste Marie la Latine et l'Hopital — L'ordre bénédictin pendant et après les Croisades, V, 502. — Un pélerinage en Terre-Sainte au XVe siècle, VI, 109.

Tertullien, *Die Seelenlehre Tertullians*, étude du Dr Gerhard Esser, analyse, XI, 476 sqq. — édition des Mauristes, XV, 218 sqq.

Tesero (hospice de) dépendant de Castrozza, en Tyrol, XII, 82. B. M.

Tesnière, (D. Martin) notice. XX, 399. B. M.

Testament du Seigneur, XVII. 10 sqq. ; extraits publiés antérieurement, 10 ; fragment eschatologique du début, 11 sq. ; deux fragments de ce début déjà publiés, ibid. ; analyse, ibid. ; l'église matérielle et l'habitation du clergé, 13 sq. ; ordination de l'évêque, ses fonctions, 15 ; sacrifice eucharistique, 16 sqq. louange de l'aurore, 19 ; prêtres et diacres, 20 ; clercs inférieurs, 21 ; catéchuménat, 22 sq. ; baptème de Pâques, 23 sqq. ; conclusion ; le fragment apocalyptique du début serait du IIIe s. ; le reste du Ve s. 26 sqq.

Teutlkofer, (Jacques) abbé de Kremsmünster, XII, 301.

Thanet, (île de) où débarquèrent les 1ers bénédictins d'Angleterre, description, XIV. 549. B. M.

Théobald, abbé de Ste Colombe de Sens, jette les fondements de l'église en 1142, son inscription, XVIII, 230. B. M.

Théodechilde, fille de Clovis, a-t-elle fondé l'abbaye de S. Pierre-le-Vif ? M. Prou nie l'authenticité de son testament. XVI, 173. B.M.

Théofride, abbé d'Echternach, sa « *vita S. Willibrordi* », notice sur cet écrivain, XV, 519. B. M.

Théologiens bénédictins et cisterciens alsaciens au XVIIIe siècle, XIX, 309. B. M.

Théophile, pseudonyme d'un moine bénédictin de Marseille, XIV, 549. B. M.

Teuthilde, (821-22) 3e abbesse de Remiremont depuis l'introduction de la Règle de S. Benoît, X, 559.

Teuthon, (Jean-le-) 1er évêque latin de Bosna-Seraï, VI, 281.

Thabor, voyez Mont-Thabor.

Théobald, évêque d'Arezzo, rapports de Guy d'Arezzo avec cet évêque, V, 448.

Théodulphe, (S.) abbé de Lobbes, évêque régionnaire, V, 307.

Thérapeutes, origine, doctrine, VIII, 2 sqq. — XIII, 321. B. M.

Thesinge, (monastère de) notice, VII, 414.

Thetford, prieuré clunisien dans le Norfolk, établi par Roger Bigot en 1104, X, 99.

Theutère, moine de Lobbes, évêque coadjuteur de Francon, évêque de Liège, V, 373.

Thevin, (D. Alexandre) notice, XX, 399. B. M.

Thiatgrim, évêque, XV, 162. B.M.

Thibault, moine de Clairvaux, possédait des reliques des Saints de Cologne que lui avait fait remettre l'abbé de S. Trond, Guill. de Ryckel, XVI, 276.

Thibaut, abbé de Gorze, son élection, ce qu'elle coûta, XVII, 310. B. M.

Thiébault, (D. Benoît) prieur de Ferjus, près Besançon, XV, 220. 227. — notice, sa correspondance avec D. Calmet, 247 à 261. 359, 360. — lettre, XVI, 472.

Thiémon, (S.) archevêque de Salzbourg, XIV, 320. B. M.

Thierry, (le B^{eux}) moine de Lobbes, écolâtre de Stavelot, Verdun et Mouzon, abbé de S. Hubert, notice, VI, 357 sqq.

Thierry, moine allemand qui séjourna à Fleury s/Loire, dédie ses travaux littéraires à l'abbé de Fulda, Richard d'Amorbach, XII, 36, 37. B. M.

Thierry, abbé de Werden, XIV, 530. B. M.

Thierry, moine d'Echternach, collaborateur de Ste Hildegarde, XXI, 313.

Thierry, archevêque de Cologne, XIV, 549. B. M.

Thierry, archev. de Mayence, protecteur de la réforme de Bursfeld, XVI, 412.

Thierry II, moine de S. Hubert, successeur du B^eus^ Thierry comme abbé de ce monastère, — notice, VI, 359, 360, 361, — fuit devant l'évêque de Liège, Otbert ; déposé, rentre dans son abbaye. 361.

Thierry de S. Evroult. Episode de l'histoire monastique de Normandie au XIe siècle, d'après Orderic Vital. fondation du monastère de la Vallée d'Ouche, la famille des Géroï, restaurateurs d'Ouche, Thierry moine de Jumièges devient abbé de S. Evroult, son gouvernement, V, 38 sqq. — Donation faite à Ouche, fondation de S. Martin de Séez, Robert, seigneur de Greutemaisnil se fait moine à S. Evroult, Troubles suscités contre Thierry, sa bienheureuse mort, ses miracles, V, 87 sqq.

Thierry de S. Trond, abbé, compose un ouvrage « de Ratione temporum » VI, 546. — son éloge métrique, œuvre peut-être de son successeur, Rodolphe, XIV, 323. B. M.

Thierry de Vérone, franciscain, évêque suffragant d'Utrecht, vient à l'abbaye d'Egmont en 1250, réconcilie le monastère, l'église paroissiale et le cimetière, donne les ordres sacrés, procède à la bénédiction de deux abbés, consacre deux autels, etc. IX, 410, 411.

Thierry de Waulsort, abbé — sous son gouvernement à lieu la translation des SS. Candide et Victor et de trois corps des compagnes de Ste Ursule, IX, 380.

Thietmar. moine du Mont-Cassin, variantes de sa lettre à Charlemagne, XIV, 315. B. M.

Thingeyrar, (abbaye de) en Islande, XIV, 530. B. M. — notice historique, ses abbés, XV, 152. — ses moines écrivains, XVI, 177. B. M.

Tholey, (abbaye de) son histoire, XVI, 454. B. M. — XVII, 424. B. M.

Thomas d'Aquin, (S.) fait ses première études au Mont-Cassin, XI, 510. — Un nouveau commentaire de la somme théologique de S. Thomas, XI, 331 sqq. — Une apologie protestante de S. Thomas d'Aquin XV, 459 ; caractère de la théologie protestante depuis le siècle dernier, 460 sq.; réaction chez plusieurs théologiens, 462 ; but poursuivi par Krogh-Tonning, dans son apologie, ibid.; moyens dont il se sert, 463 ; comparaison de la doctrine de l'auteur avec celle de S. Thomas sur la grâce et la justification, 463 sqq. — Voir Idéalisme.

Thomas, abbé de S. Gérard, surnommé le *père des pauvres*, V, 180.

Thomas, abbé des Ecossais à

Vienne, conservateur de l'Université de cette ville, XII. 304.

Thomas, abbé de Lambach, XII, 301.

Thomas, abbé d'York, préside le chapitre général de la Province de Mayence-Bamberg, en 1417. XVI. 387.

Thomas, évêque in partibus, révise l'Ordinarius de Bursfeld XVI, 502.

Thomas, abbé de Merschourg, XVI, 555.

Thomas, pénitencier de Beauvais; l'abbé de S. Trond. Guill. de Ryckel, lui envoie des reliques des saints de Cologne, en 1272, XVI, 274.

Thomé. (Jacques) abbé de S. Laurent de Liège, déposé par le nonce Bonomio, XI, 437.

Thorgilsson, (Ari) père de l'histoire islandaise, XV, 145.

Thorn, (abbaye de) notice, VII, 376.

Thuillier, (D.) célèbre historien, XVI, 356. — fragment de son histoire de la Constitution Unigenitus, XIX, 82. B. M.; notice, ibid.

Thverá. (abbaye de) en Islande, son histoire, ses abbés, XV, 193.

Thys. (Célestin) dernier abbé de Stavelot. XIV, 320. B. M.

Tibaens, (abbaye de) en Portugal, chef-lieu de la Congrégation portugaise, XV, 415.

Tihany, (abbaye de) en Hongrie, XIV. 31. B. M.

Tilman, de Bonn, moine de Laach, auteur célèbre, X, 82.

Tilmann, abbé de Mettlach, fait la visite canonique de S. Avold en 1483, XV, 134.

Tinctoris, (Jean) chanoine de

Tournai, XV, 496, note 1.

Tinel, (Edgard) son oratorio Franciscus, V, 424 — sa Messe de N. D. de Lourdes, IX, 283.

Tiroux, (D. Pierre) prieur de S. Vannes à Verdun, et le prieuré de Muno, XIII, 175. B. M.

Tirsay, (dom Martin) président du collège S. Vaast à Douai, XII, 150.

Toc, (Angélique du) abbesse de S. Laurent de Bourges, amie de la Mère Mechtilde du S. Sacrement, établit dans son monastère des pratiques analogues à celles de la Congrégation des Bénédictines du S. Sacrement, fondée récemment, IX, 389.

Toggenburg, (Ide de) XI, 371. B. M.

Tolède, (IVᵉ Concile de) interdit la communion hors de la Messe I, 235.

Tolérance, droit et tolérance, VI, 342, 391.

Tolnis, (Henri de) évêque de Rose, auxiliaire de Cambrai, XXI, 54.

Tomasi, (Marie-Crucifiée de la Conception,) bénédictine de Girgenti, sœur du Bx Thomasi, cardinal, XV, 548. B. M.

Tongerloo, (abbaye de) sa bibliothèque, ses manuscrits, XVI, 262.

Tongres, (Jean de) moine de S. Jacques de Liège, proviseur de Gembloux, XI, 8.

Torre de Specchi, (monastère de) sa fondation, III, 14.

Torruelos, (Bernard de) abbé de S. Félix de Guixol, tente une réforme dans son abbaye, XVII, 283.

Tortona, (abbaye de) voir Saint-Martien de Tortona.

Tosti, (dom Louis) sa vie et ses écrits, XV, 49 à 74,— sa vie par le cardinal Capeccelatro et autres, XVI, 180, 181. B. M.

Totichen, (Jean de) chartreux de Cologne, Pie II lui permet de prendre l'habit bénédictin à S. Pantaléon de Cologne avec un de ses confrères et 5 convers, XIV, 549. B. M.

Touchebœuf, (Jean de) abbé de Mas-Grenier, XX, 398. B. M.

Toulouse, (monastère de) Bénédictines du S. Sacrement, notice IX, 385.

Tournai, son école de rhétorique en 1482. — des bénédictins en étaient membres, X, 232. — ses évêques auxiliaires ou suffragants, XXI, 265. 345.

Tournet, (Hugues) évêque de Dagne, auxiliaire de Cambrai, XXI, 61.

Tournon, (François de) abbé commendataire de la Chaise-Dieu, de Ferrières, de S. Germain des Prés, etc. XVII, 117.

Tournus, (abbaye de) ses pierres tombales, XIX, 62. B. M.

Touro, (D. Paul de) un des douze postulants reçus par Didace de Murza à Coïmbre, procureur général de la Congrégation portugaise, auteur du « *Privilegia Congregationis S. Benedicti Portugaliae* » en 1589. XV, 415. note 1.

Toustain, (dom) lettres à D. Athanase Peristiani, XIII, 169. — B. M. — son nouveau traité de diplomatique composé avec la collaboration de D. Tassin. XV, 340.

Toustain-Richebourg (Charles-Gaspard de) commissaire des Etats de Bretagne, ses écrits, sa correspondance avec D. Charles Antoine Blanchard, XIX, 171.

Tradition Grégorienne, (système musical) Les témoins de la tradition grégorienne, VII, 289 sqq. ; occasion du travail, 289 ; controverse ancienne au sujet de l'œuvre de S. Grégoire-le-Grand, ibid. sq.; témoignage de Jean Diacre, 291 sq. ; conséquences, 293 ; Adrien II, 294 ; S. Léon IV, ibid. sqq.; la valeur de ce témoignage, 297 ; Hildemar, 298 ; Walafrid Strabon, ibid. sq. ; Agobard de Lyon, 299; Amalaire de Metz, 300 sqq. ; l'importance de son témoignage, 302; ne pas confondre l'antiphonaire de la messe avec celui de l'office, ibid. sq.; Amalaire de Trèves, 304 sqq. ; Adrien I, 308 sq. : examen du prologue, 309 sq. ; valeur de son témoignage, 311 ; Egbert d'York,' ibid. sq. ; supposition de Gevaert et critique, 312 sqq ; examen du passage d'Egbert, 316 sq. ; les causes du silence au VII⁰ s., 317 sqq. ; les témoignages internes invoqués par Gevaert, 320 ; la version de l'Ecriture qui a servi à la composition de l'antiphonaire, 321 ; comparaison des offices ajoutés avec le fonds primitif, ibid. sq. conclusion, 323 : la formation graduelle des cantilènes de l'Eglise latine d'après Gevaert, 337 sq. : examen de l'influence syro-hellénique sur l'origine et le développement de la cantilène latine, 338 sqq. : la date de 425 donnée comme initiale à la période productive de l'art liturgique, 341 : l'interprétation de la notice de Célestin I dans le *Liber Pontificalis*, ibid. sq. ; examen de l'introduction des divers chants de la messe, 342 sqq. : la date de 700 donnée par Gevaert, comme finale de la période productive 344 sq. : critique, 345 sqq. : la distinction des deux périodes de chant simple et de chant orné défendue par Gevaert et critique, 347 sq. : examen des divers arguments apportés par cet écrivain, 348 sqq. ; critique du manque prétendu de toute notation musicale avant le milieu du VIIe s., 352 sq. ; la notation neumatique des Occidentaux, 354 : examen du texte de S. Isidore, ibid. sq. : l'influence des prêtres et moines syriens réfugiés en Italie après la conquête musulmane (638), et critique, 355 sq. ; le rôle des papes helléniques, 356 ; d'Agathon et critique de la conjecture de Gevaert, ibid. sq. : la part de Serge I, 257 sq.; de Grégoire III, 358 ; de l'injustice de l'histoire à l'égard des papes helléniques d'après Gevaert, 359 sq. ; esquisse historique du développement du chant liturgique dans l'Eglise latine d'après Dom Morin, 360 sqq.: conclusion 336 sq.; un mot sur la dissertation de Dom Cagin, 368 sq.

Traube, *Text-Geschichte der Regula S. Benedicti*, XV, 503. Voir S. Benoit, Le texte de la règle.

Traunkirchen, (abbaye) XII, 507. B. M. — XIII, 328. B. M.

Travail, des mains dans les monastères, étude, XVIII, 214. B.M. — Travail des anciens moines bavarois, XXI, 434. B. M.

Trefler, (Wolfgang) moine et écrivain de St Jacques de Mayence. XV, 545. B. M.

Trehearne, (Edmond Ceolfred) bénédictin anglais, XIV, 320. B.M.

Trélon, (de) XI, 258.

Tremiti, (monastère de) situé dans un état sur la côte de l'Adriatique, son histoire. XV, 172. B. M.

Trenbeck, (Jean) abbé de Monsee, auteur d'une histoire du Concile de Constance. XII, 305.

Trenoz, (D. Amand) son journal de l'abbaye d'Altorf, XV, 305. B. M.

Treutlkofer, (Jacques) abbé de Kremsmünster, XII, 304.

Trèves, (monastère de) Bénédictines du S. Sacrement, notice, IX, 485.

Trinité, voir Vigile de Thapse.

Trithème, (Jean) les falsifications de Trithème, reposent-elles sur des motifs sérieux ? IX, 418.

Trognée, (Walter de) de concert avec son frère Godescalc fait don à Cluny de l'église de Bertrée (1124), XII, 339.

Trois-Fontaines, (abbaye de) accord avec le prieuré de Ste Marguerite, XV, 173. B. M.

Trois-Langues, (Collège des) à Louvain : le V. Louis de Blois y étudie les lettres, VI, 268.

Trombelli, attribue à S. Hilaire de Poitiers une apologie. XV, 97. Voir S. Hilaire de Poitiers.

Tronchet, (abbaye de) de la société de Bretagne, XI, 102.

Tropaires, de Montauriol, XVII, 304. B. M.

Truchon, (dom Elie) moine de la société de Bretagne, XI, 98.

Trudon, (Dom) de Gembloux, moine, chantre et sacristain de

S. Trond, († 1582.) son « *Sacra-rium* » XVI. 270 à 277.

T'Serclaes,(Mgr) Sa biographie de Léon XIII, XI, 425 sqq.

T'Serclaes, (Gerelin) chantre de Ste Gudule, à Bruxelles, nommé par Urbain V conservateur des biens de N. D. de Basse-Wavre, XIV, 475.

Tuffé, (prieuré de) dépendance de S. Vincent du Mans, XVII, 41.

Tulle, (abbaye de) organisation intérieure de ce monastère et ses relations avec le dehors avant et après son érection en évêché. XVII. 167. B. M.

Tunique, (la sainte) d'Argenteuil, XI. 379. B. M.

Tunstall,(Thomas) martyr anglais, XIV. 325. B. M.

Turckheim, (Mr de) sa correspondance avec les bénédictins de S. Blaise au sujet des papiers et manuscrits de Grandidier. XIV, 541. B. M.

Turquie,situation de l'Eglise en ce pays en 1887. IV. 327. — Conférence sur l'Orient au Vatican (1894) XI. 560.

Tynemouth, (Jean de) moine de S. Alban. notice historique — sa « *Nova legenda Anglie.* » — XIX, 307. B. M.

Tyniec, (monastère de) notice sur les dernières années. XVIII,230. B. M.

Tzetjès,ses travaux sur la musique ecclésiastique grecque XVI. 227 sqq. Voir Système musical de l'Eglise grecque.

U.

Udalric, moine de Cluny, contem-porain de S. Odilon, affirme qu'il est le premier instituteur de la fête du 2 Nov. XV, 470.

Uitenhage, (Florent) abbé d'Eg-mond, gaspille les biens du monastère et cherche par ses largesses à rester en paix avec les seigneurs voisins surtout avec Guillaume d'Egmond; ses démêlés avec Gheye, fils de Jean d'Egmond, X, 351 à 353.

Ullathorne, (Mgr Guillaume) notice. III. 475, sqq. — VI, 216.

Ulm, (Jean de) moine de Melk, XII, 292.

Ulric, (S.) évêque d'Augsbourg, ses rapports avec la recluse Wiborade de S. Gall, XIX, 79. B. M.

Ulric, oblat de Monsee, XII, 305 — auteur d'un « *Vocabularius bi-blicus.* »

Ulric, allemand d'origine, moine de Cluny, transplante la réforme clunisienne en Allemagne, particulièrement à Hirsau, XIV, 23, 24. B. M.

Union des Eglises, un mouvement vers l'union en Russie, XI, 446. — Conférence sur l'Orient au vatican (1894) XI. 560. — union possible de l'Eglise russe avec l'Eglise Romaine. XII, 1.

Unmutz, (Pierre) prieur de S. Alban, à Trèves, XII, 101.

Urbain II, (Beus) a-t-il introduit l'usage de l'*Angelus*, au Concile de Clermont ? I, 370. — XIII, 172. B. M. — confie l'abbaye de Mileto aux Bénédictins, XV, 89. — son attitude vis-à-vis des sacramentaux des Simonistes, schismatiques et hérétiques, XV, 165. B. M. — ses rapports avec S. Bruno de Segni. 267.

Urbain V, ancien moine de S. Victor de Marseille, fonde le collège S. Benoît à Montpellier et le collège des douze Médecins. (1368-69) X, 155. — Biographie, XII, 216, 507. B. M. — documents, XV, 545. B. M. — fonde un séminaire à Tretz, transféré plus tard à Manosque, XVIII, 218. B. M.

Urbain VIII, par la bulle *Plantata*, (12 juillet 1633) enjoint aux Bénédictins de la Congrégation anglaise de s'adonner aux missions et au ministère paroissial dans leur patrie, I, 233. — Bref de 1642 rendant la fête de S. Joseph le 19 mars obligatoire pour l'Eglise universelle V, 103. — bulle confirmant l'œuvre de la réforme lorraine à l'abbaye de S. Hubert, XIII, 355. — bulle contre les religieux de S. Hubert, 401.

Ursmer, (S.) abbé de Lobbes, évêque régionnaire, sacré à Rome, rapporte une relique insigne de S. Pierre, consacre l'église abbatiale de Lobbes et construit une seconde église sur la hauteur voisine de l'abbaye, V, 305, 306.

Uten Haghe, (Guillaume) moine de S. Paul d'Utrecht, XIV, 530. B. M.

Utenhove, (Jean) dominicain, adresse en 1474, au duc Charles de Bourgogne, un traité de la réforme monastique en faveur de la réforme de la Congrégation de Hollande, XV, 533, 534, note 1.

Utrecht, (Pierre d') hollandais, moine de Werden, abbé de Reinhausen, XIV, 547, 548. B. M.

Utton, (B^eux) 1er abbé de Metten, considéré comme patron diocésain d'Eichstaett, XIV, 534. B. M.

Uzerche. (abbaye d') en Corrèze, son état matériel en 1702, XV, 554. B. M. — son cartulaire, XIX, 290. B. M.

V.

Vaast. (S.) X, 555. — La philosophie enseignée chez les Bénédictins de S. Vaast à Douai au XVIII siècle, XVII, p. 51. ss.

Vaissette, (D. J.) lettres, XIII, 511. B. M. — ses écrits, XV, 340. — XVI, 180. B. M. — documents et lettres, 323.

Val-Dieu. (abbaye de) de l'ordre de Citeaux, possédait des reliques des Saints de Cologne envoyés par Elisabeth de Spalbek, religieuse de Herckenrode, (1272) XVI, 277.

Val-des-Bois, quelques mots à propos d'une visite à l'usine du Val-des-Bois (Marne) VIII, 281.

Valentin, (Basile) chimiste et médecin, a-t-il existé ? XIV, 319. B. M.

Valerianus. *Fides sancti Valeriani* du ms. Paris, lat. 2076, XV, 102; formule, 102 ; S. Jérôme cite ce saint comme évêque de Calahovia. ibid. : incertitude de ce renseignement, 103.

Valette. (D. Georges) auteur d'une tragédie intitulée : « *Les Trompeurs trompés* », XVIII, 223. B. M.

Valeys, (prieuré de) diocèse de Limoges, dépendance de l'abbaye des Alloix. — concession d'indulgences pour ceux qui visiteront la chapelle de Ste Madeleine, XVI, 175. B. M.

Valez, (D. Bruno), abbé de Moulins, assiste et préside la réunion des abbés Cisterciens à Bruxelles, le 2 mai 1782, X, 502.

Valhnon, (Guillaume de) XI, 301.

Valladolid, relation entre les Jésuites et les Bénédictins dans cette ville, de 1599 à 1604, XV, 557. B.M. — Séminaire anglais, origine des troubles suscités par les Jésuites et l'entrée d'un certain nombre de séminaristes dans l'ordre de S. Benoît, XVI, 452. B. M.

Valladolid, (Congrégation de) notice historique, XIX, 255.

Vallombreuse, (abbaye de) oblation à l'abbaye en 1496, XIV, 551. B. M.

Valogne, (Jean de) prieur de S. Bénigne de Dijon, XII, 294.

Valroy, (abbaye de la) de l'ordre de Cit., possédait des reliques des Saints de Cologne envoyées par l'abbé de S. Trond, Guill. de Ryckel, à l'abbé Ponce, le 24 mai 1272., XVI, 273, 274.

Valvanera, (N.D. de) Statue miraculeuse, sculptée, dit la tradition, par S. Luc. — dernière Invention de cette image au IXe siècle — transférée par ordre du Gouvernement espagnol à Brieva, au diocèse de Burgos. — rapportée au monastère de Valvanera en 1886, III, 33.

Van den Leene, (Jean) prieur de S. Bavon, à Gand, XII, 375.

Van den Tympel,(Olivier) des soldats de son régiment brûlent N.D. de Wavre,(1582),XIV, 489.

Van den Ven, son ouvrage : *S. Jérôme et la vie du moine Malchus le captif*, XIX, 76 sq. Voir S. Jérôme.

Van den Zype, (Henri) prévôt d'Afflighem et abbé de S. André de Bruges, VI, 306, — écrit une dissertation, en faveur du monachisme bénédictin de S. Grégoire le Grand, VI, 546.

Van der Burch, archevêque de Cambrai, s'oppose à la réforme de S. Ghislain, XIV, 254.

Van der Heul, (Gisbert) bailli d'Egmond, XIII, 310.

Van Haeften, (D. Benoît) prévôt d'Afflighem, notice sur sa vie et ses œuvres, VI, 305 sqq. — était correspondant de dom Luc d'Achery, 544.

Van Hove, (Maximilien) moine de S. Pierre de Gand, XI, 443.

Van Raephorst,(Albert) capitaine, bailli de Waterland et l'abbé d'Egmond, XIII, 309.

Van Vliet, (Gisbert van) abbé d'Egmond, XIII, 305.

Van Zuithem, (S. J.) janséniste d'Utrecht, XVI, 198.

Varsovie, (monastère de) en Pologne, des Bénédictines du S.Sacrement, notice, 402.

Vasoris, (Guillaume) évêque de Sarepta, auxil. de Tournai, XXI, 315.

Vaszary, (cardinal) notice biographique, X, 127.

Vauclair, (abbaye de) de l'ordre de Citeaux, dans l'ancien diocèse de Laon, Guill. de Ryckel, abbé de S. Trond, envoie des reliques des Saints de Cologne à l'abbé Ponce, en 1270 (10 mai), XVI, 272, sq.

Vaudois, hérétiques, notice, VI, 171, note 1.

Vayeur, (D. Claude) profès de Senones, XV, 224.

Vedrenes, (monastère de) son état matériel en 1702, XV, 554.B.M.

Veet de Soest, (Jean) abbé de

S.Pantaléon à Cologne, abdique (juin 1559), XIV, 549. B. M.

Veith, (François-Antoine) savant libraire d'Augsbourg, XVI, 3.

Veiga, (Diego-Lourenço da) gouverneur de Bahia, accueille avec bienveillance les Bénédictins portugais, XV, 416.

Vendeville, (Jean) évêque de Tournai, XI, 175.

Vendôme, (Geoffroi de) notes sur l'étude de ce personnage par M. Compain, discussion des thèses de cet auteur au sujet de Geoffroi, IX, 264, — liste chronologique de ses lettres (Sackur), X, 414. — XV, 272.

Vendôme, (abbaye de) Voyez : Sainte Trinité (abbaye de la)

Veni Creator, Paraphrase, V, 195.

Venloo, (Eberhard de) abbé de Johannisberg, puis de S. Jacques de Mayence, XVI, 552.

Ventadour, (monastère de) son état matériel en 1702, XV, 554. B. M.

Ventura, (D. Antoine) moine portugais, fonde le monastère S. Sébastien de Bahia, XV, 416.

Vêpres, (les) les vêpres du dimanche, étude liturgique, IV, 434, sqq. — les vêpres pascales dans l'ancienne liturgie romaine, VI, 150 sq.

Verbois, (D. Walbert du) moine de Broqueroie, et l'abstinence monastique à Afflighem, XIV, 291, 293, 294, 295.

Verdeau, (D. Jean) provincial de Touraine, relève l'abbaye de Lantenac, XI, 102.

Verdussen, catalogue de sa bibliothèque, XVI, 264.

Vérémond, (S.) introduit la fête de l'Immaculée Conception en Navarre, XIII, 533. Voir Immaculée Conception.

Vérencier, moine de Phiscan, en Italie, rédige les Statuts monastiques composés par des bénédictins, dirige le monastère de S. Paul à Antioche, V, 560 — est-ce le même que Bérenger, moine de Fécamp, disciple du Bᵉᵘˣ Guillaume de Dijon ? V, 560.

Vergezac, (D.) sous-prieur de S. Jean d'Angély, XV, 439.

Vergue-Tressan, (D. de la) XI, 353.

Véricq, (D. Thibault) de Gérardmer, prieur de Flavigny, XV, 358.

Verninac, (D.) ses travaux sur l'histoire du Berry, XV, 345, note 1.

Verninac, (D. Jean) bibliothécaire d'Orléans, XII, 330.

Vernusson, (D. Michel) XV, 82, 84.

Verpoorter, (J.-B.) XIV, 493.

Vertou, (abbaye de) à l'époque mérovingienne, XIII, 510. B. M.

Veyssière la Croze, (Mathurin) moine de S. Maur, puis protestant, notice, XX, 269. B. M.

Viaixnes, (D. Thierry de) ses lettres touchant le P. Gerberon, XII, 332. B. M.

Victor III, (S.), (Didier) abbé du Mont-Cassin notice biographique et relation des fêtes de son huitième centenaire, IX, 558. — ses rapports avec S. Bruno de Segni, XV, 267.

Victor de Capoue, (S.) évêque de cette ville, vraisemblablement auteur de la « *Lettre à Constantius* » accompagnant l'envoi d'un Lectionnaire, VII, 416 sqq.

Victorius d'Aquitaine, Son canon pascal. Voir *Comput pascal*.

Vidal, (D. Claude) notice, XX, 399. B. M.

Vieillechèze, (D. Pierre de) notice, XX, 399. B. M.

Vielmur, (abbaye de) ses revenus au XVIIe siècle, XV, 312. B. M.

Vie monastique en Gaule au VIe siècle, XIII, 171. B. M. — en Angleterre, aperçu général, XXI, 434. B. M.

Vienne, (Thibaut de) moine de Melk, XII, 304.

Vigeois, (monastère de) son état matériel en 1702, XV, 554. B. M.

Vigile de Thapse, Les douze livres sur la Trinité attribués à Vigile de Thapse, XV, 1 sqq.; ouvrages authentiques de ce personnage, 1 ; critique de l'opuscule de Ficker, ibid.; examen d'après les mss. des douze livres *de Trinitate*, 2 ; analyse d'après Migne, (62, 227-334), 23; les 7 premiers livres auraient été le noyau de l'ouvrage, 4 ; de nombreux manuscrits citent S. Athanase comme l'auteur de ces livres, ibid. ; Ficker croit qu'ils ont été écrits en Espagne à la fin du IVe s., ibid. ; le Vatic. 5760 du IXe-Xe s. l'attribue à S. Ambroise ibid. ; trois autres mss. à S. Eusèbe, 5 ; divers écrivains du XVIIe s. ont pensé de même, ibid. ; le ms. Vatic. 1319 du XIIe s. renferme une note d'une main postérieure attribuant ces traités à S. Eusèbe, évêque, 6 ; description de l'ouvrage d'après ce ms. ibid. ; correspondance avec l'ouvrage du Pseudo-Vigile, 7 ; omission du ms. ibid.; les 7 livres *de Trinitate* paraissent avoir été écrits entre 362 et 371, 8 ; contrairement à l'opinion de Ficker, ils sont d'origine italienne, ibid. et seq.; arguments de tradition en faveur d'Eusèbe, 9 sq. ; ils ne créent qu'une probabilité, 10.

Vigneron, (dom Vulgise) dernier abbé de Lobbes, IV, 114.

Villalobos, (Placide de) moine du Montserrat, restaure la discipline à l'abbaye de S. Thyrse de Riba d'Ave (Portugal), général de la Congrégation bénédictine portugaise XV, 415.

Villain, (Baudouin) franciscain, nommé abbé bénédictin de S. André-lez-Bruges V, 181, note 3, — réforme son abbaye aidé par des moines de Gembloux, XI, 9. — évêque de Sarepta, auxiliaire de Tournai, XXI, 355.

Villarés (Elie de) abbé de S. Sauveur de Blaye, son épitaphe, XIII, 510. B. M.

Ville, (Pierre de) archidiacre d'Albi, XII, 347.

Villenauxe, (abbaye de) ou Nesle-la-Reposte, ancienne abbaye située dans l'Aube, unie à la Congrég. de S. Vannes en 1660. XV, 15, note 1.

Villesonnes (D. Benoît de) prieur, puis abbé de N.-D. de Souillac ; son compétiteur Louis de Coustin de Boursolance, moine de Marmoutiers, l'emporte, XVII, 44, 45.

Villevieille, (Dom) ses écrits, XVI, 425.

Vimoutiers, (prieuré de) dans l'Orne, dépendance de Jumièges, notice historique, XVIII, 227. B. M.

Vin d'autel, sa confection réglée par l'Église, VI, 437.

Vincent, (S.) diacre et martyr.
Notice II, 595 sqq.

Vincq, (dom Gaspard) abbé de
S. Adrien de Grammont et ensuite de S. Denys en Broqueroie,
successeur de dom Henri de Busignies, VI, 306 — XII, 148. —
XIII, 152, note 3, 350.

Vintimille, (Gui de) abbé de Lérins
et le droit de battre monnaie,
XV, 553. B. M.

Virgile, (S.) notice sur sa vie et sa
mission ; onzième centenaire de
sa mort, I, 533-34.

Viset, (dom Louis) moine de S. Hubert, engage son confrère dom
N. Fanson à ne point se retirer
chez les chartreux du Mont-Dieu,
et à rester dans l'ordre bénédictin ; il y réussit, XIII, 259.— son
influence réformatrice à S. Hubert, 260.

Visitation, (fête de la) Élévations,
V, 289 sqq.

Visuline, (D.) recteur du collège
S. Martial d'Avignon, XI, 351.

Vitry, (Jacques de) cardinal, évêque de S. Jean d'Acre, retiré
à Ste Marie d'Oignies, sa correspondance avec les Cisterciennes d'Aywières, (Brabant),
X, 421.

Vlierbeck, (abbaye de) XIV, 474.

Vliermael, (Nicolas) prieur de
S. Laurent de Liège, XII, 487.

Voecht, (Gilles die) religieux et
écrivain d'Averbode, ses manuscrits, XVI, 263, note 2.

Volmar, collaborateur de Ste Hildegarde, notice, XXI, 197 à 203.

Voss, (Jean) prieur de Windes-
heim, réformateur des monastères de Wittenburg et de Riechen-
berg, XVI, 396.

Voss, (Thierry) excellent musicien,

abbé de Reinhausen, XVI, 404.

Vottem, (Guillaume de) prieur de
S. Jacques de Liège, XII, 76.
B. M. — est probablement l'auteur de la Chronique liégeoise de
1402, utilisée par Chapeauville
sous le nom de *Chronicon Gem-
blacense,* XVIII, 209. B. M.

Vrancx, (Colomban) abbé de S.
Pierre à Gand, XI, 443 — XIII,
545.

Vulgate, L'histoire de la Vulgate
pendant les premiers siècles au
moyen-âge par Samuel Berger,
analyse et critique, X, 432 sqq.

Vulgise, (S.) moine de Lobbes,
évêque régionnaire, V, 307.

W.

Wachendorp, (Jacques de) abbé
de S. Martin de Trèves, XVI,
558.

Waelbeke, (Henri de) abbé de S.
Trond, XVI, 273.

Waging, (Bernard de) moine de
Tegernsee, et le Cardinal légat,
Nicolas de Cuse, XII, 305.

Waha, (Jean de) moine de S. Laurent de Liège, XII, 488.

Walafrid, (dit *Strabo,* le Louche)
ne paraît pas être l'auteur des
Glossulae in totam Scripturam,
XIII, p. 70. — réminiscence de
Prudence XIV, 315. B. M. —
étude sur ses poésies, XVIII, 87.
B. M. — l'homme et le théologien. — ouvrages classiques utilisés pour son ouvrage : « *De cul-
tura hortorum* », XVIII, 421. B. M.

Walcand, évêque de Liège au IXe
siècle, répare et relève l'abbaye
d'Andain, VI, 356. — donne à
l'abbaye d'Andain le corps de
S. Hubert, 356.

Waldéric, né à Leuze en Hainaut, chapelain du comte Régnier, moine de Florennes, abbé de S. André du Cateau-Cambrésis, VI, 94.

Waldebert, abbé de Luxeuil, XII, 326.

Waldenbourg, (D. Maximilien) prieur d'Eename, XIII, 221.

Walfroy, (S.) XV, 127.

Walgrave, (François) dernier prieur clunisien de Lewes, en Angleterre, notice, XX, 266. B.M.

Wallace, (D. Wilfrid) notice biographique, XIII, 478, 479.

Waller, (Georges) abbé de S. Pierre de Salzbourg, XII, 292.

Walo, abbé à Metz, sa lutte avec Manassès archev. de Reims, XVIII, 439. B. M.

Walravens, (Charles - Gustave) évêque de Samosate, auxil. de Tournai, XXI, 367.

Walser, (Dom Yso) un des derniers moines de S. Gall, érudit et prédicateur distingué, XV, 361 — son zèle à propager en Suisse l'Adoration perpétuelle, XV, 548. B. M.

Walsingham, (Alain de) moine d'Ely, notice, XV. 311. B. M.

Walstat, (Jean Marquard de) recteur de l'université d'Heidelberg, XII, 100.

Walter, ancien chanoine de S. Lambert de Liège, moine et prieur d'Aulne, VI, 77.

Walter, abbé de Lobbes, abdique sa charge, XVIII, 133.

Walter, abbé d'Egmond, documents sur son administration, XVIII, 310. B. M.

Waltorp, (Henri) abbé de S. Michel de Hildesheim, déposé par le Cardinal de Cuse, XVI, 497.

Wandrille, (S.) Translation de son chef, de Namur à Maredsous, I, 282. — XV, 164. B.M. — sa vie, XXI. B M.

Warelles, (Etienne de) abbé de S. Ghislain, réduit le personnel de l'abbaye à 24 moines, et défend de recevoir des enfants de moins de 13 ans ne sachant ni lire, ni chanter, VI, 408. — XI, 12.

Waroux, (Rasse de) moine de S. Laurent de Liège, essaye de s'emparer du prieuré de N.D. de Basse-Wavre ; Boniface IX l'en empêche, XIV, 475.

Warren, *The Liturgy and Ritual, of the Antenicenee Church*, XV, 33.

Wassebourg, (Richard de) archidiacre de Verdun, XV, 21. — crucifix donné par lui à l'abbaye de S. Mihiel en 1555, XV, 124.

Wastia, pain de froment, qui se vend à Basse-Wavre le lendemain de la procession de N. D. XIV, 491.

Watmough, (D. Pierre) prieur de Dieulwart, relève les édifices, XV, 76.

Waudru, (Ste) quitte le monde sur l'avis de S. Ghislain et se fait religieuse à Châteaulieu, VI, 402.

Wautier, abbé de Lobbes, V, 396.

Wazelin de Fexe, moine de S. Laurent de Liège, ancien élève de Rupert de Deutz, neveu de Wazelin de Momal, et son successeur comme abbé, Wibald de Stavelot fait son éloge, VII, 19, — compose une Concorde des Evangiles, retouche la vie de S. Nicolas, laisse différentes mélodies liturgiques, 20.

Wazelin de Momal, moine et abbé de S. Laurent de Liège, maintient la discipline monastique, favorise les études, mort le 30 oct. 1149, VII, 19.

Wazelin II, abbé de S. Laurent à Liège, ses ouvrages, XII, 434, 435.

Weber, (dom Bède) moine de Marienberg, notice, VII, 81. — XV, 563 — notice sur cet auteur et le mouvement littéraire en Tirol, XX, 401. B. M.

Weert-Saint-Georges, cédé en partie au prieuré N.D. de Basse-Wavre par Godefroid le Barbu, XIV, 474.

Weiblingen, (abbaye de) ses pierres tombales, XIV, 325. B. M.

Weih S. Pierre, à Ratisbonne, étude sur la chronique de la fondation de ce monastère, ou *Gesta Caroli Magni*, XV, 518. B. M.

Weingarten, (abbaye de) ses constructions au XVᵉ siècle, XIV, 325. B. M.

Weiss, (Ulric) XV, 318.

Weissenau, (abbaye de) diplômes, XIV, 316. B. M. — ses annales, XV, 168. B. M.

Weissenburg, (monastère de) en Alsace, état de ses propriétés, XI, 215. B. M. — ses possessions, XIV, 323. B. M.

Wenceslas, (Clément) évêque d'Augsbourg, XVI, 5.

Wenilon, archevêque de Sens, examen critique de son diplôme pour l'abbaye S. Remy de Sens, XX, 274. B. M.

Wenlock, (prieuré de) dépendance de la Charité-sur-Loire, XVII, 168. B. M.

Wensler, (Michel) imprimeur, son *Psautier* imprimé en 1494 (22 janv.) XV, 175. B. M.

Werden, (abbaye de) XII, 78, B.M. histoire des paroisses du domaine de l'abbaye, XIV, 543. B. M. — ses possessions, XV, 552. B. M. — Etudes sur l'histoire de l'administration de la grande propriété foncière de cette abbaye, XIX, 286. B. M.

Werden, (Jérôme de) moine, écrivain et poëte de Monsee, XII, 305.

Weremouth-Jarrow, (monastères de) leurs relations avec Rome au XIIᵉ siècle, XIX, 281. B. M.

Weric, abbé de Lobbes, ami intime de Saint Albert de Louvain, reçoit de l'archevêque de Reims l'anneau et quelques morceaux du vêtement du saint après son martyre ; sous son gouvernement union entre différents monastères, V, 397.

Werner, (Dr Karl) Alcuin und sein Jahrhundert, IX, 491. Voir Alcuin.

Werner, abbé de Gérode, préside le chapitre provincial d'Erfürt (1259), XIV, 373.

Werner, abbé d'Huysbourg, XI, 215.

Werner on Werinhar, abbé de Fulda, (968) nommé abbé-primat O. S. B. en Allemagne et en France par Jean XIII, à la demande de l'empereur Othon I; notice sur ce privilège, XVII, 152 à 161.

Werric, abbé d'Aulne, sa vie, VI, 75 sqq.

Werric, abbé de Florennes, XIV, p. 443.

Werselo, (abbaye de) notice, VII, 503.

Wéry, abbé de S. Trond, XV, 131.

Wescelin, prévôt de S. André de Cologne, collaborateur de Stᵉ Hildegarde, XXI, 308.

Wesep, (Jacques de) évêque de Dschebail, auxiliaire de Cambrai, XXI, 58.

Wessobrunn, (abbaye de) XII, 221. B. M.

Westminster, (abbaye de) son rôle, XX, 279. B. M. — son histoire, 414. B. M.

Weston, (William) S. J. — XIII, 161.

Westphalie, état des monastères bénédictins de ce pays dans les 50 dernières années avant leur incorporation à Bursfeld, XV, 517. B.M.— réforme des monastères bénédictins par Bursfeld au XVᵉ s., XVI. 451. B. M.

White, (Henry J.) publication du ms. latin 6224 de la bibl. royale de Munich, X, 246 sqq. Voir Liturgie : un nouveau type liturgique.

Whiting, (Richard) abbé de Gladstonbury, son martyre, IV, 82.

Wiard, moine de Vauclair, XVI, 273.

Wibald, moine de Waulsort, étudie à Stavelot et à Liège, VI, 507. — sa politique, XVIII, 422. B. M.

Wiblingen, (abbaye de) XII, 295. — XVIII, 208. B. M.

Wibold, abbé d'Egmond s'oppose aux exigences du fils de Berwold, Dodon, qui réclamait avec l'héritage de son père, le titre et la charge d'avoué de l'abbaye, X, 201 — fait un accord que le comte de Hollande et l'abbé d'Egmond choisiraient un homme capable comme avoué du monastère et qu'il serait nommé *ad nutum*, 202. — Dodon est choisi, ibid.

Wiborade, de Saint-Gall, recluse,

ses rapports avec S. Ulric évêque d'Augsbourg, XIX, 79.B.M.

Wickhamn Legg, *Missale ad usum ecclesie Westmonasteriensis,* XV, 32.

Wideric, abbé de S. Ghislain, introduit de nouveaux statuts dans son monastère, probablement ceux de Cluny, VI, 405.

Widon, abbé de S. Ghislain, reçoit beaucoup de donations pour son abbaye, VI, 404.

Wiegand, *Das Homiliarium Karls des Grossen auf seine ursprüngliche Gestalt hin untersucht.* XV, 400. Voir Paul diacre.

Wilfride, (S.) XV, 164. B. M.

Willame, (Michel) coadjuteur de l'abbé de Lobbes, Ermin François, XI, 445.

Willibrord, (S.) étude sur une ancienne vie de ce saint, XXI, 90. B.M. — sa vie écrite par Egbert est un plagiat, 446. B. M.

Willmann, *Geschichte des Idealismus,* XIV, 415 sqq. Voir Idéalisme.

Winchester, *Liber Vitae,* X, 559.

Wirède, abbé intrus de St.Hubert, excommunié par Rome, VI, 361.

Wischler de Freinsheim, (Jean) moine de Melk, XII, 295.

Wissembourg, (abbaye de) lettre des moines de… à ceux d'Erfurt sur la fondation de leur monastère, XIV, 322. B. M.— sa chronique, XV, 305. B. M. — son histoire de 1480 à 1580, XIX, 294. B. M.

Witger, moine de Lobbes, était le mari de Stᵉ Amalberge, père de S.Emebert et des SSᵗᵉˢ Reine et Gudule, V, 307.

Withe, (D. Augustin) dit *Bradshaw.* — zélé promoteur du rétablissement de la Congrégation anglaise, fonde Douai et Dieulwart, I, 231, 331, 333: — était prieur de S. André au faubourg S. Jacques à Paris (1615), 380.

Witwer, (Guillaume) notice, XII, 280. B. M.

Wivine, (Sainte) fondatrice de Grand Bigard, sa vie manuscrite, XIII, 171. B. M.

Wobbermin, (Georg.) *Altchristliche liturgische Stücke aus der Kirche Ägyptens nebst einem dogmatischen Briefe des Bischofs Serapion von Thmuis.* XVI, 279, sq. ; ces textes liturgiques sont du ms. 149 du XI' s. du monastère de Lavra au Mont-Athos, 280 ; analyse de l'euchologe, ibid. ; description de la messe, 281 ; conclusion, ibid.

Wœlbing, son travail sur les vies de S. Boniface du Moyen-Age — sur la critique du texte de la vie de ce saint par Willibald, X, 413.

Woelfflin, son édition de la règle de S. Benoît. XV. 504.

Woerle, (Wieterp) moine de S. Ulric d'Augsbourg, meurt en soignant les soldats français malades, XVI, 6.

Wolbodon, abbé de S. Laurent de Liège, dilapide les biens du monastère, est déposé par l'évêque de Liège, Henri, VII, 15. — rétabli par l'évêque Otbert, puis déposé par lui. 15.

Wolff, (D. Odilon) voir Art chrétien.

Wolfgang. (S.) notice détaillée, XI, 464. — XII, 35. B. M.

Wolfgang I, abbé de Gleintz, XII. 301.

Wolfgang, abbé de Monsee, XII, 302.

Wolfhard, abbé de S. Emmeran de Ratisbonne, abdique (1452), XII, 298.

Wolfradt, (Antoine) prince-évêque de Vienne, abbé de Kremmünsster, ministre de l'empereur Ferdinand II. XII, 77. B. M. — XVII, 156.

Wolfram, moine célèbre de Maria-Laach, XV, 546. B. M.

Wolter, (dom Maur) son œuvre, VII, 377, 428, 469.

Womar, abbé de S. Pierre de Gand, successeur de S. Gérard de Brogne, — procédés chronologiques de cette abbaye au X' siècle, XV, 519. B. M.

Worcester, (William) Les carnets de... XII, 216. B. M.

Worcester, (collège de) son histoire. XVIII, 225. B. M.

Worms, Concordat de (23 sept. 1122) XV, 275.

Wüger, (dom Gabriel) de la Congrégation de Beuron, notice biographique, IX, 369.

Wulfram, (S.) évêque de Sens, puis moine de Fontenelle, apôtre de la Frise. VII, 406.

Wulstan, (S.) évêque de Rochester, élevé dans l'abbaye d'Evesham, continue ses études à Péterborough, VI, 508. — son *office divin* manuscrit du XI' siècle qu'on lui atribue, 306. B. M.

Wurtemberg. (Charles-Eugène duc de) protecteur de l'abbaye S. Ulric d'Augsbourg, XVI. 4.

Würtemberg. la sécularisation dans ce pays, XX, 188. B. M.

Würzbourg, (abbaye de) unie à Bursfeld, XVI, 555. — actes du chapitre provincial bénédictin de Würzbourg en 1451, sous la présidence du Cardinal de Cusa, XVI, 482.

Y.

Ysenhut, (Jean de) moine de Melk, XII, 304.

Ysewinjns, (Jean) évêque de Tripoli, auxiliaire de Cambrai, XXI, 47.

Yves, (Frédéric d') abbé de Maroilles, XI, 302.

Z.

Zängerle, (Romain-Sebastien) prince-évêque de Seckau, sa biographie, XIV, 84, 85. B. M.

Zahn, son opinion sur $\chi\omega\rho\iota\varsigma$ $P\omega\mu\eta\varsigma$ et sa correction $\grave{\epsilon}\nu$ $\tau\acute{\upsilon}\pi\varphi$ dans l'adresse de l'épître au Romains de S. Ignace doivent être rejetées XIII, 388. Voir S. Ignace d'Antioche.

Zantfliet (D. Corneille Menghers de) moine de S. Jacques à Liège, emmené à Stavelot par l'abbé Henri de Mérode ; — célèbre annaliste liégeois, XI, 8.

Zanzibal méridional, notice sur la mission bénédictine du..... XII, 177.

Zapata, (D. Pedro) archiprêtre des Daroca (1481). Fray Bernal Boyl lui dédie une traduction espagnole de l'ouvrage de l'abbé Isaac, IX, 416.

Zelines, (D. Antoine de) premier prieur de S. Benoît de Valladolid, XIX, 255.

Ziegelbauer, (D. Magnoald) correspondant de D. Calmet, XV, 220, — notice, XV, 261 à 264.

Ziegensteim, (Otton de) archevêque de Trèves, rétablit la discipline monastique dans son diocèse, XI, 6, 7.

Ziegler, (Grégoire) moine de Wiblingen, évêque de Linz, XVI, 9. — XVIII, 208. B. M.

Zingerle, (D. Pie) moine de Marienberg, VII, 83.

Zitzwitz, (Nicolas de) abbé de Huysbourg, réunit à son abbaye celle de Minden, XI, 215. B. M.

Zorilla, (Alphonse) moine espagnol, travaille à la restauration de la discipline à S. Thyrse de Riba d'Ave, en Portugal, XV, 415.

Zosyme, (Pape) selon une opinion assez répandue, introduit et institue le rit du cierge pascal vers la fin du IVe siècle V, 108.

Zwartewater, (monastère de) Voyez Mariasberg.

Zwiefalten, (abbaye de) XV, 312. B. M.

TABLE DE LA BIBLIOGRAPHIE. ⁽¹⁾

A.

Abau, Vie du B. Théophile de Corte, XIII, 143.

Achelis, Hippolyts Werke, t. 1, XVI, 184.

Albanès et Chevalier, Gallia christiana novissima, t. 1, XVII, 320. — t. 2, XVIII, 328.

Albert, (R.P.) Die Geschichte der Predigt in Deutschland, t. I-II, X, 379.

Allard, (P.) Le christianisme et l'empire Romain de Néron à Théodose, XIV, 284.

— S. Basile, XVI, 190.

— Etudes d'histoire et d'archéologie, XV, 572.

— Julien l'Apostat, t. 1, XVII, 447, t. 2 et 3, et, XIX, 444.

Allenjoye, (d') Mgr Pugiuier, XIII, 336.

Alzog, (Dr Joh.) Grundriss der Patrologie, V, 288.

Angot des Rotours, S. Alphonse de Liguori, XX, 324.

Anis, David Rivault de Fleurance, XII, 46.

Antonelli, De conceptu impotentiæ, XVII, 445.

Anzoletti, La croyance au surnaturel et son influence sur le progrès social (trad. franç. de L. Vismara), XIV, 288.

Arbellot, Bernard Guidonis, évêque de Lodève, XIII, 384.

Arnaud, Instructions pour retraites de 1re communion, XII, 336.

Arndt, (S. J.) De libris prohibitis, XII, 190.

— De rituum relatione juridica ad invicem, XIII, 96.

Aubry, (A.) Jean Baptiste Aubry, VII, 494.

— Les Chinois chez eux, VII, 495.

Auger, (Alf.) De doctrina et meritis Joannis van Ruysbroeck, IX, 575.

Auxiliaire (l') du cathéchiste, XIII, 144.

B.

Bacha, voir Kurth.

Baelde, Classiques latins comparés, XX, 333.

Baeumer, (D. S.) Johannes Mabillon, IX, 523.

— Das Apostolische Glaubensbekenntniss, X, 422.

— Geschichte des Breviers, XII, 190.

Baier, (Th.) Der hl. Bruno von Würzburg als Katechet, X, 477.

Barbier, (V.) Histoire du monastère de Géronsart, III, 431.

— Histoire du chapitre de Sclayn, VI, 383.

— Histoire de l'abbaye de Floreffe, IX, 92.

— Histoire de l'abbaye de Malonne, XI, 334.

---

1. Cette table contient le nom des auteurs avec l'indication du titre de leurs ouvrages analysés dans la Revue.

— Le couvent des Dominicains de Namur. XVI. 142.

Barbier. (abbé) La jeunesse chrétienne ; les devoirs. XV, 47.

Barbier de Montault, (Mgr) œuvres complètes, XIV, 142 : XVI, 192.

Bardenhewer, Patrologie, XII, 44.

— Patrologie (trad. ital. de Mercati) t. 1, XX, 444 : t. 2 et 3 XXI, 218.

— Der Name Maria, XII, 572.

— Vom Munchener Gelehrten. — Kongresse biblische Vorträge, XVIII, 232.

— Geschichte der altkirchlichen Litteratur t. 2 XXI. 451.

Bartmann, S. Paulus und S. Jacobus über die Rechtfertigung, XIV, 239.

Batiffol, Anciennes littératures chrétiennes. La litt. grecque, XIV, 382.

— Six leçons sur les évangiles, XV, 47.

— Tractatus origenis, XVII, 231.

Battandier. (Mgr) Guide canonique pour les constitutions des sœurs à vœux simples, XV, 429 ; XVII, 328.

Baur, (P.) Argumenta contra orientalem ecclesiam, XIV, 187.

Béguinot, (Mgr) La Très Sainte Eucharistie, XXI, 102.

Beissel, Bilder aus der Gesch. der Altchrist. Kunst, XVII, 102.

Bellarmin, (card.) Exhortationes domesticæ, XVI, 480.

Beller, Le B. Guerric, abbé d'Igny, VII, 591.

Bellet, (Mgr) Les origines des églises de France, XIII, 92.

Belser, Die Selbstvertheidigung des hl. Paulus im Galaterbriefe, XIII, 287.

— Einleitung in das N. Testament. XVIII. 441.

— Die Geschichte des Leidens und Sterbens, der Auferstehung und Himmelfahrt des Herrn, XXI, 208.

Benoit, (D. Paul) La cité anti-chrétienne au XIXᵉ siècle, XII, 238.

Benteim, Eléments d'accentuation latine, VIII, 429.

Berbig, Johannis Gerhardi homiliæ XXXVI, XV, 574.

Bérengier. (D.) Correspondance littéraire entre D. De La Rue et Mgr d'Inguimbert, VI, 47.

— Vie de dom Malachie d'Inguimbert, évêque de Carpentras, VI, 95.

— Notice sur Mgr de Mesgrigny, VI, 239.

— Pélérinages monastiques, t. 1, VII, 542.

— Notice sur Mgr du Lau, VIII, 430.

— Pélérinages monastiques, t. 2, IX, 575.

— Mgr J. B. de Surian, évêque de Vence, XII, 524.

Berlière, (D.U.) Monasticon belge, VII, 284.

— L'ancien prieuré de Sart-les-moines à Gosselies, VII, 543.

— L'ancien prieuré bénédictin de Frasnes-lez-Gosselies, VIII, 243.

Bernard, (R.P.) Le bréviaire romain, IV, 415.

Bernard, (D.) Geschiedenis der benedictijner abdij van Affligem, VIII, 239.

Bernard, (J. H.) The Irish Liber Hymnorum, XVI, 282.

Bernard, (l'abbé) Sept méditations de sainte Thérèse sur le Pater, XII, 432.

Bernard, (l'abbé Th.) Cours de liturgie romaine. IV, 335.

Berriot, Vie de M. Rifflart, VI, 575.

Bertrand, Bibliotèque Sulpicienne, XVII, 437.

— Vie de Henry de Béthune, archevêque de Bordeaux, XIX, 211.

Besse, Le moine bénédictin, IX, 143 ; XV, 478.

Besserat, (chan.) le B^x Urbain II, IV, 496.

Besson, (Mgr) Vie du Cardinal de Bonnechose, III, 571.

Bibliographie des Bénédictins de la Congrégation de France, VI, 239.

Bigelmair, Die Betheiligung der Christen am öffentlichen Leben in vorconstantinischen Zeit, XX, 100.

Biron, (D.) Table générale de l'année liturgique de D. Guéranger, XXI, 471.

Bishop, (Edm.) Voir Gasquet.

Bliard, Dubois, cardinal et premier ministre, XIX, 109.

Bludan, Die Alexandrinische Übersetzung des Buches Daniel, XIV, 335.

— Die beiden ersten Erasmus-Ausgaben des neuen Testaments und ihre Gegner, XX, 111.

Blume, (R. P. Clem.) Das apostolische Glaubensbekentniss, XI, 44.

Body, (O. P.) Vie du R. P. Ambroise Pothon, XIX, 109.

Boedder, (S. J.) Psychologia naturalis, XVII, 112.

Bogaert, Een polemisch-apologetische Bijdrage over Zang en Gebed, X, 44.

Bollandistes, Anecdota ex cod. hagiogr. XIII, 91.

Bondroit, De capacitate possidendi Ecclesiæ, XVIII, 101.

Bonnacorsi, Noël, XX, 321.

Bonwetsch, Hippolyts Werke t. 1, XVI, 184.

Bony, L'initiateur du vœu national. Vie de M. Legentil, X, 93.

Boulmont, (G.) Plans-Guides des abbayes de Villers et Aulne, XI, 575.

— Description des ruines de l'abbaye de Villers, XIV, 240.

— L'abbaye d'Aulne. XV, 570.

— Nos anciens ermitages 1er fasc. XXI, 219.

Bouquillon, (D^r Th.) Theologia moralis fundamentalis, VII, 138.

— Grammaire latine, X, 381.

— Grammaire grecque, XII, 47.

Bourgeois, Les martyrs de Rome d'après l'histoire et l'archéologie chrétiennes, XIV, 285.

Boyer d'Agen. Introduction aux mélodies grégoriennes, XI, 335.

Brabant, (F.) Histoire politique interne de la Belgique, IX, 286.

Brandscheid, Novum Testamentum t. 1, XVIII, 332 ; t. 2, XVIII, 442.

Brants. L'université de Louvain, XVII, 238.

Braun, (D^r) De sancta Nicaena synodo, XVI, 430.

Braun, (S. Z.) Die priesterlichen Gewänder des Abendlandes, XV, 142.

— Die pontificalen Gewänder, XVI, 285.

Brettes. Les apparitions de Tilly, XIV, 143.

Brigi. Catalogo delle pergamene e degli antichi autografi dell' archivio communale di Assisi, XXI, 205.

Broglie, (abbé de) Questions bibliques, XIV, 334.

Broglie, (Emmanuel de), Mabillon

et la société littéraire de S. Germain des Prés à la fin du XVIIe siècle, V, 334.
— Bernard de Montfaucon, VIII, 427.
— S. Vincent de Paul, XV, 48.
— S. Ambroise. XVI, 190.
Brutails.L'archéologie du Moyen-Age, XVII, 108.
Buathier. Le sacrifice et le beau, XIV, 287.
Bücher.Études d'histoire et d'économie politique, XVIII, 109.
Buet, (Charles) L'Aînée. XI, 287.
Burguière. Quelques scènes de la passion de N. S., VI, 336.
Bussy, (Paul de) La vie chrétienne. XVI. 46.

C.

Cabrol. (D.) Histoire du cardinal Pitra, X, 287.
— Hymnographie de l'église grecque, X, 288.
— Étude sur la *Peregrinatio Silviæ*, XII, 238.
—Les origines de l'épiscopat,XIII, 47.
—La légende de S. Thècle. XIII. 47.
— Le livre de la prière antique, XVII, 439.
— Monumenta Ecclesiæ liturgica. t. I, Relliquiæ liturgicæ vetustissimæ, XX, 210.
—Dictionnaire d'Archéologie chrétienne et de Liturgie, XX, 214, 448 ; XXI, 206.
Cagnacci, (S. J.) Odæ, XI, 188.
Calhiat, (l'abbé Henri) Histoire populaire du Pape Léon XIII, V, 240.
Callewaert, (C.) Les premiers chrétiens furent-ils persécutés par des édits généraux ou par mesures de police, XIX, 433.
Caloen, (D. Gérard van) Carnet d'un moine, IX, 240.
Caloen, (P. van, O. P.) Les religieuses dominicaines de Béthanie, XIV, 288.
Camerlynck, De quarti Evangelii auctore dissertatio, XVI. 429.
Camm, (D.) A day in the cloister, XVII. 442.
B. Sebastian Newdigate.XVIII, 335.
Canet. Histoire de France, VI,528.
Canisiusblad, XX, 106.
Cantineau. (Chan. V.) Cours de religion. XIX. 440.
Capecelatro, (Cardinal) Storia di S.Pietro Damiano e del suo tempo. IV. 239.
Caplet,(D.) Regesti Bernardi I abbatis Cassinensis fragmenta, VIII, 143.
Caron, (l'abbé) L'attente de Jésus. XI. 45.
Casier, (Jean) Harmonies chrétiennes, VI, 478.
—Poésies eucharistiques,VII,543.
— Au Ciel, IX, 478.
— Encensoirs, XIV, 44.
Castelein. Institutiones philosophiæ moralis et socialis : même ouvrage (éd. abrégée) XVII, 101.
— Logique. XIX, 223.
Catergian. (R. P. Jos.) De fidei symbolo quo Armenii utuntur, XI, 95.
Cathrein, Philosophia moralis, XVII, 238 ; XXI, 100.
— Glauben und Wissen, XX, 325.
Cattier, (Fel.) Evolution du droit pénal germanique en Hainaut,X, 571.
—Premier registre aux plaids de la

cour féodale du Hainaut. XI, 96.

Cauchie, (A.) La querelle des investitures, VII. 447 ; IX, 235.

— La grande procession de Tournai, IX, 428.

— Missions aux archives Vaticanes, X, 191.

Cavalonne, Le Père Thomas Burke, dominicain, XVI, 237.

Chabot, (J.-B.) De S. Isaaci Ninivitae vita, scriptis et doctrina, IX, 426.

Chamard, (D.) L'insurrection vendéenne, XVI, 384.

— Le Linceul du Christ, XX, 105.

Chant, Recueil classique de morceaux de chant, II, 494.

Charruau, (S. J.) Le P. Henri Chambellan, XIII, 336.

Chartier, L'ancien chapitre de N.-D. de Paris et sa maîtrise, XIV, 575.

Chauvin, Le P. Gratry, XIX, 102.

Chavanon, (J.) Relation de la Terre-Sainte (d'Affagart), XIX, 437.

Chérot, (S. J.) La conversion d'Aug. Thierry, XIII, 47.

Chevalier, (Ul.) Cartulaire de N.-D. de Bonnevaux, VIII, 475.

— Cartulaire de Saint Chaffre, VIII, 476.

— Bulletin d'histoire ecclésiastique du diocèse de Valence, VIII, 477.

— Souvenir d'une excursion archéologique en Espagne, IX, 192.

— Cartulaires dauphinois, X, 192.

— Bibliothèque liturgique, t. 1, X, 528. t. 7, XVII, 323.

— Prosolarium ecclesiae Aniciensis, XI, 143.

— Le chanoine Albanès, XIV, 335.

— Le S. Suaire de Turin, XVII, 446.

— Le S. Suaire de Lirey-Chambery-Turin, XIX, 217.

— Autour des origines du Suaire de Turin, XX, 438.

— L'abjuration de Jeanne d'Arc, XIX, 435.

— Ordinaire et Coutumier de la Cathédrale de Bayeux, XX, 215.

Chiese, Dell' unione delle Chiese, XIII, 236.

Cisneros, (D. Garcias, O. S. B.) Exercices spirituels et directoire des heures canoniales (trad. franç. de Rousseau), XIX, 437.

Cisterciens, The Irish Cistercians: Past and Present, XI, 191.

Citeaux, Le petit et le grand Exorde de Citeaux, I 543.

Clair, Vie de Saint Ignace de Loyola, VII, 590.

Clarin de La Rive, Dupleix ou les Français dans l'Inde, VI, 48.

Clément V, Clementis Regestum Papae V, II, 636.

Clerval, (A.) L'ancienne maîtrise de N. D. de Chartres, XVI, 528.

Cloquet, (L) Essai sur les principes du Beau en architecture, XI, 480.

Clugnet, Dictionnaire grec-français des noms liturgiques, XIII, 47.

Collette, (Fr. Roberts) Religiosae professionis valor satisfactorius, V, 285.

Comire, (E.) La bonne exécution à l'église de la musique et du plain-chant, IX, 95.

Commer, Die Kirche in ihrem Wesen und Leben, t.1, XXI, 463.

Congrès eucharistique d'Anvers, VIII, 575.

Constant, (O. P.) L'école historique et l'école traditionnelle, XIII, 43.

Coppin, Sacrae Liturgiae Compendium XIV, 43.

Coppin-Stimart, Sacrae liturgiae compendium, XXI, 470.

Cornet, (J.) Die geologischen Ergebnisse der Katanga-Expedition, XI, 527.

— La géologie du Bassin du Congo, XII, 240.

Cornut, (E) Mgr Freppel, X, 144.

Courson, (R. de) Quatre portraits de femmes, XII, 17.

Crampon, La Sainte Bible.t.1 et 2, XVII, 333.

Cras. (J.) Les joies de la S. Vierge, IX, 237.

— La vraie dévotion au S. C. de Jésus, IX. 237.

Crépon de Varennes. Nomination et institution canonique des évêques. Election, Pragmatiques Sanctions,Concordats, XXI.223.

Czapla, Gennadius als Litterarhistoriker. XV, 333.

D.

Daris, Le diocèse de Liège sous Mgr. de Montpellier, X, 192.

De Baets. (M.) Les bases de la moralité du droit. X, 92.

De Becker, (Jules) La propriété ecclésiastique et l'œuvre de la Constituante, VI,238.

— La mercuriale du 1er octobre 1890, VIII, 144.

— Une nouvelle mercuriale, IX, 93.

— De sponsalibus et matrimonio, XIII, 381.

De Brabandere et Van Coillie, Juris canonici et juris canonico-civilis compendium (ed. 7ª), XXI, 337.

Decamps, (Gonz.) Fories et Bolamia, IX, 287.

— La Celle de la Ste Trinité, IX, 524.

De Decker (P.) L'Eglise et l'ordre social chrétien, IV, 141.

— La Providence dans les faits sociaux, X, 94.

De Groote (O. Pr.) Leo XIII en de H. Thomas van Aquino, XIII, 144.

Deharbe-Schneider (S.J.) Examen ad usum cleri, XIV, 335.

Delaborde, Vie de S. Louis par Guillaume de S. Pathus, XVII, 106.

Delaire, Saint J.B.de la Salle,XVII, 446.

Delaporte (V.) L'apothéose de Renan, X, 143.

Delassus (chan. H.) Origines de l'archiconfrérie de N.-D. de la Treille, VIII, 576.

— Iconographie de la basilique de N. D. de Treille, XIII, 192.

— L'américanisme, XVI, 246.

Delattre, Les amies de Louis XII, XX, 102.

Delattre (S. J.) Un catholicisme américain, XV, 382.

Delehaye (S.J.) Guibert, abbé de Florennes VI, 383.

Delescluse et Brouwers Catalogue des actes de Henri de Gueldre, XVIII, 100.

Demarteau (J.) Vie de saint Théodard par Hérigère, VII, 541.

— Vie la plus ancienne de saint Lambert, VII, 542 ; — XIV, 47.

— Vie de saint Lambert en français du XIIIe siècle, VII, 542.

— Notes de littérature et d'art chrétien, IX, 189.

— La première église de Liège, IX, 238.

— La démocratie liégeoise de 1384 à 1490, XII, 430.

— La première auteur wallonne; (La Bienheureuse Eve de S. Martin): Notes d'histoire, XIV, 47.

De Munnynck, (O. P.) Praelectiones de Dei existentia, XXI, 464.

Denifle, (O. P.) Luther und Luthertum in der ersten Entwickelung, quellenmässig dargestellt, XXI, 330.

— Luther in rationalisticher und christlicher Beleuchtung, XXI, 330.

Denis, (R. P. Ant.) Les bontés de la Reine du Ciel ou le Salve Regina, IV, 192.

Denzinger, (Henricus) Enrichidion symbolorum et definitionum de rebus fidei et morum, V, 336.

De Ryckel, Les communes de la province de Liège, X, 192.

De Ryckere, (R. P. Gust.) Jacula Pietatis, VI, 384.

De Santi, (S. J.) S. Gregorio Magno, Leone XIII e il canto liturgico, VIII, 192.

Desilve, De schola Elnonensi, VIII, 94.

Desmet, (Alph.) Traité de langue flamande, X, 427.

Desvoye, Étude historique sur Gilbert Génébrard, III, 48.

Dewez, (abbé J.B.) Vie de S. Jean-Baptiste, IX, 430.

Dewez, (Jules) Histoire de l'abbaye de S. Pierre d'Hasnon VII, 492.

De Wulf, (M.) Histoire de la philosophie médiévale, XIX, 103.

—Le traité *de unitate formae* de Gilles de Lessines, XIX, 103.

— Introduction à la philosophie néo-scolastique, XXI, 319.

D'Eyragues, Les Psaumes traduits de l'hébreux, XXI, 343.

Didio, (H.) La querelle de Mabillon et de Rancé, X, 46.

Didiot, (Jules) L'état religieux, XI, 96.

—Traité de la sainte Écriture d'après S. S. Léon XIII, XI, 573.

—Le docteur angélique, XII, 191.

Diertius, Historia exercitiorum S. Ignatii, XIII, 527.

Dijon, (Eug.) Guide pratique des receveurs et trésoriers des fabriques d'églises, IV, 336.

Dijon, (H.) L'église abbatiale de S. Antoine en Dauphiné, XIX, 335.

Dilgairns, Life of S. Stephen Harding, XV, 381.

Dillon, (George) La Vierge Mère de Bon Conseil, II, 686, 13 ; V, 240.

Dionysius Cartusianus, Opera, XVI, 238.

Dirckinck, Dies sacerdotalis, VI, 46.

Dobschtüz, (E. von) Christusbilder, XIX, 219.

Documents, pour servir à l'histoire de l'établissement des Capucins en France, XI, 382.

Doellinger, (J.) Luther, VII, 398.

Dony, voir Kurth.

Dornselter (Dr Paul), Abraham : Studien über die Anfänge des hebräischen Volkes, XIX, 431.

Douais, (C.) L'enseignement de l'histoire ecclésiastique, XII, 432.

—Les reliques de saint Gilles, à Toulouse, XII, 431.

Doyen, Die Eucharistielehre Ruperts von Deutz, VIII, 95.

Drion, (F.) Preuve philosophique de l'existence de Dieu, XIV, 140.

Du Bourg, (D.) Du champ de bataille à la Trappe. Le frère Gabriel, XXI, 204.

Dufour. Avis et réflexions sur les devoirs de l'état religieux, VI, 335.

Dufourcq. L'avenir du christianisme, XXI, 339.

Dumax. Revision et reconstitution de la chronologie biblique, IV, 47.

Dummermuth. (O. Pr.) Sanctus Thomas, III, 572.

— Defensio doctrinae S. Thomae Aq. de praemotione physica, XIII, 191.

Dupanloup, (Mgr) La femme studieuse, XII, 432.

Dupré, (Maurice) La vie du Bienheureux S. Norbert, VI, 143.

Dzialowski, (von) Isidor und Ildefons als Litterar-historiker, XV, 381.

E.

Eberlé. Le trentain de Saint Grégoire. X, 426.

Ebner. Die Klösterlichen Gebetsverbrüderungen, VII, 286.

— Quellen und Forschungen zur Geschichte des Missale Romanum, XIII, 431.

Egremont. L'année de l'Eglise 1899, XVII, 323.

Ehrhard, (Dr A.) Die orientalische Frage, XVI, 287.

— Der Katholizismus u. das XXᵉ Jahrh., XIX, 96 ; 2ᵉ éd. XIX, 211 ;

Liberaler Katholicismus ? XIX, 331.

Einig, Tractatus de gratia divina, XIII, 233.

— De Deo uno et trino, XIV, 283.

— de Deo creante — de Deo consummante, XV, 382.

—De Verbo Incarnato, XVI, 479.

— De Sacramentis t.1,XVIII, 105.

— De Sacramentis t.2,XVIII, 336.

Eisenhofer, Procopius von Gaza, XIV, 285.

—Das bischöfliche Rationale, XXI, 467.

Elliot, Le P. Hecker, XIV, 432.

Engelbrecht, (Aug.) Patristische Analekten, IX, 425.

Estienne d'Orves, (d') Saint Philippe de Néri, XII, 527.

Etienne,(abbé Fréd.) Essai sur les principes d'exécution du chant grégorien, VIII, 431.

Eubel. Hierarchia catholica medii aevi, t. 2, XX, 316.

F.

Faulhaber, (Dr M.) Die Propheten Catenen, nach römischen Handschriften XVI, 191.

—Hesychii Hierosol. interpretatio Isaiae, XVII, 324.

Feige, Méditations pour jeunes personnes, XX, 102.

Féret, La faculté théologique de Paris et ses docteurs les plus célèbres t. 3, XXI, 211.

Férotin, Apringius de Béja, XVII, 96, 443.

Fesch, Lacordaire journaliste, XIV, 190.

Finke, (H.) Forschungen und Quellen zur Geschichte des Konstanzer Konzils, VII, 137.

Fischer, Die chronologischen Fragen in den Büchern Esdra-Nehemia, XXI, 335.

Fleischer, (O.) Neumen-Studien, t. 1, XII, 574.

Flemming et **Radermacker,** Das Buch Henoch, XVIII, 231.

Flornoy, Le Bx Bernardin de Feltre, XIV, 333.

Flowers of Nazareth. A collection of devotions, IX, 473.

Fonck, Biblische flora, XVII, 325.

Fonsegrive, (Georges) Le catholicisme et la vie de l'esprit, XVI, 187.

Fontaine, (S. J.) Les infiltrations kantiennes et protestantes, et le clergé français, XXI, 111.

Fontana, (Anselme de) Le curé de campagne, XVI, 46.

Fouard, (abbé) S. Pierre, IV, 573.

Fraknói, Papst Innocenz XI, (trad. all. de Jekel) XX, 442.

Franco, (S. J.) Le spiritisme, XI, 574.

Frassinetti, Abrégé de la théologie morale de S. Alphonse, VI, 576.

Frémont, (G.) Plaidoyer de l'église catholique, XIX, 445.

Freppel, (Mgr) Bossuet et l'Eloquence sacrée au XVIIe siècle, X, 95.

Friaque, Manuel de la dévotion au Saint-Esprit, XII, 576.

Frick, (S. J.) Logica, XXI, 100.

Friess, (Godfr.) Die Reise der Hans Christoph, Freiherrn v. Teufel in das Morgenland, XV, 432.

Froget, (O. P.) De l'habitation du Saint-Esprit, dans les âmes justes, XVIII, 236.

Fulano, (T.H.) Der Sturz des Kaiserthrones in Brasilien, XI, 47.

Funck-Brentano, (Frantz) Chronique artésienne, XVI, 188.

Funk, Kirchengeschichtliche Abhandlungen und Untersuchungen t. I, XIV, 382.

— Das Testament unseres Herrn, XVIII, 324.

G.

Gamber, Les poètes de la fin du XIXe, siècle, VI, 240.

-- Le fils de l'homme dans l'Evangile, XII, 525.

— Le livre de la *Genèse* dans la poésie latine au Ve siècle, XVI, 426.

— Quid de liberalium disciplinarum studio senserit Cl. Bufferius, XVI, 428.

Gasquet, (D.) Henri VIII and the english monasteries, VI, 144.

— Henri VIII et les monastères Anglais, (Trad. franç.) V, 153.

— Heinrich VIII und die englischen klöster (trad. allem. de D. Th. Elsaesser), VIII, 47.

— Eduard VI and the Book of Common Prayer, VIII, 47.

Gass, (J.) Die bibliothek der Priesterseminars in Strassburg, XIX, 392.

— Strassburgs Bibliotheken, XIX, 438.

Gasser, Grandidier est-il faussaire? XV, 380.

Gastoué, Cours théorique et pratique de plain-chant romain-grégorien, XXI, 206.

Gautier, (Léon) Œuvres poétiques d'Adam de Saint-Victor, XI, 574.

Gay, (Mgr) Exposition des Psaumes, XIII, 187.

Gebet, (Das) nach der h. Schrift und der monastischen Tradition, XIV, 188.

Geffcken, (J.) Die Oracula Sibyllina, XIX, 326.

Geiger, Zurück zu dem armen, demuthigen, gekreuzigten Heiland Jesus-Christus, XXI, 222.

Génart, (Ch.) Coutelier de la fabrique collective de Gembloux, IX, 431.

— Syndicats industriels XIII, 188.

Genoud, Martyrs et bourreaux, XII, 527.

Gentelles, (de) Les vierges saintes, XIII, 48.

Geppert, Die Quellen der Kirchenhistorikers Socrates, XV, 574.

Gérard, (A.) Le vieux Namur, XIX, 112.

Gibier, Objections contemporaines contre la religion. XX, 436.

Gihr, Die Sequenzen des römischen Messbuches. IV, 95.

— Das heilige Messopfer, V, 239.

— Die heiligen Sacramente, t. 1, XV, 45 ; t. 2, XVII, 103.

— Die Sequenzen, XVII, 445.

Gillmann, Das Institut der Chorbischöfe im Orient, XXI, 213.

Gnandt, Liber Orationum B' Laurentii Loricati, XX, 108.

Goffin, (Arnold) I Fioretti, XVIII, 96.

— La légende de S. François d'Assise, XIX, 438.

Gonzalvus de Reeth, (R. P.) Manuale theologiæ dogmaticæ, VIII, 190.

Göttsberger, Barhebræus, XVIII, 104.

Gottwald, (D. Ben.) Catal. Cod. MSS. monasterii Engelberg, IX, 232.

Goyau, L'école d'aujourd'hui, XVII, 329.

Grabmann, Die Lehre des heiligen Thomas von Aquin von der Kirche als Gotteswerk, XXI, 324.

Granger, Les archives de la dévotion au S.-C., IX, 573.

Gravier, Cantiques des paroisses et des communautés, VI, 93.

Gredt, (Dom Jos.) Elementa Philosophiae, XVI, 239. ; XIX, 220.

Greeny, (W. P.) Illustrations of incised slabs, IX, 525.

Gregory, S. Gregory the Great, VIII, 96.

— The centenary at Downside, VIII, 96.

Grente, Jean Bertaut, XX, 447.

Grimmich, (Dr Virgil.) Lehrbuch der theoretischen Philosophie, XI, 190.

Grisar, (S. J.) Geschichte Roms und der Päpste im Mittelalter, XV, 480 ; XVI, 96 ; XVIII, 321.

— Analecta Romana t.1, XVII, 97.

Grospellier, (chan.) Œuvres du cardinal Mermillod, XII, 287.

Grundl, (Beda) De interpolationibus ex S. Justini apologia secunda expungendis, IX, 526.

Grupp (G.) Kulturgeschichte des Mittelalters, XI, 144 ; XII, 143.

— Oettingen Waltersteinische Sammlungen in Maihingen, XIV, 191.

— Englische Wirthschafsentwicklung in Mittelalter, XV, 192.

— Kulturgeschichte der römischen Kaiserzeit, t. 1, XX, 316.

Grutzmacher, Die Bedentung Benedikts von Nursia, X, 47.

Guckel, (Mart.) Heinrich Braun, IX, 191.

Guépin, (Dom) S. Josaphat, XV, 572.

Guéranger, (D. Prosper) L'année liturgique. Supplément aux premiers volumes, I, 541 : II, 544.

— Notions sur la vie religieuse et monastique, II, 544.

— Traduction dela Règle du Bienheureux Père saint Benoît, III, 144.

— Mélanges de liturgie, d'histoire et de théologie t. 1, IV, 285.

Guérard, Introduction aux inventaire des Archives Vaticanes, XIX, 327.

Guibert, Histoire de Saint J.B.de la Salle, XVII, 441.

— Le mouvement chrétien, XXI. 340.

Guillaume, (abbé L.) Petit catéchisme du diocèse de Namur en tableaux, III, 432.

—Petit catéchisme historique, IV, 336.

—M.l'abbé Ragon et les classiques chrétiens, X, 428.

— Les classiques comparés et le R. P. Verest, XIV, 525.

Guiraud, (J.) L'Eglise et les origines de la Renaissance, XIX,100.

Guiraud, (L.) Les fondations du pape Urbain V à Montpellier, VIII, 336.

H.

Hackelberg-Landau (von), Die Anglicanischen Weihen und ihre neueste Apologie, XIV, 48.

Halkin, Albéron Ier, évêque de Liège, XII, 240.

— Statuts de S. Pierre à Liège, XIII, 143.

— Métier des vignerons de Liège, XIII, 240.

Hall, (Fr.) Bidrag till Kännedomen om Cistercienserorden i Sverige t.1, XVII, 110.

—Beiträge zur Geschichte der Cistercienserkloster in Schweden, XXI, 344.

Hallberg (L.) S. Mathilde, XVI, 190.

Halleux, L'évolutionnisme en morale, XIX, 104.

Hamant (M.) Le petit Séminaire de Metz-Montigny, XIX, 332.

Hamon, Jean Bouchet, XVIII, 446.

Hartung, Der Prophet Amos, XV, 576.

Hatzfeld, S. Augustin, XIV, 189.

Hauler, Didascaliae apostolorum fragmenta, XVII, 322.

Hautcœur (Mgr), Cartulaire de S. Pierre de Lille, XIII, 94.

—Documents liturgiques et nécrologiques de S. Pierre de Lille, XIII, 94.

Heikel, Eusebius' Werke t.1,XIX, 215.

Heiner, Benedicti XIV opera inedita, XXI, 336.

Helbig, Lambert Lombard, X, 575.

Hemmer, Vie du Card. Manning, XV, 143.

Henry (Albert) Hippolyte Violeau, XI, 192.

Henvaut, Sonnets évangéliques, XVII, 110.

Hergenröther (card.) Handbuch der allgemeinen Kirchengeschichte, (4te Aufl. v. Dr Kirsch) XIX, 325.

Herkenne (Dr Henr.) De veteris versionis latinae Ecclesiastici capitibus (I — XLIII.)XVI, 234.

Hettinger, Apologie des Christenthums, XIII, 46 et 383 ; XIV, 143 ; XV, 96 ; XVI, 48.

Hetzenauer (R.P.Mich.) S. Fidelis a Sigmaringa exercitia, XI, 95.

—Η Καινή Διαθήκη, XV, 288.

—Wesen und Principien der Bibel kritik, XVIII, 330.

Heus, L'existence de Dieu démontrée par la création et l'histoire, XX, 220.

Hjelt, (Arth.) Etude sur l'Hexaméron de Jacq. d'Edesse, IX, 524.

Histoire de la statue miraculeuse de l'Enfant Jésus de Prague, XIII, 48.

Hizette, Commentarii in instructiones pro confessariis diœcesis

Namurcensis reformatas, XXI, 460.

Hoberg, (Gottfried) Die Genesis nach dem Literalsinn erklärt, XVI, 524.

Höhler, Für und Wider in Sachen der Katholischen Reformetbewegung der Neuzeit, XXI, 101.

Hoffmann, L'abbaye de Marbach, XVII, 320.

Hogan, Les études du clergé, (trad. franç. de Boudinhon) XIX, 210.

Holzapfel, (O. Cap.) S. Dominicus und der Rozenkranz, XXI, 216.

— Die Anfänge der Montes Pietatis, XXI, 216.

Holzhey, (Dr) Die Bücher Ezra und Nehemia, XIX, 432.

Hoornaert, (H.) Ballades russes, IX, 526.

Horn, (D.Michel) Musique d'église, IX, 240.

Houtin, Apostolicité des Eglises de France, XVIII, 444.

Huber, Beitrag zur Visions literatur u. Siebenschläferlegende des M. A. XX, 448.

Hubert, (E.) La torture aux Pays-Bas Autrichiens pendant le XVIIIᵉ siècle, XIV, 384.

Hübl, Catalogus codd. MSS. monasterii ad Scotos Vindob., XVII, 232.

— Die Inkunabeln der Bibliothek des Stifts Schotten in Wien, XXI, 341.

Hugon, (O. P.) La fraternité du sacerdoce et celle de l'état religieux, XX, 332.

Hummelauer, (von) (S. J.) Nochmals der Schöpfungsbericht, XV, 287.

— Commentarius in Exodum et Leviticum, XV, 287.

— Commentarius in librum Josue, XX, 331.

Huppert, Das deutsche Protestantismus, XXI, 98.

Hurter, (S. J.) Nomenclator litterarius theologiæ catholicæ ed. 3ᵃ. t. 1, XXI, 108.

Huysmans, Pages catholiques, XVII, 105.

Hywoix, (M.) compte-rendu de l'histoire du Cardinal Pie, III, 47.

I.

Imbert-Gourbeyre, (Antoine) La stigmatisation, l'extase divine et les miracles de Lourdes, XI, 575.

Ingold, (A. M. P.) Lettres inédites de deux abbesses d'Alspach, XI, 382.

— Chartreux en Alsace, XII, 48.

— Eglise et couvent des Dominicains de Colmar, XII, 48.

— Grégoire et l'Eglise constitutionnelle d'Alsace, XII, 95.

— Méditations avant et après la Sᵗᵉ Communion, XIII, 288.

— Le monastère des Unterlinden de Colmar, XIII, 432.

— Bossuet et le Jansénisme, XIV, 186.

— Les peintures de l'anc. chartreuse de Ruremonde, XIV, 192.

— Nouvelles œuvres inédites de Graudidier t. 1, XIV, 282 ; — t. 2, XV, 192 ; — t. 3, XVI, 96 ; — t. 4, XVII, 104 ; — t. 5, XVII, 309.

— Etat ecclésiastique du diocèse de Strasbourg en 1454 par Grandidier, XIV, 432.

— Miscellanea alsatica t. 3, XIV, 480.

— Les correspondants de Grandidier, X, Le P. Dunand, XIV, 480.

Manuscrits des anciennes maisons religieuses d'Alsace, XVI, 96.
— Moines et religieuses d'Alsace, XVI, 480.
— Henry Wilhelm, XVII, 234.
— Büchinger, abbé de Lucelle, XVIII, 237.
— Mémoires de l'oratorien Batterel, XIX, 438.
— Le Père Danzas, XX, 439.
— Marie Pellechet, XX, 439.

J.

Jac, (Ernest) Le B^x Grignon de Montfort, XIX, 444.
Jacquier, Les livres du Nouveau Testament, XX, 104.
Jadart, (Henri) Dom Thierry Ruinart, IV, 46.
— Dom Guillaume Marlot, X, 336.
Jansen, Papst Bonifacius IX, XXI, 333.
Janssens, (Alph.) Rozekens Eerste Communie, IX, 288.
— Gedichten, t. IV, 416.
Janssens, (F.) Les branchies des acéphales, X, 424.
Janssens, (D. Laurent) La Confirmation. Exposé dogmatique, historique, liturgique, V, 478.
— Commentaire du petit office de la T. S. Vierge, VIII, 142.
— La grève, VIII, 430.
— Adolphe Kolping, VIII, 474.
— Le rythme du chant grégorien, IX, 143.
— Les trafiquants d'enfer, IX, 239.
— Le coup de grisou, IX, 429.
— Panégyrique de S. Pierre Fourier, XIV, 528.
— Summa Theologica, t. I, Prælectiones de Deo uno, XVII, 99.
— Summa Theologica t. III, Prælec-

tiones de Deo Trino, XVIII, 238.
— Summa theologica, t. IV. Prælectiones de Deo-Homine Pars I: Christologia; t. V. Prælectiones de Deo-Homine Pars II : Mariologia, Soteriologia, XX, 90.
Janvier, Exposition de la morale catholique, XXI, 217.
Jean, (R. P.) Evêques et archevêques de France depuis 1682 jusque 1801, VIII, 574.
Jocham, (M.) Memoiren eines Obskuranten, XIII, 186.
Joly, (H.) Psychologie des Saints, XIV, 333.
— Saint Ignace de Loyola, XV, 575.
Jordan, (José) Teorias sobre la belleza y el arte en las obras filosóficas de Cicerón y Séneca, XI, 383.
Julius, (Dr G.) Die griechische Danielzusätze und ihre kanonische Geltung, XVIII, 330.
Jungmann, Tractatus de gratia, XIII, 45.
— Tractatus de Verbo incarnato XIV, 143.
— Tractatus de novissimis, XV, 576.

K.

Katschthaler, Ueber Bernard Pez und dessen Briefnachlass, VII, 46.
Kattenbusch, (Ferdin.) Beiträge zur Geschichte des altkirchlichen Taufsymbols, XI, 44.
— Das Apostolische Symbol. Bd. II. H. 1, XIV, 430; Bd. II. H. 2, XVIII, 96.
Kellner, Heortologie oder das Kirchenjahr u. die Heiligenfeste, XVIII, 333.

Keppler, (Dᵣ P.Wilh.) Die Advents-
perikopen, XVI, 188.

Kervyn de Lettenhove, Marie
Stuart ; l'œuvre puritaine, le
procès, le supplice, VII, 335.

Keuffer, (M.) Verzeichniss der
Handschriften der Bibl. zu Trier
X, 526 ; XI, 240.

— Die Stadt-Metzer Kanzleien u.
ihre Bedeutung für die Geschichte des « Romans », XII, 144.

— Trierisches Archiv, XV, 379 ;
XVII, 436.

Kieckens, (J. F.) Etude historique
sur l'église S. Boniface de Bruxelles, IX, 190.

Kienle, (D. Ambroise) Choralschu-
le, I 542.

— Traduction en français par D.
L. Janssens : Théorie et pratique du chant Grégorien, V, 189.

— Mass und Milde in kirchenmusi-
kalischen Dingen, XVIII, 331.

Kirsch. (D. J. P.) Die Lehre von der
Gemeinschaft der Heiligen im
christl. Alterthum, XVII, 236.

Kirsch. (D. P. A.) Die hl. Cäcilia,
XVIII, 443.

Kirsch-Luksch, Geschichte der
Katholischen Kirche, XXI, 108,
217.

Klein, Quelques motifs d'espérer,
XXI, 224.

Klostermann, (Dᵣ E.) Analecta zur
Septuaginta Hexapla, und Pa-
tristik, XII, 144.

— Origenes Werke Bd. 3, XVIII,
231.

Kneller, (S. J.) Das Christentum
und die Vertreter der neueren
Naturwissenschaft, XXI, 101.

Knöpfler, (A.) Kirchengeschichte,
XII, 575 ; XIX, 213.

— Walafridi Strabonis liber de

exordiis et incrementis, VIII,
432.

Koch, Pseudo-Dionysius Areopa-
gita, XVII, 435.

Koehler, (Fr.) Ehstländische Klos-
terlectüre, X, 479.

Koetschau, (Dᵣ) Origenes Werke,
XVI, 185.

— Kritische Bemerkungen zu mei-
ner Ausgabe von Origenes,
XVI, 430.

Kohlhoffer, (Dᵣ Matthias) Die
Einheit der Apokalypse, XIX,
432.

Krieg, Wissenschaft der Seelen-
leitung, XXI, 456.

Krug, De pulchritudine divina,
XXI, 99.

Krüger, Die neuen Funde auf dem
Gebiete der ältesten Kirchengeschichte, XV, 570.

Künstle, Eine Bibliothek der
Symbole, XVIII, 99.

Kung, (Al) Psautier pratique,
VIII, 432.

Kurth, (Godefroid) Les Origines
de la Civilisation moderne, III,
47.

— Dissertations académiques :
L'auteur unique des vies des
saints Amat, Romarie, Adelphe
et Arnulf par Emile Dony ;
Etude biographique sur Eginhard par Eugène Bacha. V, 240.

— Sᵗᵉ Clotilde, XIV, 189.

Kuypers, The book of Cerne, XX,
446.

L.

Lacouture, Esthétique fondamentale, XVIII, 107.

Lahargou, (P.) De schola Lerinensi, X, 384.

Lahaye, (Léon) Etude sur l'ab-

baye de Waulsort, VII, 443.
—La paroisse de Braine-le-Comte: souvenirs historiques et religieux, VII, 540.
—Inventaire analytique de la correspondance du conseil provincial de Namur, IX, 335.
— Le livre des fiefs de la prévôté de Poilvache, XIII, 96.
Lalieu, Vie de saint Vincent Madelgaire et de sainte Waudru, son épouse, III, 46.
Lallemand, Histoire de la Charité, t. I, XX, 318.
Lamy, (Mgr) S. Ephraem hymni et sermones, XX, 223.
Lanckriet, (C.) Feuilles errantes, X, 429.
Lancia di Brolo, (Mgr.) Storia della Chiesa in Sicilia, III, 184.
Landry, Mort civile des religieux, XVII, 326.
Langer, Die Apocalypse, XIV, 288.
Lantslots, De heilige Mis of korte Uitlegging van de Gebeden en de Ceremoniën der Heilige Mis. XIV, 432.
Largent, Saint Jérôme, XV, 285.
La Rive, (de) Le juif dans la franc-maçonnerie, XIII, 286.
La Tremblaye (M. de) Les sculptures de l'église abbatiale de Solesmes, X, 142.
Launay, (A.) Missionnaires français en Corée, XII, 336.
— Mgr. Verrolles et la mission de Mandchourie, XII, 525.
— Les Bienheureux de la Société des missions étrangères, XVII, 444.
Laurentius, (S. J.) Institutiones juris ecclesiastici, XX, 329.
Lawlor. (Hugh) The Rosslyn Missal, XVI, 286.

Lanzac de Laborie, (de) La domination française en Belgique, XII, 334.
Le Bachelet, (S. J.) La question liguorienne, XVI, 189.
Lebarcq, Histoire critique de la prédication de Bossuet, VII, 190.
— Œuvres oratoires de Bossuet, t. IX, 94.
Le Camus (Mgr.) et les études ecclésiastiques au séminaire de la Rochelle, XXI, 220.
Lecanuet, (R. P.) Montalembert, XIII, 95 ; XVI, 94.
Lecoy de la Marche, Le XIIIᵉ siècle artistique, VII, 144.
— A travers l'histoire de France, XIII, 192.
Legeay, (Dom) Le symbolisme dans l'Ecriture, XXI, 221.
Lehmkuhl, (S.J.) Theologia moralis XVI, 47 ; XIX, 433.
— Casus Conscientiæ, XIX, 446 ; XX, 227.
Leitner, (Dr Franz) Die prophetische Inspiration, XIII, 525.
Leitner, Prælectiones juris canonici, XV, 142.
Lejeune. (R. P.) Le purgatoire, IV, 416.
—Mon Pays et mon Village. Hist. de Nalinnes, IX, 238.
Léon XIII, Allocutiones, epistolæ, constitutiones, IV, 287 ; XI, 189.
— Lettre encyclique sur la liberté humaine, VI, 191.
Lepicier, Les indulgences, XXI, 103.
Lépin, Jésus Messie et Fils de Dieu XXI, 457.
Lesêtre. La clef des Evangiles, XX, 94.
Lesquen, (de) et **Mollat**. (G.) Mesures fiscales exercées en Bretagne par les Papes d'Avignon à l'épo-

que du grand schisme d'Occident, XXI, 210.

Le Tallu, (S. J.) Magnificat, XIII, 383.

Lévêque, (D. Louis) Etude sur le Pape Vigile, V, 287.

Lhoumeau, (A.) La vie spirituelle à l'école du B^x de Montfort, XXI, 439.

L'Huillier, (Dom) Vie de S. Hugues, abbé de Cluny, V, 46.

— Explication de la Règle de S. Benoît, XIX, 94.

Libert, (P. de Malines) Manuel du Tiers-Ordre IX, 233.

Liliencron, (R. von) Liturgisch-musikalische Geschichte der evangelischen Gottesdienste, von 1523 bis 1700, X, 476.

Livre (Le) de la jeunesse catholique, XIV, 288.

Lock et Sanday, Two lectures on the Sayings of Jesus, XV, 384.

Löbbel, (Hermann) Der heilige Bruno, XVI, 526.

Loth, Le portrait de N. S., XVII, 327.

Lottini, (O. Pr.) Compendium philosophiæ scholasticæ ad mentem S. Thomæ, XXI, 104.

— Introductio ad sacram theologiam, XXI, 104.

— Institutiones theologicæ dogmaticæ specialis ex summa theologica S. Thomæ Aq. desumptæ, XXI, 104.

Luc de S. Joseph. Vie du P. Dominique, XVI, 48.

Luchaire, Louis VI le Gros, VII, 188.

Lübeck, Reichseinteilung und kirchl. Hierarchie des Orients, XVIII, 443.

M.

Mac Donald, The princips of moral science, XXI, 466.

Mackinonn, (J.) Ninian und sein Einfluss, IX, 526.

Magistretti, (Marc) La liturgia della Chiesa Milanese, XVI, 286.

Magnette, S. Frédéric, évêque de Liège, XIII, 384.

Maignen, Le Père Hecker est-il un saint ? XV, 335.

Majuncke, La fin de Luther, X, 478.

Mangeart, Sermons pour l'octave des morts, XV, 479.

Manning, (Cardin.) Neun Hindernisse für den Fortschritt des Katholicismus (trad. allem. de G. Wahrmut), XIV, 574.

Many, Prælectiones de locis sacris, XXI, 337.

Marchl, (P.) Die Aristoteles Lehre von den Tierseele, XIV, 432 ; XVI, 432.

Maréchaux, (D. Bernard) Vie du B. Bernard Toloméi, fondateur de la Congrégation de N. D. de Mont-Olivet, de l'ordre de S. Benoît, V, 191.

Mariani, Primauté de S. Joseph, XIV, 286.

Marin. (R. P.) Dévotion à S. Vincent de Soignies, IV, 94.

— La famille régénérée sur le modèle de la famille de Nazareth, V, 285.

Marnas, La religion de Jésus ressuscitée au Japon dans la seconde moitié du XIXe siècle, XIV, 188.

Marneffe. (E. de) Styles et indictions, XIII, 240.

— Tableau chronologique des dignitaires du chapitre S. Lambert à Liège, XIV, 383.

Marres, De justitia, X, 474.

Martel, (E. A.) Les Abimes, XI, 526.

Martin, Ulysse Chevalier, XX, 434.

Martin, (Eug.) Servais de Lairuels, X, 427.

Martin, (J.) Doctrine spirituelle de S. Augustin, XIX, 436.

Marucchi, Eléments d'archéologie chrétienne, XVII, 230 ; XVII, 328 ; XX, 99.

Marx, Erzbischof Amalarius von Trier, XVII, 315.

Matthieu, Histoire de l'enseignement primaire en Hainaut, XIII, 576.

Matzke, Lois de Guillaume-le-Conquérant, XVII, 106.

Maugère, Le bréviaire commenté, IV, 494.

— Notions générales sur la liturgie, IV, 494.

Mayer, (D. Julius) Geschichte der Abtei S. Peter auf dem Schwarzwald, X, 479.

Mayrhofer, (Dom) Reform der Kirchenmusik, XII, 573.

— Bach-Studien, XIX, 108.

Melata, Manuale theologiae moralis, XVI, 236.

Melite-Joseph, (Frère) Cours d'harmonie, XIV, 574.

Mélot, Figures florentines, XXI, 343.

Mély, (Fern. de) Bibliographie générale des inventaires imprimés, X, 142.

Mercier, (Mgr) Les origines de la psychologie contemporaine, XV, 376.

— Critériologie générale, XVI, 235.

— Ontologie (3e éd.), XXI, 316.

— Psychologie (6e éd.), XXI, 447.

Mercier, (S. J.) Lamennais, XII, 94.

Merkle, Ambrosianische Tituli, XIII, 527.

Mertens, (Aug.) Etude sur l'église de Tervueren, IX, 144.

Meschler, (S. J.) Die Gabe des heiligen Pfingstfestes, V, 190.

— Méditations sur la vie de N.-S. J.-C. (trad. franç. de l'abbé Mazoyer), XI, 93.

Meyer, (S. J.) Institutiones juris naturalis, t. II, XVIII, 111.

Meyer, (Dr Ph.) Die theol. Litteratur der griech. Kirche in XVIten Jahrh., XVI, 141.

Michael (Em.) Ignaz von Döllinger, IX, 332.

Miketta, Der Pharao des Auszuges, XXI, 207.

Misermont, Les filles de la charité d'Arras, XX, 101.

Missaglia, Summula doctrinæ divi Thomæ, XVIII, 334.

Missale monasticum, IV, 95.

Misson, Le Chapitre noble de Ste Begge à Andenne, VII, 240.

Monchamp, (Mgr) Histoire du Cartésianisme en Belgique, III, 525.

— Le flamand et Descartes, VI, 289.

— Galilée et la Belgique, IX, 141.

— Notification de la condamnation de Galilée à Liège, X, 288.

— Les reliques de Ste Julienne, XV, 576.

Moreau, Les relations entre le Saint-Siège et l'Italie, VI, 287.

Morgott, (Fr.) Der Spender der heiligen Sacramente nach der Lehre des heiligen Thomas von Aquin, IV, 412.

Morin, (D. Germ.) Vie de saint Benoît, VI, 190.

— Der Ursprung des grégorian.

Gesanges (trad. all. de D. Th. Elsässer). IX, 432.

Morlais, Etudes sur les écrivains latins. XIII, 382.

Moussard, Le prêtre et les premières Communions. XIV, 190.

Müller, (O. Cist.) Die Gründung der Abtei Cîteaux, XV, 380.

Müller, (Jos.) Ueber Rupert von Deutz und dessen *Vita Heriberti*, VII, 592.

Müller, (Jos.) Der Reform katholicismus, et die Religion der Zukunft, XVI, 142.

Müller, (K. J.) Brief an die Philipper. XVII, 235.

Mussi, (Mgr. Vinc.) Raccolta di massime, XI, 46.

N.

Niedhammer, Missa in honorem S. Ludovici, XIV, 336.

Niffle-Anciaux, (E.) Les repos de Jésus et les berceaux reliquaires, VII, 541.

Nikel, Die Wiederherstellung des jüd. Gemeinwesens, XVII, 440.

Nimal, (R. J.) Vie du R. P. Bronchain, XII, 525.

— Sentences et prières inédites du R. P. Bronchain, XII, 525.

— Villers et Aulne ; les gloires de leur passé, XIV, 47.

— Vie et œuvres de quelques-uns de nos pieux écrivains, XV, 240.

Nimal, Manuel complet des œuvres de Ste Thérèse, XXI, 110.

Noel, Conscience du libre arbitre, XVIII, 106.

Noldin, (S. J.) De Sacramentis, XVIII, 445.

— Summa theologiae moralis, XIX, 111.

— De principiis theologiae moralis, XIX, 434.

Nuriez, Estudios biologicos, XV, 286.

O.

Oberdoerffer, (P.) De inhabitatione Spiritus sancti in animabus justorum, VII, 397.

Odon, Les Carmélites de Compiègne, XIV, 192.

P.

Pacheu, (S. J.) Psychologie des mystiques, XVIII, 444.

Paganelli, (D.) La Cronologia rivendicata, V, 284.

— Cronologia Biblica e i fatti dei due Tobia, IX, 96.

Paléographie musicale, les mélodies liturgiques. (Bénédictins de Solesmes), V, 525.

Palmieri, (S. J.) Osservazioni sulla recente opera « l'Evangile et l'Eglise », XX, 314.

Parisot, (D.) Patrologia syriaca t. 1 XII, 95.

Parisot, (Robert) Le royaume de Lorraine, XVI, 237.

Pastor, (L.) Johannes Janssen, IX, 576.

— Geschichte der Päpste, XII, 94; XIII, 137 ; XVI, 523 ; XIX, 428.

— Die Beurtheilung Savonarola's, XV, 144.

Paulot, Urbain II, XX, 218.

Paulus, Luthers Lebensende, XV, 191.

Pellé, Le tribunal de la Pénitence devant la théologie et l'histoire, XXI, 341.

Pelt, (J. B.) Histoire de l'Ancien Testament, XIX, 100.

Perosi, Melodie Sacre, XIV, 144.

Perraud, (cardin.) Eurythmie et harmonie, XIII, 142.

—Le P. Gratry, XVII, 332.

Perreyve, Lettres, XIII, 142.

—Etude sur l'Immaculée Conception, XXI, 472.

Perrin, (abbé) L'Evangile et le temps présent, XV, 46 ; XVIII, 335.

Pesch, Chr. (S. J.) Praelectiones dogmaticae, t. I, XXI, 454.

Peters, Die Sahid.-Kopt. Uebers. des Ecclesiasticus, XV, 380.

—Beiträge zur Erklarung des Bücher Samuel, XVII, 109.

— Der jüngst wiederaufgefunden Hebräische Text des Buches Ecclesiasticus, XIX, 431.

Petit, (Ad.) Sacerdos rite institutus, IX, 192.

Pierre, (Victor) La terreur sous le Directoire, III, 527.

Pimont, (l'abbé) Les hymnes du Bréviaire Romain, II, 492.

Pirenne, (H.) Bibliographie de l'histoire de Belgique, XIX, 107.

Piot, Documents relatifs à l'abbaye de Solières, XI, 384.

Pirmez, (H.) Une pensionnaire, X, 239.

Pisani, A travers l'Orient, XIV, 573.

Pluymaekers, (Albert) Het H.Hart op den Kansel, XI, 286.

Pohl, Ein verschollenes Werk des Thomas von Kempen, XII, 288.

— Thomae a Kempis orationes de Vita Christi. XIX, 435.

Poirel, De utroque commonitorio Lerinensi, XIII, 235.

Poletto, La divina commedia di Dante, XIII, 140.

Ponschab, (D.) Tatians Rede an die Griechen, XII, 430.

Portmans, (O. Pr.) Pélérinage en Terre-Sainte, III, 240.

— La divinité de Jésus-Christ. IV, 574.

— L'Ave Maria médité. VII, 493.

— En Egypte, Palestine et Grèce, XIII, 432.

Pothier, (D.)Cantus mariales, XX, 442.

Pottier, De jure et justitia, XVIII, 108.

Poupardin, Vie de S. Didier de Cahors, XVII, 107.

Pouplard, Visions révélations et prophéties, XIII, 336.

Preces Gertrudianæ, XX, 323.

Probst, Die ältesten römischen Sacramentarien und Ordines, X, 139.

— Liturgie des vierten Jahrhunderts und deren Reform, XI, 287.

—Die abendländische Messe, XIII, 237.

Procès (S. J.) Modèles français, VI, 480.

Puyol, (Mgr.) Travaux sur l'Imitation de J. C., XVI, 137.

Q.

Question (la) sociale et l'apostolat de l'ouvrier, VIII, 384.

Queutelot, (E.) Saint Basle et le monastère de Verzy, IX, 525.

R.

Raboisson, Les Maspeh, XIV, 576.

Rabory, (D.) Correspondance de la princesse Louise de Condé, VII, 48.

Ragey, La Crise religieuse en Angleterre XIII, 187.

Rassegna gregoriana (périodique), XIX, 333.

Rastoul, L'action sociale de l'Eglise. XIV, 287.

Ratzinger. Forschungen zur Bayrischen Geschichte, XV, 140.

Raymundi, Epi. Instructio pastoralis, XX, 222.

Regnon (S. J.) Etudes de théologie positive sur la Ste Trinité, XVI, 333.

Reichert, Gerardi de Fracheto, XIII, 237.

— Monumenta ordinis Fratrum Praedicatorum historica, t. 2, XV, 286.

Reinstadler, Elementa philosophiae, XIX, 335.

Remy, (S. J.) Recueil de Méditations. V, 384.

Renaudin, (Dom P.) La définibilité de l'Assomption de la T.Ste Vierge, XVIII, 101 ; XIX, 430.

— L'hérésie anti-eucharistique de Bérenger, XX, 96.

— Luthériens et Grecs-orthodoxes, XX, 440.

Renz, Die Geschichte des Messopfer-Begriffs, XXI, 97.

Reuss, (G.) Carmina sacra S. Alphonsi Maria de Ligorio, XIV, 185.

Ribet, L'ascétique chrétienne, XVI, 94.

— Vertus et dons dans la vie chrétienne, XVIII, 334.

Rickenbach,(D.) Le lodi di S. Anna, XVIII, 447.

— Ruhmeskranz der hl. Anna, XIX, 331.

Ricker, (D. Ans.) Das Perikopen-System, IX, 474.

Riemann, (Dr Hugo) Geschichte der Musiktheorie, XVI, 381.

Robert, (U.) Un pape belge. Histoire du pape Etienne X. X, 191.

Rochell, (R.) Rupert von Deutz, III, 189.

Roesler (P. Aug.) Der katholische Dichter Aurelius Prudentius Clemens, IV, 47.

Röhricht, (Reinhold) Deutsche Pilgerreisen nach dem hl. Lande, V, 99.

— Kleine Studien zur Geschichte der Kreuzzüge, VII, 240.

— Bibliotheca geographica Palaestinae, VII, 589.

— Studien zur Geschichte des fünften Kreuzzüge, VIII, 574.

— Regesta regni Hierosolimitani, X, 240.

— Die Deutschen im heiligen Lande, XI, 383.

— Le pélérinage du moine Augustin-Jacques de Vérone, XII, 526.

— Geschichte des Königreichs Jerusalem XV, 95.

— Geschichte der Kreuzzüge im Umriss., XV, 571.

— Deutsche Pilgerreisen (2e éd.), XVIII, 95.

— Geschichte des ersten Kreuzzuges, XVIII, 235.

Rohr,(D^r) Paulus und die Gemeinde von Corinth, XVI, 525.

Roland, (C. G.) Histoire généalogique de la maison de Rumigny-Florennes, VIII, 576.

— Orchimont et ses fiefs, XIII, 528.

Rothe,(T.) Traité de droit naturel théorique et appliqué, XIV, 44.

Rottmanner, (Do.) Predigten und Ansprachen, X, 573 ; XX, 98.

Roure, Doctrines et Problèmes, XVII, 330.

— Anarchie morale et crise sociale, XX, 103.

Rous, Mgr. Saivet, XVII, 111.

Rousset,(O.Pr.) La doctrine spirituelle, XX, 437.

Rouvier, (S. J.) Saint Stanislas Kostka, VI, 96.
— Saint Louis de Gonzague, VI, 96.
Royer, (J.) Die Eschatologie des Buches Job, XIX, 110.
Rückert. Die Lage des Berges Sion, XV, 384.
Rutten,(Mgr.) Les promesses divines de l'Eglise à travers les siècles, V, 286.
— Cours élémentaire d'apologétique, XV, 47.

S.

Sadil, Der Menschensohn, XIV, 576.
— Tantalos, XVII, 328.
Saegmüller, Lehrbuch des Kirchenrechts, XVIII, 102 ; XIX, 435 ; XX, 452.
Saint-Bris, (Cᵉ de) Le S. Esprit, XIV, 286.
Salembier, Le grand Schisme d'Occident, XVIII, 94.
Salis-Soglio, (Dom) Die Converti- ten der Familie van Salis, X, 143.
Salzer, (Dom) Die Sinnbilder und Beiworte Mariens in der deut- schen Literatur, VII, 446.
— Illustrierte Geschichte der deutschen Litteratur, XXI, 216.
Sanders, (D.) Etudes sur S. Jé- rôme, XX, 434.
Santi, (François) Praelectiones juris canonici, XVI, 236 ; XVII, 102.
Sarda y Salvany, (D. Felix) Le libéralisme est un péché, IV, 286.
Sattler, (Dom Magnus) Collecta- neenblätter zur Geschichte der ehem. Benedictiner-Universität Salzburg, VIII, 191.

Sauer, (J.) Symbolik des Kirchen- gebäudes, XIX, 324.
Sauter, (D.) Colloquien über die hl. Regel, XIX, 95.
— Die Evangelien der Fastenzeit, XX, 314.
Sauvé, (Mgr) Le pape et le concile du Vatican, VIII, 334.
Scala, (O. Cap.) Der hl. Fidelis von Sigmaringen, XIII, 93.
Schanz, Das Alter des Menschen- geschlechtes nach der hl. Schrift, XIII, 141.
Scheeben, Die Mysterien des Christenthums, XV, 335.
Scheicher, Le clergé et la question sociale (trad. franç. de Morel.), XIV, 528.
Schell, Die neue Zeit und der alte Glaube, XV, 336, 567.
Schellauf, Ratio afferendi locos litterarum divinarum, quam in tractatibus super psalmos sequi videtur S. Hilarius Pietavien- sis, XV, 431.
Scherer, (von) Handbuch des Kir- chenrechtes, XVI, 143.
Scherman, Die griechischen Quel- len des hl. Ambrosius, XX, 105.
— Eine Ellapostelmoral, XXI, 215.
Schiaffino, (Card.) Opere, VII, 398.
Schiffini, (S. J.) Tractatus de gratia divina, XVIII, 440.
— Tractatus de virtutibus infu- sis, XXI, 453.
Schlecht, Doctrina XII apostolo- rum, XVIII, 100.
Schlecht, (J.) Bayerns Kirchen- provinzen, XIX, 325.
Schlögl (O. Cist.) Canticum Canti- corum hebraice, XIX, 442.
— Die Bücher Samuels, XXI, 462.

Schmid, (D.) Grundlinien der Patrologie, XII, 288.

Schmid, (P. Bernhard) Das Buch Tobias, XVI, 480.

Schmidt, (J.) Des Basilius aus Achrida Erzlisch.v.Thessanolich bisher unedierte Dialoge, XIX, 99.

Schmidt, (A.) Œdypus tyrannus of Sophocles, IX, 576.

Schmidt, (Dom Edm.) Regula s. Patris Benedicti, XI, 95.

Schmitt, (P.Ludwig) Die Verteidigung der kath. Kirche in Dänemark, XVI, 575.

Schmitt, (Dom A.) Méthode pratique de Chant-Grégorien, III, 45.

Schmitz, (W.) S. Chrodegangi Metensis epicopi Regula, VII, 47.

Schneider, Der hl. Theodor von Studion, XVIII, 109.

Schneider, Fontes juris ecclesiastici, XII, 429.

Schnitzer, (Jos.) Berengar von Tours, X, 241.

— Quellen und Forschungen zur Geschichte Savonarolas, XX, 95.

Schouppe, (S.J.) Le congréganiste instruit dans la vertu solide, IV, 192.

— Adjumenta oratoris sacri, XVII, 109.

— Le plan divin de l'univers, XVII, 332.

Schuen, Predigten für das Katholische Kirchenjahr, V, 192.

Schultze, (Walter) Gehrard von Brogne, III, 48.

Schwane, Histoire des dogmes. (Traduct. franç. par Belet-Degert.) XXI, 407.

Segmüller, (D.) Blätter aus der Kirchengeschichte zur Zeit der Helvetik, XII, 432.

Sepet, (M.) Six mois d'histoire révolutionnaire, XXI, 222.

Sérafini, (D. Maur et Dominique) Cantus monastici formula, VII, 287.

Seytre, Tableaux synoptiques de la littérature française, XII, 524.

Sickenberger, (Jos.) Titus von Bostra, XVIII, 323.

Siècle (Un). Mouvement du monde de 1800 à 1900 XVIII, 234.

Silbernagel,(Dr I.) Joannes Trithemius, III, 571.

— Der Bouddhismus nach seiner Entstehung, Fortbildung und Verbreitung, XXI, 215.

Sleumer, Die Dramen Victor Hugos, XVIII, 448.

Smend,(Jul.) Kelchversagung und Kelchspendung in den abendl. Kirche, XVI, 283.

Snell, Lettres à un protestant, XXI, 112.

Sol, Archives ombriennes, XXI, 211.

Somnenil, Origine de l'abbaye du Valasse, XX, 440.

Sortais, Excursions artistiques et littéraires, XXI, 218.

Souben, (D.) L'esthétique du dogme chrétien, XVI, 186.

— Les manifestations du beau, XIX, 112.

— Nouvelle théologie dogmatique, XXI, 348.

Speil, (Ferdinand) Exhortations aux religieuses, XI, 573.

Stange, Einleitung in die Ethik, XVII, 335 ; XXI, 109.

Stapper, (Richard) Papst Johannes XXI, XVI, 431.

Steiner, Missa pro defunctis, XIV, 336.

Sterpin et Conrotte, Classiques grecs comparés : S. Grégoire de

Nazianze et Isocrate, XIV, 527.

Stoeger, (M.) Der fränkische Geschichtschreiber P. Ignaz Gropp, X, 95.

Stories of the bishops of Iceland XIII, 144.

Stuckelberg, (E. A.) Geschichte der Reliquien in der Schweiz, XIX, 214.

Studien, und Mittheilungen aus den Benedictiner und dem cistercienser Orden (périodique), III, 144, 525.

Sturm, (D.) Das Delische Problem, XII, 430.

Sylvain, Grégoire XVI et son pontificat, VII, 239.

Szekely, Hermeneutica biblica, XIX, 326.

T.

Tardivel, La situation religieuse aux Etats-Unis, XVII, 239.

Terrien, (S. J.) La grâce et la gloire, XV, 333.

— Marie Mère de Dieu, XVII, 447.

— La mère des hommes, XIX, 446.

— L'Immaculée Conception, XXI, 471.

Terwelp, Joannis Wilmii de pastoratu Kempensi liber, XIV, 288.

—Geschichte des Gymnasium Thomæum zu Kempen, XV, 286 ; XVI, 237.

Texier, (J. M.) Le Bx Louis-Marie Grignon de Montfort, XIX, 439.

Thalhofer, Handbuch der katholischen Liturgik, XI, 528.

Theologischer Jahresbericht, 1901, XXI, 438.

Théophile (Le moine) — voir Bérengier.

Theys, Métrique de Victor Hugo, XIII, 234.

Thomas, (C.) Melito von Sardes, X, 475.

Thomas, (P.) Morceaux choisis de prosateurs latins, XIX, 440.

Thomas a Kempis, De imitatione Christi, ed. Gerlach, VI, 191.

Thurston, (S. J.) The life of Saint Hugh of Lincoln, XV, 431.

— Holy year of jubilee, XVIII, 104.

Tilloy, (Mgr) Nouveau Traité de l'administration des fabriques, XX, 445.

Timmermans, Cœnobii Bethleemitici origo et progressus, XII, 93.

Tinel, (Edgard) Franciscus, V, 424.

—Le chant grégorien, VII, 189.

—Missa in hon. B. M. V. de Lourdes, IX, 476.

Tondini de Quarenghi, La Russie et l'union des Eglises, XV, 288.

Tosti, (D. Luigi) Opere postume, XVI, 288.

Tournebize, Du doute à la foi, XVI, 192.

—Les peines d'Outre-Tombe, XVI, 192.

Toussaint, (chan.) Etudes sur Wibald de Stavelot, VIII, 384.

— Histoire de la seigneurie de Dave, IX, 336.

Tribune (La) de S. Gervais (périodique) XIII, 283.

T'Serclaes, (Mgr de) Au Vatican, VIII, 527.

Turinaz, (Mgr) La vraie méthode des études ecclésiastiques, XXI, 219.

Turmel, Histoire de la théologie positive, XXI, 326.

Turner, (C. H.) Ecclesiæ occidentalis monumenta juris antiquissima, XVI, 576.

Tyck, (Ch.) Notices hist. sur les

congrégations et communautés, IX, 572.

V.

Vacandard, La Confession sacramentelle dans l'Eglise primitive, XX, 107.
—La pénitence publique dans l'Eglise primitive, XX, 107.
Vacant, L'auteur du *Problème ecclésiastique* publié en 1698, VIII, 336.
—Dictionnaire de théologie catholique, XVI, 526 ; XVII, 441.
Vaganay, Repertorium latinæ poeseos, XII, 192.
— Les traductions du psautier au XVI⁰ siècle, XV, 571.
— Bibliographie des sonnets relatifs aux saints, XVIII, 332.
Valentin, S. Prosper d'Aquitaine, XVIII, 327.
Vast, Grands traités de Louis XIV, XVII, 107.
Van Aken, (S. J.) Vie de Saint Pierre Claver, V, 335.
Van den Bosch, Sous le bleu, X, 430.
Van den Gheyn, (S. J.) Catalogue des manuscrits de la bibliothèque royale de Bruxelles, XXI, 205.
Vanderkindere, Histoire de la formation territoriale des principautés belges, XVI, 336 ; XIX, 428.
Van de Sande-Bachhuyzen, Adamantius, XVIII, 231.
Van Doninck, (O. Cist.) Obituarium monasterii Loci S. Bernardi, XIX, 329.
Van Duyze, Oude nederlandsche liederen, IX, 477.
Van Hove, Conflit de juridiction à l'époque d'Erard de la Marck, XVIII, 107.
Van Spilbeeck, (O. Praem.) *Annales breves ordinis Praemonstratensis* de Maurice Dupré, V, 528.
—*Hagiologium Norbertinum* de Van den Stene, V, 528.
—Vie de la Bᵇᵉ Oda d'après Philippe de Harveng, VI, 47.
— De abdij van Tongerloo, VI, 237.
— Vie de S. Guilbert, VII, 399.
— Petrus Van Emmerick, VII, 456.
— Vie du B. Garembert, VIII, 48.
—Notice sur le tableau vénéré à l'abbaye de Soleilmont sous le nom de N.-D. de Rome, IX, 192.
— Le Bˣ Louis comte d'Arnstein, IX, 335.
— La Bˢᶜ Hildegonde de Meer, IX, 335.
— Le Bˣ Godefroid de Cappenberg, IX, 573.
— Het Herenthals klooster Besloten Hof, IX, 527.
— Petri de Nova Terra carmina sacra, XI, 143.
— Vie de S. Gerlach, XI, 286.
— Obituaire de l'abbaye de Soleilmont, XI, 336.
— La pierre tombale de Jean de Hamal, XII, 240.
— Le Bˣ Frédéric de Hallum, XII, 336.
— Aug. Wickmans epigrammata, XIII, 143.
— Vie du Bˣ Hroznata, prince de Bohéme, XIV, 384.
— Vie de S. Norbert, XV, 288.
— S. Adrien et S. Jacques, Ord. Praem. XVII, 445.
Van Steenkiste, Le S. Linceul de Turin, XIX, 336.

Van Zeebroek, Les sciences modernes en regard de la Genèse de Moïse, X, 48.

Vaughan, (Miss. D.) Crispi, XIII, 480.

Veracita, Storica, del Esateuco, XX, 109.

Verest (S. J.) La question des humanités, XIII, 190.

Vermeersch, (S. J.) Quaestiones morales de justitia I, XIX, 101.

—De religiosis institutis, XIX, 217, XX, 328.

Verzyl, (G.) Vespergezangen in parochiekerken, V, 192.

Vetter, (P.) Die Metrik des Buches Job, XIV, 431.

Victorinus ab Appeltern, Compendium praelectionum juris regularis, XXI, 338.

Vie (la) contemplative. Son role apostolique, XV, 141.

Vie de S. Bruno, XVI, 45.

Vie de Louise de Bourbon princesse de Condé, fondatrice du monastère du Temple, V, 382.

Vie de la Mère Flore, XXI, 221.

Vie de la R. M. Marie Claire de Jésus, XII, 431.

Vie et miracles de S. Vaast, XIV, 48.

Voelter, Visionen des Hermas, XVII, 330.

Vuillemin, La vie de S. Pierre Fourier, XIV, 381.

W.

Wagner, (P.) Einführung in die gregorian Melodien t. 1, XIX, 327. Bd.

Wagner, (Félix) Le livre des Islandais du prêtre Ari-le-savant, XVI, 189.

—La Saga de Gunnlaug, XVI, 432.

Walter, Opera dogmatica S. Alphonsi, XXI, 448.

Watrigant, (S. J.) Deux méthodes de spiritualité, XVIII, 103.

Weale, (James) Bibliographia liturgica. Catalogue des Missels du rite latin, III, 239.

Weber, (Simon) Die katholische Kirche in Armenien, XX, 325.

Weber, (Dr Valentin) Die Adressaten des Galaterbriefes, XVIII, 325.

— Die Abfassung des Galaterbriefes, XVIII, 325.

— Der hl. Paulus vom Apostelübereinkommen bis zum Apostelkonzil, XVIII, 326.

Weber, Dertienlinden (trad. flam. de E. De Lepeleer), X, 432.

Wegener, (P.) Vie de Catherine Emmerich, XIV, 191.

Weikert, La Mérope, XXI, 204.

Weis, (J.) Die chorãle Julian's von Speier, XIX, 99.

Weis Liebersdorf, Christus-und Apostelbilder, XX, 111.

Welschinger, Bismarck, XX, 320.

Wichmans, Le samedi de Marie, VII, 48.

Wiegand, Symbol und Katechumenat, XVII, 95.

Wildeman, Elisabeth Musch, Geschiedkundige Aanteekeningen, XIV, 142.

— Aanteekeningen uit de Rentmeestersrekeningen der S. Jacobskerk te 's Gravenhage, XIV, 335.

Wilmers, (S. J.) De religione revelata, XIV, 331.

— De Ecclesia Christi, XV, 238.

Wilson, The benedictional of Archbishop Robert, XX, 443.

Wins, (Paul-Alph.) Ville de Mons,

L'organisation des métiers, et la connétablie des boulangers, XI, 384.

Wobbermin, Altchristliche liturg. Stücke, XVI, 279.

Woerter, Zur Dogmengesch. des Semipelageanismus, XVII, 240.

Wolff, (D. Odilo) Der Tempel von Jerusalem und seine Maasse, IV, 411.

Wolter, (D. Maur) Principes de la vie monastique, (Traduction franç. par D. U. Baltus) XVIII, 448, XIX, 93.

Wouters, (L.) Cahiers d'histoire naturelle, X, 423.

Wurm, (Herm. Jos.) Cardinal Albornoz, X, 380.

Wurm, (Dr A.) Die Irrlehre im ersten Johannesbrief, XXI, 209.

Z.

Zahn, (Theodor) Dormitio Sanctae Virginis, XVI, 528.

Zardetti, (Mgr) Westlich oder durch den fernen Westen Nord-Amerikas, XIV, 141.

Zimmermann, (R. P. Ath.) Kardinal Pole, XI, 48.

Zocchi, De l'éducation du jeune clergé (trad. franç. de E. Philippe), XXI, 342.